dumont taschenbücher

Bahram Gur mit einer chinesischen Prinzessin im sandelholzfarbigen Palast, Buchara 1553

Hans-Thomas Gosciniak (Hrsg.)

Kleine Geschichte der islamischen Kunst

DuMont Buchverlag Köln

Umschlagvorderseite: Im Innern der Moschee von Córdoba: Blick auf den Mihrab

CIP-Titelaufnahme der Deutschen Bibliothek

Kleine Geschichte der islamischen Kunst /
Hans-Thomas Gosciniak (Hrsg.). - Köln: DuMont, 1991
(DuMont-Taschenbücher; 235)
ISBN 3-7701-1657-7
NE: Gosciniak, Hans-Thomas [Hrsg.]; GT

Satz, Druck und buchbinderische Verarbeitung: Boss-Druck, Kleve

Printed in Germany ISBN 3-7701-1657-7

Inhalt

Karten

Vorwort des Herausgebers

Die Kunst des Islam - ein Thema, das Bibliotheken füllt - in dem engen Rahmen eines Taschenbuches umfassend darzustellen, ist ein fast unmögliches Unterfangen.

Warum also dieses Buch?

In den letzten Jahrzehnten haben sich die Entfernungen zu fremden Kulturen und Ländern durch Tourismus und Medien relativiert, so daß allgemein eine Zunahme transkultureller Konfrontation zu verzeichnen ist. Die touristische Attraktivität der Länder, die vom Islam geprägt wurden, weckt gerade durch diese Kultur zunehmendes Interesse, wobei die prägenden Eindrücke sich dem Reisenden im wesentlichen in der Architektur und dem Kunstschaffen der Länder und Völker manifestieren. Die Faszination des islamischen Kulturkreises erschließt sich gerade durch das künstlerische Schaffen, das einen weiten Bogen von Ostasien bis Spanien, von Europa bis Afrika spannt und bei aller ethnischen und geographischen Verschiedenheit den einzelnen Völkern und Ländern einen prägenden Stempel aufdrückt.

Diese Gemeinsamkeiten darzustellen ohne die individuellen Eigenarten zu nivellieren, ist ein Hauptziel des vorliegenden Buches.

Stil und Auswahl der Themen wurden bewußt so gewählt, daß ein breites Publikum in die Lage versetzt wird, sich diese für das Verständnis der islamischen Kunst notwendigen Basisinformationen zu verschaffen.

Die komplexe Transkription der arabischen und persischen Sprache wurde so vereinfacht, daß der Laie problemlos die Namen und Begriffe zuordnen kann und der Experte weiß, was mit der Transkription gemeint ist.

Nach einer Einführung in die geschichtliche Entwicklung des Islam und die Grundideen und Techniken der islamischen Kunst werden die regionalen Stile und Besonderheiten in einzelnen Kapiteln dargestellt.

Die hierfür notwendige umfassende Kenntnis ist von einem einzelnen Autor allein nicht zu vermitteln, so daß hier Meinungen und

Ansichten verschiedener Verfasser zusammengetragen wurden. Die Adaptation an die verschiedenen Autoren wird sicher ein zügiges Lesen erschweren. Da Kunst aber stets subjektiv erfahren wird, bekommt der Leser so ein lebendiges, informatives Bild geboten.

Die Autoren, die an diesem Buch mitgearbeitet haben, zeichnen sich durch langjährige Erfahrungen aus, erworben durch berufliches Interesse und persönliche Neigungen, vor allen Dingen aber durch eine intensive Auseinandersetzung mit dem komplexen Thema. Ich bin allen Autoren sowie Herrn Frank Rainer Scheck, der mich zu diesem Buch ermutigte, zu tiefem Dank verpflichtet.

Die Summe der subjektiven Erfahrungen läßt vielleicht das wesentliche Anliegen des Buches realistisch erscheinen: ein tiefes Verständnis für einen benachbarten Kulturkreis zu entwickeln, der sich über die Schönheit und Faszination seiner Kunst erschließen läßt.

Hans-Thomas Gosciniak

Der Islam - Skizze einer Religion

von Hans-Thomas Gosciniak

Von Tanger bis Tirana, von Kairo bis Kalkutta, von Daressalam bis Djakarta bekennen sich heute fast 700 Mio. Menschen zu der jüngsten der drei großen monotheistischen Weltreligionen, dem Islam. Der Islam (arabisch: Unterwerfung) hat seinen Ursprung wie das Christentum und der jüdische Glaube im Gebiet des Vorderen Orients, stammt jedoch, anders als diese, aus der Wüste.

Sein Begründer, Muhammad, aus der Sippe der Banu Hashim, dem Stamm der Quraish zugehörig, wurde etwa 570 in Mekka geboren (seine Mutter starb bei seiner Geburt), heiratete früh eine wohlhabende Witwe und lebte als Kaufmann in seiner Geburtsstadt. Ab dem Jahr 610 rissen ihn religiöse Inspirationen aus seinem bürgerlich geordneten Leben: Ihm erschien Gabriel als der Engel des einzigen Gottes und befahl ihm, den neuen, wahren Glauben zu verkünden. Als Muhammad Anhänger um sich scharte, entstanden soziale Spannungen zwischen seinen Gefolgsleuten und der herrschenden Kaufmannsaristokratie von Mekka, die ihren polytheistischen Glauben und ihre wirtschaftlichen Interessen gefährdet sah.

Repressalien und Bedrohungen veranlaßten Muhammad und 60 ihm ergebene Familien im Jahr 622 zur Flucht nach Yathrib. Yathrib, das spätere Medina (Stadt des Propheten), 450 km nördlich von Mekka im Hedjas gelegen, gewährte Muhammad und seinen Gefährten Schutz und ernannte ihn, da die Stadt in mehrere verfeindete Parteien gespalten war, zu ihrem Schiedsmann. 622, das Jahr der Flucht *(Hidjra)*, markiert so den Beginn der islamischen Zeitrechnung und eine bedeutende Wende im Leben des Propheten. Bislang als Prediger und religiöser Eiferer verschrien und ein Dorn im Auge der Mekkaner, wurde Muhammad nun zum politischen Führer eines neuen Systems, das mit den alten Stammesordnungen brach. Die Gemeinschaft in Yathrib regierte nun ein Rat, der sich aus allen Volksschichten rekrutierte. Grundlegend neu war die Idee einer Gemeinde *(Umma)*, deren Zusammensetzung nach göttlichem Plan stattfand, wobei Gott sich durch seinen Propheten Muhammad offenbarte. Nur die Juden Medinas widersetzten sich dem neuen Glauben und wollten ihn nicht als ›Buchreligion‹ anerkennen. Muhammad, der Juden- und Christentum nun durch den Islam ersetzte, ordnete auf diese Widerstände hin die Ausrichtung des Gebets *(Qibla)* nach Mekka, zur *Ka^cba* hin, an – nicht mehr nach Jerusalem.

Die altehrwürdige Kultstätte Abrahams, die Kaaba, war zum Zentrum des Götzenkultes in Mekka geworden: Also galt es nun, Mekka zu erobern. Muhammad mußte mehrere Schlachten mit der Stadt seiner Väter schlagen. Als der Prophet 628 vor Mekka lagerte, erreichten die Bewohner in Verhandlungen, daß Muhammad abzog, dafür aber im folgenden Jahr mit seinen Männern zur Pilgerfahrt kommen durfte: Ohne daß die Heilige Stadt durch Krieg geschändet wurde, konnte Muhammad so als Pilger in Mekka einziehen, die zentrale Kultstätte der arabischen Halbinsel von den Götzenbildern reinigen und das uralte, traditionsreiche Heiligtum in den Islam integrieren. Als Muhammad 632 in Medina starb, hinterließ er den Kern einer neuen Glaubenslehre, die sich in ungeahnter Geschwindigkeit über weite Teile der Welt ausbreiten sollte.

Getragen wurde dieser Glaube von den Grundforderungen an die Gläubigen, den ›Fünf Säulen des Islam‹:

Das Bekenntnis ***(Shahada):*** Auf der Doppelformel *»La ilaha illa – 'llah wa Muhammad rasul Allah«* (Es gibt keinen Gott außer Allah und Muhammad ist sein Bote) basiert die Mitgliedschaft in der Gemeinde der Gläubigen. Mit der Annahme und Aussprache dieser Formel wird der Ungläubige zum Muslim, dieser Satz begleitet ihn von der Geburt bis zum Tod. In der gesamten islamischen Welt wird das Glaubensbekenntnis mehrfach am Tag von allen Minaretten verkündet und dient als Zitat für besondere Anlässe.

Das Gebet ***(Salat):*** Fünfmal täglich soll der Gläubige sich gen Mekka neigen und seine Gebete in der rituellen Form vollziehen, freitags als Gemeinschaftsgebet in der Moschee. Dieses von Millionen täglich vollzogene Ritual schuf in den Anfangszeiten des Islam schnell ein Zusammengehörigkeitsgefühl, das Standes- und Rassenunterschiede, Länder- und Stammesgrenzen aufhob und in den Bekennern das Bewußtsein, einer neuen Gemeinschaft anzugehören, festigte. Dem Gebet gehen rituelle Waschungen voraus, bevor sich die Gemeinde in Reihen hinter ihrem Vorbeter, dem *Imam,* aufstellt und mit dem Gesicht gen Mekka den gemeinsamen Gebetsritus vollzieht. Zum Freitagsgebet gehört auch eine Predigt, in der der Imam unter

Zwei Araber während des Gebets (idealisierende Aufnahme aus dem Jahr 1880)

Berufung auf ein Koranzitat ein gesellschaftliches, moralisches oder politisches Problem kommentiert – ein bis zum heutigen Tag bedeutender Einfluß auf die öffentliche Meinungsbildung.

Das Almosen *(Zakat):* Die Almosensteuer stellte zunächst eine obligate, jährlich erhobene Abgabe dar, deren Bestimmungen im Koran festgelegt sind. Ihr Hauptanliegen war die Unterstützung der Armen; die Ausgabe für andere wesentliche Belange des Glaubens war darüber hinaus gestattet. In späterer Zeit entwickelte sich die Steuer zu einem freiwilligen Obolus, dessen Höhe allein vom Gewissen des Gläubigen abhängt – jede Form des Almosens stellt eine notwendige und gottgefällige Tat dar.

Das Fasten *(Saum):* Während des *Ramadan,* des neunten Monats im islamischen Lunarkalender, soll der Gläubige sich vom Sonnenaufgang bis zum Anbruch der Nacht des Essens, Trinkens und Rauchens enthalten. Im Krankheitsfall oder auf Reisen kann die Fastenzeit verschoben werden.

Die Pilgerfahrt *(Hadj):* Einmal in seinem Leben soll jeder Muslim, »der es sich leisten kann«, im zehnten Monat des Lunarkalenders nach

Mekka pilgern und sich dort dem komplexen, streng vorgegebenen Pilgerritus unterziehen. Die in ihrer sozial bewußtseinsbildenden Funktion nicht zu unterschätzende *Hadj* verwischt noch mehr als das gemeinsame Gebet alle politischen, rassischen und gesellschaftlichen Unterschiede.

Der Heilige Krieg *(Djihad)*, von einigen Sekten unter Führung der Kharidjiten zur sechsten Säule ernannt, wurde zu der Fackel, die den neuen Glauben wie einen Steppenbrand über die Nachbarstaaten ausbreitete.

Diese religiösen Pflichten stellen die Fundamente des Islam dar, ergänzt durch Glaubensregeln, die ebenfalls im Koran konstituiert sind. In der Religionsgeschichte Arabiens war es der Islam, der individuellen Glauben und sittliche Prinzipien von jedem Bekenner forderte und die Anhänger so zu einer ethischen Religionsgemeinschaft über die alten Bluts- und Stammesbande hinaus zusammenschweißte. Die neue Religionsgemeinschaft rekrutierte sich zunächst aus einer Handvoll Wüstenkriegern, die in knapp einem Jahrzehnt für den Islam ein Weltreich eroberten, das sich von den Grenzen Chinas bis in das christliche Abendland nach Spanien erstreckte. Während das neue Bekenntnis mit dem Schwert über die Grenzen der alten Reiche getragen wurde, fand in Mekka seine Konsolidierung zu Dogma und Staatsgrundlage statt.

Bis zu seinem Tod hatte Muhammad in seiner Person die Funktionen des Propheten und religiösen Oberhauptes, des Gesetzgebers, Richters, Oberbefehlshabers und Staatschefs vereint. Da er keinen Erben hinterließ, begann ein für den Islam konstitutioneller Streit, der die Religion und ihre Anhänger bis heute prägt: Sollte das neue islamische Imperium von einem Familienmitglied Muhammads regiert werden, oder sollte die Gemeinschaft der Gläubigen den Besten aus ihrer Mitte wählen? Die Mehrheit der Muslime, die Sunniten, wollten wählen, die Partei *(Schia)* Alis, des Neffen und Schwiegersohns Muhammads, wollte die Erbdynastie. Der dritte Kalif, Uthman, auch er ein Schwiegersohn Muhammads, faßte die Erleuchtungen des Propheten *(Suren)* zusammen, autorisierte sie und erklärte sie zur gültigen Richtschnur für alle Muslime.

Der Koran – das Heilige Buch

Nach orthodoxer islamischer Auffassung stellen die den Koran bildenden Suren das Wort Gottes dar, wie es dem Propheten offenbart wurde. Die Reihenfolge der 114 Suren legte man willkürlich nach dem Umfang fest – nach der Einleitungssure *(al-Fatiha)* umfaßt Sure II 287 Verse, die letzten Suren jeweils nur drei bis sechs Verse. Der Stil, rhythmische Reimprosa in vollendet geschliffenem Arabisch, entfaltet seine sprachliche Pracht mehr bei der Rezitation als bei der stillen Lektüre. Außer einer vom Kalifen legitimierten Übersetzung ins Türkische gilt der Koran nur in der arabischen Sprache als autorisiert, und nur zwei in Details differierende Lesarten werden als kanonisch anerkannt.

Das Leben der Gläubigen wird von der Geburt bis zur Bestattung von den im Koran festgelegten Regeln bestimmt und gelenkt – Regeln, die seit den Tagen Abu Bakrs bis heute als Wort Gottes die Grundlagen islamischen Daseins bilden. In seinen gesetzlichen und religiösen Forderungen bildet der Koran auch die Basis der islamischen Jurisprudenz und prägt das Leben der Muslime in allen privaten und öffentlichen Bereichen. Diese universelle Bedeutung führte zur Expansion der arabischen Schrift und Sprache in alle Kulturen, die vom Islam infiltriert oder erobert wurden: Der Koran war das Buch, aus dem der Schüler Lesen und Schreiben lernte, das er auswendig rezitieren konnte, dessen Schrift und Sprache ihm überall in der Gemeinschaft der Gläubigen die Verständigung ermöglichte.

Durch die Niederlegung der göttlichen Offenbarung in Arabisch erlangte diese Sprache einen unantastbaren, quasi-religiösen Status und überdauerte so die folgenden Jahrhunderte ohne wesentliche Wandlungen. Die Sprache als Träger der göttlichen Wahrheit bildete die politische und kulturelle Basis und den fruchtbaren Boden für die bildende Kunst, die sich ebenfalls den orthodoxen Regeln unterwarf und sich die Rhythmizität und arabeskenhafte Struktur des Textes zu eigen machte.

Die Expansion der islamischen Welt

von Hans-Thomas Gosciniak

Die orthodoxen Kalifen

Unmittelbar nach dem Tod des Propheten drohte der jungen Gemeinschaft die innere Zersplitterung, als sich neue Führer mit prophetischen Gaben anpriesen. Abu Bakr, der Vater von Muhammads Lieblingsfrau Aischa und erster Kalif, konnte durch militärische Interventionen die Einheit wiederherstellen und rüstete entschlossen zum Heiligen Krieg gegen den Norden. Nach einem Einfall in den Irak schlossen sich ihm die Führer Medinas an und überrannten das christlich-monophysitische Syrien, das sich nur zu gerne von seiner byzantinischen Herrschaft befreien ließ.

Unter Abu Bakrs Nachfolger Omar begann die Gründung eines islamischen Imperiums. Die byzantinischen Truppen zogen sich 636 aus Syrien zurück; Ktesiphon, die Winterhauptstadt des Perserreiches, fiel im selben Jahr, Ägypten wurde 641, Persien mit seinen weiten Landstrichen 642 erobert. Diese ungeahnten militärischen Erfolge schufen ein neues Selbstbewußtsein der bis dahin politisch recht unbedeutenden Beduinenstämme, die sich durch die Siege im Heiligen Krieg in ihrem Glauben bestätigt fanden. Die Struktur des neuen islamischen Imperiums war einfach und entsprach den Bräuchen der Wüste sowie den Sitten der Beduinen: Die eroberten Völker wurden gegen Angriffe von außen beschützt, durften ihre Religion, ihre Rituale, Gebräuche und Gesetze beibehalten, mußten jedoch eine Glaubenssteuer *(Djiza)* zahlen, wenn sie nicht konvertierten (wobei diese Steuer oft geringer war als unter den bisherigen, teils christlichen Herrschern). Die Muslime dagegen sahen sich als privilegierten Stand, der von den Steuereinnahmen lebte und der Kriegsführung, der Eroberung neuer Gebiete sowie der Religionsausübung nachging.

Das neue Imperium sollte sich jedoch nicht lange ungestört seiner Errungenschaften erfreuen. Als Omar durch den Dolch eines persischen Sklaven starb, überging man bei der Wahl des neuen Kalifen

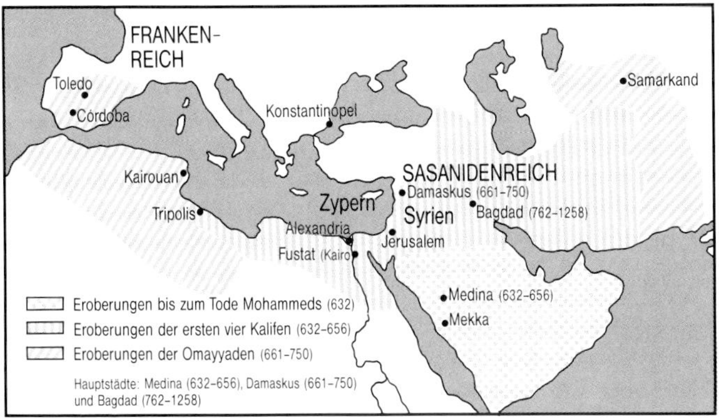

Die Ausdehnung der islamischen Welt bis 750

wiederum Muhammads ersten Schwiegersohn Ali und ernannte 644 Uthman, einen weiteren Schwiegersohn des Propheten. Uthman aus der Familie der Omayyaden übertrug die Macht im Staate den einflußreichen Familien Mekkas, was nicht nur zu erheblichen Differenzen mit den Anhängern Alis, sondern auch zu Spannungen mit den Familien in Medina führte.

Uthman wurde 656 ermordet, woraufhin die Bevölkerung Medinas Ali zum Kalifen ausrief. Aisha, die Tochter Abu Bakrs, beschuldigte nun zusammen mit den Sippen aus Mekka Ali der Mittäterschaft an dem Mord und hob alsbald im Irak eine Armee gegen ihn aus; die sogenannte Kamelschlacht im selben Jahr spaltete die Gemeinschaft der Gläubigen so endgültig, daß sich dieser Riß nie wieder kitten ließ. Die Macht des Kalifen konnte sich jetzt nicht mehr auf einen gemeinsamen Konsens, sondern nur noch auf die Schlagkraft seiner Armee stützen. Ali gründete daraufhin seine Hauptstadt Kufa im Irak, wo ihm jedoch Mu^{c}awiya, der Gouverneur Syriens, die Herrschaft streitig machte. Mu^{c}awiya, ein Schwager des Propheten und Vetter Uthmans, verfügte über eine ausgezeichnete Armee und besaß die Unterstützung der mächtigen Mekkaner. Als Ali durch den Druck der Ereignisse Verhandlungen führen mußte, spaltete sich eine radikale Gruppierung von seinen Anhängern ab, die sich als Kharidjiten gegen Ali und Mu^{c}awiya wandten. Im Jahre 661 ermordete einer dieser Sektierer Ali.

Die Omayyaden

Mit der Proklamation des Omayyaden-Herrschers Mu^{c}awiya ging 661 das Kalifat an Damaskus über. Mu^{c}awiya, ein fähiger Staatsmann, etablierte und festigte das islamische Imperium gegen den Widerstand der schiitischen Muslime in den östlichen Provinzen, doch der imperiale Gedanke brachte es mit sich, daß das bislang auf Wahl basierende Kalifat sich dem Prinzip der Erbdynastie beugen sollte. Mu^{c}awiyas Sohn Yazid wurde von den Medinensern und den Muslimen der Ostprovinzen nicht anerkannt; sie ernannten Alis Sohn Hasan und nach dessen Abdankung seinen jüngeren Bruder Husein zum Gegenkalifen. Inzwischen hatte der omayyadische Feldherr Amr Ibn al-^{c}As Ägypten erobert und dem Reich eingegliedert. Husein, im Oktober 680 auf dem Weg in den Irak bei Kerbela ermordet, war zum Märtyrer der Schiiten geworden.

Trotz dieser inneren Wirren dehnten die Eroberungszüge das Reich immer weiter aus: 710 wurden Nordafrika westlich von Ägypten, 714 ganz Spanien erobert und Südfrankreich infiltriert; Sizilien, Kreta und Zypern erhielten muslimische Herren. Die Grenzen Griechenlands in Ostanatolien brachen zusammen, große Teile Indiens wurden okkupiert, Khorasan und Transoxanien folgten gegen den Widerstand der iranischen Herrscher dem Ruf des Propheten. Nach innen jedoch war das Reich zerrissen zwischen den divergierenden Interessen der Statthalter in den östlichen Provinzen, den Herrschern Nordafrikas und einzelner Regionalfürsten, die das dynastische Prinzip nun auch für sich beanspruchten.

Wenn auch die Eroberungen dem Reich immensen materiellen Gewinn brachten, zeichnete sich doch der Sturz der Dynastie ab, als sich 749/50 die Ostprovinzen mit dem Ruf nach einem Führer aus der Familie des Propheten erhoben; unterstützt durch die

Lebensgroße Darstellung eines Omayyaden-Fürsten – wahrscheinlich handelt es sich um al-Walid II.

einflußreichen Familien Medinas und die religiöse Elite, machten sie sich die zunehmende Unruhe der besetzten Völker und den Widerstand der schiitischen Muslime zunutze. Der Aufstand gipfelte in einem Massaker, dem alle Mitglieder der herrschenden Familie zum Opfer fielen; lediglich Abd ar-Rahman konnte sich nach Spanien retten, wo die Dynastie der Omayyaden einen zweiten Höhepunkt ihrer Macht erleben sollte.

Die Abbasiden

Die Initiatoren des Umsturzes gehörten nicht zu den Anhängern Alis, sondern favorisierten die Nachfolger von Muhammads Onkel Abbas, denen jetzt das Kalifat übertragen wurde. Unter al-Mansur errichtete man 763 die neue Hauptstadt Dar as-Salam bei Bagdad, wo sich eine neue theokratische Autorität konstitutierte. Die Rückbesinnung auf die orthodoxen Glaubensprinzipien gewann rasch die Gunst der religiösen Führer, und das Kalifat (Gottes Schatten auf Erden) betrachtete sich fortan als religiös-politische Instanz mit dem Anspruch auf göttliche Unterstützung und Inspiration.

Diese spirituelle Neuorientierung brachte eine Vielzahl weiterer Veränderungen mit sich: Die Offenheit gegenüber kosmopolitischen Einflüssen, vor allem byzantinischen und persischen Ursprungs, machte den Kalifen zu einem Herrscher mit zeremoniellem Hofstaat, der ein zentralisiertes und hoch besteuertes Reich regierte. Der Einfluß der Wüste verlor sich in dem Maß, mit dem neue Großstädte und Handelsmetropolen als Machtsatelliten errichtet wurden; die rasch assimilierten kulturellen Strömungen in dem so heterogenen Reichsgebiet formten ihrerseits Kunst und Geistesleben des Islam und prägten ihm ihren unverkennbaren Stempel auf.

Nach außen hin blieben die Grenzen zunächst fast statisch – bis auf wenige Ausnahmen stagnierten die Expansionskriege. Das Reich prosperierte, brachte Kunst und Kultur zu neuen Höchstleistungen und nahm mehr und mehr einen ›östlichen‹ Lebensstil an. Im 9. Jh. begann die Einheit des Reiches zu zerbröckeln. Zur Festigung ihrer Herrschaft hatten sich die Abbasiden Türken als tributpflichtige Söldner zu einer militärischen Elite herangezogen und ihnen derart viel Macht und Einfluß eingeräumt, daß die eigentliche Gewalt schon bald nicht mehr in den Händen des Kalifen ruhte. Einer dieser Generale erbaute Samarra, ließ sich den Ehrentitel Sultan (Machthaber) verleihen und verstand sich fortan als Mitregent. Ahmad Ibn Tulun, als Statthalter der Abbasiden nominell nach Ägypten entsandt, sagte sich von ihnen los und gründete eine eigene Dynastie am Nil, die sich nach seinem Tod noch zwei Jahrzehnte halten sollte. Örtliche Dynastien in Persien zahlten zwar gelegentlich Tribute an Bagdad, regierten sonst jedoch weitgehend autonom, in Spanien herrschten Omayyaden-Kalifen völlig unabhängig vom Herrscher in Bagdad.

Als dann im 10. Jh. der Schiismus weite Teile der islamischen Welt beherrschte, beschränkte sich die Macht des Kalifen nur noch auf Teile des Irak. Die (schiitischen) Fatimiden eroberten nach Nordafrika auch Ägypten und Syrien und riefen schließlich ein Gegenkalifat in Kairo aus. 945 rissen in Persien und im Irak die Buyiden die Macht an sich und reduzierten den Status des ›Herrschers der Gläubigen‹ auf den einer geistlichen Marionette. Nachdem in der Mitte des 11. Jh. die Seldschuken die Staatsgewalt usurpiert hatten, gaben sie – selbst Sunniten – dem Kalifen wieder mehr geistliche Autorität, behielten die weltliche Macht jedoch selbst in den Händen, bis 100 Jahre später noch einmal ein letztes Erstarken der Abbasiden erfolgte. Die Aufsplitterung der einst zentralistischen Staatsgewalt hatte das islamische Reich jedoch so geschwächt, daß es den einfallenden Mongolen rasch zum Opfer fiel; 1258 wurde der letzte Kalif von Bagdad von ihnen ermordet.

Noch einmal jedoch sollte das Kalifat eine kurze Scheinblüte erleben: Baibars, ein mamlukischer Sultan Ägyptens, wollte das Kalifat nach Kairo holen und bot einem der letzten Überlebenden der Abbasiden-Familie das hohe Amt an. Von 1261 an lebten Kalifen aus der Sippe des Abbas am Hof in Kairo und lieferten als machtlose geistliche Repräsentanten den Mamluken die Legitimation für ihre Kämpfe gegen die Mongolen und die Kreuzfahrer. Der letzte Kalif, al-Mutawakkil, wurde nach der Eroberung Kairos durch die Osmanen von Selim 1517 nach Istanbul verschleppt. Der Sultan usurpierte den Kalifentitel.

Prämissen, Voraussetzungen und Entwicklung der islamischen Kunst

von Hans-Thomas Gosciniak

Beschränken wir uns auf die bildenden Künste, so müssen wir uns vor Augen führen, daß sich die Kunst des Islam auf keine geographische oder ethnische Basis berufen kann; es gibt keine islamische Kunst im Sinne einer italienischen oder chinesischen Kunst. Auch sehen wir uns nicht mit dem Stil einer Epoche konfrontiert wie bei Barock oder Renaissance.

Die Krieger aus der Wüste, die unter dem Banner des Propheten die angrenzenden Länder eroberten, stießen auf blühende Hochkulturen mit eigenen, traditionell ausgereiften Formen in allen Bereichen der bildenden Kunst. Die Kargheit der Wüste und der Mangel an künstlerisch zu formenden Rohstoffen hatten die Araber zwar zu Meistern der Sprache und Poesie werden lassen, aber bis auf eben diese Sprache und den von ihr getragenen Glauben kamen sie ›mit leeren Händen‹ – eine eigene Kunst, die sie der der eroberten Gebiete hätten entgegensetzen können, gab es nicht. Die neue Kunst mußte also aus der Verschmelzung der jeweils vorgefundenen Kultur mit dem neuen Glauben und dessen hoch entwickelter, blumiger Sprache entstehen. Somit könnte es eigentlich keine ubiquitäre Kunst des Islam geben – zu verschieden und divergent waren die originären kreativen Ausdrucksformen der unterworfenen Kulturen.

Und dennoch erfahren wir bei der Betrachtung eines islamischen Kunstwerkes unabhängig von Ort und Zeit der Entstehung einen bestimmten Eindruck, erkennen ein Charakteristikum, das uns sofort die richtige Zuordnung zur islamischen Kultur treffen läßt – ungeachtet der nicht zu übersehenden geographisch und ethnisch bedingten Eigentümlichkeiten des Objekts. Um diese ›Persönlichkeit‹ eines Kunstwerkes zu erklären, bedarf es der Erörterung der formalen, stilistischen und inhaltlichen Wesenszüge des einen Teils dieser so unverwech'selbaren Symbiose. Ohne in die erkenntnistheoretische oder archäologische Wissenschaft allzutief einzusteigen, müssen wir uns hier doch einigen grundsätzlichen Überlegungen widmen, um die intellektuell-ästhetische Welt des Benutzers, Betrachters und Schöpfers dieser Kunstwerke im Kontext seiner Zeit verstehen zu lernen.

Der Islam, dessen Philosophie und Tradition es fremd war, sich in einer Bildersprache zu äußern, bediente sich der künstlerischen Formen, die er in den eroberten Gebieten vorfand. Diese teils figuralen Formen mußten ihrer symbolischen Bedeutung, die sie innerhalb der alten ›heidnischen‹ Religionen besessen hatten, entbunden und zu anderen, dem neuen Glauben untergeordneten Einheiten umstrukturiert werden. Die Neutralisation der alten Symbolgehalte wiederum gab Raum für eine völlig neue künstlerische Ausdrucksweise: Sie intellektualisierte, abstrahierte, diktierte einen neuen Rhythmus und verschob den Schwerpunkt vom Symbolgehalt hin zum Dekorativen. Versteht man die Transformation der Stile als schöpferische Auseinandersetzung mit dem künstlerischen Erbe von Byzanz, der Antike und der sasanidischen Kultur, so erkennt man die Genese einer neuen Kunstform, in deren Gestaltung neue Aussagen und Beziehungen ihren Ausdruck gefunden haben.

Einmal der Bindung an die ursprüngliche Kultur enthoben und abstrahiert, konnten die alten Formelemente zu neuen Einheiten verschmelzen, wobei sie ihre Herkunft noch nicht einmal verleugneten. Sie sind jedoch alle einem abstrakten Prinzip unterworfen: Die sichtbare Form wird Träger einer intellektuellen Botschaft. Das Ornament, in der islamischen Kunst nicht als Summe von Formen zu verstehen, sondern als Beziehung von Formen innerhalb bestimmter rhythmisch-geometrischer Gesetzlichkeiten, eröffnete bislang nicht bekannte Möglichkeiten des Dekors – gebunden an eine Idee, frei jedoch in der endlosen Entfaltung und Verwendbarkeit. Jedes Bauwerk, jedes Objekt konnte Träger dieses Dekors werden, wobei eine auffallende Verschiebung der Akzente erfolgt: Stand bislang das zu schmückende Objekt im Mittelpunkt des Kunstschaffens, so unterwirft jetzt der Islam das Objekt seinem neuen ästhetischen Empfinden; Ornament und tragende Fläche verweben sich zu einer untrennbaren Einheit.

Die außerordentliche Vielfalt der Möglichkeiten zur Oberflächengestaltung erweiterte sich noch durch die künstlerische Idee, bestimmte Materialeffekte durch die Verwendung völlig anderer Materialien zu imitieren. Die aus der Antike übernommenen vegetabilen Motive wie Rosetten, Palmetten oder Weinblätter wurden nach geometrischen Prinzipien neu strukturiert und kombiniert. Wenn das Ornament, ohne Bezug zum Objekt ausschließlich seiner Eigengesetzlichkeit

Ornamentschmuck an der al-Mu'ayyad-Moschee (Kairo)

gehorchend, in seiner rhythmischen Gliederung im Sinne des Horror vacui danach drängt, die gegebene Fläche vollständig zu bedecken, muß jede Untereinheit in sich geschlossen und gleichzeitig beliebig erweiterungsfähig sein.

Im Ansatz waren solche Bestrebungen bereits in der Ornamentik der Sasaniden erkennbar gewesen, weniger ausgeprägt auch in der Spätantike. Als Weiterführung und Steigerung dieser Tendenz kam es unter dem Einfluß des Islam nun zu einer Auflösung des statisch-additiven Aufbaus. Es ist vor allem die beherrschende Rolle des Flechtbandes, die die Unterschiede zwischen Fläche und aufgetragenem Ornament aufhebt. In die gesetzmäßige Aufeinanderfolge des geometrischen Geflechts werden abstrahierte Blattmotive, Rosetten u. ä. so eingestreut, daß der starre Grundrhythmus eine Spannung erfährt, die sich in oszillierende Bewegung umsetzt. Primäre und sekundäre Muster, also rahmende und diesen Rahmen füllende Strukturen, Licht und Schatten schwingen in einer eigenen Harmonie, einer neuen inneren Ordnung – in der Idee der Arabeske.

Der geistig-intellektuelle Hintergrund zu dieser Entwicklung liegt offen zutage: Religion und Philosophie gehorchen einer Vorstellungswelt, die – jenseits der empirischen Realität oder besser diese nicht sonderlich achtend – transzendental und zur Abstraktion hin ausgerichtet ist. Entsprechend der religiösen Grundeinstellung wird auch die sinnlich erfahrbare Realität in die Abstraktion überführt, entwertet, um die Vergänglichkeit der von Menschenhand geschaffenen Materie auszudrücken. Durch die Transformation der Struktur wird die Körperlichkeit des Kunstwerkes verleugnet, denn – *li-'llah al-baqi* (was bleibt, ist Gottes) – nur Allah kann einem Ding Beständigkeit verleihen.

Neben dieser religiösen Grundhaltung ist der aus der griechischen Philosophie übernommene, die islamische Geisteswelt nachhaltig prägende Atomismus in Betracht zu ziehen, dem zufolge alles aus verschiedenen Kompositionen gleicher Grundeinheiten besteht. Gerade in der unendlichen Vielfalt der ornamentalen Komposition vollzieht der Künstler also den göttlichen Schöpfungsakt nach.

Die Anwendbarkeit des Ornaments beschränkt sich nicht allein auf die Architektur; Töpfer, Weber, Bronzegießer und Zimmerleute, alle Handwerker unterwarfen sich diesem Prinzip, so daß sich alle Techniken, obwohl geprägt von unterschiedlichen kulturellen Traditionen, von allen anderen ästhetischen Ausdrucksformen abheben und als das zu erkennen geben, was wir als ›islamische Kunst‹ identifizieren.

Das Bilderverbot im Islam

Obwohl sich im Koran keine ausdrücklich bilderfeindliche Doktrin findet, geht doch aus einigen Abschnitten des heiligen Buches hervor, daß Muhammad Statuen mit heidnischen Idolen gleichsetzte (5,90/6,74). Allah als alleiniger Bildner (Musawwir-Sure 59,24) kann seiner Schöpfung den Lebensodem einhauchen (3,49). Diese in ihrer Beziehung zur bildenden Kunst recht vagen und ungenauen Ausführungen erfuhren im 8. Jh. durch die *Hadith* (Zitatensammlung) eine exaktere Interpretation, bekamen damit einen formal-doktrinären Charakter und gerieten zu einem Leitgedanken der islamischen Kunst, dem man von nun an teils völlig, teils nur in Ansätzen folgte. Diese Ikonoklasie (Bilderfeindlichkeit des Islam) muß im Kontext der sozialen und politischen Umstände gesehen werden.

Frauenstatuen aus dem Omayyaden-Palast Khirbet al-Mafdjar (bei Jericho)

Der Islam traf auf Kulturen, in denen der bildhafte Charakter der Kunst in Malerei wie Skulptur einen religiösen Symbolismus beinhaltete, zum Teil auch mit einer unmittelbaren Verehrung der dargestellten Wesen in gottähnlicher Funktion verbunden. Da es ein Verdienst des Propheten war, die heilige Kaaba von den Götzen gereinigt zu haben, lag es nahe, dieses ideelle, monotheistische Anliegen weiterzutragen und sich gegen alles zu wenden, was zum Götzenkult hätte verleiten können. Die neue islamische Kultur brauchte in der Zeit ihrer Expansion und Manifestation diese eindeutige Distanzierung von Merkmalen, die als typisch für die ›heidnischen‹ Religionen angesehen wurden. Es existieren zwar aus früher omayyadischer Zeit vereinzelte Statuen und Wandmalereien mit menschlichen Darstellungen, auch besaßen die Seldschuken asiatisch beeinflußte Skulpturen, die bei den Mongolen ebenfalls geschätzt wurden; in der Breite des Kunstschaffens gesehen handelt es sich hier jedoch nur um unbedeutende Ausnahmen ohne wesentlichen Einfluß auf die Entwicklung der islamischen Kunst.

Die von den Korangelehrten bestimmten Verhaltensregeln mußten sich allerdings als kompromißfähig erweisen: Verboten wurde die figürliche oder bildhafte Darstellung, wenn die Wesen ›lebensfähig‹ waren; ein Loch in der Körpermitte oder ein abgetrennter Kopf schlossen hingegen die Gefahr aus, daß dem Bild Leben zugesprochen werden konnte. Bildhafter Zierat auf Profangefäßen wurde toleriert, erlaubt waren auch Bilder, auf die man trat oder auf die man sich setzte (Teppiche, Kissen).

Während die orthodoxen Ausleger der Hadith sich gegen jede bildhafte Darstellung wandten, kamen Stimmen auf, die Textstellen im Koran bemühten, um die figurale Ausdrucksweise als göttliche Inspiration zu interpretieren und zu rechtfertigen. Der Streit, der bis in die Gegenwart noch zu heftigen Kontroversen in den verschiedenen Lagern führt, soll in seinen apologetischen Verrenkungen hier nicht weiter ausgeführt werden. Festzuhalten bleibt, daß die religiös fundierte Mißbilligung figürlicher Kunst eine der Ursachen für die unendlich reiche Entfaltung der islamischen Ornamentik war und dazu führte, daß konträre Einstellungen nur in der Profankunst ihren Niederschlag fanden. Bei der Illumination des Heiligen Buches oder in der sakralen Baukunst wird das Bilderverbot peinlich beachtet.

In regional unterschiedlicher Prägung lieferte das klassische Erbe ein Bildermaterial, das sich sogar zu neuer Blüte aufschwingen konnte. Hingewiesen sei auf die reiche Kunst der Miniaturmalerei und Buchgestaltung im persisch-indischen Kulturkreis, die durch den Kontakt mit der östlichen Mongolen-Kultur entstand. In die Türkei weitervermittelt, trat dann seit dem 15. Jh. der europäische Einfluß auf die Malerei zutage. Auch die wissenschaftlichen Bücher waren zur Erklärung ihrer Texte oft auf figürliche Illustrationen angewiesen, so daß sich das Verbot schon von daher lockern mußte. Und auch die Herrscher, als Mäzene für die Entwicklung der Kunst von großer Bedeutung, wollten nicht auf Insignien von Macht und Glorie verzichten und benutzten Löwen, Adler und Fabeltiere als Symbole ihrer Herrschaft.

Typologie der islamischen Kunst

von Hans-Thomas Gosciniak

Kalligraphie

Wie bereits erwähnt, stellt der Koran für den Gläubigen die göttliche Offenbarung dar, deren Verbreitung nur in der ›Ursprache‹ geduldet werden konnte. Innerhalb der gesamten islamischen Welt verbreiteten sich so Sprache und Schrift des Arabischen schon in der Frühzeit der Expansion und prägten die Ausdrucksformen in den eroberten Gebieten. Die persischen Sprachen, die sich im Osten erst spät durchsetzten, wurden wie das Türkische in die arabischen Lettern transkribiert, so daß ein bis auf wenige Details gleiches Alphabet im gesamten islamischen Kulturkreis benutzt wurde.

Die arabische Schrift besteht aus einem Gerüst von 28 Konsonanten, deren Form und Stellung je nach Anfang, Ende oder Mitte des Wortes wechselt. Drei lange Vokale mit entsprechenden Kurzformen und fünf Sonderzeichen erleichtern die Lesbarkeit und genaue Textdefinition. Geschrieben wird von rechts nach links entlang einer horizontalen Linie, wobei Vokal- und diakritische Zeichen darunter und darüber liegen. Die Komposition der Buchstaben in der Kalligraphie baut die Zeile zu einem kontrapunktischen Rhythmus auf, läßt sie schwingen und über ihre Aufgabe als Informationsträger hinaus zu einem eigenen dekorativen Element – und für den Betrachter zu einer visuellen Erfahrung – werden.

Dieses dekorative Element unterliegt wiederum den Gesetzen der Metrik und Geometrie, variiert die Wortgestalt in Spiel und Wechselspiel. Die Sprache bekommt so eine vitale Bildhaftigkeit mit fühlbarer transzendentaler Kraft und Spannung. Die Aufteilung des Textes in geometrische oder florale Motive, durchwoben von Vokalen und diakritischen Zeichen, wird zu einer Kadenz von Arabesken, zu einer kinetischen Einheit, in der sich das Auge und der Intellekt verlieren und wiederfinden können.

Ohne auf die unzähligen Schulen und Varianten einzugehen, lassen sich fünf Hauptstile der Schrift charakterisieren:

Kufi, Naskhi, Ta'liq, maghrebinisch-andalusischer Stil, zoomorphe Schrift – Schriftbilder.

Kufi

Diese frühe monumentale Schrift, mit kurzem vertikalen und langem horizontalen Duktus eckig aufgebaut, erreichte ihre Perfektion in der zweiten Hälfte des 8. Jh. Sie diente primär zum Kopieren des Korans, für religiöse Inschriften und wichtige Texte. Während das strenge frühe Kufi das puristische soziale Umfeld seiner Zeit widerspiegelte, paßte es sich später auch der zunehmenden Pracht und Repräsentationsfreude an und entwickelte bis zum 12. Jh. eigene ornamentale Formen. Während die Lettern zunächst in relativ einfache foliative oder florale Ornamente ausliefen, so daß die horizontale Basislinie nicht unterbrochen wurde, bekamen die Einzelbuchstaben zunehmend ornamentalen Charakter und Selbständigkeit. Neue geometrische Elemente traten in Form von Verknüpfung oder Verkettung auf, wechselten sich ergänzend ab mit auch figuraler Ausgestaltung der vertikalen Schriftzeichen in Form von Köpfen und Torsi oder umrankten den gesamten Schriftzug mit Blattornamenten, so daß freie Kombinationsmöglichkeiten von sogenanntem blühendem, blättri-

Kufi-Inschrift auf einem Koranständer

gem, geknüpftem Kufi von der Vielfalt der schöpferischen Möglichkeiten zeugten. Die Weiterentwicklung dieses Schrifttyps zeigte dann zwei verschiedene Richtungen, die wir als das östliche und das westliche Kufi unterscheiden.

Im östlichen Kufi stehen die langen Konsonanten stets senkrecht, wobei die kurzen Schriftzüge parallel zueinander nach links abkippen und dem Duktus so eine fließende Dynamik verleihen. In seiner eleganten Ausprägung dient dieser Schrifttyp bis heute als Überschrift für die einzelnen Koran-Abschnitte. Das westliche Kufi, das zunächst in Kairouan entwickelt wurde, rundete die Ecken des archaischen Typs ab, nahm kursive Elemente an und durchbrach die vorher streng beachtete vertikale Grundlinie.

Das streng geometrische, archaische Kufi hingegen wird von den Kalligraphen benutzt, um in zahlreichen Variationen die Worte ›Allah‹ und ›Muhammad‹ ornamental zu variieren.

Naskhi

Durch die Eroberungen der Araber konvertierten Hunderttausende zum Islam, so daß es notwendig wurde, die Schrift zu reformieren und einen leicht erlernbaren, flüssig zu schreibenden Kopierstil zu entwickeln. Auch hatte sich der bislang verwendete ägyptische Papyrus dem Schwung der Feder ›widersetzt‹; die Einführung des Papiers jedoch ermöglichte nun eine neue Schreibweise, so daß seit dem 11. Jh. das kursive Naskhi die weitere Entwicklung der Schrift, die am Hof der abbasidischen Kalifen begann, trug. Dort waren Hunderte von Kalligraphen damit beauftragt, die Werke der klassischen Antike, des syrischen, persischen und indischen Kulturraumes in die neue Sprache der Eroberer umzusetzen und so der Nachwelt zu erhalten.

In dem neuen kursiven Schreibstil entwickelten sich rasch feste Regeln für die diakritischen und vokalisierenden Zeichen und ein festes geometrisches System, in dem das Maß des Buchstabens und der Zeile bestimmt wurde. Dieses von Ibn Muqlah im 10. Jh. eingeführte System benutzte den rhombischen Punkt der Kalligraphenfeder als Grundmaß: Ein standardisiertes *Alif* (= A) und ein standardisierter Kreis setzten sich so je nach Stil aus fünf bis sieben rhombischen Punkten zusammen, wobei der Radius des Standardkreises der Länge des dazugehörigen Alif entspricht. Hierdurch bekam die Kalligraphie präzise Regeln, denen sich jeder Buchstabe in Größe und Verhältnis zu den Nachbarlettern auszurichten hatte.

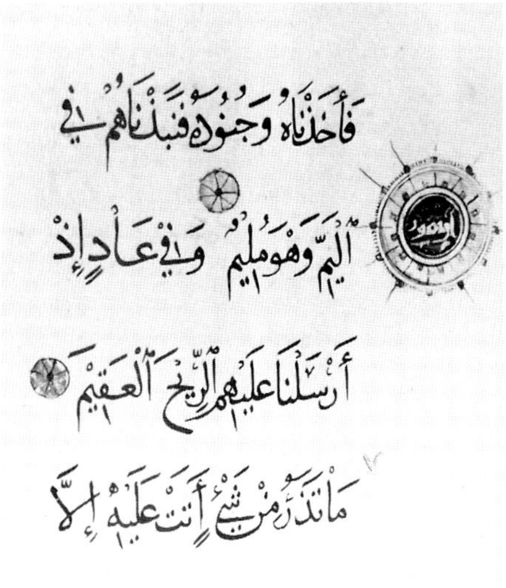

Kalligraphie in Naskhi-Schrift

Dieser kursive, flüssige Linearstil erreichte die weiteste Verbreitung im islamischen Kulturkreis und wurde mannigfaltig abgewandelt und variiert, eignete sich in späteren Jahrhunderten zum Setzen von Druckbuchstaben und bildet so auch die Grundlage für das moderne Schriftarabisch. (Schon vor der Einführung des Naskhi gab es kursive, jedoch nicht standardisierte Schriften, die nur für profane Texte verwendet wurden.)

Eine Abwandlung erfuhr das sehr schematische Naskhi durch das *Thuluth,* das die unterschiedlichen Oberlängen der Buchstaben durch Wortteile des laufenden Textes auffüllte. So entstand eine zweite Schriftebene in der Zeile, die die horizontale Linearität durchbrach – die Schrift scheint ineinander verwoben zu sein. Ihr ornamentaler Charakter verlieh dieser Schrift einen liturgischen Wert, der sie für die Überschriften der Suren und für architektonische Arabesken prädestinierte.

Ta^c^liq

Im auslaufenden 12. Jh. fanden sich in Persien Bestrebungen, das Naskhi zu einer eigenen ›nationalen‹ Schriftform umzubilden. Eine schräge Führung des Schreibrohres, Vereinfachung einzelner Lettern

Ein Gedicht des persischen Dichters Hafiz in Ta^{c}liq-Schrift

und die Tendenz, Worte übereinander zu stellen oder aneinander zu hängen, ergaben einen schräg verlaufenden, nach links deszendierenden Duktus, der Dichtkunst und Profantexten vorbehalten blieb. Dieses Ta^{c}liq wurde seit dem 14. Jh. den Gesetzen des Naskhi unterworfen und nun als *Nasta^{c}liq* bezeichnet. In typischer Weise in mehreren Kolumnen angeordnet, von Arabesken und Blütenranken umgeben oder ›in Wolken gebettet‹, verbreitete sich dieser elegante Schrifttyp seit dem 16. Jh. auch durch die Moghul-Kaiser über Indien, wo er weitere Varianten hervorbrachte.

Über Persien kam das Nasta^{c}liq seit dem 16. Jh. zur Verbreitung im türkischen Reich und von dort auch gelegentlich in die Gebiete, die von der Expansion der Osmanen erfaßt wurden. Für kalligraphische Zwecke geschätzt, konnte dieser Schrifttyp sonst aber nicht heimisch werden. Neben einer spielerisch-kapriziös anmutenden dekorativen Abart in Persien und Indien, dem *Schikeste,* sei noch auf das *Diwani* verwiesen, die höfische Kanzleischrift der Osmanen. Das Diwani schmückt als Urkundenschrift Diplome und offizielle Schriftstücke und zeigt einen dem Nasta^{c}liq verwandten, enggefaßten und diagonal nach links ansteigenden Duktus, der am Zeilenende mit dem letzten Strich machtvoll abschwingt und in sich rhythmisch pulsiert. (Ein

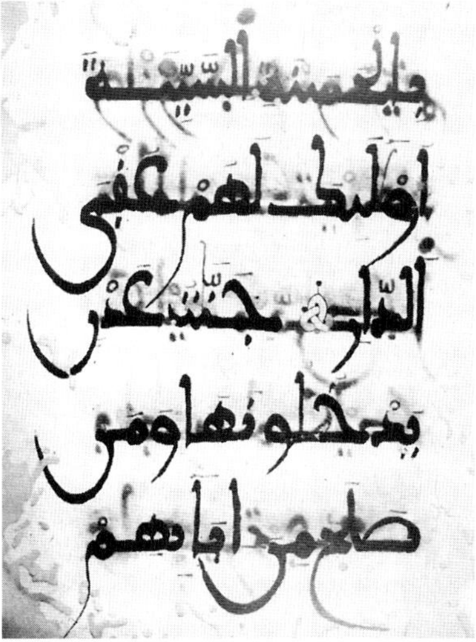

Kalligraphie im maghrebinisch-andalusischen Stil

solches Dokument wird gekrönt von der *Tughra,* dem kunstvoll verschlungenen Namenszug des Sultans.)

Maghrebinisch-andalusischer Stil

Dieser west-islamische Schreibstil, zu dem mit Einschränkung auch der sudanische gerechnet werden kann, entwickelte sich im tunesischen Kairouan aus dem archaischen Kufi. Mit der Verwendung kursiver Bögen ähnelt es dem Naskhi, behält jedoch die senkrecht-lineare Führung der Lettern bei und führt die bogenförmigen Schwingungen in kühnem Zug bis tief unter die Horizontallinie. Die politischen Entwicklungen in Nordafrika (Vertreibung der Araber aus Spanien, s. S. 69) brachten die Vermischung der andalusischen und nordafrikanischen Stile mit sich. Lediglich das *Sudani* ist noch durch gewisse Eigenheiten, insbesondere eine Linkskippung der Buchstaben und die unregelmäßige Ausformung der Bogenschwünge, leicht zu unterscheiden.

Das wesentliche Merkmal des maghrebinisch-andalusischen Stils liegt in der grazilen Führung der Lettern, die mit ihren kurvigen Ausläufern oft in die nächste Zeile hineinragen und den Text so zu einem geschlossenen ›Bild‹ verweben. Neben den nordafrikanischen und spa-

Schönes Beispiel für ein zoomorphes Schriftbild

nischen Zentren setzte sich diese Schrift auch in Sizilien durch. Eigentümlicherweise hat sich das oft in mehrfarbiger Tinte geschriebene *Maghrebini* nie in der Bau- und Gerätegraphik durchgesetzt – hier herrschten weiterhin Abwandlungen des westlichen Kufi und Variationen des Naskhi vor.

Zoomorphe Schrift – Schriftbilder

Die Freude am Spiel mit der geometrischen Form brachte schon früh viele Kalligraphen dazu, in einer im bilderfeindlichen Islam gewagt anmutenden Art die Lettern zu beleben, ihnen Tier- und Menschenköpfe zu verleihen oder durch die Schrift szenische Abläufe darzustellen. Alle Schrifttypen, vornehmlich Kufi und Thuluth, wurden benutzt, um durch phantasievolle Gruppierung der Buchstaben Gegenstände, Tiere, Pflanzen und Menschen entstehen zu lassen und so das Bilderverbot zu umgehen – niemals jedoch durften solche Spielereien zur Ausschmückung einer Moschee dienen. Anders die geometrischen Schriftbilder, die in vielfach verschachtelter Weise vor allem die Namen ›Allah‹ und ›Muhammad‹ zu abstrahierenden Ornamenten verwandelten und als religiöse Anrufung auch Sakralbauten verschönern durften.

Buchkunst

Eng verbunden mit der Kalligraphie ist die Illumination als nicht figurale Malerei. Im Gegensatz zu den europäischen Handschriften des frühen Mittelalters gab es im islamischen Bereich keinen Initialdekor, weil die arabische Schrift keine Majuskel kennt. Die Markierung von Textabschnitten geschah vielmehr durch Zierleisten oder Verstrenner; der Name der Sure konnte dann durch einen anderen Duktus oder farbige Unterlegung beziehungsweise durch ornamentale Rahmung hervorgehoben werden. Wie auch im Koran stehen in wertvollen profanen Handschriften zu Anfang des Buches doppelseitige Illuminationen sowie entsprechend ausgearbeitete und verzierte Kapitelstücke über den einzelnen Abschnitten.

Oft findet man die typische *Shamsa,* wobei ein vom Kreis ausgehendes Zentralornament den Werktitel, den Autorennamen und den des Auftraggebers oder eine Widmung enthält. Beendet wird der Text häufig durch ein farbig ausgemaltes Kolophon, um auch den Verfasser oder den Schreiber zu würdigen. Auffallend sind die unterschiedlichen regional bevorzugten Farben: Die Illuminationen der Mamluken weisen Schwarz, Rosa, Grün und Orange auf, die der Nordafrikaner Gelb, Rot und Grün, die des Iran vornehmlich Gold auf dunkelblauem Grund; die Türkei bevorzugt das leuchtende Rot, und der Iran wendet sich in der Spätblüte der Illumination einem Burgunderrot zu. Wie in allen Ländern und zu allen Zeiten spielte bei der Illumination jedoch das Gold eine tragende Rolle, wobei seine verschiedenen Schattierungen reizvoll zu den unterschiedlichsten Blautönen in Kontrast gesetzt wurden.

Eine Besonderheit der Ornamentik, die im persisch-türkischen Kulturkreis aus der Arabeske und anderen Pflanzenornamenten entstand, weisen die Illustrationen der mamlukischen Korane auf, die, meist geometrisch strukturiert, von verschiedenen Sternformen ausgehen. Fast immer steht dem Werk eine doppelte Titelseite voran, deren Hälften eine ästhetische Einheit bilden; eine solche Doppelseite schließt auch zumeist das Buchwerk ab. Besonders reiche Illuminationen umgeben die maghrebinisch-andalusischen Texte; vor allem die Schulen von Valencia und Sevilla zeichnen sich durch ein prachtvolles Arabesken-

Persische Miniatur (1525) ▷

نگاری که نازکتر از سرو کرد
جوان کودک خرد پرمایه گشت
کجا شیر مهمان همی جوشیدند
بران کوه بر کاروانها گذشت
برین گونه تا روزگار دراز
یکی مرد شد چون یکی زاد سرو
برش کوه سیم و میانش چو غرو
نشانش پراکنده شد در جهان
بسام نریمان رسید آگهی
بد و نیک هرگز نماند نهان
ازان نیک پی پور با فرهی

spiel in Blau und Gold aus. Im östlichen Teil der islamischen Welt übten die Schulen von Täbriz und Samarkand, für deren Gestaltungsweise eine bildhafte Aufteilung der Titelflächen in Felder mit Medaillongliederung, Rahmenborten, Sternmustern und Kartuschenbildern typisch war, einen erheblichen Einfluß auf die Knüpfkunst der Teppichherstellung aus. Charakteristika dieser Schulen wurden im 16. Jh. von Konstantinopel übernommen und in luxuriöser Pracht ausgestaltet. Später bereicherten auch ostasiatische Ornamente – kunstvoll umgewandelt – die üppigen Illuminationen.

Kalligraphie und Illumination bildeten eine optische Einheit, wobei der höhere Stellenwert der Kalligraphie gebührte. Der Schreiber war es, der den Zeilenabstand und das Verhältnis von Text zu Rahmen festlegte, dem Illuminator den Stil aufzwang und Grenzen setzte. Diese Rangfolge traf auch für die Miniaturmalerei zu, die zunächst auf den persisch-indischen Kulturkreis beschränkt blieb. Überliefert sind uns vor allem die Illustrationen zu den Epen Firdausis und Nizamis sowie bildhafte Darstellungen zu den poetischen Werken von Hafiz und Djami.

Der im Nasta^{c}liq geschriebene Text, meist in Kolumnen angeordnet, bildete das Grundgerüst, in dem der Schreiber dem Maler einen gewissen Spielraum zur Illustration gab. Durch die mongolischen Eroberungen stark mit fernöstlichen Elementen durchsetzt, entwickelte sich am Hof der Moghul-Kaiser eine besonders hohe Blüte der Miniaturmalerei, die später auch auf den osmanischen Hof ausstrahlte. Die Diskussion um das Bilderverbot, die vom 8./9. Jh. an mit Eifer geführt wurde, scheint in den östlichen Provinzen seit dem 13. Jh. ungehört verhallt zu sein: Individualporträts und sogar figürliche Darstellungen des Propheten zeugen hier von einer völlig eigenständigen Entwicklung.

Der harmonische Akkord von Illumination und Kalligraphie wurde durch die sorgfältige Auswahl kostbaren Papiers noch unterstrichen, das, selbst künstlerisch strukturiert, geglättet, goldgesprenkelt oder farbig getönt, Schrift wie Verzierung erst voll zur Geltung kommen läßt.

Solche prachtvollen Handschriften bedurften natürlich auch eines entsprechenden Einbandes. Als Material hierzu diente meist Leder, seltener auch Pappe, wobei man durch alle Jahrhunderte hindurch eine Unterteilung zwischen Mittelfeld und Rahmen erkennt. Während im Mittelfeld meist ein kreis- oder mandelförmiges Medaillon durch

Streckung oder Ergänzung betont wird, finden sich entsprechende Medaillonviertel in den Ecken, die Arabeskenlinien oder geometrische Strukturen miteinander verbinden. Der Raum zwischen Medaillon und Zierkante bleibt frei oder wird ebenfalls gemustert, wobei er sich jedoch deutlich abhebt. Bis zum 19. Jh. weist der islamische Bucheinband stets eine Klappe auf, die die Schnittseite schützt.

Zur Zeit der Mamluken wurden Ornamente bevorzugt, die die gesamte Einbandfläche in sternförmig gruppierten, ineinander verschlungenen Strukturen überzogen oder sich in einem streng geordneten Gitterwerk zu einer Einheit zusammenfügten. Meist wurden diese Ornamente durch Punzen oder Stempeln reliefartig herausgearbeitet und oft mit Gold ausgelegt; auf den türkischen Bucheinbänden späterer Zeit überwiegt dann die Blumenornamentik. Im Persien der Safawiden erfreute sich die Goldpressung einer besonderen Beliebtheit; die Matrizenmotive mit Tierfiguren und Wolkenbändern, meist mit einem ovalen Spitzmedaillon in der Mitte, beeinflußten ebenfalls die künstlerischen Ausdrucksformen der Teppichknüpfer.

Die von den Chinesen entwickelte Lacktechnik wurde wahrscheinlich durch die Invasion der Mongolen in Persien bekannt. Lackeinbände in größerer Zahl traten jedoch erst seit dem 16. Jh. auf. Der glatte Ledereinband wurde zunächst mit einer gehärteten Pappmasse überzogen; nach der Grundierung trug man die Illumination mit Gold und Wasserfarben auf. Mehrere Lackschichten schützten dann die farbige Malerei und verliehen ihr einen satten, schimmernden Glanz. Neben den üblichen Leder- und Pappeinbänden sind uns solche Lackarbeiten auch aus der osmanischen Zeit überliefert.

Textilien

In der islamischen Zivilisation kommt dem Textil, insbesondere der Kleidung, eine herausragende Bedeutung zu. Neben der reinen Zweckmäßigkeit diente die Kleidung als Indikator für Rang und Reichtum; als herrscherliche Gunstbezeugung wurden kostbare Gewänder zeremoniell verliehen. Überall zu gebrauchen und leicht zu transportieren, erreichten die Knüpf-, Web- und Stickarbeiten die fernsten Grenzen des islamischen Reiches und beeinflußten darüber hinaus auch die Nachbarländer. Antike und christliche Motive (Fisch, Kreuz u. a.) fanden ihren Einzug in die islamische Textilgestaltung, so vor allem

Türkischer Teppich mit abstrakten Motiven

koptische Einflüsse aus Ägypten oder die Tier- und Reitergestalten der Sasaniden.

Als Grundmaterialien dienten Wolle und Baumwolle, Leinen und – nachdem durch die Mongolen die Seidenraupenzucht vor allem am Kaspischen Meer und später auch in der Levante heimisch wurde – Seide. Seidenexporte in das christliche Abendland stellten einen wesentlichen Wirtschaftsfaktor im Reich der Safawiden und Osmanen dar; unter den Ayyubiden und Mamluken wurden die Seidenstoffe häufig mit Goldbrokat durchwirkt. Im mittelalterlichen Persien kam der Samtbrokat mit figürlichen Darstellungen in Mode, wobei die szenischen Darstellungen der Miniaturmalerei entnommen wurden. Unter den Osmanen bevorzugte man blütenbesetzte Ranken, Blattwedel und ovale Ornamente.

Bereits vor der Jahrtausendwende war in Ägypten unter den Fatimiden die Textilkunst zu hoher Blüte gelangt. Im gesamten Land arbeiteten Manufakturen, die in Anlehnung an abbasidische Vorbilder Baumwoll- und Batistgewänder mit Kufi-Schriftzügen farbig durchwirkten oder bestickten, gelegentlich auch Tierfriese zwischen die Schriftreihen einfügten. Die geometrische Stilisierung dieser Erzeugnisse leugnete nicht ihre koptischen Vorbilder. Zur gleichen Zeit blühten in Sizilien Manufakturen auf, die mit ihren farbig gewebten Seidenstoffen und Brokaten die Arbeiten von Venedig und Lucca inspirierten. In Nordafrika und Spanien wurden Webereien in Fes, Kairouan, Granada, Sevilla und Málaga gegründet; hier finden wir den altorientalischen Wappenstil mit Adlern, Greifen und Sphingen. Ostasiatische Einflüsse chinesischer Provenienz vermischten sich mit den islamischen Ornamenten im Textilgut der Mongolen, insbesondere zur Zeit der Timuriden, als Drachen, Paradiesvögel und Fabeltiere bevorzugt in Gold- und Silberbrokat gewirkt wurden.

Die Osmanen waren es, die sich dann ab dem 15. Jh. mit der Herstellung prächtiger Samte, Samtbrokate und Seidenbrokate hervortaten, wobei seit dem 17. Jh. der sogenannte Blütenstil vorherrschte (s. S. 231). Der enge Kontakt zum christlichen Europa brachte später auch Elemente des Rokoko in die osmanische Textilkunst ein.

Nur kurz soll hier auf die Teppichkunst eingegangen werden, bei der wir Filz-, Knüpf- und Webteppiche unterscheiden. Filz als eines der ältesten Produkte nomadischer Textilherstellung kam vor allem im Gebiet Zentralasiens vor; die Teppiche dieser Region fanden Verbreitung bis in den persischen Kulturraum, wurden schwerpunktmäßig aber weiter in Turkistan hergestellt. Hier herrschen streng geometrische Muster, Ranken und Spiralen chinesischen Ursprungs sowie gelegentlich auch Tierszenen vor.

Die Knüpfteppiche, bereits aus der Zeit der Achämeniden nachgewiesen, zeigen schon eine sehr frühe präislamische Hochblüte, die in mamlukischer, safawidischer und osmanischer Zeit wieder erreicht wurde. Im Ägypten der Mamluken knüpfte man Teppiche mit geometrischen Mustern und koptischen Motiven; nach der Eroberung durch die Türken wurden die Kairoer Teppichmeister nach Istanbul beordert, wo sie ihre Kunst fortsetzten. Ein weiteres Zentrum der Knüpfkunst bildete Persien, wo Kalligraphie und Illumination sowie nicht zuletzt auch die Miniaturmalerei Vorlagen für eine wiederum andere Teppichgestaltung lieferten: Meist dominiert hier ein Mittelmedaillon, von einem verzierten Spiegel umgeben und einer prächtigen Randbordüre begrenzt. Im gesamten persisch-zentralasiatischen Raum knüpfte man solche Teppiche vornehmlich in Manufakturen, während die zumeist ornamental-geometrisch verzierten Stücke häufiger bei nomadisierenden Stämmen anzutreffen waren.

Die Manufakturarbeiten am Hof der Moghuln erreichten eine besonders hohe Qualität, wobei das Leben am Hofe, Jagdszenen etc., in feinster Knüpftechnik farbenprächtig dargestellt, die Hauptthemen bildeten und kunsthandwerkliche Produkte hervorragender Meisterkunst bilden. Bis nach Zentralasien und in den Kaukasus hinein setzten sich chinesische Muster mit stilisierten Wolkenbändern und Drachen durch. Im Osmanen-Reich herrschten mehr Blütendekore und Stilelemente vor, die von den Keramiken übernommen wurden. Die Teppichmanufakturen in Spanien griffen bei ihrer Motivauswahl oft auf Muster und Ornamente zurück, die dem Zeitgeist der Renaissance entsprachen.

Die dritte Gruppe der Webteppiche *(Kelim)*, fast ausschließlich bei nomadisierenden Stämmen zu finden, war entsprechend der technischen Voraussetzungen des Webstuhls mehr an geometrische, sich reziprok wiederholende Ornamente gebunden. Anders als bei der polychromen Pracht der Manufakturteppiche herrschten hier einheitlichere, gedecktere Farben vor, die den meisten Stücken einen eigenen rustikalen Reiz verleihen.

Bei all der Vielzahl von Motiven spiegelt das Design der Teppiche grundsätzlich die für den Islam typische Flächigkeit im ästhetischen Ausdruck wider. Die geometrischen Konstruktionen und floralen Elemente, zumeist symmetrisch aufgebaut, bilden ein komplexes, ineinander verwobenes Bild, dessen Strukturierung und Stil sich an die Illuminationen anlehnt. Bei den Teppichen der Moghuln wurde die Symmetrie und Konstruktion zugunsten der Bildtechnik, die wir aus der Miniaturmalerei kennen, aufgegeben.

Keramik

Die islamische Keramik besteht vornehmlich aus Irdenware; Steinzeug und Porzellan kamen nicht zur Anwendung. Die Gefäße wurden im allgemeinen auf der Töpferscheibe hochgezogen, die seit dem 4. Jt. v. Chr. bekannt war; komplizierte Gefäße konnten mitunter auch von Hand aufgebaut werden. Häufig verwandte man Halbmodel, die der Tonmasse die gewünschte Form und den Dekor verliehen.

Kacheln der
Aqsunkur-Moschee
(Kairo)

Durch das Auftragen einer Schicht aus mineralischem Pigment konnte dann beim Brennen die Oberfläche farbig verziert werden.

Unter den Abbasiden im Irak, vor allem in Bagdad und Samarra, wurde die altiranische Töpfertradition durch die Berührung mit dem aus China importierten Porzellan neu belebt. Durch zinnhaltige Glasuren überzog man die braune Oberfläche des Tons mit einer glänzenden, weißlich-opaken Schicht, die dem kostbaren Porzellan ähnelte; diese Oberfläche eignete sich nun hervorragend zum Bemalen mit figürlichen Motiven oder Schriftzügen.

In Mesopotamien wurde auch die sogenannte Lüsterkeramik entwickelt. Bei dieser Technik wird das fertiggebrannte Gefäß mit einer Mischung aus Schwefel, Silber und Kupferoxiden bestrichen und in einem speziellen Prozeß erneut gebrannt. Man erhält so einen metallischen Oberflächeneffekt, der je nach chemischer Zusammensetzung und Brenntechnik verschiedene Metalle imitiert. Durch unterschiedliche Farbpigmente sind auch polychrome Effekte zu erzielen. Gegen Ende des 10. Jh. wurde die Lüstertechnik auch im Ägypten der Fatimiden zu hoher Vollendung gebracht; die Technik griff dann auf Syrien, später auch auf Persien und Spanien über.

Rein lineare Oberflächenverzierungen entstanden, indem man den Pigmentbelag auf dem Gefäß ritzte und anschließend glasierte. Die Ritzmuster traten dann dunkelbraun oder schwarz hervor, mitunter auch in Kombination mit Relieftechniken.

Inspiriert durch die Porzellane, die durch den Handel mit Ostasien den Weg in ihr Reich fanden, entwickelten die Künstler der Seldschuken die Fritte, eine glasartige Substanz, die aus gemahlenem Quarz und Ton bestand, geschmeidiger zu verarbeiten und härter zu brennen war.

Nach dem Fall der Fatimiden wanderten viele Töpfer in die Ostprovinzen aus, so daß dort im 13. Jh. die Lüstertechnik ebenfalls Verbreitung fand und in regional eigenständiger Art weiterentwickelt wurde. Insbesondere für die polychromen Keramiken bildete sich dann in Kashan, wo auch die Technik der Unterglasurmalerei entwickelt wurde, ein neues Zentrum heraus.

Die regionalen Einzelstile sind zum Teil in ihrer Einzigartigkeit unverkennbar, zum Teil aber auch schwer zu bestimmen. Wie die Textilien erfreuten sich die keramischen Produkte einer außerordentlichen Beliebtheit als Handels- und Exportobjekte, so daß eine vornehmlich von Ost nach West gerichtete Verbreitung innerhalb des islamischen Kulturkreises zu erkennen ist. Die Nishapur-Ware zeichnet sich durch iranische Glasurfarbenmalerei mit einer transparenten Deckglasur aus; als Motive dienten häufig Abbildungen der Fixsterne. Von den Samaniden sind uns Schalen und Teller mit gemalten Kalligraphien auf weißem Anguß unter der Glasur überliefert. Die Mongolen-Feldzüge trugen mit buddhistisch-mongolischen Motiven zum Reichtum des Dekors bei; die Blau-Weiß-Malereien auf den Gefäßen, die Seladon-Scherben und andere Versuche, Porzellan zu imitieren, dürfen ebenfalls als Ausdruck dieser fernöstlichen Inspirationen gelten. Etwa im 16. Jh. spielten die Manufakturen im Osmanischen Reich eine führende Rolle; hier entwickelte sich der charakteristische naturalistische Blumenstil in mehrfarbiger Unterglasurmalerei.

Die Anwendung der verschiedenen keramischen Techniken erstreckte sich nicht allein auf die Herstellung von Gefäßen für den täglichen Gebrauch oder für Repräsentationszwecke. Parallel zu dieser Entwicklung eröffnete die Fliesentechnik neue, bislang ungeahnte Möglichkeiten zur farbigen Gestaltung von Wänden und Decken. Vor allem im persischen und zentralasiatischen Raum wurden Moscheen und Paläste mit polychromen Kacheln geschmückt, wobei das Stilempfinden der Kalligraphie und der Illumination sich auch in dieser Technik niederschlug. Die Türken übernahmen ab dem 16. Jh. diese Vorliebe für farbig verzierte Wände und verbreiteten die Kacheltechnik über Syrien, Ägypten und weite Teile ihres Herrschaftsgebietes. Die permanente Veränderung der Herrschaftsgebiete zog eine enorme

Migration der Künstler nach sich, die ihre Techniken und ihren Stil dann in Regionen fernab ihres Heimatlandes einsetzten und so die verschiedensten ästhetischen und handwerklichen Varianten im gesamten islamischen Kulturkreis verbreiteten.

Glas und Kristall

In Syrien, Ägypten und Mesopotamien herrschte schon eine althergebrachte vorislamische Tradition der Glasbläserei und der Kunst, Gefäße aus Bergkristall zu schneiden. Während zum Teil unter Beibehaltung der traditionellen Formen, insbesondere des römisch-hellenistischen Stils, die zumeist glatten Oberflächen der Gefäße vom 8.–11. Jh. durch Ritztechniken oder Schliff ornamental oder figural verziert wurden, wandte man sich vom 12.–14. Jh. vor allem in Syrien und Ägypten dem polychromen Glas zu.

Geschliffene Amulette aus Bergkristall wurden am Hof der Fatimiden geschätzt; dort schliff man vorzugsweise figürliche oder heraldische Ornamente, oft auch Schriftbänder aus der glatten Oberfläche im Relief heraus – in Persien und Mesopotamien dagegen verlagerte sich die Dekoration von der sasanidischen Tradition mehr auf florale Motive. Viele dieser wertvollen Gefäße fanden schon im frühen Mittelalter Einzug an die Fürstenhöfe Europas. Etwa im 10. Jh. hatten sich die Handwerker in Ägypten durch zugereiste Künstler aus Mesopotamien die Kunst der Glasbläserei und Glasveredelung angeeignet, so daß Fustat (Alt-Kairo) zum Zentrum der islamischen Glaskunst werden konnte; dort entwickelte man auch die Technik, wie der Glasoberfläche keramischer Erzeugnisse metallische Lüstereffekte zu verleihen waren. Diese Umgehung des in dem Hadith geäußerten Verbotes, Gefäße aus Edelmetallen herzustellen, übertrafen dann im 12. Jh. die Glastechniker in Syrien, die das gläserne Grundmaterial emaillierten und vergoldeten.

Die Glaszentren in Damaskus und Aleppo waren berühmt für ihre prächtigen polychromen Moschee-Ampeln, die – reich emailliert und teilweise mit vergoldeten Ornamenten und Schriften verziert – von den Mamluken-Fürsten geordert und in den Moscheen aufgehängt wurden.

Höfische Gebrauchsgefäße in Syrien und Ägypten zeigten ab dem 12. Jh. deutlich den Einfluß der mongolischen Kultur, die seit dieser

Moschee-Ampel
(Syrien, 13. Jh.)

Zeit in engen Kontakt zur islamischen Welt trat. Nach der Eroberung von Damaskus durch Timur (1400) wurden die Mitglieder der Glasgilden nach Samarkand verschleppt. Syrische Handelsbeziehungen mit Venedig hatten die Glaskunst jedoch schon 200 Jahre zuvor auf der Insel Murano etabliert, so daß der Vordere Orient im 15. Jh. wiederum seine emaillierten Moschee-Ampeln aus Venedig beziehen konnte. Als hervorragendste Beispiele der hochentwickelten Glastechnik gelten die Moschee-Ampeln der Mamluken-Zeit, die, mit dem individuellen heraldischen Symbol des Stifters versehen, von dessen Großzügigkeit und Reichtum Zeugnis ablegen sollten.

Metallarbeiten

In Byzanz und Persien liegen die Wurzeln der islamischen Metallkunst, die nach der Eroberung durch die Araber eine neue Hochblüte erlebte. Während im 1. Jh. der Eroberung in Mesopotamien die sasanidischen Einflüsse noch so stark waren, daß sich ein eigenständiger islamischer Stil kaum ausmachen läßt, prägte schon bald die Verwendung des Kufi

Einlegearbeit im Koftgari-Stil
(Streitaxt, Iran, 18. Jh.)

auch den frühen Gefäßen den unverwechselbaren Stempel des Islam auf. Aus vorislamischer Tradition stammten die figuralen Formen der Aquamanile, Schalen und Krüge, wobei sich unschwer auch fernöstliche Stile zu erkennen geben.

Entsprechend dem religiös fundierten Verbot sind Gefäße aus Silber oder Gold bis auf postsasanidische Exemplare außerordentlich rar, aber auch die Metallhandwerker verstanden es bald, durch Manipulierung der Oberflächen ein edles Metall vorzutäuschen. Zur Metallbearbeitung boten sich verschiedene Möglichkeiten an: Bronze konnte im Relief gegossen werden, die schmiedbaren Metalle wurden durch Ziselierung oder Treiben in Repoussé verziert. Das erste Zentrum für neue künstlerische Impulse entwickelte sich in Nordpersien und Khorasan, von wo Anregungen nach Mesopotamien und Syrien ausgingen. Seit dem 11. Jh. beeinflußten die Seldschuken maßgeblich den Stil der Metallkunst; neue Formen traten auf, die Zeichen des Zodiak und symmetrisch angeordnete Tierfiguren in Halb- und Vollrelief beherrschten den Stil. Schon im 12. Jh. wich die zunächst noch rigide Linienführung einem neuen, auf Repräsentation ausgerichteten ästhetischen Empfinden.

In wenigen Jahrzehnten wurde die Kunst des Tauschierens zu ihrer höchsten Vollendung entwickelt, neue künstlerische Zentren bildeten sich in Mossul, später auch in Damaskus und im Kairo der Mamluken. Bei der Tauschierung unterscheidet man die Einlagetechnik von der Aufriebtechnik, die unter dem Namen Koftgari seit dem 14. Jh. in Indien weiterentwickelt und später auch im Osmanischen Reich neben der Einlage mannigfach angewandt wurde. Bei der Einlage-Tausia werden Riefen in die Metalloberfläche gegraben – Drähte unterschiedlicher Stärken aus Silber, Kupfer oder Gold werden dann in die Rinnen eingetrieben und im Oberflächenniveau geglättet und poliert. Bei der Koftgari-Technik, für die sich vor allem Stahl eignet, rastert man die zu schmückende Fläche mit feinen Strichen und trägt dann das Edelmetall mit einem harten Rundstab oder mit dem Rundhammer auf, bis eine dauerhafte Verbindung von Grundmetall und Auflage erreicht ist. Parallel dazu entwickelte sich die Ätztechnik, bei der durch Naphta geschützte Flächenteile erhaben bleiben, während der freie Grund durch Säureeinwirkung zurücktritt.

Die Schule von Mossul brachte hervorragende Beispiele der Einlagetechnik zustande, ebenso die Zentren in Syrien und Kairo. Vor allem höfische Prunkgefäße, Koranständer, Krüge und Repräsentationswaf-

Tauschierarbeit (Syrien, 19. Jh.)

fen zeugen mit ihren Einlagen aus Tiermotiven, den verschiedensten Kufi-Typen und floralen Dekorationen vom hohen Standard der Metallkunst. Unter den Timuriden wurden die verzinnten Kupfergefäße reich ziseliert; sie beeinflußten in ihrer Ornamentik den Stil bis in die safawidische Epoche. In Ägypten löste man sich etwa im 14. Jh. vom Stilempfinden der Mossul-Schule und verwandte die Einlage-Tauschierung weniger zu figuralen, höfischen Darstellungen als vielmehr zu eleganten Schriftzügen mit Lobpreisungen auf den Auftraggeber, wobei repräsentative Naskhi-Typen, vor allem das Thuluth, den Objekten Würde und Eleganz verliehen. Die individuellen heraldischen Insignien und florale Arabesken bildeten den Rahmen für das im Blickfang stehende Schriftbild.

Alle Metalltechniken wurden ebenso reichhaltig bei der Ausschmükkung der Waffen und Rüstungen eingesetzt. Die stählernen Oberflächen eigneten sich besser für die Koftgari-Technik, aber in erster Linie entsprachen Kombinationen aus Ätzung, Koftgari und Eisenschnitt dem Zeitgeschmack: Kunstwerke von einer nie wieder erreichten Symbiose aus Funktionalität und Eleganz entstanden.

In der Frühzeit des Islam weitgehend schmucklos, wurden Schwerter und Dolche mehr und mehr zu ästhetischen und repräsentativen Objekten, wobei die Technik des damaszierten Stahls lange ein sorgsam gehütetes Geheimnis des Orients blieb. Als Kriegsbeute durch die Jahrhunderte besonders begehrt, lassen sich gerade an den islamischen Waffen der europäischen Sammlungen Stile und Techniken der Metallkünstler besonders eindrucksvoll darstellen.

Während man sich bei Metallgerät weitgehend der Verwendung von Edelmetallen als Grundmaterial enthielt, entfalteten die Gold- und Silberschmiede ungehindert ihre Fähigkeiten bei der Herstellung von Schmuck. Zu einer typisch islamischen Entwicklung ist es hier jedoch nicht gekommen, wenn man von einigen regional bedingten Spielarten wie dem Silberschmuck des Jemen und dem Nomadenschmuck der Turkmenen einmal absieht. Im mediterranen Gebiet hielt sich bis in die Neuzeit ein gewisser ›Grundstil‹, der bei Ohrgehängen, Armreifen und Ringen schon im graeco-römischen Kulturraum vorherrschte und selbst den Nomadenschmuck in den arabischen Wüsten beeinflußte. Zudem lag in den meisten islamischen Ländern das Juwelierhandwerk in den Händen jüdischer Gilden, die namentlich im Jemen die Kunst des Silberschmiedens zu hoher Blüte brachten, meist aber in Variationen traditioneller Formen und Ornamente verharrten.

Schnitzkunst

Schnitzbare Materialien, die im islamischen Kulturkreis Verwendung fanden, waren im wesentlichen Holz und Elfenbein, leicht zu bearbeitende Stoffe, die dem Künstler eine Vielfalt von Techniken und Anwendungsmöglichkeiten eröffneten. Die in der mesopotamischen, hellenistischen und ägyptischen Antike beliebten Statuetten sind aufgrund des Bilderverbotes (s. S. 25) im Islam sehr selten; das Elfenbein bot sich zur Herstellung kostbarer Kleingegenstände wie Kämme, Griffe und Balsamdöschen an, wobei die Größe der Objekte ihre natürliche Grenze in den Ausmaßen des Stoßzahnes fand. In Platten geschnitten, geschnitzt, durchbrochen oder auch geschliffen, konnte Elfenbein als Paneel für größere Kästen, Schreine und Türen verwendet werden. Durch die Technik der Intarsierung taten sich unendliche Kombinationsmöglichkeiten zur Ausschmückung hölzerner Flächen auf. Die Elfenbeinstücke selbst wurden oft noch geritzt, gestochen oder gefärbt.

Im koptischen Ägypten stießen die islamischen Eroberer auf eine hochdifferenzierte Schnitzkunst und Intarsiatechnik, die sie rasch assimilierten und ihr einen neuen Impetus gaben. Ägyptische Handwerker verbreiteten ihre Künste im gesamten Mittelmeerraum bis nach Italien, Spanien und Venedig. Unter dem Kalifat von Córdoba erlebte die Elfenbeinschnitzerei eine Hochblüte, später dann auch in Granada, als im 13. Jh. nach der christlichen Eroberung Siziliens die muslimischen Meister dort Asyl fanden (s. S. 384 ff.).

Die Handwerker der Fatimiden bevorzugten Elfenbein in der Form großflächiger Paneele mit eleganter Blattornamentik, figürlichen Darstellungen und kufischer Schrift, während ihre Nachfolger in der Epoche der Ayyubiden und Mamluken sich zu Meistern der Elfenbeinintarsia entwickelten. Hölzerne *Minbare* (Kanzeln), Türen und Wandverkleidungen erfuhren so durch die Intarsierung mit Linien aus Elfenbein, mit Sternornamenten und in floralem Muster gestochenen Plaketten Transparenz und Leichtigkeit, Plastizität und eine Betonung der Gesamtoberfläche.

Während in den trockenen Wüstenländern Holz zu den selteneren und wertvolleren Materialien zählte und vor allem dekorativen Zwecken zugeführt wurde, diente es in Nordpersien, der Türkei und auf dem Balkan auch als Baumaterial für Häuser und Moscheen.

Trotz des weitgehenden Verzichts auf Mobiliar im europäischen Sinne wurde Holz im religiösen wie im säkularen Bereich gerne und vielfältig verarbeitet. Bei der Moschee-Ausstattung machte man sich die Holztechniken für Decken, Minbar, Koranständer, Kuppeln, Erker und Balustraden zunutze; in den Häusern gehörten Nischenverkleidungen, Paneelbretter, Türen und Kassettendecken zum unverzichtbaren Bestandteil des Haushalts.

Als Technik bevorzugten die Schnitzer über eine lange Zeitspanne den in der Frühzeit von Samarra entwickelten Schrägschnitt, später herrschten dann gestochene Ornamente mit senkrechter Schnittführung vor.

Die frühesten uns überlieferten Holzarbeiten der islamischen Kultur weisen noch starke sasanidische und byzantinische Elemente auf, auch lassen die ältesten Stücke aus Ägypten unschwer den Einfluß koptischen Stilempfindens erkennen. Die reine Schrägschnitt-Technik mit Blattornamenten weist auf die Produkte abbasidischer Künstler hin, wurde jedoch über die Tuluniden auch nach Ägypten importiert und dort von den Fatimiden durch figürliche Darstellungen und strenge Kufi-Schriften modifiziert.

Die fatimidisch-ayyubidische Epoche leitete dann zu den Sternornamenten der Mamluken über. Bei diesen so typischen Schmuckformen wurden kleine geschnitzte oder mit Elfenbein intarsierte Kassetten durch sternförmige Rahmungen in den komplizierten, streng geometrisch gewobenen Rhythmus der endlos scheinenden Sternenkette

Mashrabiyya-Verkleidung eines Fensters im Bet as-Suheimi (Haus des Suheimi, Kairo)

Details von Mashrabiyya-Verkleidungen

integriert. Neben dieser bei fast allen Gegenständen angewandten Technik entwickelte sich zur Zeit der Mamluken die *Mashrabiyya*, ein komplexes Gitterwerk aus gedrechselten, auf Stifte gezogenen Holzstücken, die zu einem ornamentalen Netzwerk beliebiger Ausdehnung verflochten wurden. Beim Drechseln der Holzstücke wie beim Zusammensetzen der Mashrabiyya war der Phantasie des Künstlers keine Grenze gesetzt. Oft muten diese Holzarbeiten wie feinste Spitze in immer neuen geometrischen Variationen an.

Durch den Einfluß der timuridischen und mongolischen Kultur auf die östlichen Provinzen entstanden dort eher flächige Holzarbeiten. Diese sind oft bemalt und mit Lack überzogen, es finden sich dieselben ostasiatischen Stilelemente, wie wir sie von der Buchkunst und den Textilien dieser Region her kennen.

Nach dem 16. Jh. stagnierte die Entwicklung der Stile und Techniken. In der Türkei tendierte die Gestaltung von Decken und Türen immer mehr zu farbiger Ausmalung und Vergoldung der Holzflächen; unter Verzicht auf den natürlichen Charakter des Materials wurde so dem Bedürfnis nach Repräsentation entsprochen.

Bemerkungen zur Architektur

Während es den speziellen Kapiteln vorbehalten bleibt, auf die komplexen regionalen Spielarten der islamischen Baukunst einzugehen, soll hier in gebotener Kürze auf ihre ubiquitären Elemente und Gesetzmäßigkeiten hingewiesen werden.

Eine der wesensbestimmenden, wenn auch nicht auf den ersten Blick ersichtlichen Eigenarten der islamischen Architektur liegt in dem Fehlen eines richtunggebenden oder axialen Konzepts begründet, das auf die Funktion des Bauwerks hinweisen würde: Baustruktur und -funktion sind nicht kongruent, vielmehr beliebig variabel; das einzelne Bauelement erhält seine Funktion erst in situ. Dieser im Vergleich zu europäischen Bauformen wie dem basilikalen Konzept fundamentale Mangel begegnet uns in fast allen Epochen und Regionen der islamischen Kultur; damit einher geht der Verlust der Balance zwischen den einzelnen Teilen eines Gebäudekomplexes.

Eine Ausnahme hiervon bildet der Vier-Iwan-Plan, der jedoch als präislamisch gilt und sich auch auf Dauer nicht in der muslimischen Welt durchsetzen konnte. Trotz seines geometrischen Konzepts ist diesem Plan jedoch auch keine spezifische Funktion zuzuordnen: Er konnte den Grundriß einer Moschee, eines Bades, eines Palastes oder gar einer Karawanserei liefern. Die Möglichkeit, ein Bauwerk in alle Richtungen durch Anbauten beliebiger Gestalt zu erweitern, ohne sich einer ausgerichteten Originalform anpassen zu müssen, darf daher als Charakteristikum der islamischen Architektur, das sie mit keiner anderen Kultur teilt, betrachtet werden.

Die islamische Architektur stellt sich – mit Ausnahmen – als eine Architektur des Innenraums dar, den Arkaden, Mauern und Bogen begrenzen. Dem äußeren Erscheinungsbild des Bauwerkes wird nur ein untergeordneter Wert beigemessen, lediglich Portal und Kuppel erfahren als architektonisches Element eine gewisse Betonung. Der Schwerpunkt der Dekoration und Gestaltung verlagert sich völlig in das Innere. Hier dient die Dekoration zur optischen Auflösung derjenigen architektonischen Strukturen, die bei Bauwerken anderer Kulturen zur Betonung der tektonischen Elemente bewußt hervorgehoben werden. Gewicht und Gegengewicht von Last und Stütze werden negiert zugunsten der illusionären Verschleierung von tragenden und drückenden Baumassen. So wird die strukturale Form durch das dekorative Element scheinbar ihrer Funktion enthoben, transzendiert und in ein geschlossenes System rhythmischer Schwingungen verwandelt. Eine endlose Wiederholung dekorativer Elemente (Bogen, Nischen, Säulen, Pilaster, Kuppeln, Gänge, Höfe) und die kontinuierliche Verschmelzung ineinandergewobener Räume entsprechen diesem nicht axial-funktionell ausgerichteten Bauplan und verleiten die Gläubigen zu meditativer Besinnung.

Die Moschee

Prinzipiell können die verschiedenen Verwirklichungen des islamischen Sakralraums auf drei zeitlich aufeinanderfolgende Grundideen zurückgeführt werden, die jeweils regionalen Entwicklungen entsprangen: die hypostyle Stützhallenmoschee Arabiens, der Vier-Iwan-Hof Persiens und der Zentralkuppelbau der Türkei. Dabei kann jeder begrenzte Raum die Funktion einer Moschee (*Masdjid* = Ort der Niederwerfung) erfüllen; besonders sakrale Anlagen, die den Ort zu einem Heiligtum machen, gibt es – anders als beispielsweise in einer christlichen Kirche – nicht. Schon ein Teppich, der in Richtung zur Kaaba gelegt wird, genügt den essentiellen Anforderungen, um so mehr, wenn er zum Ausdruck seines liturgischen Zweckes auch noch eine *Mihrab*-Darstellung trägt (s. u.).

Verschiedene Einrichtungsgegenstände und Gestaltungselemente, die eine Moschee auszeichnen, bedürfen im folgenden einer besonderen Erläuterung:

Der Mihrab: Die Gebetsrichtung *(Qibla)* wird definiert durch den Mihrab, eine Wandnische, die sich in der nach Mekka gerichteten Wandfläche befindet; erstmalig wurde er von koptischen Handwerkern in der Moschee des Propheten in Medina im Jahre 707 eingerichtet. Diesem ehemals christlichen, aus der Antike übernommenen Element kommt kein eigenständiger sakraler Charakter zu: Nicht die Nische ist der Ort der Verehrung wie zum Beispiel ein Altar, sondern die Richtung, die sie anzeigt, ist heilig. In seiner Konkavität ist der Mihrab zudem zweifellos in der Lage, die Stimme des *Imam,* der vor ihr stehend betet, zu reflektieren und zu verstärken. In bildlich-ornamentaler Flachdarstellung findet sich der Mihrab daher oft in kleinen oder privaten Betstätten. Als eigentlicher Blickpunkt erfährt die Gebetsnische eine besonders prächtige Ausschmückung, die in ihren einzelnen Stilelementen zwar regionalen Einflüssen unterliegt, niemals jedoch bildliche Darstellungen duldet. In großen Moscheen finden sich mehrere Gebetsnischen, doch ist der Haupt-Mihrab an dem immer rechts vor ihm stehenden *Minbar* (Kanzel) zu erkennen.

Die Moschee von Medina (Darstellung aus dem 18. Jh.)

Der Minbar: Die Freitagsliturgie, zu der sich die Gemeinde versammelt, unterscheidet sich vom täglichen Gottesdienst durch die zusätzliche Predigt. Eine hierzu geeignete Moschee bedarf also einer sichtbaren Erhöhung, von der aus der Imam zu seiner Gemeinde sprechen kann. Ursprünglich war diese Kanzel auch der Ort, von dem aus der Herrscher oder sein Stellvertreter zu seiner Gemeinde sprach.

Der erste rudimentäre Minbar bestand aus drei hölzernen Stufen, von deren Spitze Muhammad seine Gemeinde instruierte. Nach der

Blick auf Mihrab und Minbar der Hussein-Moschee (Kairo)

meist politischen Predigt stieg er herab, wandte sich nach rechts zum Mihrab (zur Zeit des Propheten war die Gebetsrichtung noch durch eine in den Boden getriebene Lanze bezeichnet) und begann das Gebet. Schon bei den orthodoxen Kalifen bürgerte sich der noch heute gültige Brauch ein, daß der Führer (Imam) aus Pietät vor dem Propheten die letzte Stufe der Kanzel nicht betritt. Der Doppelrolle des Imam als Stellvertreter des Kalifen in seiner geistlichen und weltlichen Führerrolle entspricht auch der Minbar als dualistisches Symbol für die im Islam gewahrte Einheit von religiöser und säkularer Macht, deren letztere sich in den die Kanzeln bekrönenden Baldachinen oder Kuppeln darstellt. Wie auch der Mihrab wurde daher die Kanzel zum Objekt der dekorativen Künste, die hier in ihren prachtvollsten Gestaltungsmöglichkeiten miteinander wetteiferten.

Häufig fertigte man die Kanzeln aus Holz, reich geschnitzt, kassettiert und verschwenderisch mit Elfenbein, Perlmutt und Edelhölzern intarsiert; Schmuckformen aus Marmor, Kalkstein, ja sogar Eisen verstärkten den repräsentativen Charakter. Am Ende der Entwicklung stand der Minbar mit frontalen Türen; diese öffneten sich zur Treppe, die von einem prächtigen Baldachin oder einer Kuppel mit abschließendem Halbmond bekrönt wurde.

Die Dikka: Vor dem Zeitalter der elektronischen Lautsprecher kam der *Dikka,* der Gebetsplattform, ebenfalls eine wesentliche liturgische Funktion zu. Diese Plattform, im Gebetsraum leicht aus der Qibla-Achse versetzt, diente den *Muballighun,* den Verstärkern der Stimme (des Imam), als gut sichtbares Podium, um den Ablauf des Gebetes verbal und in bezug auf die rituellen Bewegungen auch dem entferntesten Mitglied der Gemeinde zu vermitteln. Für jedermann sichtbar und hörbar gewährleisteten diese Muballighun so die erwünschte Synchronisation des Gottesdienstes.

Der Kursi: Aus Holz gearbeitet und ebenfalls reich verziert, besteht der *Kursi* aus einer beweglichen Plattform mit einer V-förmigen Erhebung, die als Stütze für den Koran diente. Hiervor sitzt der *Qari'* (Kantor), der in der Kunst des *Tadjwid,* des liturgischen Vortrags des Korans, geschult ist. Das Gesicht zum Mihrab gewandt, praktiziert der Qari' seine Kunst, die als phonetisches Äquivalent zur Kalligraphie verstanden wird und sich einer außerordentlichen Wertschätzung erfreut.

Anderes Gerät wie Koranbehälter, Leuchter, Teppiche, Regale und Lampen schmücken den Gebetsraum, sind jedoch für den Ablauf des Gebetsrituals nicht von Bedeutung. Abschließend sei auf die jeder Moschee zugeordneten Brunnenanlagen hingewiesen, die der notwendigen Reinigung vor dem Gebet dienen. Meist im Hof gelegen, stets jedoch dem eigentlichen Gebetsort vorgelagert, finden sich hauptsächlich überkuppelte Waschanlagen oder – vor allem im persischen Kulturkreis – große Wasserbecken.

Das Minarett

Das von weitem sichtbare Kennzeichen der Freitagsmoschee ist der Turm, von dem das Gebet ausgerufen wird. In der Tradition antiker Grab- und Wachttürme, Leuchttürme und christlicher Kirchtürme stehend, entwickelte sich dieses Element des Moscheebaus zunächst in Syrien, griff dann aber auf die gesamte islamische Welt über. Meist handelt es sich um einen mehrgeschossigen Bau mit Innentreppe und einem oder mehreren Umgängen für den *Muezzin.* Dem syrischen Vorbild folgend, behalten die Minarette Spaniens und des Maghreb ihren quadratischen Grundriß bei; im Ägypten der Mamluken bevorzugte man polygonale, meist dreigeschossige, reichgegliederte Gebetstürme mit Balkonen. Die Osmanen schließlich wandten sich bei dem für sie typischen Hallenbau flankierenden spitztürmigen, extrem schlanken Rundbauten zu. Ursprünglich oft freistehend, wurde das Minarett mehr und mehr als optisches Stilelement in die Gesamtplanung einbezogen, wobei die Zahl der Gebetstürme einer Moschee variieren kann.

Medresen

Je mehr der Islam sich als Dogma konstituierte, desto dringender benötigte man Stätten, an denen der Glaube erforscht und gelehrt werden konnte. Es lag nahe, solche Bildungsstätten den Moscheen anzugliedern. So entstanden schon früh Bauten, die neben ihrer Funktion als Gebetshaus auch akademischen Charakter annahmen: die *Medresen.* Hier versammelten sich die Studenten um ihre Lehrer, hier wohnten sie, hier erhielten sie ihre Ausbildung. Islamisches Recht und islamische Wissenschaften waren kanonisiert und lagen in den Händen der Koran-Gelehrten, und sogar die Naturwissenschaften fanden in der Medrese ihre Heimstatt. Diese Kombination von Moschee, Internat und akademischer Lehr- und Forschungsstätte bildete den Prototyp der Universität.

Da eine fromme Stiftung in den Augen der Gemeinde ein gottgefälliges Werk war, verbanden Fürsten und Sultane eine solche Lehrstätte häufig mit ihrem Mausoleum, so daß der Begriff der ›Grabmoschee‹ meist für einen größeren Komplex, nämlich eine Medrese, gebraucht wird.

Das islamische Mönchswesen brachte noch einen weiteren Moscheetypus hervor, das *Khanqah* (Klostermoschee), das neben allen oben dargestellten Einrichtungen zudem noch fromme Mönche beherbergte, die ihr Leben dem Studium des Islam sowie der Askese und Mystik widmeten. Die Übergänge zwischen diesen Zweckformen der Moschee sind fließend, so daß die Begriffe häufig unkorrekt angewandt werden.

Funduq und Khan

Neben den Sakralbauten verdienen die Herbergen besondere Beachtung, die in ihrer baulichen Konzeption ebenfalls von nicht geringer Bedeutung für die islamische Architektur sind.

Auch hier verwischen sich die Begriffe: Der *Funduq,* ursprünglich als Herberge für reisende Kaufleute einem städtischen Basar angegliedert,

Die Karawanserei des Sultans Qa'itbay (Kairo)

bestand aus einem Bauwerk mit zentralem Hof, um den sich Wohnräume gruppierten. Der *Khan* war sein Äquivalent außerhalb der Städte entlang der Handelsstraßen: Nach außen befestigt und mit einem großen Innenhof für Reit- und Lasttiere, Gewölben für die Waren und darüberliegenden Wohneinheiten für die Kaufleute versehen. Im arabischen Sprachraum selbst wurden diese Begriffe jedoch schon früh nicht mehr getrennt; schließlich neigte man dazu, eine Übernachtungsstätte für den Reisenden eher als Funduq, die befestigte Anlage, die auch Vieh und Waren beherbergte, dagegen als Khan (oder auch als *Wakala*) zu benennen, wobei letzterer auch aus einem Konglomerat von Herbergen mit integriertem Basar bestehen konnte. Großanlagen dieser Art findet der Reisende zum Beispiel heute noch in Kairo, Aleppo und Istanbul.

Der Hammam

Nicht nur der rituellen Waschung vor dem Gebet, sondern auch der körperlichen Hygiene wurde besonderer Wert beigemessen. Entsprechend gab es in allen Städten öffentliche und private Badeanlagen

Die Karawanserei des Sultan Qa'itbay in einer Darstellung aus dem Jahr 1839

Im Innern eines öffentlichen Bades (Darstellung aus dem Jahr 1839)

Der Empfangsraum eines Damaszener Privathauses (Darstellung aus dem 19. Jh.)

(Hammam), die neben Becken mit heißem und kaltem Wasser auch ein Dampfbad, Massagen und Einrichtungen zur körperlichen Ertüchtigung sowie zu Ruhe und Entspannung boten. Diese Anlagen bestanden zumeist aus einer Reihe gefliester Räume, überdeckt von Kuppeln mit Glaseinsätzen, deren polychromes Licht eine besondere Atmosphäre schuf.

Das Privathaus

Ethnische Traditionen, klimatische Bedingungen, lokal verfügbare Materialien und verschiedenartiges Stilempfinden haben so unter-

schiedliche Hausformen hervorgebracht, daß eine ausführliche Darstellung den vorgegebenen Rahmen sprengen würde: Der Bogen spannt sich von den Lehmhäusern Afrikas, den Hochbauten des Jemen und den Peristylhäusern des Maghreb über die Holz-Yalis in der Türkei bis hin zu den Pfahlhäusern Zentralasiens und Indonesiens.

Aufgrund der im Koran festgeschriebenen sozialen Normen finden sich dennoch gewisse Gemeinsamkeiten, so die strikte Trennung des Wohnbereichs der Frauen *(Harem)* von dem der Männer. Die gesellschaftliche Funktion des Hausherrn als Gastgeber bringt die Notwendigkeit eines Empfangsraums mit sich, der – als Hof gestaltet oder in Form der hohen, repräsentativen Halle *(Qa^ca)* mit dem Brunnen – den weiblichen Familienmitgliedern verschlossen bleibt und zur Unterhaltung der Gäste oder für wichtige Gespräche dient.

Von den örtlichen Ausnahmen abgesehen finden wir auch im Hausbau die ›Architektur nach innen‹. Karge Mauern schirmen den Privatbereich von der Öffentlichkeit ab, ein massives Tor schützt das Haus vor ungebetenen Besuchern. Gäste und Besucher gelangen erst durch einen schmalen, mitunter mehrfach abgewinkelten Gang in den Innenhof. Außer idealen Verteidigungsmöglichkeiten bietet dieser Gang Schutz vor neugierigen Blicken, damit die hochgeschätzte Intimsphäre des Hauses gewahrt bleibt. Außenfenster sind zumeist über Sichthöhe angebracht und vielerorts zudem durch kunstvoll gearbeitete Gitter (Mashrabiya, s. S. 50) verkleidet, die neben einer guten Ventilation den Blick von innen nach außen, nicht jedoch von außen in das Innere des Hauses erlauben.

Die Ausschmückung der Häuser unterliegt den regionalen Gewohnheiten und Möglichkeiten und läßt sich nicht auf einen gemeinsamen Nenner bringen. Lediglich die Ornamentik ist, mit allen örtlichen Variationen und Eigenheiten, typisch islamisch und damit stets der Geometrie und dem Gesetz der gefüllten Fläche unterworfen.

◁ Blick vom Maqad (›Loggia‹) in den Innenhof des Suheimi-Hauses (Kairo) und auf die mit Holzgitterkonstruktionen (Mashrabiyya) geschützten Fenster des Harem

Der Maghreb: Spanien, Marokko, Algerien

von Karl-Heinz Golzio

Als die islamischen Araber in der zweiten Hälfte des 7. Jh. die Eroberung Nordafrikas in Angriff nahmen, beschränkte sich die byzantinische Herrschaft – mit Ausnahme des heutigen Tunesien – auf die Küstenstädte und eine Kette von ostalgerischen Festungen. Als Hauptgegner erwiesen sich die Berber-Stämme, die den Eroberern den nachhaltigsten Widerstand leisteten. Dennoch konnte schon Uqba Ibn Nafi^{c}, der erste große arabische Oberbefehlshaber in Nordafrika, zahlreiche islamisierte Berber in sein Heer eingliedern. (Er war es auch, der um 670 im heutigen Tunesien das strategisch äußerst wichtige Qairawan – Kairouan – gründete.) Erst der Statthalter Musa Ibn Nusair (698/99–714/15) konnte den letzten großen Berber-Aufstand niederwerfen und bis 705 auch den fernen Westen Nordafrikas bis nach Tanger und Sabta (Ceuta) erobern.

Ab dem Jahre 711 griffen seine Heere auf das westgotische Spanien über; der letzte Westgoten-König Roderich wurde besiegt und getötet. Drei Jahre später hatten die arabisch-berberischen Eroberer bereits ganz Spanien, das nun als *al-Andalus* eine Provinz des Omayyaden-Kalifats wurde, bis auf den äußersten Norden unterworfen.

Das anfänglich relativ einvernehmliche Verhältnis zwischen Berbern und Arabern in Nordafrika verschlechterte sich zusehends, fühlten die Berber sich doch eher wie Untergebene denn wie gleichberechtigte Glaubensbrüder behandelt. Diese Unzufriedenheit führte dazu, daß viele Neubekehrte sich alsbald von der Hauptströmung des Islam ab- und der Bewegung der Kharidjiten zuwandten, die die Auffassung vertraten, allein der beste und würdigste Muslim – ohne Ansehen von Familie und Herkunft – sei zum Kalifen geeignet, was vielen Berbern als theologische Rechtfertigung ihrer Gleichstellungsansprüche diente. Nach einer Reihe von Aufständen (seit 741) und auf beiden Seiten verlustreichen Kämpfen bildeten sich mehrere berberische, kharidjitische Fürstentümer.

Dem Blutbad, das die Abbasiden beim Sturz der Omayyaden im Jahre 750 inszeniert hatten (s. S. 18), war angeblich nur ein gewisser

Abd ar-Rahman entkommen; er hatte sich mit seiner Klientel in das vom Bürgerkrieg geschüttelte Nordafrika absetzen können, landete von dort 755 in Spanien, besiegte dessen abbasidischen Gouverneur und ließ sich am 15. Mai 756 in Córdoba als Emir (756–788) anerkennen. Nach der Unterdrückung zahlreicher innenpolitischer Gegner und Aufstände legte er schließlich den Grundstein für einen vom Osten unabhängigen Staat, der unter der Dynastie der Omayyaden bis 1031 bestehen sollte.

Auch sein Enkel al-Hakam I. (796–822), ein energischer Herrscher, der den malikitischen Ritus in seinem Reich eingeführt hatte, mußte mit inneren Schwierigkeiten kämpfen. So schlug er 817 eine Verschwörung der bisherigen Rechtsgelehrten im Bunde mit neubekehrten Muslimen und Adligen nieder, deren Zentrum die südliche Vorstadt Córdobas war. Alle dem Blutbad entronnenen Vorstädter, etwa 20 000 Familien, wurden gezwungen, Spanien zu verlassen; ungefähr ein Drittel von ihnen siedelte sich auf Einladung von Idris II. (791–828) aus dem aliidischen marokkanischen Königshaus der Idrisiden am rechten Ufer des Wadi Fes in dem dann nach ihnen benannten Andalusier-Viertel an, womit der König die dortige Vorherrschaft der Berber beenden wollte. In diesen Vorgängen zeichnete sich bereits der später klassisch gewordene Dualismus in der Geschichte des Maghreb ab: der Gegensatz zwischen den Territorien des Herrschers *(Bled al-Makhzan)* und denen der Stämme, dem ›Land des Aufruhrs‹ *(Bled as-Siba).*

Das Staatensystem Nordafrikas blieb bis etwa zum Beginn des 10. Jh. in relativem Gleichgewicht, als der Fatimide Ubaidallah als Imam und *Mahdi* (Weltverbesserer) auftrat und nach dem Sturz des Aghlabiden-Emirats von Tunesien als erster Kalif der militanten Siebener-Schia installiert wurde (910–934). Mit der Annahme des Kalifentitels hatte er den Anspruch auf die Herrschaft über alle Muslime erhoben, so daß er in den Jahren 920–930 nun recht erfolgreich versuchte, die Kleinkönigreiche Marokkos zu unterwerfen (s. S. 91).

Diese Erfolge der in den Augen der Sunniten und Kharidjiten häretischen (schiitischen) Fatimiden rief dann die spanischen Omayyaden auf den Plan, die unter Abd ar-Rahmann III. (912–961) den Gipfel ihrer Macht erreicht hatten. Gestützt auf ihm treu ergebene Söldnertruppen, schuf er einen durchorganisierten Staat, der sich durch intensive Landwirtschaft, blühende Verbrauchs- und Luxusgüterindustrie, regen Handel und eine straffe Verwaltung auszeichnete. Inneren Revolten wie den Aufständen der christlichen ›Mozaraber‹ und Angriffen

Zeittafel

680–683	Eroberung Westalgeriens durch die islamischen Araber
700–705	Die Araber erobern Nordmarokko
711–714	Eroberung der iberischen Halbinsel mit Ausnahme des äußersten Norden durch die Muslime
741	Berberaufstände in Nordafrika: Bildung kharidjitischer Fürstentümer
756–1031	Omayyaden-Herrschaft in Spanien (seit 929 Kalifat)
761–908	Rustamiden von Tahart (Algerien)
771–977	Midrariten in Sidjilmasa (Südwestmarokko)
786	Gründung der Großen Moschee von Córdoba
788–985	Dynastie der Idrisiden in Marokko
808	Gründung von Fes als Hauptstadt der Idrisiden
822–852	Abd ar-Rahman II. Omayyaden-Emir: Erweiterung der Moschee von Córdoba
859	Gründung der Moscheen Qarawiyyin und Andalus in Fes
910–1171	Fatimiden-Kalifat in Nordafrika (seit 969 Schwerpunkt in Ägypten): Kämpfe gegen Idrisiden und Omayyaden
912–961	Abd ar-Rahman III. Omayyaden-Emir, nimmt 929 den Kalifen-Titel an
936	Baubeginn der Omayyaden-Residenz Medinat az-Zahra bei Córdoba
961–976	Kalifat von al-Hakam II.: erhebliche Erweiterung der Moschee von Córdoba
975–1152	Hammadiden-Dynastie in Algerien, bis 1015 als Vasallen der Fatimiden
976–1002	Herrschaft des Hausmeiers al-Mansur im Omayyaden-Reich: letzte Erweiterung der Moschee von Córdoba
1007	Bau der Residenz Qal^{c}at Bani Hammad in Algerien
1008–1010	Bürgerkrieg in Spanien: Zerfall des Omayyaden-Reiches, Zerstörung von Medinat az-Zahra (1010)
1010–1091	Epoche der islamischen Kleinfürstentümer (Taifa) in Spanien (Badajoz bis 1094, Zaragoza bis 1110): bedeutend Sevilla, Badajoz, Zaragoza, Toledo, Valencia; Kleinkönigreiche in Marokko

1039/40	Anfänge der Bewegung der al-Murabitun (Almoraviden) im Gebiet des heutigen Mauretanien
1049–1082	Abu Dja'far Ahmad von Zaragoza: Bau der Aljafería
1054–1060	Eroberung Süd-Marokkos durch die Almoraviden
1070	Gründung von Marrakesch durch die Almoraviden
1070–1106	Yusuf ibn Tashufin Almoraviden-Herrscher
1075–1083	Die Almoraviden erobern Nordmarokko und Teile Westalgeriens
1085	Kastilien erobert Toledo: Beginn der Reconquista
1086	Schwere Niederlage der Kastilier bei Sagrajas durch die Almoraviden unter Yusuf
1091–1094	Die Taifa-Königreiche Spaniens werden almoravidisch
Um 1097	Bau der Großen Moschee von al-Djaza'ir (Algier) durch die Almoraviden
1121–1269	Religiöse Reformbewegung und Dynastie der al-Muwahhidun, begründet von Ibn Tumart in Tinmal im Hohen Atlas
1130–1163	Abd al-Mu'min Almohaden-Herrscher
1145–1147	Die Almohaden vernichten die Almoraviden und besetzen große Teile des islamischen Spaniens
Um 1148	Bau der ersten Kutubiyya-Moschee in Marrakesch
1152	Die Almohaden erobern das Hammadiden-Reich
1153/54	Bau einer Memorialmoschee für Ibn Tumart in Tinmal
1158	Baubeginn der zweiten Kutubiyya in Marrakesch
1172–1176	Bau der großen Almohaden-Moschee in Sevilla (davon erhalten ist nur noch der Minarett-Turm, die Giralda)
1195	Großer almohadischer Sieg über die Christen bei Alarcos
1195–1199	Bau der unvollendet gebliebenen Hasan-Moschee in Rabat
1197–1465	Dynastie der Mariniden, zunächst nur in Ostmarokko
1212	Schwere Niederlage der Almohaden bei Navas de Tolosa gegen die christlichen Spanier
1227–1236	Almohadischer Bürgerkrieg führt zum Zerfall des Reiches
1231–1492	Nasriden-Dynastie in Granada
1235–1554	Zayaniden-Dynastie in Tlemcen

1236–1248	Erfolge der Reconquista in Spanien (1236 Córdoba, 1248 Sevilla erobert)
1258–1286	Abu Yusuf Ya'qub Mariniden-Herrscher: Hauptstadt Fes: Baubeginn für zahlreiche theologische Hochschulen (Medresen)
1269	Sturz der Almohaden: die Mariniden Herren von ganz Marokko
1333–1391	Bau der Alhambra von Granada durch die Nasriden-Herrscher Yusuf I. (1333–1353) und Muhammad V. (1353–1391)
1336/37	Bau der Moschee von al-Mansura (bei Tlemcen) durch die Mariniden
1421–1549	Dynastie der Wattasiden in Marokko
1492	Granada von den christlichen Spaniern erobert
1519–1830	Herrschaft der Deys von al-Djaza'ir unter türkischer Oberhoheit: Moscheen türkischen Stils entstehen
1525–1658	Sa^{c}diten-Dynastie in Marokko
1666	Die Dynastie der Alawiten eint Marokko
1672–1727	Mulay Isma^{c}il läßt Meknes prächtig ausbauen

des christlichen Königreichs von Léon vermochte er ebenso erfolgreich zu begegnen wie den Fatimiden in Nordafrika, gegen deren kalifale Ansprüche er selbst 929 auch den Kalifentitel annahm.

Unter dem Kalifen Hisham II. (976–1008) errichtete der *Hadjib* (Hausmeier) al-Mansur Ibn Abi ^{c}Amir, besser bekannt als Almanzor (der Siegreiche), die erbliche Diktatur der ^{c}Amiriden. Während seiner Herrschaft (976–1002) erreichte das Kalifat durch Interventionen in Nordafrika und jährliche Feldzüge gegen die christlichen Reiche Nordspaniens – deren erfolgreichster in der Einnahme von Santiago de Compostela gipfelte – seinen außenpolitischen Höhepunkt. Unter dem zweiten Hadjib Abd al-Malik (1002–1008) geriet das Omayyaden-Reich jedoch in den Strudel eines Bürgerkrieges, in dessen Verlauf sich mehr und mehr kleine islamische Staaten, die sogenannten Taifa-Königreiche, auf der Iberischen Halbinsel herausbildeten, bis mit der Absetzung von Hisham III. im Jahre 1031 das Omayyaden-Kalifat gänzlich erlosch.

Auch in Marokko entwickelten sich berberische Kleinstaaten, nun sunnitischen Bekenntnisses. (Lediglich in Oasengebieten wie dem

Mzab und Wargla in Algerien hat sich bis heute der ibaditische Zweig der Kharidjiten gehalten.) Die Verlagerung der schiitischen Machtzentrale nach Kairo führte aber 1015 auch zum Abfall algerischer Subvasallen, der Hammadiden. Im Jahre 1051 brach mit dem Abfall der Ziriden die fatimidische Suzeränität im Maghreb endgültig zusammen, gekoppelt mit der Durchsetzung der sunnitischen Orthodoxie in den Maghreb-Ländern. In den Taifa-Königreichen Spaniens blühten derweil Kunst und Kultur: Die bedeutendsten Höfe waren die der Abbadiden von Sevilla, der Aftasiden von Badajoz, der Amiriden von Valencia und der Hudiden von Zaragoza. In dieses durch Kleinstaaterei entstandene Machtvakuum stieß dann am Ende des 11. Jh. eine reformatorische Erneuerungsbewegung aus der Sahara vor – und die christliche Reconquista in Spanien.

Der islamische Rechtsgelehrte Ibn Yasin hatte seit 1039/40 mit einigen Fürsten der verschleierten *(Mulaththimun)* Sanhadja-Berber im Süden des heutigen Mauretanien damit begonnen, die Stämme der Sahara mit den Lehren des sunnitischen Islam vertraut zu machen. Die Bewegung, deren Mitglieder sich *al-Murabitun* (die Konföderierten) nannten (von *Rabata,* binden, wohl nicht von *Ribat,* Grenzfestung), ist besser bekannt in ihrer spanischen Verballhornung als ›Almoraviden‹. Diese erlangten einerseits durch ›Missionierung‹ andererseits durch Krieg die Oberhoheit über die Sahara-Stämme und eroberten unter Ibn Yasin (gestorben 1059) und dem Emir Abu Bakr (1054–1087) bis zum Jahre 1060 Südmarokko. Nachdem er 1070 (das Datum 1062 ist nicht haltbar) Marrakesch gegründet hatte, verließ Abu Bakr Marokko und übergab Yusuf Ibn Tashufin (1070–1106) den Oberbefehl über die Almoraviden in Nordafrika; dieser eroberte bis 1083 dann ganz Nordmarokko und Teile des Hammadiden-Reiches bis al-Djaza'ir (Algier). Die ersten Almoraviden propagierten in den eroberten Ländern aufgrund ihrer asketischen Einstellung äußerste Einfachheit des Lebens und somit auch einen weitestgehenden Verzicht auf Dekor in der Kunst.

Nachdem die christlichen Kastilier 1085 das muslimische Königreich Toledo erobert hatten, wurden die Almoraviden nach Spanien gerufen, wo sie den Kastiliern bei Sagrajas 1086 eine empfindliche Niederlage beibrachten. Bei einer weiteren Intervention annektierte Yusuf 1091 fast alle Taifa-Königreiche und konnte nach dem Tode des spanischen Nationalhelden El Cid (1099) 1102 auch Valencia erobern. Damit war ein Riesenreich entstanden, das sich von Spanien bis tief in die Sahara erstreckte und das goldene Zeitalter des Sahara-Handels einläutete. Doch erwuchsen sehr bald innenpolitische Spannungen zwischen der Aristokratie der sich als Sieger gebärdenden Wüstennomaden und der gemischten Stadtbevölkerung. Yusufs Sohn Ali Ibn Yusuf (1106–1143), ein durchaus kraftvoller Herrscher, zog persönlich viermal nach Spanien und schlug die Heere der Reconquistadores, war jedoch nicht mehr dem reformatorischen Asketismus seines Vaters zugetan.

Prunksucht und verfeinerter Lebensstil der späten Almoraviden riefen die Mißbilligung des Masmuda-Berbers Ibn Tumart (1078/81–1128/30) hervor, der von der Vorstellung besessen war, den Islam wieder zu seiner ursprünglichen ›Reinheit‹ zurückführen zu müssen. Er behauptete, daß viele Muslime und insbesondere die Almoraviden an der Einheit Gottes *(Tauhid)* zweifelten und Allah menschliche Eigenschaften zusprächen. Aufgrund dieser Betonung der Einheit Gottes wurden seine Anhänger nur noch *al-Muwahhidun* (Anhänger der Einheitslehre) genannt, was die Spanier in ›Almohaden‹ verballhornten. Ibn Tumart übernahm aber außerdem den offensichtlich schiitischen Gedanken von der Unfehlbarkeit des Imam und ließ sich selbst Mahdi nennen, als den er sich in Igilliz (Südmarokko) 1121 ausrufen ließ. Nach ersten militärischen Erfolgen ›emigrierte‹ er dann nach Tinmal in den Hohen Atlas, ein Vorgang, der analog zum Zug des Propheten von Mekka nach Medina Hidjra genannt wurde (s. S. 11). Erst nach mehreren Niederlagen und dem Tode des Almoraviden-Herrschers Ali gelang es Ibn Tumarts Nachfolger Abd al-Mu'min (1130–1163), in den Jahren 1144–1147 zunächst die Mittelmeerküste, dann die marokkanischen Städte und schließlich Sevilla zu erobern. In weiteren Feldzügen zerstörte er das Hammadiden-Reich (1152) und eroberte den Ziriden-Staat (1159/60), womit der Maghreb erstmals unter einer Dynastie vereint war.

Als Herren des muslimischen Spanien wurden die Almohaden recht bald in Kriege mit den Reconquistadores verwickelt. Abu Ya^{c}qub Yusuf I. (1163–1184) fiel vor Santarem, doch gelang seinem Nachfolger Abu Yusuf Ya^{c}qub (1184–1199) im Jahre 1195 der große Sieg von Alarcos gegen die Kastilier. Die vernichtende Niederlage von Navas de Tolosa (1212), die Muhammad an-Nasir von einem christlichen Koalitionsheer hinnehmen mußte, läutete jedoch den Untergang des Almohaden-Reiches ein. Innere Zwistigkeiten, unter anderem über die Lehre Ibn Tumarts, führten zum Bürgerkrieg, an dem sich auch christliche Ritter beteiligten. 1228 fielen in Tunesien die Hafsiden, 1236 in

Spanien und Nordafrika zur Zeit der Omayyaden

Algerien die Ziyaniden ab, 1236 nahmen die Kastilier Córdoba ein, 1248 dann Sevilla, und mit der Eroberung Marrakeschs durch die Mariniden (1269) endete das Almohaden-Reich.

Die neue kraftvolle Dynastie der Mariniden einte unter Abu Yusuf Ya^{c}qub (1258–1286) ganz Marokko. In Spanien konnte sich als letztes islamisches Königreich nur noch das der Nasriden in Granada (1231–1492) halten, das die Mariniden wiederholt gegen die Reconquistadores zu Hilfe rief. Als die marokkanischen Glaubensbrüder jedoch im Jahre 1344 eine entscheidende Niederlage erlitten, bedeutete dies das definitive Ende der Interventionen nordafrikanischer Herrscher in Spanien. Nach anfänglichen Erfolgen unter Abu'l-Hasan Ali (1331–1351) und Abu Inan Faris (1348–1358) zerfiel das Mariniden-Reich in die Teilstaaten Marrakesch und Fes, und letzterer geriet sogar unter die Regentschaft der verwandten Dynastie der Wattasiden

(1421–1458). Diese wurden jedoch von den Portugiesen angegriffen, die seit der Eroberung von Ceuta (1415) immer stärker die marokkanische Küste bedrängten. Erst die Einnahme von Fes durch den Wattasiden Muhammad I. ash-Shaikh (1458–1504) brachte dem Land eine gewisse Stabilität, obwohl auch er tatenlos zusehen mußte, wie die ›Katholischen Könige‹, Isabella von Kastilien und Ferdinand von Aragon, 1492 mit Granada das letzte islamische Bollwerk in Spanien eroberten.

Die offensichtliche Schwäche der nordafrikanischen Herrscherhäuser rief vermehrte Aktivitäten religiöser Bruderschaften und Mystikergemeinschaften auf den Plan, die als Reaktion auf die zunehmende Einengung des Koran durch ein positives Rechtssystem entstanden waren und sich als starker gemeinschaftsbildender Faktor erwiesen. Diese Mystiker (*Murabitun*, Grenzlandkämpfer) organisierten sich in Bruderschaften *(Zawiya)*, von denen eine, geführt von der südmarokkanischen Familie der Sa^{c}diten, es 1525 sogar schaffte, Marrakesch zu erobern. Der Sa^{c}diten-Herrscher Muhammad I. (1525–1557) konnte den Portugiesen zahlreiche Hafenstädte wieder entreißen und 1549 die Wattasiden aus Fes vertreiben. Inzwischen hatten die türkischen Osmanen ihre Herrschaft bis nach Algerien ausgedehnt, wo in Algier der Korsar Khair ad-Din Barbarossa eine Seemacht aufgebaut hatte, deren Piraterie bis 1830 das Mittelmeer unsicher machte. Eine osmanische Einflußnahme in Marokko scheiterte zwar, doch eroberten die Türken 1555 Tlemcen. Die Sa^{c}diten hingegen konnten zunächst einige Erfolge verbuchen: 1578 schlugen sie ein in Marokko gelandetes portugiesisches Heer, 1591 eroberten sie das sudanesische Königreich Songhay (im heutigen Mali). In der ersten Hälfte des 17. Jh. jedoch versank Marokko wieder im Bürgerkrieg sich befehdender Dynastien und Bruderschaften, der erst 1670/71 durch die alawitische Zawiya beendet wurde. Ihr bedeutendster Herrscher, Mulay Isma^{c}il (1672–1727), verlegte seine Hauptstadt nach Meknes und unterhielt sogar Beziehungen zu Ludwig XIV. von Frankreich. Das 19. Jh. brachte den Ländern des Maghreb die französische Kolonialherrschaft, aus der Marokko 1956 entlassen wurde und von der Algerien sich in einem achtjährigen Krieg befreien konnte (1962).

Kulturelle Traditionen

Als die Araber nach Algerien und Marokko vorstießen, trafen sie nur in den größeren Städten wie Volubilis, Caeserea, Tingis und Ceuta eine römisch geprägte Kultur an, während die ländlichen Gebiete unter der Kontrolle von stammesmäßig organisierten Berbern standen. Diese waren zum Teil Nomaden, zum Teil betrieben sie wie die im Atlas ansässigen Berber Ackerbau. Allen gemeinsam aber war die Ablehnung einer Zentralgewalt, sei sie nun römisch oder kalifal.

In Spanien hatten die Westgoten das Kulturerbe der Römer angetreten, die aber - obwohl Herren des Landes - nur 3% der Bevölkerung ausmachten. Im 6. Jh. hatte auch hier eine Vermischung römischer und germanischer Elemente eingesetzt, die im 7. Jh. mit der Gleichstellung von Goten und Romanen sowie dem Übertritt der Goten vom Arianismus zum Katholizismus ihren Abschluß fand. Germanische Elemente in der Kunst lassen sich für die frühe Zeit nur in Goldschmiedearbeiten feststellen. Sonst überwog bereits auf allen Gebieten die spätlateinische Kulturtradition - auch auf dem Gebiet profaner und sakraler Bauten. Während das Königtum sich noch am imperialen byzantinischen Modell zu orientieren versuchte, wurde die Macht des Grundadels immer größer. Seit dem Übertritt zum Katholizismus (589) wurde im Bunde mit der Kirche eine Politik der Repressalien gegenüber der jüdischen Bevölkerung forciert, die daher beim Einbruch der Araber nur zu bereitwillig mit diesen kollaborierte. In den recht kleinen Kirchenbauten des 7. Jh. findet sich häufig der Hufeisenbogen, der auf Anregungen aus dem christlichen Byzanz zurückgeht und möglicherweise auf diesem Wege auch die spanisch-islamische Kunst mitbeeinflußt hat, obwohl das Hauptvorbild für den Hufeisenbogen im islamischen Bereich doch in den syrischen Bauten zu suchen ist.

Grundlinien der Kulturentwicklung unter dem Islam

Die Masse der Berber in Nordafrika nahm sehr schnell den Islam an, wenn auch häufig in seiner kharidjitischen Spielart. Größere christliche Gemeinden gab es nur in Städten, wo sich ihre Existenz noch im 12. Jh. nachweisen läßt. Um die städtischen Verwaltungssitze wie um die wirtschaftlichen Zentren herum verbreitete sich das Arabische am schnellsten. Bis zum 11. Jh. aber waren Marokko und Algerien sowohl kulturell als auch politisch eher Objekte von außen an sie herangetragener Einflüsse.

Ein bedeutendes Geistesleben entfaltete sich hingegen auf der Iberischen Halbinsel, wo es neben dem vorherrschenden Islam auch große Christen- und Judengemeinden gab. Zunächst wurde der Islam in Spanien zwar durch die strenge malikitische Orthodoxie bestimmt, doch breiteten sich dann mystisch-asketische Ideen unter dem Pantheisten und Freidenker Ibn Masarra (883–931) aus. Das philosophische Werk des Ibn Hazm (994–1064), der auch ein bedeutender Geschichtsschreiber war, suchte die Offenbarung Gottes und die natürliche Vernunft als übereinstimmend zu zeigen. In seiner Nachfolge ist Ibn Rushd (latinisiert Averroës, 1126–1198) aus der Schule des Aristotelikers Ibn Badja (latinisiert Avempace, 1085–1128 oder 1138) zu nennen, der mit Hilfe der griechischen Dialektik zu beweisen suchte, daß Glaube und Vernunft, Religion und Philosophie keine Gegensätze bilden. Seine Kommentare zur Philosophie des Aristoteles machten, ins Lateinische und Hebräische übersetzt, den antiken Philosophen im Abendland wieder bekannt.

Nach dem Abflauen der Bürgerkriege unter Abd ar-Rahman II. (822–852) begannen auch Wissenschaft und Kultur im islamischen Spanien zu blühen, um dann unter den Kalifen Abd ar-Rahman III. (912–961) und al-Hakam II. (961–976) ihren Höhepunkt zu erreichen – letzterer besaß eine Palastbibliothek von etwa 400 000 Bänden. Dem Beispiel al-Hakams II. folgten viele reiche Familien, und dies hatte wiederum zur Folge, daß der Schulunterricht attraktiver wurde und Lesen und Schreiben weite Verbreitung fanden. An der regen Übersetzertätigkeit arabischer Werke ins Lateinische und Hebräische waren auch zahlreiche Juden beteiligt, so fungierten zum Beispiel Abraham von Tudela (12. Jh.) durch zahlreiche Reisen nach England, Frankreich und Italien als Übermittler spanisch-islamischer Wissenschaft und Moses Maimonides (1135–1204) als Vertreter rationalistischer Philosophie. Eine hervorragende Stellung nahm auch die Astronomie ein: Abu'l-Qasim Maslama (gestorben 1004/07) gilt als der größte Gelehrte dieser Wissenschaft, die sich in jener Zeit durch genaue Beobachtungen und Berechnungen von den traditionellen Kosmologien entfernte. Einer der berühmtesten Astronomen, az-Zarqali (latinisiert Azarquiel, 1029–1087), veröffentlichte neue Beobachtungen über Fixsterne und Planetenbahnen.

Die Einführung einer verfeinerten Lebensweise am Omayyaden-Hof in Córdoba schreibt man dem Musiker Ziryab (gestorben 852) unter der Herrschaft von Abd ar-Rahman II. zu. Dazu gehörte auch die Entwicklung einer höfischen Lyrik, die nach dem Zusammenbruch des Kalifats dann an den Höfen der Taifa-Könige weitergepflegt wurde. Einer der bekanntesten Dichter war der König von Sevilla, al-Mu^{c}tamid (Regierungszeit 1069–1091). Unter den Almohaden kam auch Nordafrika mit der spanischen Kulturentwicklung enger in Berührung, wirkten doch der Mediziner Ibn Zuhr (latinisiert Avenzoar, 1119–1162) sowie die Philosophen Ibn Tufail (Anfang 12. Jh.–1185/86) und Ibn Rushd als Minister an ihren Höfen. Seit den großen Dynastien der Almoraviden und Almohaden erlebten die Städte Nordafrikas eine lebhafte Entwicklung, die oft noch, besonders seit dem 13. Jh., durch Flüchtlinge aus Spanien eine kulturelle Bereicherung erhielt. Ganz besondere Erwähnung verdient in diesem Zusammenhang der Historiker Ibn Khaldun (1332–1406), der in seinem ›Kitab al-Ibar‹ keine rein deskriptive Geschichtsschreibung betrieb, sondern vielmehr nach den Ursachen für den Aufstieg und raschen Verfall der Dynastien des Maghreb fragte.

Islamische Baudenkmäler im Maghreb

Sakralarchitektur

Mit dem Bau der Großen Moschee von Córdoba begann der omayyadische Emir Abd ar-Rahman I. gegen Ende seines Lebens (786). Sie folgt dem Schema der Sidi-Uqba-Moschee in Kairouan; beide Bethäuser besitzen Stützreihen, die senkrecht zur Qibla laufen, außerdem ein breites Mittelschiff in einer insgesamt elfschiffigen Anlage. Auf den Säulen – entweder antike Spolien oder Nachbildungen derselben – ruht ein zweigeschossiges Stützsystem, dessen Bogen eine Vielzahl von Formen aufweisen. Mit ca. 79 × 42 m waren die Ausmaße der Moschee noch bescheiden; Abd ar-Rahman II. (822–852) erweiterte den Bau dann auf 79 × 69 m. Mit der Annahme des Kalifen-Titels (929) trachtete Abd ar-Rahman III. danach, die Stadtmoschee noch repräsentativer zu gestalten: Er vergrößerte den Hof, umgab ihn an drei Seiten mit Bogengängen und errichtete an dessen Nordwand ein Minarett in der Form der syrischen Vierecktürme (s. S. 78). Die Gesamtanlage erreichte jetzt eine Ausdehnung von ca. 129 × 79 m.

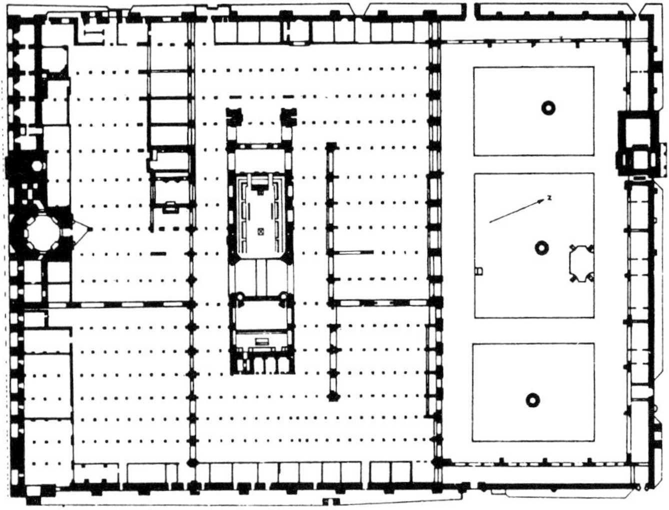

Grundriß der Großen Moschee von Córdoba

Außerordentlich bedeutsam waren auch die baulichen Maßnahmen von al-Hakam II.; er fügte im Süden 14 Joche sowie einen Mihrab-Trakt mit drei vorgelagerten Kuppeln hinzu, so daß die Moschee nunmehr die Ausmaße 175 × 79 m aufwies. Die zweigeschossigen, hohen Bogenreihen bilden ein Doppelstützsystem, das Vorbilder sowohl in der Omayyaden-Moschee von Damaskus (s. S. 178) als auch in römischen Aquädukten besaß. Neben den auf omayyadische Traditionen zurückgehenden Hufeisenbogen finden sich auch viele abbasidische, einander überkreuzende Zackenbogen, in besonderem Ausmaß in der Dreikuppelanlage vor dem Mihrab-Trakt. Der Mihrab wurde, einer Kapelle ähnlich, als achtseitiger Raum ausgestaltet; über ihn wölbt sich die Kuppel in Form einer Muschel, ein altes omayyadisches Motiv aus Syrien. Die Schaffung eines *Maqsura*-Bereichs, einer Herrscherloge also, gab einen deutlichen Hinweis auf die kalifale Würde. Die heutigen Ausmaße von 175 × 128 m erhielt die Moschee unter dem Hadjib al-Mansur, der sie im Osten um weitere acht Schiffe erweiterte.

Die Zunahme der Immigranten aus Spanien und Tunesien nach Fes führte dort 859 zur Gründung der berühmten Moscheen Qarawiyyin (die Kairouaner) und Andalus (die Andalusier), die vom Beginn an nach syrischen Prinzipien erbaut wurden, nämlich mit Schiffen parallel zur Qibla-Wand. Der Legende nach waren sie Privatstiftungen und bildeten die Kerne der beiden großen Stadtviertel von Fes. Während des omayyadischen Protektorates über Fes baute Abd ar-Rahman III. bis zum Jahre 956 die Qarawiyyin-Moschee zu einem Bauwerk mit sieben quer verlaufenden Schiffen von je 21 Joch Länge aus. Die Andalusier-Moschee verdankt ihm ihr Minarett.

Im Jahre 1007 hatten die Hammadiden im Herzen der algerischen Berge die Qal^{c}at Bani Hammad als Residenz errichtet; ihre dreizehnschiffige Moschee stützt sich auf Ziegelpfeiler, deren Vorbilder mesopotamische Ziegelpfeilermoscheen und vor allem deren Nachahmungen in Kairo (Ibn Tulun-Moschee, 876/77–879 und al-Hakim-Moschee, 990; s. S. 103, 105) sein dürften, was aufgrund der fatimidischen Suzeränität auch sehr wahrscheinlich ist.

Eine erneute bedeutende Bautätigkeit setzte nach dem Ende des Machtvakuums mit den Almoraviden ein. Noch vor seinem Sieg bei Sagrajas (1086) errichtete Yusuf Ibn Tashufin die relativ kleine Moschee von Nedroma mit einem Betsaal und neun zur Qibla gerichteten Schiffen. Die Hufeisenbogen deuten auf die Übernahme spanischer

Blick auf die Große Moschee von Córdoba

Traditionen, die Rechteckpfeiler auf östliche Wurzeln hin. Der Beginn des Baus der Großen Moschee von al-Djaza'ir (Algier) läßt sich wegen der Minbar-Inschrift von 1097 auf wenige Jahre zuvor datieren. Die Anlage, ganz aus Ziegeln errichtet, bildet ein großes Rechteck, in dessen Mitte sich ein kleiner Hof befindet. Der Betsaal besitzt elf Schiffe, die in fünf Jochen auf die Qibla-Wand zulaufen. Durch Querarkaden ist insbesondere das Qibla-Schiff hervorgehoben, wobei die Erweiterungsbauten al-Hakams II. in der Hauptmoschee von Córdoba Pate gestanden haben dürften. Yusufs Verzicht auf Prunk schlug sich in der Verwendung von Ziegelpfeilern statt Säulenspolien nieder, wofür bereits die Moschee in der Qal^{c}at Bani Hammad als Vorbild dienen konnte. Interessant wirkt zudem die gleichzeitige Verwendung von Hufeisenbogen (spanisch) und Spitzbogen (östlich).

Yusufs Sohn und Nachfolger Ali (1106–1143) neigte offensichtlich auch in der Kunst nicht mehr zu dem reformatorischen Asketismus seines Vaters. So soll die von ihm in Marrakesch errichtete Große Moschee, die die Almohaden später abrissen, prächtig ausgestaltet gewesen sein. Erhalten ist nur noch ein überkuppeltes Brunnenhaus, heute Qubba al-Barudiyin genannt. Die Kuppel besitzt zwei Schalen, von denen sich die innere in drei Etagen gliedert: Unten finden wir sich überschneidende Vielpaßbogen, die das Viereck des Unterbaus in ein Achteck überführen, welches durch ein flaches Zwischengeschoß aus Stufenbogen in ein hufeisenförmiges Segelgewölbe übergeht.

Ein weiterer wichtiger Bau Alis, die Hauptmoschee von Tlemcen, besteht aus 13 Schiffen mit sechs Jochen in Qibla-Richtung. Da die Hauptteile der Moschee recht einfach gehalten sind, bleibt ihre Entstehungszeit unsicher. Lediglich die Kuppel vor dem Mihrab, die sich durch ihren reichen Schmuck auszeichnet, ist auf das Jahr 1136 datiert. Zwischen 1135 und 1142 gab Ali auch der Qarawiyyin-Moschee in Fes ihre heutigen Ausmaße, indem er zu den bereits vorhandenen sieben Schiffen drei weitere hinzufügte.

Abd al-Mu'min, der Schöpfer des Almohaden-Reiches, beseitigte unmittelbar nach der Eroberung Marrakeschs die Hauptmoschee der Almoraviden und begann, wohl um 1148, mit dem Bau der ersten Kutubiyya-Moschee in seiner neuen Hauptstadt; über die Benutzung der Moschee wird erstmals 1157 berichtet.

In Tinmal – ein Bergort 100 km südlich von Marrakesch gelegen und Zentrum der Almohaden-Bewegung – gab er 1153/54 eine Gedenkmoschee für Ibn Tumart in Auftrag, die als Prototyp der almohadischen Moschee gelten kann. Während die Außenmauern aus Bruchstein bestehen, wurden Tore, Pfeiler und Bogen aus Ziegel errichtet. Der Grundriß des Bauwerks erinnert an almoravidische Moscheen: Neun Schiffe laufen in vier Jochen auf die Qibla zu, wo sie jedoch auf ein durchgehendes Querschiff treffen. Das Mittelschiff, welches vor dem Mihrab das Querschiff durchdringt, ist mit 5,64 m das breiteste. Sonderformen des Spitzbogens, sogenannte ›Hängezapfenbogen‹ (Ewert), 11-Paß- und 15-Paß-Bogen fallen ins Auge. Man kann bei dieser Moschee von einer sehr starken Hierarchisierung der einzelnen Bauglieder sprechen, da gerade die drei Kuppeljoche in der Mitte von den ornamentreichen Muqarnas begrenzt und hervorgehoben werden.

Im Jahre 1158 begann man in Marrakesch mit dem Bau der zweiten Kutubiyya, die die erste in ganzer Breite nach Südosten fortsetzte, jedoch leicht nach Süden geschwenkt ist. Waren schon die Qibla-Wände der Omayyaden und anderer bedeutender Moscheen des Maghreb nicht nach Mekka gerichtet, sondern hatten die Richtung der syrisch-omayyadischen Moscheen (einschließlich der ersten Kutu-

Die Moschee von Tinmal

biyya) beibehalten, so weicht die Qibla-Wand der zweiten Kutubiyya noch mehr nach Süden ab.

Es erhebt sich somit die Frage, ob die almohadische Bewegung, die – vom orthodoxen sunnitischen Standpunkt gesehen – doch sehr starke häretische Züge aufweist, hier nicht auf die geographischen Ursprünge der Reformation Ibn Tumarts hinweisen wollte. Aus bisher ungeklärten Gründen wurde die erste Kutubiyya, die doch im großen und ganzen ihrem Nachfolgebau entsprach, abgerissen. Dieser wiederholt sehr viele charakteristische Merkmale der Moschee von Tinmal in größeren Ausmaßen. Auch hier findet sich ein querrechteckiger Hof, der sich an seiner Südfront mit Querarkaden in den Betsaal mit seinen 17 Langschiffen fortsetzt. In Marrakesch werden aber im Gegensatz zur Kutubiyya nur die drei mittleren Schiffe im Jochschritt von Querbogen überspannt, wodurch die Maqsura betont wird, was wiederum dem Konzept einer Herrschermoschee entspricht.

Abu Ya^{c}qub Yusuf I. (1163–1184) ließ zwischen 1172 und 1176 in Sevilla eine Große Moschee errichten, deren Dimensionen an die Omayyaden-Moschee von Córdoba heranreichen sollten; sie mußte Anfang des 15. Jh. einer spätgotischen Kathedrale weichen – nur der Minarett-Turm (die ›Giralda‹) blieb erhalten.

Abu Yusuf Ya^{c}qub (1184–1199) begann nach seinem Sieg über die Kastilier bei Alarcos (1195) mit dem Bau der sogenannten Hasan-Moschee im festen Heerlager Ribat al-Fath (heute Rabat, Marokko), die als Monument des Sieges die Moschee von Córdoba übertreffen sollte, deren Vollendung aber nach dem Tod des Herrschers 1199 aufgegeben wurde. Die architekturgeschichtliche Besonderheit dieser Moschee besteht in der Verwendung von aus Hausteintrommeln bestehenden Säulen statt der sonst üblichen, hier jedoch kaum benutzten Pfeiler. Der riesige Betsaal wird von 21 Schiffen durchzogen, die drei Joche vor der Qibla-Wand an einer Pfeilerreihe enden; auf diese folgen noch drei Querschiffe, die vom Mittelschiff durchschnitten werden.

Die drei almohadischen Minarette von Marrakesch, Sevilla und Rabat hatten das zerstörte Minarett Abd ar-Rahmans III. an der Moschee von Córdoba zum Vorbild. Wie beim Kutubiyya-Minarett saß in Sevilla auf einem hochaufragenden Quader ein quaderförmiger und überkuppelter kleiner Aufsatz.

Nicht unerwähnt soll schließlich die Große Moschee der Ziyaniden in ihrer Hauptstadt Tlemcen bleiben, deren dreizehnschiffiger Betsaal die Ausmaße 60 × 50 m aufweist. Der Marinide Abu'l-Hasan Ali (1331–1351) ließ auf seinem Feldzug von 1336/37, der mit der Einnahme Tlemcens endete, in al-Mansura eine 85 × 60 m große Moschee mit 13 Längs- und drei Querschiffen erbauen; ihr Minarett-Turm ist in Aufbau und Ornamentik eine Nachbildung der drei großen almohadischen Türme. Im Jahre 1339 ließ der Sultan in al-Ubbad, einer Vorstadt Tlemcens, eine weitere Moschee als Annexbau zum Grabmal des Heiligen Bu Madyan (gestorben 1197) erbauen.

Mit der osmanischen Oberhoheit über Algerien hielt dort auch die türkische Kunst ihren Einzug. Die von den Deys von al-Djaza'ir erbauten Moscheen (z. B. Ali Bitshnin, 1622; Moschee am Fischerkai, 1660) beweisen dies, doch hat die Fischerkai-Moschee einen ganz ›untürkischen‹ quaderförmigen Turm.

Der Untergang der Almohaden bedeutete gleichzeitig die endgültige Festigung der malikitischen Rechtsschule im Maghreb. So begannen denn auch die Mariniden in ihrer Hauptstadt Fes bald nach ihrer Machtübernahme (1269) mit dem Bau zahlreicher Medresen (Hochschulen), deren erste die Saffarin (1271) war; hier blieben die Mariniden dem Vorbild der Almohaden verpflichtet. Im frühen 14. Jh. entstanden dann weitere Medresen wie die Sahridj (1321–1323) und die Attarin (1323–1325); besonders bei letzterer verdienen die schlanken Ecksäulen am Hof, das Schnitzdach und die großen Bogen Erwähnung. Die letzte bedeutende Mariniden-Medrese von Fes ist die von Abu Inan Faris gegründete Bu Inaniya (1350–1355), die durch ihren Baudekor besticht. In Marrakesch errichtete Abu'l-Hasan Ali

Die Giralda der Großen Moschee von Sevilla

die Ibn Yusuf-Medrese, die 1564/65 von den Sa^c^diten erneuert und zur größten Schule des Maghreb ausgebaut wurde.

An Grabbauten sind insbesondere zwei berühmte Nekropolen erwähnenswert: die der Mariniden in Rabat-Shalla (1310–1339) und die der Sa^c^diten in Marrakesch (Ende 16. Jh.). Die ummauerte Mariniden-Nekropole enthält hauptsächlich das Grabmal des Sultans Abu'l-Hasan Ali und seiner Gemahlin Shams ad-Duha mit einem Wetterdach aus *Muqarnas* (das Gefrorene = Stalaktiten) nebst einer Moschee. Auf dem gleichen Gelände befindet sich auch eine Zawiya, also der Sitz eines religiösen Ordens, von der heute noch ein Hof mit langgestrecktem Wasserbecken erhalten ist. Die Grabmäler der Sa^c^diten in Marrakesch stammen hauptsächlich aus der Zeit Ahmad al-Mansurs (1578–1603); im Mihrab-Saal des einen Mausoleums fällt der Mihrab mit spitz zulaufendem Hufeisenbogen auf vier kleinen marmornen Halbsäulen auf.

Die Grabstätte des Mulay Idris in Fes

Mit dem Auftreten der mystischen Bruderschaften (Zawiya) entstanden auch zahlreiche Versammlungsbauten, häufig mit einem Memorialschrein verbunden. Eines der berühmtesten Heiligtümer, die Zawiya des Mulay Idris in Fes (die Grabstätte des Idrisiden-Herrschers Idris II.), wurde 1437 von den Mariniden wieder aufgebaut. Die Wattasiden führten dann einen regelrechten Mulay Idris-Kult ein. Eines der frühesten Heiligtümer ist das des Bu Madyan (gestorben 1197) in Tlemcen.

Profanarchitektur

Unter Abd ar-Rahman III. begannen die spanischen Omayyaden im Jahre 936 mit dem Bau einer ganzen Palaststadt, der Kalifenresidenz Medinat az-Zahra vor den Toren Córdobas. Diese Stadt war in drei Terrassen gegliedert: Auf der obersten befand sich der Palast, auf der mittleren Weinberge und Gärten, auf der untersten die Große Moschee und Privathäuser. Die Palasthalle mit flankierenden Säulen erinnert an den omayyadischen Palast von Khirbat al-Mafdjar in Palästina (s. S. 186). Zahlreich vertreten sind Blendnischen mit Hufeisenbogen. Neben diesen omayyadischen Stilelementen trifft man aber auch auf den abbasidischen Zackenbogen und auf Kufi-Schrift. Arabische Quellen berichten von enormen Ausgaben für den Bau der Palaststadt und von großen Mengen von Marmorspolien aus Nordafrika, die die kalifale Macht auch nach außen sichtbar demonstrieren sollten. Im Verlauf des 1008 beginnenden Bürgerkrieges ließ der neue Kalif Muhammad II. 1010 Medinat az-Zahra, inzwischen Residenz des Hadjib, räumen und in großen Teilen zerstören. (Heute wird die Anlage in Teilen restauriert und wieder aufgebaut.)

Die meisten Palastbauten aus der Zeit der spanischen Taifa-Königreiche kennen wir nur aus der Literatur. Eine Ausnahme bildet der von dem Hudiden-Herrscher Abu Dja^{c}far Ahmad I. (1049–1082) erbaute Palast in Zaragoza, die sogenannte Aljafería, die durch ihre Systeme sich kreuzender Bogen sowie durch ihr Ranken- und Flechtwerkmuster hervorsticht. In Andalusien schufen im 14. Jh. die Nasriden-Könige Yusuf I. (1333–1353) und Muhammad V. (1353–1391) in ihrer Hauptstadt Granada die Festung Alhambra (die Rote) mit ihrer großartigen Palastanlage, die offensichtlich die im Maghreb übliche Gliederung in drei Komplexe beibehalten hat: der Meshwar, in dem Recht gesprochen wurde, dann wohl ein Diwan-Bezirk mit Thronsaal (Myrthenhof mit Komares-Turm und Gesandtensaal) und die Privat-

Blick auf die Alhambra von Granada

gemächer (Löwenhof mit Wasserbecken im Mittelpunkt). Vorherrschend sind gestelzte Rundbogen, die auf schlanken Marmorsäulen ruhen.

Festungsanlagen hat man zwar zu allen Zeiten gebaut, doch sind nicht mehr sehr viele von ihnen erhalten. Hierzu zählen natürlich auch die Stadtbefestigungen: So war zum Beispiel Fes schon unter den Idrisiden ummauert, erhielt aber wesentliche Teile seiner heute noch sichtbaren Festungsmauern erst unter den Almohaden, die auch viele der Stadttore errichteten, so das Bab Gisa im Jahre 1204. Festungsartigen Charakter trug auch die Residenzstadt der Hammadiden, die Qal^{c}a (Festung). Die große Zeit des Festungsbaus begann jedoch mit den Almoraviden. Im nördlichen Marokko, in Amargu, haben sich die Umfassungsmauern der Zitadelle erhalten. Mit dem Auftreten der Almohaden sahen sich die Almoraviden – wahrscheinlich 1126 – gezwungen, das bisher unbefestigte Marrakesch mit einer Mauer zu umgeben, die die folgenden Dynastien noch weiter ausbauten. Innerhalb der Städte bildeten die Kasbas sehr oft eigene militärische Anla-

Festungstor in Marrakesch

gen, so die noch erhaltene Festungsanlage von Taza, die die Almohaden 1135 im Krieg gegen die Almoraviden anlegten. Unter dem Alawiten Isma^{c}il (1672–1727) wurde Meknes zur Residenzstadt erhoben und mit starken Mauern und zahlreichen prächtigen Toren versehen.

Die berühmteste Festungsanlage Spaniens ist die Alhambra von Granada, an weiteren Großanlagen wären Málaga und Almería zu nennen. Ein Beispiel für eine muslimische Festung im Norden Spaniens bietet die Ruine von Calatayut (Qal^{c}at Ayyub).

Der Übernahme eroberter Städte in Nordafrika und Spanien in den ersten Jahrzehnten der Landnahme folgten schon bald Neugründungen wie Fes oder der Ausbau beziehungsweise die Umgestaltung in Besitz genommener Städte. Fes – gegründet im Jahr 808 – kann auf eine lange Geschichte zurückblicken: Im 9. Jh. entwickelten sich um die beiden bedeutenden Stadtmoscheen herum die Viertel der Andalusier und Nordafrikaner, die häufig miteinander rivalisierten (s.S.75). Yusuf Ibn Tashufin vereinigte nach der Eroberung von Fes (1075) die beiden Stadtviertel durch den Bau der Kasba Bu Djulud, die Mariniden erweiterten Fes um die Neustadt Fes al-Djadida. Viele der Städtegründungen in Nordafrika gehen auf neue Dynastien zurück, so zum Beispiel Wadjda auf die Maghrawa (994), die Qal^{c}at auf die Hammadiden (1007), Marrakesch auf die Almoraviden (1070) und Rabat auf die Almohaden (1195). Meknes war zwar keine Neugründung, doch wurde es erst unter Mulay Isma^{c}il prächtig ausgebaut. Da die meisten dieser Städte im Laufe der Jahrhunderte immer wieder zu Residenzen aufstiegen, erfuhren sie ständige Erweiterungen und auch Restaurierungen ihrer repräsentativen Gebäude.

In Spanien gab es kaum Neugründungen, doch wurden die Städte auch hier häufig vergrößert und nach orientalischem Muster umgestaltet. Das bedeutete, daß die Straßenlinien auf keinen Fall gerade verliefen und die Stadt selbst in Viertel aufgeteilt wurde, deren jedes eine kleine Quartiermoschee besaß. Hier lebten und arbeiteten die verschiedenen Handwerker, hier waren auch die Händlerviertel *(Suq)* angesiedelt. Die Wohnhäuser gruppierten sich meist um einen Innenhof mit Garten und Brunnen (dies findet man in Andalusien noch heute) und bestanden in der Regel aus mehreren Stockwerken. Da sich das Leben ganz im Inneren abspielte, wirkte die Fassade eines solchen Wohnhauses unscheinbar, während die Innenausstattung oft sehr aufwendig war (s. S. 59, 123).

Die in Medinat az-Zahra gefundene überaus reichhaltige Ornamentik zeigt florale Muster, die bemerkenswerte Übereinstimmungen mit der Fassade von Mshatta an den Tag legen. Zahlreich vertreten sind ebenfalls Blendnischen mit Hufeisenbogen, die solche Rankenmuster aufweisen, wie sie auch der Mihrab der Moschee von Córdoba unter al-Hakam II. erhielt. Der Dekor dieses Mihrab-Traktes ist besonders reichhaltig: Die Schmuckarkaden und den von vier Marmorsäulen flankierten Hufeisenbogen der Mihrab-Fassade schmücken Felder mit Mosaiken auf Goldgrund, die an die des Felsendoms in Jerusalem erinnern (s. S. 175 ff.); dieselben Mosaiken finden wir auch in den Maqsura-Kuppeln. Der Dekor der sogenannten Aljafería von Zaragoza überzieht die Wände fast ohne Unterbrechung mit Ranken- und Flechtwerkmustern: Die Anregungen kamen aus Córdoba, wo die dekorativen Elemente aber noch nicht so überladen wirken. Die ersten Almoraviden verzichteten aufgrund ihrer asketischen Einstellung weitestgehend auf Bauschmuck, wovon die Moscheen von Nedroma und al-Djaza'ir beredtes Zeugnis ablegen. Es ist aber auch bekannt, daß

Die Qarawiyyin von Fes

Yusuf andalusische Künstler nach Nordafrika holte, die in Fes und Marrakesch bald zum dominierenden Faktor wurden.

Sein Sohn Ali öffnete sich in der Kunst wieder dem Dekor. Seine nicht mehr erhaltene Große Moschee von Marrakesch soll er, was an dem üppigen Bauschmuck des noch existierenden Brunnenhauses abzulesen ist, verschwenderisch ausgestattet haben. Durch reichen Schmuck zeichnet sich auch die auf 1136 datierte Kuppel vor dem Mihrab der Großen Moschee von Tlemcen aus. Die zwischen 1135 und 1142 von Ali vorgenommenen baulichen Erweiterungen an der Qarawiyyin von Fes (s.S.74) beeindrucken vor allem durch die Gewölbereihen, von denen die meisten aus Muqarnas (das Gefrorene, also Stalaktiten) bestehen. Die ersten Stalaktitengewölbe des Islam sind aus dem frühen 11. Jh. aus dem Iran bekannt; als Mittler dürfte die Moschee in der Qal^{c}at Bani Hammad fungiert haben, wo Muqarnas-Fragmente entdeckt wurden. In der Qarawiyyin sind diese mit feiner floraler

Ornamentik überzogen und polychrom, was den Eindruck großer Pracht vermittelte – dem strengen Asketismus der Almohaden war dies so zuwider, daß sie sie nach der Einnahme von Fes (1146) übertünchten (die Tünche wurde erst nach dem Zweiten Weltkrieg entfernt).

Ganz auf Ornamentik verzichtete Abd al-Mu'min jedoch auch nicht: Ornamentreiche Muqarnas begrenzen die drei Kuppeljoche in der Memorialmoschee von Tinmal. Die Minarett-Türme der drei großen almohadischen Moscheen schmücken blinde Vielpaß- und Hängezapfenbogen, in Sevilla und Rabat auch ausgedehnte Rhombenmuster, deren Ursprung in den Systemen sich kreuzender Bogen in der Moschee von Córdoba und der Aljafería von Zaragoza liegt (s. S. 73, 81).

Beim Bau der Medresen ganz in der Tradition der Almohaden stehend, führten die Mariniden doch im Dekor zahlreiche neue ornamentale Details ein. Beispiele dafür stellen jene Medresen dar, deren Wände um den Innenhof mit polychromer Fayence, feinem Stuck und Holztäfelungen versehen sind. Die Große Moschee der Ziyaniden in Tlem-

Prachtvoll verziertes Kapitell in der Alhambra von Granada

cen besticht ebenfalls wegen ihres Dekors: Jedes der 13 Schiffe deckt ein sattelförmiges Dach aus Hohlziegeln; der überaus reiche ornamentale Schmuck des Mihrab erinnert zum Teil an die Aljafería. Die 1339 als Annexbau zum Grabmal des Bu Madyan erbaute Moschee von al-Ubbad besitzt als Vorbau eine monumentale Treppe, die zu einem mit Sternen geschmückten Bronzetor führt. Die Decke der Eingangshalle, ein Meisterwerk in Stuck, besteht aus einer Reihe von komplexen Muqarnas. Hier offenbart sich die Neigung zu prächtigerem Dekor in Abwendung vom strengen almohadischen Stil.

Wahre Triumphe feiert der Dekor in der Alhambra: Bis zu den Decken hinauf sind die Wände mit Stuckplatten verkleidet, während der Sockelbereich mit Mosaiken aus Fayence bedeckt ist. Es herrschen gesteltzte Rundbogen vor, die auf schlanken Marmorsäulen ruhen. Die Muqarnas treten fast überall auf: in Friesen, Kapitellen und Bogen sowie natürlich in den Gewölben. Nicht vergessen werden darf die Schriftkunst als Dekorelement, wobei Naskhi und Kufi (s. S. 28, 29) einander ablösen.

Die monumentalen Stadttore von Meknes, die unter Mulay Isma^{c}il erbaut wurden (z. B. Bab Mansur und Bab al-Khamis), zeigen ein Flechtbandwerk, das bänderartig den Hufeisenbogen umrahmt oder über den Blendarkaden an den beiden vorspringenden Türmen rankt; es leitet sich von almohadischen Vorbildern her.

Kunst und Kunsthandwerk im Maghreb

Viele Keramikfunde stammen aus Medinat az-Zahra, unter ihnen besonders viel importierte irakische Lüsterware mit Kufi-Dekor, Tiermotiven und Menschenfiguren, die dann ihre lokalen Nachahmungen erfuhr. Auch die Elfenbeinarbeiten aus Córdoba (Dosen, Kassetten, Medaillons) mit ihren Motiven von Gelage-, Jagd- und Ringerszenen verweisen auf abbasidischen Einfluß. Bemerkenswert sind auch die in Spanien und Nordafrika gefundenen Ablutionswannen, die durch ihre Tiermotive bestechen. Zweifellos bilden die Lüsterfayencen seit etwa dem 13. Jh. den Höhepunkt spanisch-islamischer Keramik. Über 1 m große Vasen mit ›Flügeln‹ als Henkel, häufig mit grünlich-gelbem Lüsterton und blauer Bemalung unter weißer Glasur, waren ein begehrter Exportartikel. Als Dekor wurden Arabesken, Ornamentschrift und stilisierte Tierfiguren verwendet. Diese Ware imitierte man dann auch in der Mudéjar-Kunst (s.u., s. S. 387), so im Valencianer Vorort Manises (seit dem 15. Jh.), wo als Motive nicht mehr verstandene Schrift und Arabesken sowie Weinlaubmuster, Wappen und Figuren bevorzugt wurden. Eine nicht so feine Keramik kam aus einem anderen Valencianer Vorort namens Paterna; in manganvioletter und grüner Bemalung wurden sehr häufig Tiere und Menschen dargestellt. Die Motivik auf der Keramik hat sich bis in die Neuzeit gehalten.

In der Textilkunst, insbesondere in der Seidenweberei, finden sich sehr oft heraldische Darstellungen, die dann auch von der Mudéjar-Kunst übernommen wurden. Bemerkenswert ist auch die Metallkunst, von der hier stellvertretend eine Moschee-Ampel des Nasriden Muhammad III. (1302–1309) aus dem Jahre 1305 erwähnt sei, die, mit Kufi und Arabeskenranken verziert, wie die Minarette der Almohaden in einem ›Stab‹ mit aufgereihten Kugeln endet. Hier zeigt sich, daß die von Europäern vorgenommene Trennung in Kleinkunst und Monumentalkunst vom muslimischen Künstler gar nicht gesehen wird, da dieser unterschiedslos die gleichen Kunstelemente überall dort, wo es erlaubt ist, verwendet.

In Spanien läßt sich das Weiterwirken der islamischen Kunst im sogenannten Mudéjar-Stil beobachten. Mudéjar bezeichnet die Kunstwerke von Muslimen in christlichen Diensten beziehungsweise die Tradierung islamischer Kunst unter christlichen Herrschern. Beispiele für diesen Mischstil sind zwei Synagogen in Toledo. Die erste (später zur katholischen Kirche Santa Maria de la Blanca umgebaut), errichtet um 1200 unter Alfonso VIII. (1158–1214), lehnt sich in ihrem Pfeilersaal ganz an almohadische Moscheen an. Sie ist durch vier Reihen großer oktagonaler Pfeiler in fünf Schiffe mit neun Feldern unterteilt. Der Dekor, nach almohadischem Muster sehr sparsam, beschränkt sich auf Friese an den Arkadenmauern und Akanthusvoluten auf den Kapitellen. Die zweite Synagoge namens El Tránsito (1365) mit ihrem reichen Stuckdekor ist ganz ein Kind ihrer Zeit.

Den islamischen Festungstürmen des 12. Jh. wurde die unter dem Erzbischof Pedro Tenoria (1375–1399) errichtete Puerta del Sol in Toledo nachgebildet. Bedeutend ist der um 1360 vom kastilischen König Pedro dem Grausamen (Regierungszeit 1350–1366 und 1367–1369) begonnene Alcázar von Sevilla, für den viele Spolien aus Córdoba und Medinat az-Zahra verwendet wurden; Muhammad V. von Granada sandte dem König außerdem zahlreiche Handwerker. Auch die Anfang des 16. Jh. in Sevilla erbaute Casa de Pilato besitzt viele Mudéjar-Elemente. In ganz Andalusien erfreuen sich Kirchtürme, die die Giralda von Sevilla (also den almohadischen Minarett-Turm) nachahmen, großer Beliebtheit (so z. B. in Écija).

Es ist sehr fraglich, ob es in Algerien und Marokko so etwas wie eine moderne Kunst gibt, die gleichzeitig › islamisch ‹ ist. Vielmehr läßt sich zum Beispiel in der Architektur nur ein Weiterführen traditioneller Baukunst feststellen. Als Beispiele dafür mag das Mausoleum von Muhammad V. von Marokko (gestorben 1961) in Rabat gelten, quasi ein Annexbau zur nicht fertiggestellten Hasan-Moschee (1195–1199). Es ähnelt, ebenso wie Teile des Königspalastes, einer *Qubba*. Auch die modernen Moscheebauten lehnen sich in der Regel an die vorgefundenen Traditionen an.

Im Alcázar von Sevilla

Literatur

Crespi, G., Die Araber in Europa, Stuttgart, Zürich 1983

Ewert, C., Spanisch-islamische Systeme sich kreuzender Bögen, 1–3, Berlin 1968–80

Ewert, C./Wisshak, J.-P., Forschungen zur almohadischen Moschee, Mainz 1981–84

Frothingham, A. W., Lustreware of Spain, New York 1951

Golvin, L./Hill, D., Islamic Architecture in North Africa; a Photographical Survey, London 1976

Golzio, K.-H., Berber, Araber und Islam in Marokko vom 7. bis 13. Jahrhundert, Madrider Mitteilungen 30 (1989), S. 432–497

Kühnel, E., Maurische Kunst, Berlin 1924

Östliches Nordafrika: Ägypten, Libyen, Tunesien

von Hans-Thomas Gosciniak

Das Zeitalter der Pharaonen, die der Kultur und Kunst Ägyptens mehr als 3000 Jahre ihren Stempel aufgedrückt hatten, trat mit der Hellenisierung durch die Dynastie der Ptolemäer von der Bühne der Weltgeschichte ab; mit dem Tod Kleopatras im Jahre 30 v. Chr. wurde Ägypten Provinz des Imperium Romanum. Die große jüdische Population Ägyptens assimilierte sich kaum und hinterließ keine prägenden Spuren. Etwa 70 n. Chr. fand eine Christianisierung statt, die – zunächst weitgehend im Untergrund – durch Zustrom weiterer Konvertiten so an Macht gewann, daß unter Diokletian und Galerius Verfolgungen und Pogrome die Christen dezimierten und zwangen, sich in abgelegenen Klöstern neu, zum Teil militant, zu formieren. Diese Verfolgungen schwächten die Macht des Christentums jedoch nicht mehr als die häretischen Entwicklungen der frühen Kirche, die gerade hier auf fruchtbaren Boden fielen. Neben den frühen Gnostikern verlegten die Manichäer ihr Zentrum ebenfalls nach Ägypten.

Für die kulturelle Entwicklung erlangte das Koptische – das mittels des griechischen Alphabets sowie mit ergänzenden demotischen Lettern geschrieben wurde – als Schrift und Sprache dieser Häretiker große Bedeutung. Kulturhistorisch gesehen bedeutet die Entwicklung des Koptischen den Triumph des Christentums über die traditionellen Religionen Ägyptens. Die drei eigenständigen Schriften Hieroglyphisch, Hieratisch und Demotisch gerieten in Vergessenheit, bis sie im 19. Jh. von Champollion entziffert wurden. Mit der Bedeutung des Koptischen entwickelte sich das ›Nationalbewußtsein‹ der monophysitischen ägyptischen Kirche; ihre Mönche wurden zum factor agitans der theologischen Dispute im 4. und 5. Jh. 451 schließlich kam es auf dem Konzil von Chalkedon zur Spaltung von der römischen Mutterkirche.

Koptisches Kunsthandwerk florierte; die Webkunst, Elfenbeinarbeiten und die künstlerische Bearbeitung des Holzes reiften zu hoher Blüte, die dann später in der Zeit der Islamisierung nachhaltige Spuren hinterließ. Der kurzfristige Einfall der Perser unter Chosrau II. 616 konnte rasch von dem byzantinischen Kaiser Herakleios I. zurückgeschlagen werden, ohne daß Kunst und Kultur von dem militärischen Intermezzo tangiert wurden.

Im Dezember 638 führte Amr Ibn al-^{c}As, ein General des zweiten Kalifen Omar, seine Truppen über Palästina nach Ägypten, belagerte Babylon und eroberte es 640: Zwei Jahre später war die Herrschaft über das ganze Land ausgedehnt. Die Kopten, seit langem von den Herrschern in Byzanz malträtiert, begrüßten die neuen Herren, die ihnen außer Zahlung der obligaten Kopfsteuer keine Repressalien auferlegten. Mit Alexandria als Seehafen und dem wiedereröffneten (pharaonischen) Kanal zwischen Nil und Rotem Meer war Ägypten zu einer bedeutenden Provinz des frühen islamischen Imperiums geworden; das ehemalige Heerlager vor den Toren Babylons – Fustat – wuchs zur neuen Hauptstadt heran.

Von 658–750 wurde Ägypten von Verwaltern der Omayyaden in Damaskus beherrscht, 750–868 war es Teil des abbasidischen Reiches von Bagdad. Im 9. Jh., als der lange Arm der Abbasiden schwächer wurde, setzte der Hof in Bagdad einen türkischen Vasallen, Ahmad Ibn Tulun, als Gouverneur ein. Dieser erklärte sich für unabhängig, ernannte sich zum Sultan und verwandte das Steueraufkommen zum Ausbau seiner eigenen Hausmacht, mit der er 877 Syrien eroberte. Die neue Prosperität unter der Tuluniden-Dynastie fand ihren Niederschlag in einer eigenständigen künstlerischen Entwicklung, als deren Krönung die Ibn Tulun-Moschee in Kairo gilt. 905, unter Ibn Tuluns viertem Nachfolger, hatte sich die Kraft des neuen Sultanats erschöpft; das Reich fiel für die nächsten 30 Jahre an die Abbasiden zurück. Das kurze Interregnum der Ikhshididen, einer Dynastie türkischer Abstammung aus Samarra, endete, als sie ihre Macht 969 an die Fatimiden abtreten mußten.

Begleitet wurde dieser Machtwechsel von dem Religionsstreit der Schia, beriefen sich doch die neuen Herrscher auf ihre Abstammung vom Propheten über seine Tochter Fatima. Der Gründer der Dynastie, Sa^{c}id Ibn Husein, war aus Syrien 909 in Nordafrika eingefallen, hatte die Macht usurpiert und sich als Ubaidallah al-Mahdi zum Herrscher und Gegenkalifen proklamiert (s. S. 63). In wenigen Jahren kontrollierte er Nordafrika, eroberte 914 von Tunesien aus Alexandria und bekriegte das ägyptische Hinterland. Der dritte fatimidische Kalif,

Zeittafel

Ägypten

641–661	Eroberung durch Amr Ibn al-^{c}As (Hauptstadt Fustat, Amr-Moschee)
661–750	Omayyadische Gouverneure
750–868	Teil des abbasidischen Reiches (Hauptstadt al-Askaŕ)
870–905	Dynastie der Tuluniden (Moschee des Ahmad Ibn Tulun)
935–969	Herrschaft der turkmenischen Ikhshididen
969–1171	Eroberung durch die schiitischen Fatimiden (Hauptstadt al-Qahira = Kairo, al-Azhar-Moschee, al-Hakim-Moschee, Stadtbefestigungen, al-Aqmar-Moschee
1171–1250	Dynastie der Ayyubiden (as-Salih Medrese, Mausoleum Shagarat ad-Dur, Erweiterung der Zitadelle, Mausoleum des Imam ash-Shafi
1250–1382	Epoche der Bahri-Mamluken (Baibars-Moschee, Maristan, Moschee und Mausoleum von Qala^{c}un, Moscheekomplex von an-Nasir Muhammad, Medrese des Sultan Hasan)
1382–1517	Epoche der Burdji-Mamluken (Moscheen und Mausoleum des Sultan Barquq, Moschee des Mu'ayyad mit Bab az-Zuweyla, zahlreiche Grabmoscheen auf dem nördlichen Friedhof, Wakalas, Sabile, Kuttabs, v. a. des Sultan Qa'itBey
1517–1798	Eroberung durch das Osmanische Reich, (Moschee von Bulaq, Moschee des Abu Dahab, Bet as-Suiheimi, Bet al-Kritiliya, verschiedene Mamluken-Häuser, diverse Sabile, Kuttabs)

al-Mu^{c}izz li-Din Allah, sandte seinen Feldherrn Djawhar 969 zur Eroberung nach Ägypten. Vor den Toren der alten Hauptstadt Fustat gründete Djawhar die Stadt al-Qahira (Kairo), die 973 zur Hauptstadt erklärt wurde. Die Stadtplanung begann mit dem Palast des Kalifen, in dessen unmittelbarer Nachbarschaft man eine bedeutende Gebetsstätte errichtete, die al-Azhar-Moschee, die als islamische Universität seit 982 zunächst das schiitische Bollwerk gegen die orthodoxen Sunniten bildete und später ihre Bedeutung als geistiges Zen-

1798–1800	Französische Oberhoheit
1805–1952	Dynastie Muhammad Alis (Alabastermoschee, Zitadellenausbau, verschiedene ›türkische‹ Brunnenbauten)
1914–1922	Ende der Zugehörigkeit zum Osmanischen Reich, britische Oberhoheit
1952	Arabische Republik Ägypten

Tunesien/Libyen

647–665	Erste Eroberungen der Araber
669–800	Herrschaft abbassidischer Gouverneure, Gründung Kairouans durch Uqba Ibn Nafi^{c}
800–909	Aghlabiden von Tunis (Große Moschee von Kairouan, Drei-Türen-Moschee von Kairouan, Ribat von Sousse, Zaytuna-Moschee in Tunis)
909–972	Herrschaft der Fatimiden (Hauptstadt Mahdiyya, Moschee von Mahdiyya, Adjabiya-Palast in Libyen)
972–1148	Zayriden von Tunis (Hauptstadt Kairouan, Verwüstung durch Beni Hilal-Einfälle, Anarchie)
1056–1147	Herrschaft der marokkanischen Almoraviden
1130–1269	Dynastie der marokkanischen Almohaden
1228–1534	Herrschaft der Hafsiden, Hauptstadt Tunis
1535–1574	Spanien erobert Tunis, Kämpfe mit türkischen Korsaren
1575–1705	Eroberung durch das osmanische Reich (Moschee und Grab des Hamuda Pascha in Tuni, Moscheekomplex des Ahmad Pascha in Tripoli/Libyen
1705–1956	Dynastie der Husseiniten, zunehmende Unabhängigkeit vom türkischen Reich
1881–1956	Französisches Protektorat

trum des Islam bis zur Gegenwart behaupten konnte. Das fatimidische Reich erstreckte sich nun von Marokko nach Syrien, vom Taurus bis zum Jemen, bis seine Prosperität und Machtfülle, etwa nach dem Tod des Kalifen al-Hakam, in Auflösung geriet. Die Seldschuken eroberten Palästina und Syrien, Nordafrika fiel in die Hände der Ziriden und wurde 1050 von den Bani Hilal verwüstet, innere Unruhen schwächten in Verbindung mit Pest und Hungersnöten das Staatsgefüge.

1169 wurde Salah ad-Din al-Yusuf al-Ayyubi (Saladin) vom (sunnitischen) Seldschuken-Herrscher Syriens zum Gouverneur Ägyptens ernannt, wo er nominell als Wesir des schiitischen Kalifen agierte, bis 1171 mit der Ausrufung des Kalifen von Bagdad das fatimidische Kalifat ein definitives Ende fand. Nach Saladins Tod (1193) herrschten seine Erben, die Ayyubiden, über das Land. Von Saladin initiiert, wurden gewaltige Befestigungen errichtet: die Stadtmauern von Kairo, Aquädukte und theologische Hochschulen, die Medresen. Der letzte Ayyubide, as-Salih Ayyub, starb 1249 unmittelbar vor einer entscheidenden Schlacht gegen die Kreuzritter. Eine seiner Frauen, Shagarat ad-Durr, usurpierte die Herrschaft und heiratete den Kommandanten der Leibgarde, Aibek, den sie allerdings nach kurzer Ehe ermorden ließ; sie

selbst wurde kurz darauf von den Sklavinnen der ersten Frau Aibeks erschlagen (wie die Überlieferung berichtet mit hölzernen Badesandalen).

Mit Aibek, einst Sklave des Sultans as-Salih, begann die Epoche der Mamluken (Leute, die man besitzt). Diese Militärsklaven, zumeist als ›Ungläubige‹ in nichtislamischem Gebiet geboren, wurden in den Dienst eines Emirs rekrutiert, islamisch erzogen und ausgebildet und mit hohen Ämtern betraut, mitunter später auch freigelassen. Die neuen ägyptischen Herrscher bildeten sich so eine ›Ritterkaste‹ heran. Die ersten 25 Mamluken, ehemalige Sklaven aus Provinzen am Kaspischen Meer, nannten sich Bahri-Mamluken, denn sie waren in den Kasernen der Nil-Insel Roda ausgebildet worden (*Bahr* = Meer, aber auch der Nil). Ihre Nachfolger, die Burdji-Mamluken (*Burdj* = Turm), überwiegend Tscherkessen aus dem Kaukasus, waren dagegen in der Zitadelle stationiert. Die Mamluken-Sultane regierten von 1250 bis 1517, wobei die Macht während dieser Zeitspanne in den Händen von 47 Sultanen lag. Die geistliche Würde, das Kalifat, wurde von einem sunnitischen Oberhaupt repräsentiert, nachdem Baibars I. den abbasidischen Kalifen al-Mustansir 1260 nach Kairo geholt hatte. Die Bahri-Mamluken (1250–1382) regierten das Reich, das ausgedehnte Handelsbeziehungen besaß, als Erbdynastie. Unter den Burdji-Mamluken (1382–1517) lag die Macht nacheinander in den Händen meist nicht miteinander verwandter Emire. Der Sultan, jetzt in der Rolle des primus inter pares, mußte sich stets gegen den Machthunger der rivalisierenden Mamluken behaupten. 1250

Blick über die Mamlukengräber auf die von Saladin errichtete Zitadelle von Kairo (Darstellung aus dem 19. Jh.)

begann für Ägypten – insbesondere für die Hauptstadt Kairo – und den angrenzenden islamischen Kulturraum eine Zeit, die das künstlerische Schaffen der bisherigen 500 Jahre in den Schatten stellte; Mamluken-Sultane und -Emire, Notable und Reiche wetteiferten miteinander im Bau von Moscheen, Grabmälern, öffentlichen Bauten und der Förderung des Kunsthandwerks. Durch Heirat sowie mittels politischer und wirtschaftlicher Verbindungen in den zentralasiatischen Raum hinein, nahm das Reich mongolische Impulse in seine Kunst auf. Die Hauptquelle für den Wohlstand Ägyptens lag neben der unerschöpflichen Fruchtbarkeit des Nil-Deltas im Transithandel mit Waren aus Indien und China, die dann in Kairo und Alexandria von Kaufleuten aus Genua und Venedig aufgekauft wurden. Als die Portugiesen jedoch den Seeweg um das Kap der Guten Hoffnung entdeckten und die Zufahrt zum Roten Meer schlossen, versiegte diese Geldquelle. 1510 mußten die Mamluken ihren ›Bankrott‹ erklären: Die wirtschaftliche Kapazität des Landes reichte nicht mehr aus, um der Expansion der Osmanen unter Selim I. Einhalt zu gebieten. 1517 fiel Ägypten an das Osmanische Reich.

Ausgelaugt durch ungeheure Tribute konnte Ägypten sich unter den Gouverneuren Istanbuls nie wieder aus der Rolle einer nachgeordneten Provinz befreien, wenn auch die mamlukischen Fürsten nominell ihre Macht behielten. Im 18. Jh. schien Ägypten sogar wieder so zu erstarken, daß die türkische Herrschaft ins Wanken geriet. 1798 jedoch marschierte Napoleon in Ägypten unter dem Vorwand ein, die Autorität der Pforte wiederherstellen zu wollen. Die Franzosen hielten das Land besetzt, bis sie von Engländern und Türken 1801 vertrieben wurden. Die Macht teilten sich zunächst die Mamluken und ein türkischer Heerführer namens Muhammad Ali, der 1806 von der Pforte mit einem albanischen Truppenkontingent als Statthalter von Ägypten ausgesandt worden war. In Kairo installiert, verbündete sich der türkische Vasall zunächst mit den führenden Mamluken gegen den Sultan in Istanbul, sagte sich 1811 von der Pforte los und ernannte sich zum Herrscher, blieb jedoch tributpflichtig. Der feudalen Machtansprüche der Mamluken-Emire entledigte er sich, indem er 470 Fürsten nach einem Bankett ermorden ließ.

Unter ihm tat Ägypten den Schritt in die Neuzeit: Europäische Ingenieure wurden angeheuert, das Land erfuhr gewaltige technische Innovationen und Strukturwandlungen. Künstlerische Impulse des italie-

Typische Straßenszene in Kairo (Darstellung aus dem 19. Jh.)

nischen Barock und des französischen Directoire beeinflußten den Geschmack der kunstbestimmenden Oberschicht.

Die Zeitspanne der osmanischen Besetzung Ägyptens – mit den Zwischenphasen der französischen und britischen Okkupation – endete de facto erst mit der Revolution, die 1952 mit der Person Nassers den ersten Ägypter seit der Pharaonenzeit an die Spitze des Staates stellte. Ausgeprägt ›islamische‹ Kunst im osmanischen Ägypten gab es nur bis etwa zur Mitte des 18. Jh. Eine Besinnung auf eigenständige künstlerische Möglichkeiten und Traditionen – wie etwa in der Glanzzeit der Mamluken – ist erst wieder im 20. Jh. auf dem Boden des erstarkten Nationalismus und der Revitalisierung des islamischen Fundamentalismus zu beobachten.

Die kulturhistorischen und politischen Gemeinsamkeiten der heutigen Staaten Tunesien und Libyen lassen es sinnvoll erscheinen, diesen geographischen Raum als Einheit zu behandeln, um so mehr, da das

Der islamische Westen

nunmehr eigenständige Libyen dem tunesisch-ägyptischen Herrschaftsbereich für Jahrhunderte angehörte.

Besiedelt seit dem Paläolithikum und von Stämmen aus der Zentral-Sahara seit dem 4. Jt. v. Chr. bewohnt, rückte Nordafrika um etwa 1200 v. Chr. durch die Phönizier ins Licht der Geschichte und entwickelte sich in den folgenden Jahrhunderten zu einer führenden Seemacht. Vom 7. vorchristlichen Jahrhundert an gewann die Hauptstadt Karthago zunehmend an Bedeutung und wurde mit ca. 400 000 Einwohnern zur führenden Handelsmetropole des Mittelmeers. Jahrhun-

dertelange Scharmützel mit den Hellenen führten zu keiner wesentlichen Verschiebung der Machtverhältnisse. Das erstarkende römische Imperium jedoch besiegte die Karthager in den drei Punischen Kriegen (264–241, 218–201, 149–146 v. Chr.) so gründlich, daß die phönizische Kultur in Nordafrika weitgehend ausgerottet wurde. Das Numider-Reich des Massinissa, das sich bis 105 v. Chr. halten konnte, ging dann auch in der römischen Provinz Africa auf. In den folgenden Jahrhunderten erfuhr die Region eine fast vollständige Romanisierung, die unter den Severern ihren Abschluß fand.

Gegen Ende des 2. Jh. begann die christliche Missionierung Nordafrikas; nach anfänglichen Verfolgungen durch die römischen Kaiser erkannte Konstantin 313 das Christentum an, und Theodosius machte es 380 sogar zur Staatsreligion. 439 eroberten die Vandalen die Provinz; ihr Führer Geiserich ernannte sich zum König und expandierte seinen Machtbereich bis weit in den Mittelmeerraum. 534 eroberte Belisar, der Feldherr des byzantinischen Kaisers Justinian, die Küstenregionen zurück – das berberische Hinterland blieb weitgehend autark. Ostrom konnte sich der ehemaligen Kornkammer des Imperiums jedoch nur kurze Zeit erfreuen; Aufstände, lokale Machtkämpfe und religiöse Spannungen schwächten die Macht der Byzantiner, so daß der Landstrich schon zur Zeit der orthodoxen Kalifen eine leichte Beute der islamischen Expansion wurde.

Mit der Eroberung Ägyptens durch muslimische Heere (640–643) wurden in der Folge auch Vorstöße nach Westen unternommen, die den Küstenstreifen bis hinter Tripolis unter islamischen Einfluß brachten. Uqba Ibn Nafi^{c}, Heerführer des Omayyaden-Kalifen Mu^{c}awiya, drang weiter in das Land vor und gründete 670 die neue Hauptstadt Kairouan. Weitere Aufstände der Berber hielten die Eroberer in Atem, bis Hasan Ibn an-Nu^{c}man 698 dann auch die Byzantiner endgültig vertreiben konnte. Sein Nachfolger, Musa Ibn Nusair, dehnte die Grenzen für seinen Kalifen al-Walid bis nach Tanger aus und islamisierte die christlichen Berber, deren teilnomadische Lebensart sie den neuen Glauben rasch annehmen ließ (s. S. 62).

Bis in die zweite Hälfte des 8. Jh. unterstand Nordafrika dem Kalifat von Damaskus, dessen omayyadische Herrscher 750 von den Abbasiden in Bagdad gestürzt und ermordet wurden (s. S. 18). 799 entsandte der abbasidische Kalif Harun ar-Rashid seinen algerischen Vasallen Ibrahim Ibn al-Aghlab nach Ifriqiyya (Afrika), wo dieser nach dem Sieg über die aufständischen Berber die Dynastie der Aghlabiden gründete. Doch auch in Ifriqiyya begannen sich die ›häretischen‹ Schiiten als politische Macht zu formieren. Mit ihrem Führer Ubaidallah al-Mahdi eroberten die Fatimiden 909 Kairouan, proklamierten ein Gegenkalifat und verlegten 916 die Hauptstadt nach Mahdiyya, wo eine bedeutende Moschee entstand. Durch den Warenverkehr mit den Gütern von jenseits der Sahara finanziell gestärkt, expandierten die Fatimiden ihr Reich nach Osten und eroberten 969 Ägypten – 973 wurde Kairo zur Hauptstadt.

Als fatimidische Statthalter verwalteten inzwischen die Ziriden Ifriqiyya, die jedoch ihre Macht nicht festigen konnten: Der letzte Herrscher der Ziriden sah einen Ausweg in der Rückkehr zum sunnitischen Glauben und suchte Hilfe beim abbasidischen Kalifen. Zur Strafe entsandte daraufhin das fatimidische Kairo die Heere der Bani Hilal, eines kriegerischen Nomadenstammes, nach Kairouan. Mit der Aussicht auf Herrschaft über Nordafrika verwüsteten diese Krieger in wenigen Jahren das Land, vernichteten die landwirtschaftlichen Anbauflächen und zerbrachen das Staatsgefüge. Tunesien und Tripolitanien fielen in die Hände der Genueser und Normannen, die 1148 Mahdiyya erobern konnten; das Hinterland wurde von marodierenden Nomadenstämmen geplündert.

Die wenigen kleinen Lokaldynastien, die sich der Küstenstädte bemächtigt hatten, konnten dem Ansturm der marokkanischen Almohaden nicht widerstehen, die 1159 das zersplitterte und führungslose Nordafrika überrannten und den gesamten Maghreb von Tripolitanien bis Spanien in ihrer Hand vereinten (s. S. 68). 1207 setzten die Almohaden die Familie der Hafsiden als Statthalter von Tunis ein. Bald darauf erklärte der Gouverneur sich jedoch für unabhängig und gründete eine eigene Dynastie, unter der sich Nordafrika wieder erholen konnte. Die Reconquista in Spanien sorgte für einen nicht versiegenden Strom von jüdischen und arabischen Gelehrten, so daß Kunst und Wissenschaften eine großartige Entfaltung erlebten. Nach dem Tod des dritten Hafsiden-Emirs al-Mustansir (1277), der sieben Jahre zuvor noch den Kreuzzug Ludwigs IX. von Frankreich (des Heiligen) abgewehrt hatte, kam es dann erneut zu Aufständen, lokalen Dynastiekämpfen und Revolten.

Pest und Hungersnot verstärkten das Chaos, bis gegen Ende des 14. Jh., für etwa 90 Jahre, ein Nachfahre der Hafsiden das Land befriedete und durch eine mächtige Piratenflotte zu neuem Reichtum führte. Auch diese Zeit sah wieder einen künstlerischen Aufschwung durch eine neue Welle von Flüchtlingen aus Andalusien. Innenpolitische Ansprüche verschiedener Interessengruppen schwächten dieses zweite Hafsiden-Reich in der Folge so sehr, daß zu Beginn des 16. Jh. einige Küstenstädte von den spanischen Habsburgern genommen und tributpflichtig gemacht werden konnten. Den gegen die ›Ungläubigen‹ zu Hilfe gerufenen türkischen Korsaren kam dieser Hilferuf nicht ungelegen: Im Rahmen der Expansion des türkischen Reiches besetzten sie die wichtigsten Hafenstädte; ihr Anführer wurde vom Sultan zum offiziellen Verwalter des Maghreb bestellt. Hierauf blieb dem Hafsiden-Herrscher nichts anderes übrig, als sich mit dem deutschen Kaiser Karl V. zu verbünden und sich unter habsburgischem Protektorat wieder in Tunis installieren zu lassen.

Von 1540–1574 blieb die gesamte Küstenregion Nordafrikas Schauplatz erbitterter Piratenkämpfe, aus denen letztlich die Osmanen siegreich hervorgingen und den Maghreb ihrem neuen Großreich einverleibten: Bis 1919 hielt sich die Souveränität der Pforte. Mehrere lokale Auseinandersetzungen um die Macht änderten nichts an der türkischen Oberhoheit, wenn auch unter dem Regime der Huseiniten-Beys eine weitgehende Unabhängigkeit zustande kam. Das 17. Jh. wurde Zeuge einer dritten Vertreibung von Muslimen aus Andalusien, die wiederum das künstlerische Schaffen Nordafrikas inspirierten.

Die Eröffnung von Handelswegen über dem Atlantik, später die Dampfschiffahrt und zunehmende wirtschaftspolitische Einflüsse Europas führten zu immer stärkeren kolonialen Abhängigkeiten und wirtschaftlichem Ruin, bis die Franzosen 1881 in Tunesien einmarschierten und Nordafrika zum Protektorat erklärten.

Islamische Baukunst in Ägypten, Tunesien und Libyen

Über Jahrhunderte eines der Zentren des Islam, ist Ägypten so reich an baulichen Zeugnissen dieser Kultur, daß in dem vorliegenden Rahmen eine Beschränkung auf wenige für die jeweilige Epoche typische Beispiele erfolgen muß; die zentralistische Bedeutung Kairos begründete die Konzentration der künstlerischen Impulse auf die Hauptstadt. Auf die Darstellung anderer Bauwerke im Landesinneren wird trotz ihres unbestreitbaren Ranges daher verzichtet.

Der abbasidische Moscheebau setzte mit der 641 gegründeten Moschee des Amr Ibn al-ᶜAs in Fustat ein, dem ersten Sakralgebäude, das den Ruf des neuen Glaubens verkündete. Die ursprünglich bescheidene Anlage im Stil der Hofmoschee des Propheten in Mekka wich durch fortwährende Umbauten schon 827 einer großen Säulenanlage mit einem marmornen Mihrab. Aus dieser Zeit ist die Qibla-Wand mit Marmorsäulen und holzgeschnitzten Architraven erhalten. Beim Brand von Fustat 1168 weitgehend zerstört, von Saladin kurz darauf erneuert und von Murad Bey 1797 ausgebaut und erweitert, stellt sie sich jetzt als typische Hofmoschee dar, die an der Qibla-Wand sechs, an den Seitenwänden drei und an der Eingangsfront eine Säulenreihe präsentiert; die ursprüngliche abbasidische Baukonzeption ist nicht mehr erkennbar.

Das Nilometer auf der Insel Roda entstand 715 im Auftrag des Kalifen al-Mutawakkil. Sein Zentrum bildet eine oktogonale Meßsäule, umgeben von einem quadratischen Schacht. Anstelle der sonst üblichen Ziegelbauweise wurde die Anlage in Stein gehauen; die kufischen Inschriften stammen zum Teil noch aus der Gründerzeit, wurden dann von den Tuluniden jedoch partiell geändert und ergänzt. Spitzbogennischen, die auf paarigen Säulen mit Glockenkapitellen und ebensolchen Basen ruhen, entlasten die Wände des Schachtes. Der aus dem Osten stammende Spitzbogen fand hier seinen Einzug in den westlichen islamischen Kulturkreis. Bedeckt war die Anlage von einer Kuppel, die zur Zeit Napoleons zerstört und durch ein (türkisches) Spitzdach ersetzt wurde.

Von den großartigen Anlagen, die der ehemalige abbasidische Gouverneur Ahmad Ibn Tulun errichten ließ, sind heute neben seiner Moschee nur noch Reste eines Aquäduktes auszumachen; die Palastanlagen seiner Residenz al-Qata'i^c^, das Krankenhaus und die höfischen Wohnanlagen wurden nach dem Zusammenbruch der Tuluniden-Dynastie geplündert und dem Verfall preisgegeben.

Die Moschee des Ahmad Ibn Tulun, einer der größten und bedeutendsten Sakralbauten des Islam, blieb trotz mehrfacher Restaurationen weitgehend in ihrer ursprünglichen Konzeption erhalten. Die Anlage folgt dem Vorbild der Großen Moschee von Samarra (heute: Irak, s. S. 257 ff., 273 ff.). Die gewaltige Grundfläche von 26 000 m^2 ist von einer doppelten Mauer umgeben, so daß ein umlaufender Außenhof von 19 m Breite, eine *Ziyada,* das Innere der Moschee vom Leben der Straße abschirmt. Das Minarett, mit seiner spiralförmigen Außentreppe einem mesopotamischen Zikkurat gleichend, überragt mit 40 m Höhe die nördliche Ziyada. In der Mitte des Hofes steht der Zentralbrunnen, ein kubischer Pavillon mit mamlukischer Kuppel; der Hof selbst wird an drei Seiten durch einen zweischiffigen Säulengang begrenzt, und seine Ostseite führt in das fünfschiffige Sanktuarium. Die Arkaden des Innenhofes ruhen auf je 13 Pfeilern, deren Ziegelmasse durch Ecksäulen, Stuckrosetten und Spitzbogenfenster eine rhythmisch-elegante Gliederung erfährt. Ihre ›Schwingung‹ wird durch einen variationsreichen Stuckfries in der typischen Schrägschnitt-Technik Samarras noch betont. Das fünfschiffige Sanktuarium beherbergt neben dem gewölbten Haupt-Mihrab unter der Kuppel noch

Reinigungsbrunnen und Minarett der Ibn Tulun-Moschee

fünf weitere, flache Gebetsnischen mit Inkrustationen aus Gold, Marmor, Mosaiken und Schriftbändern. Diese Flachnischen sind jedoch nicht mehr der tulunidischen Epoche zuzuordnen, sondern beruhen auf späteren Stiftungen.

Gleichzeitig mit der Gründung der neuen Hauptstadt al-Qahira (Kairo) errichtete der Fatimiden-Kalif Al-Mu^{c}izz li-Din Allah die große Freitagsmoschee, die als al-Azhar-Moschee zum geistigen Zentrum des Islam werden sollte. Nach mehrmaligen Umbauten und Ergänzungen weist sie heute ein imposantes Stilgemisch auf; ihre fatimidischen Bauteile finden sich im Innenhof mit den von Spitzbogen begrenzten Arkaden, wobei Spitzbogennischen und Rondelle den Oberteil der Fassade auflockern. Reiche Stuckornamente mit floralen Elementen und fatimidischem Kufi zieren die Bogen an den Flachseiten und in der Kehlung. Auch die Stuckschnitte in den Arkaden vor dem Eingangsportal, die Kuppel dahinter – mit Stuckdekoration und durchbrochenen Fenstern – sowie der 970 errichtete Mihrab im Zentrum der Moschee sind fatimidisch; die Stuckverzierung des Mihrab aus dem 13. Jh. bildet schon den Übergang in den ayyubidischen

Die Minarette der al-Azhar-Moschee

Stil. Trotz aller Um- und Anbauten entspricht das säulenfreie Mittelschiff des Sanktuariums dem ursprünglichen fatimidischen Plan der Moschee. Erstmalig bei der Großen Moschee von Damaskus auftretend, transferiert nach Córdoba und über die Sidi Uqba-Moschee in Kairouan von den Fatimiden übernommen, hält dieser Typ des Bethauses nun Einzug in die Architektur Ägyptens.

Die Moschee des al-Hakim, entstanden 990–1013, stellt eine quadratische Freitagsmoschee mit einer umlaufenden Ziyada vor, deren Außenmauern nicht mehr stehen. Die beiden Minarette am Nord- beziehungsweise Westende unterscheiden sich deutlich: Das westliche zeigt in seiner unteren Hälfte einen quadratischen, darüber einen sich verjüngenden achteckigen Querschnitt, das nördliche erhebt sich zylindrisch aus einem quadratischen Sockel. Ornamentbänder, Fensterreihe und Schriftfriese lockern die Baumassen auf; das Nordminarett ist in den Verbund der fatimidischen Stadtmauer mit einbezogen. In die Moschee mit ihrem Grundriß von 120 × 120 m führten einst 13 Portale, von denen das Hauptportal in der Nordwestfassade erhalten blieb. Zwei Mauerflanken mit einem Tonnengewölbe verleihen dem Eingang die monumentale Breite von 16 m und verraten den Einfluß der Moschee von Mahdiyya (Tunesien), der ersten Hauptstadt der Fatimiden. Das östliche Sanktuarium ist mit einer Breite von 22 m fünfschiffig, der Seiten-Iwan jeweils dreischiffig angelegt. Wie bei der Ibn Tulun-Moschee tragen flache Ziegelpfeiler mit Ecksäulen die Arkaden.

Die unweit der al-Hakim-Moschee gelegene kleine al-Aqmar-Moschee verdient hier Erwähnung, da sie eines der wenigen fast völlig erhaltenen fatimidischen Gebäude darstellt. Bedeutsam ist hier die 1125 entstandene Fassade, die – erstmalig in der ägyptischen Baugeschichte mit Stalaktiten verziert und einem Nischenportal geschmückt – richtungweisende Impulse für die nachfolgenden Moscheebauten gab. Im Inneren löst der persische Kielbogen den bislang vorherrschenden Spitzbogen ab.

Die letzte fatimidische Moschee, die den Namen ihres Erbauers as-Salih Talai führt, entstand 1160 über einem hochparterrigen Untergeschoß, das Läden und Handwerker aufnahm. Die Fassade wird durch gekehlte Nischen und ein doppeltes Band in geschnittenem Kufi gegliedert. Der Innenhof, an den Flanken durch zwei, an der Qibla-Wand durch fünf Bogen begrenzt, trägt Marmorsäulen mit korinthischen Kapitellen. Ein Schriftband verbindet die Arkaden, die Bogen sind mit geschnitzten Balken versteift. Stuckornamente und Medaillons verzie-

Zeitgenössische Straßenszene im alten islamischen Teil Kairos

ren den sonst schlichten Innenhof. Während der fatimidische Mihrab zum größten Teil zerstört ist, stellt der Minbar aus dem Jahr 1300 eines der schönsten Exemplare seiner Art dar.

Mit dem Zerfall des Fatimiden-Reiches brach auch die schiitische Bastion in Ägypten zusammen. Die Moscheebauten folgten nun dem architektonischen Muster der Medrese, der theologischen Hochschulmoschee. Anstelle des großen offenen Hofes der bislang vorherrschenden Freitagsmoschee tritt der Zentralraum, meist überdacht und mit einer Kuppel oder einem Lichtschacht gekrönt: Dieser Raum bildet den Scheitelpunkt eines kreuzförmigen Grundrisses, dessen Seiten hohe Gewölbe überspannen; der tiefer angelegte östliche Iwan birgt Mihrab und Minbar. Die vier Iwane waren den vier anerkannten orthodoxen Rechtsschulen des sunnitischen Islam, den Shafi^citen, Malikiten, Hanafiten und Hanbaliten, zugeteilt und dienten der Lehre und dem Studium des Glaubens; angeschlossen an die Medrese waren daher Unterkünfte für Lehrer und Studenten. Diese Medresen-Moscheen wurden in ihrer Grundidee in den folgenden Jahrhunderten beibehalten und prägten das Stadtbild Kairos ganz entscheidend.

Die älteste in Teilen noch erhaltene Medrese, die des Sultan as-Salih Ayyub (1243), birgt das Kuppelgrab des Stifters. Von der durch einen Gang geteilten Anlage ist die Südseite zerfallen, vom Nordteil besteht noch der an die Grabkammer grenzende Iwan. Der frühere Mittelgang, jetzt eine offene Gasse, beginnt als Torweg unter der steingehauenen Fassade, deren reiche Ornamente durch angebaute Läden weitgehend verdeckt sind. Hatten an der fatimidischen Al-Aqmar-Moschee die Nischen noch einen rein dekorativen Charakter, so verbindet sie hier ein Fensterdurchbruch mit dem Innenraum der Moschee. Dieser Technik schließen sich in der Folgezeit die Moscheebauten fast ausnahmslos an. Neben der bevorzugten Verwendung von Haustein wird der Marmorbelag für den Mihrab eingeführt; für die Fenster kommt der Gebrauch von farbigem Glas in Mode, das in ein Gipsgitterwerk eingesetzt wird. Als typisch für den ayyubidischen Stil darf weiterhin das Minarett mit der kannelierten Kuppel gelten, die an einen Salzstreuer erinnert. Acht Türen in kielbogigen Flachnischen ermöglichen den Zugang zur Galerie des Muezzin. Das achteckige Obergeschoß ruht auf einem quadratischen Unterteil mit drei ebenfalls kielbogigen Flachnischen und einem Fenster auf der Nordwestseite.

Unter den ayyubidischen Bauwerken verdient noch das 1242 vollendete Mausoleum der abbasidischen Kalifen Erwähnung, ein von einer Kuppel überwölbter, mit Gipsnischen und Gitterfenstern gezierter Bau. An die Wand der Grabmoschee von Saiyyida Nafisa (Urenkelin von Hasan, der wiederum ein Enkel Muhammads war) angebaut, sind die drei zugänglichen Seiten der Fassade mit drei Flachnischen versehen, die von kielbogigen Hauben mit ornamentalen Kerbschnittreihen um ein Mittelfeld bekrönt werden. Im quadratischen Innenraum finden sich die hervorragendsten Stuckarbeiten Kairos: Zwei geriefte, kielbogige Halbkuppeln sind in einen rechteckigen Rahmen gesetzt und mit Stuck ornamentiert. Die Pendentifs, die den Übergang vom quadratischen Grundriß zur Kuppel bilden, wurden polychrom und mit Blattgold ausgestaltet, ein bemalter Holzfries mit einer Naskhi-Inschrift läuft rings um die Wände. Wie auch im Mausoleum des Imam ash-Shafi zeugt hier die erstmalige Verwendung des runden Naskhi-Duktus als dekoratives Element von einem Umbruch des Stilempfindens; das bislang ubiquitäre Kufi kommt bis auf wenige spezielle Verwendungen aus der Mode.

Eine der großartigsten Bauanlagen der mamlukischen Frühzeit steht uns mit Krankenhaus, Medrese und Mausoleum des Sultan Qala^{c}un vor Augen. In den Gebäudekomplex im Suq an-Nahasin (Markt der Kupferhändler, an der Stelle des alten Fatimiden-Palastes) führt ein Monumentalportal, in abwechselnden Schichten aus schwarzem und weißem Marmor erbaut und von Schriftfriesen geschmückt. Ein Schriftband läuft weiter um die gesamte Fassade von 67 m, die durch eine rhythmische Nischenfolge mit von Säulen getragenen Flachbogen ihre Gliederung erhält; die Trennpfeiler dieser Nischen ruhen mit ihrer Gesamtmasse auf zierlichen Säulen mit korinthischen Kapitellen. Das ebenfalls in eine Nische gesetzte Hauptportal, überspannt von einem Hufeisenbogen, trägt in der Nische einen weiteren Spitzbogen mit gezackten Keilsteinen und wird flankiert von Bogenzwickeln, ebenfalls in gestreiftem Marmor gehalten. Das bronzebeschlagene Tor öffnet sich in den 35 m langen Korridor, durch den man links auf den Hof der Medrese, rechts durch eine Vorhalle in das Mausoleum kommt. Der Gang biegt gegen Ende spitzwinklig ab und mündet in den Innenhof des Krankenhauses, das, seit seiner Gründung (1284) als Hospital betrieben, zur Zeit eine Augenklinik beherbergt.

Die Medrese, angelegt im Vier-Iwan-Plan (s. S. 51) besitzt ein erhöhtes Mittelschiff und einen dreischiffigen Haupt-Iwan; wie bei einer syrischen Basilika durch zwei Reihen von Porphyrsäulen mit daraufgestellten viereckigen Mauerpfeilern geteilt und durch eine eingezogene

Die Moschee des Sultan Qala^{c}un im Suq an-Nahasin (Darstellung aus dem 19. Jh.)

Mauer gegen den Hof abgeschlosssen, bildet er einen eigenen Moscheeraum. Der sehenswerte Mihrab ist in der Halbkuppel und den Zwickeln mit Goldmosaik dekoriert.

Die Grabkammer betritt man durch eine Vorhalle, in der vier Säulen aus rotem Granit und mit korinthischen Kapitellen elf Bogen tragen. Das Dach des Portikus besteht aus seitlichen Flachkuppeln – je drei auf jeder Seite – und einem Tonnengewölbe über dem Nordwestende; der Mittelteil bleibt offen. Den Eingang zum Mausoleum bildet ein 4 m

Stuckornament am Mausoleum des Sultan Qala^c^un

breites Mashrabiyya-Gitter mit Flügeltür, zwei flankierende Säulen tragen Stuckgitterfenster mit Rundbogen. Mit seiner Höhe von 18 m stellt dieses aller Schwere enthobene Stuckornament das vollendetste Beispiel der Gipstechnik in Kairo dar. In der Grabkammer selbst wird der übliche Grundriß des quadratischen Raumes durch ein inneres Oktogon aufgelockert, das abwechselnd auf paarigen Pfeilern und antiken Granitsäulen ruht; von diesen schwingen sich Trommel und Kuppel in die Höhe. Polychrome Holzdecken, ornamentale Kuppelbemalung und Wandflächen im Perlmutt- und Marmormosaik schaffen den prächtigen Rahmen für die umlaufende zentrale Mashrabiyya, die den Kenotaph des Sultans Qala^c^un und seines Sohnes an-Nasir umschließt. Die Mihrab-Nische des Mausoleums, begrenzt von drei Paaren roter Porphyrsäulen mit iranischen Glockenkapitellen, ist mit reicher Intarsia aus Marmor und Perlmutt geziert und verbindet alle bis dato bekannten Ornamente und Stiltechniken.

Vom *Maristan* (Krankenhaus), das neben einer Schule, einem Waisenhaus, einer Bibliothek und einer Akademie Platz für alle medizinischen Abteilungen bot, sind noch Reste dreier Flügel erhalten. Im Norden kann man noch einen von Wohnzellen umgebenen Hof besuchen, dessen Dach von alten Säulen getragen wird. Das 56 m hohe Minarett am Nordende der Moschee erhebt sich mit einer vier- beziehungsweise achteckigen Galerie über einem quadratischen Unter- und Mittelgeschoß; das runde Obergeschoß trägt die für die Mamluken typische Melonenkuppel. Der gesamte Baukomplex, die erste gelungene Verschmelzung syrisch-byzantinischer und lokaler Bauelemente, wurde 1284/85 in nur 14 Monaten fertiggestellt.

Neben vielen weiteren Bauwerken der frühmamlukischen Periode ist aus kunsthistorischer Sicht vor allem die Medrese des Sultan Hasan (1356–1359) am Fuß der Zitadelle bemerkenswert. Die monumentalen Ausmaße dieses Gebäudes übertreffen alle Bauten Kairos. Für die Arbeiten wurden Künstler und Handwerker aus Syrien und Persien rekrutiert, deren Stilempfinden sich in den tektonischen wie in den schmückenden Elementen niederschlug. Die Wahl des Vier-Iwan-Plans für die Moschee ließ die überkommene hypostyle Hallenmoschee endgültig abtreten und prägte von nun an alle Sakralbauten der folgenden Epoche. 150 m lang und 68 m breit, bedeckt die Moschee eine Grundfläche von 8000 m². Während die breiten Wandflächen durch Blendnischen mit Rundbogenfenstern gegliedert sind, tritt das Mausoleum frei an der Nordostfassade hervor, gekrönt von der (später erneuerten)

Grundriß der Sultan Hasan-Moschee 1 Haupteingang 2 Vorhalle 3 Brunnenhof 4 Brunnen 5 Tribüne 6 Mihrab 7 Minbar 8 Mausoleum

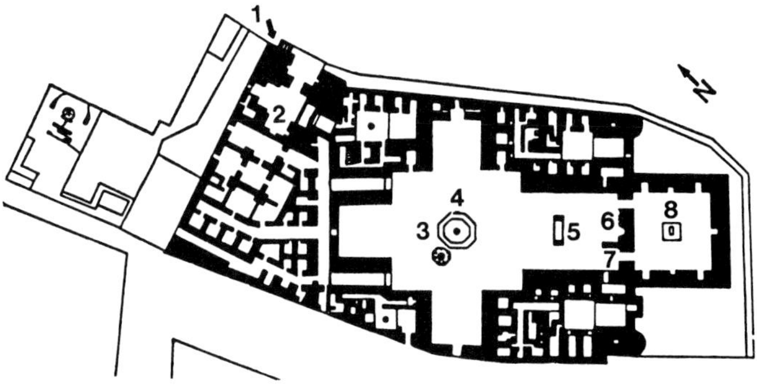

Die Sultan Hasan-Moschee (Darstellung aus dem 19. Jh.)

55 m hohen Kuppel im osmanischen Stil. Die Fassade wird begrenzt von einem Stalaktitengesims. Das monumentale Eingangsportal, das mit 26 m Höhe die Nordecke einnimmt, übernimmt seine Formgebung und schmückende Ausgestaltung von den seldschukischen Bauten Konyas (s. S. 201, 212). Die vegetabilen Friese in Steinmetzarbeit, die farblich abgesetzten Marmorplatten, die gewaltige Stalaktitenwölbung und die vollkommenen Proportionen der Einzelelemente geben diesem Portal seine eminente kunstgeschichtliche Bedeutung.

Hinter der Tür gelangt man zunächst in eine kleine quadratische Vorhalle, die – mit einer Kuppel überdacht – vier kleine Iwane besitzt und in sich eine ›Miniaturmoschee‹ bildet; von ihr aus gelangt man durch ein Vestibül in einen Korridor, der zum Zentralhof der Moschee führt. Das Zentrum der mit Marmorplatten belegten Fläche bildet der kuppelbedeckte Brunnen für die rituellen Waschungen, die vier Seiten werden von tonnengewölbten Iwanen mit den vier kleinen Medresen begrenzt. Von den Tonnendecken hängen Hunderte von Eisenketten; einige der einst daran befestigten emaillierten Glasampeln sind heute die Prunkstücke islamischer Kunstsammlungen. Während die Iwane achtgeschossig von Wohnzellen für Studenten umgeben sind, ziert die sonst glatte Fassade des Hofes ein monumentales Schriftband, dessen in Gips geschnittene kufische Lettern plastisch aus Arabesken hervortreten. Die Ostwand der Medrese trägt den polychrom in Stein und Fayence intarsierten Mihrab. Zu beiden Seiten der Gebetsnische führen Bronzeportale in den Grabraum. Die tonnenschweren Flügel der rechten Pforte, in Gold und Silber tauschiert, tragen elegante Naskhi-Schriftzüge, umgeben von floralen Ornamenten. Würde und Pracht verleihen dem angrenzenden Grabraum die farbigen Marmorpaneele sowie ein umlaufendes holzgeschnittenes Buchstabenfries, das wie die Decken farbig grundiert ist. Mit einer Seitenlänge von 21 m quadratisch angelegt, trägt die Grabkammer (Seitenhöhe 28 m) die gewaltige 55 m hohe Kuppel. Von den ursprünglich vier geplanten Minaretten steht an der Südwestecke noch das zuerst erbaute, mit 81,6 m das höchste Kairos und zweithöchste Afrikas.

Der mittleren Mamluken-Periode läßt sich die Moschee des al-Mu'ayyad zuordnen, die letzte monumentale Freitagsmoschee Kairos, die ja nach Errichtung der Sultan Hasan-Moschee aus der Mode gekommen war. 1415–1420 direkt am az-Zuweyla-Tor der fatimidischen Stadtmauer errichtet, stehen die achteckigen, elegant gestreckten Minarette auf den Flanken des Tores. Von den ehemals vier Iwanen ist

Das Bab az-Zuweyla, überragt von den Minaretten der al-Mu'ayyad-Moschee (Darstellung aus dem 19. Jh.)

nur noch der des südöstlichen Sanktuariums mit Vorhalle, Eingang und Mausoleum des Sultans erhalten; ein Garten liegt an der Stelle des ehemaligen Zentralhofs. Die Südostfassade zur alten fatimidischen Hauptstraße trägt einen Zinnenkranz aus dreilappigen Lilien, die Wand ist abwechselnd aus schwarzen und weißen Steinschichten aufgebaut und mit Stalaktiten verziert. Von der Straße aus erreicht man über eine Treppe das prachtvolle Portal mit seiner augenfälligen Streifenmusterung. Syrische und kleinasiatische Stilelemente prägen die Steinschnitt- und Inkrustationsornamentik des Vorrahmens; die Halbkuppel über der Tornische verliert durch die Stalaktiten in gereihter Anordnung jegliche Schwere. Das Falttor, tonnenschwer in Bronze gegossen und reich verziert, schmückte einst die Moschee des Sultan Hasan. Die Vorhalle mit Stalaktitenhauben und Kreuzgewölbe führt über einen Korridor in den Gebetsraum, vor dem sich linker Hand das Mausoleum befindet: Dreischiffig auf hohen gestelzten Spitzbogen errichtet, präsentiert der Hallenbau seine Rückwand mit farbigen ornamentalen Marmorpaneelen, Spitzbogen und Gipsfenstern. Ein vergoldeter Naskhi-Schriftfries, unterbrochen von Arabesken und Rosetten, verläuft entlang der Wand, die Decke besteht aus bemaltem Holz. Der Mihrab aus Steinmosaik und Glasfluß lenkt den Blick durch seine strukturelle und farbliche Verdichtung zur Ostwand. Während in der Südecke das (kuppellose) Mausoleum der Sultansfamilie den Betraum abschließt, befindet sich die Grabkammer des Herrschers an der gegenüberliegenden Seite des Sanktuariums. Die Kuppel, außen mit Zickzacklinien geschnitten, ruht innen auf Stalaktitenpendentifs; die marmorgetäfelten Wände zieren goldeingelegte Schriftzüge.

Der Spätphase mamlukischer Baukunst zugeordnet wird die Grabmoschee des Sultans Qa'itbay, erbaut 1472–1474; die Gebetsstätte bildete mit zahlreichen Nebengebäuden, einem Sufi-Kloster, einer zweiten Medrese und Lehrgebäuden einen gewaltigen Komplex, von dem außer der Moschee nur noch unbedeutende Reste zeugen. Als Beispiel für die Kunst des mamlukischen Kuppelbaus verdient die prachtvolle Gestaltung dieses Architekturelementes hier unsere besondere Aufmerksamkeit. Die Übergangszone der Kuppel ziert ein Doppelstreifenband mit kreisförmigen Verschlingungen, darunter verläuft ein eleganter Schriftfries über den Rundbogenfenstern, die der Kuppelbasis ihre Massigkeit nehmen und Licht in den Innenraum der Grabkammer dringen lassen. An die Kuppelwölbung schmiegt sich ein schwingendes Netzwerk aus floralen Arabesken, wohingegen eine kontrapunktische

Die Moschee des Sultan Qa'itbay

Linienführung geradliniger Sternornamente die Symmetrie betont. Der Spannung erzeugende Kontrast dieser beiden Elemente wird durch die unterschiedliche Textur der Oberflächen noch verstärkt: Während die geraden Sternlinien glatt geschnitten sind, zeigen die Arabesken Riefenschnitte. Jedes Netzwerk ist der Kuppel so aufgelegt, daß es die freie Fläche des jeweils anderen Netzes einnimmt, sich beide gemeinsam jedoch zu gruppierten Zentren medaillonartig vereinen.

Neben der Kuppel stellt sich auch das Minarett als verfeinertes Endprodukt einer langen architektonischen Entwicklung dar. In seiner Höhe von 40 m besteht es aus drei Etagen, von denen die untere einen quadratischen, die mittlere einen achteckigen und die obere einen runden Grundriß aufweisen. Der Baldachin mit seiner langgestreckten Zwiebelkuppel ruht auf schlanken Säulen, die Galerien werden von Stalaktiten getragen. Der Struktur des Aufbaus setzt die reiche Verzierung der Wandflächen eine eigene Spannung entgegen, so daß der Eindruck einer ausgewogenen Harmonie entsteht, die den Turm in einem Kraftfeld von Schwerkraft und Transparenz hält. Das Portal an der Nordostfassade, in schwarz-weiß wechselndem Marmor gehalten, wird von einer Stalaktitenhalbkuppel bekränzt und führt in das Vestibül mit einem Thronsitz. Den ebenerdigen *Sabil* (Trinkbrunnen) erreicht man durch eine Tür zur Linken, rechts führt eine Treppe in die darüberliegende Koranschule, deren Loggia die Außenfassade auflockert.

Der Weg verläuft weiter über einen Korridor in den *Sahn* (Innenhof). Hier grenzt sich der Haupt-Iwan mit einem monumentalen Spitzbogen ab. Dieser im Grundriß wiederum kreuzförmige Hof wird

Das Innere der Qa'itbay-Moschee (Darstellung aus dem 19. Jh.)

durch seine Überdachung aus verzierten Holzplanken sozusagen zum Innenraum, dessen Decke eine achteckige Laterne im Zentrum durchbricht. Sie erhebt sich über einer Fensterreihe, die auf einem gekragten Stalaktitensims ruht, und ihre Unterfläche zieren geometrische Kreismedaillons mit polychromer arabesker Ausmalung umschließende Sternmuster. Schlicht getüncht bringen die Wände des Betsaales das farbige Licht der *Kamariyyas* (Glasfenster) und die vergoldeten Schriftfriese besonders zur Geltung; die oberen Partien der Wände schmücken kielförmige Nischen mit fatimidischen Muqarnas. Beachtung verdient auch der in Marmormosaik farbig belegte Boden des Sahn. Im Mausoleum, das sich an den Betsaal anschließt, wurden die Wände repräsentativ in Marmor verkleidet; darin verläuft ein weißes Naskhi-Band auf dunklem Grund, auf den darüber weiß gehaltenen Wandflächen dagegen ein holzgeschnitzter Schriftzug. Neun Reihen von Zwergnischen in Kielbogenform bilden die Pendentifs, aus denen sich die Kuppel über der von 16 Stuckfenstern durchbrochenen Trommel zu einer Höhe von 31 m emporschwingt.

Wenn auch nicht die letzte der mamlukischen Moscheen in Ägypten, so stellt die Medrese des Qai'tbai doch den Höhepunkt der Sakralbauten dieser Epoche dar, das glanzvolle Ende einer typischen und eigenständigen Architektur. Nach der Eroberung durch die Türken (1517) wurde noch häufig auf Elemente dieser Epoche zurückgegriffen; typisch für die osmanische Zeit sollte jedoch eine ›importierte‹ Architektur werden, jene Zentralanlage mit der Hauptkuppel und den bleistiftförmigen, spitzkonisch gekrönten Minaretten. Den klassischen Vorbildern des genialen Architekten Sinan (s. S. 222) im osmanischen Mutterland nachempfunden, konnte der neue Stil in seiner reinen Form jedoch nie Fuß fassen, sondern mußte stets Kompromisse mit den lokalen Vorstellungen eingehen.

1571 ließ der türkische Gouverneur Sinan Pascha im Kairoer Stadtteil Bulaq seine Moschee errichten: Der quadratische Zentralbau von 15 m Kantenlänge wird von überkuppelten Fassaden umgeben, deren Bogen abwechselnd aus Pilastern und Säulen entspringen. Die Trommel der Mittelkuppel, außen von Spitzbogenpfeilern getragen, ruht innen auf Spitzbogengurten. Basis und Trommel der glatten Kuppel werden von je einer Reihe aus bunt verglasten Stuckfenstern durchbrochen. Das Minarett, zylindrisch kanneliert und über einem kubischen Untergeschoß aufsteigend, trägt im Obergeschoß die Galerie, darüber das konische Spitzdach.

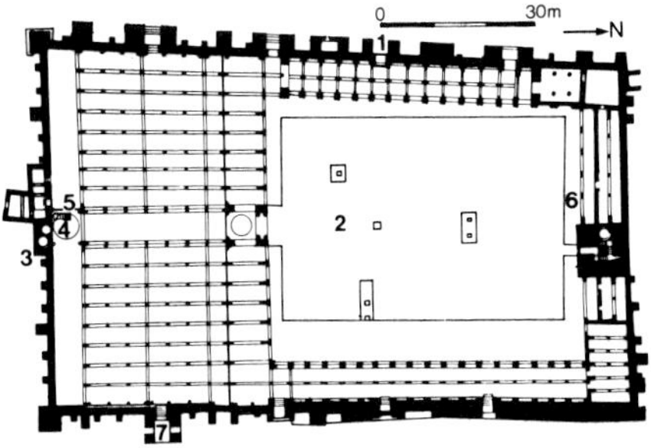

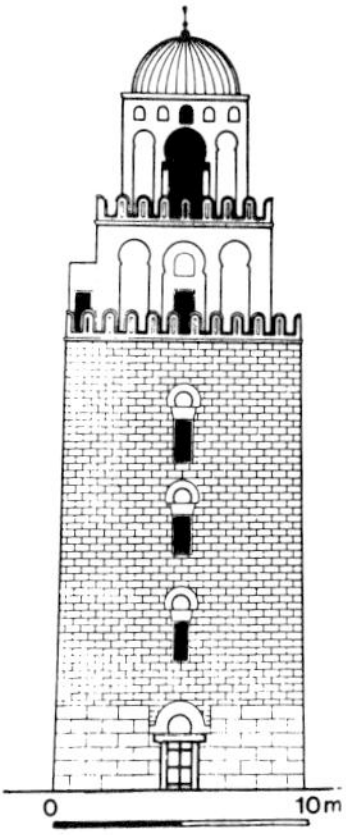

Grundriß und Minarett der Sidi Uqba-Moschee
1 Westtor 2 Innenhof 3 Mihrab 4 Minbar 5 Maqsura
6 Minarett 7 Tor der Lalla Rihana

Die Gebetsstätte des Abu ad-Dahab, die letzte der eigentlich osmanischen Moscheen, wurde 1774 vis à vis der al-Azhar-Moschee errichtet. In ihrer Grundidee eine Kopie des Sinan-Stils, weist sie eine große, von drei Iwanen flankierte Zentralhalle auf. Die Iwane selbst sind mit drei Kuppeln je Galerie und zwei Eckkuppeln überdacht, die Hauptkuppel ruht auf der sechzehneckigen Trommel, deren Lichtöffnungen mit Glas hinterlegte Stuckgitter verschließen. Innen begrenzt ein vergoldetes Schriftband mit Koranversen die Kuppelbasis.

Die islamische Baukunst in Tunesien und Libyen setzt im 9. Jh. mit den Aghlabiden ein; die 836 erbaute, später von Ziriden und Hafsiden erweiterte Sidi Uqba-Moschee in Kairouan stellt den bedeutendsten Sakralbau Tunesiens dar. Das hypostyle Sanktuarium mit T-förmigem Grundriß wird durch 414 Säulen mit antiken und byzantinischen Kapitellen in 17 Schiffe gegliedert, über der Mittelachse wölben sich zwei Rippenkuppeln. Den großen rechteckigen Hof mit befestigten Mauern kann man durch acht Pforten betreten; das Lalla Rihana-Tor im Südosten führt unmittelbar in den Betsaal. Während die Bogen im Inneren der Moschee noch als Rundbogen angelegt sind, finden sich im Narthex doppelreihige Hufeisenbogen; Spitz- und Hufeisenbogen wurden erst unter den Aghlabiden in Ifriqiyya eingeführt und hier von den Hafsiden in verfeinerter Form angewandt. Von großer Bedeutung ist ferner der Mihrab, aus Marmor in vegetabilen Ornamenten geschnitten und von irakischen Goldfayencefliesen umgeben. Der

Minbar, 862 aus dem Irak importiert, zeigt noch entgegen dem späteren Netzdekor holzgeschnitzte Rechteckplatten in vertikaler Anordnung; das Weinlaubornament entspricht dem Stilempfinden Samarras (s. S. 257, 273). Auch die verschiedenen Abwandlungen der Halbpalmette lassen das Vorbild des irakischen Kunststils erkennen. Das quadratische, dreigeschossige Minarett, das auf 836 datiert wird, trägt eine kleine Kuppel aus der Zeit der Hafsiden.

Mit dem Baujahr 866 ist auch die Tleta Bibane-Moschee der aghlabidischen Epoche zuzuordnen. Ihre Fassade zeichnet sich durch drei nebeneinanderliegende Portale mit Hufeisenbogen aus. Die darüberliegende Wandfläche schmücken zwei frühe Kufi-Schriftbänder, die ein Band aus floralen Mustern einschließen, wobei der Dekor von Steinplatte zu Steinplatte wechselt. Die Bogenzwickel sind mit Palmetten in Rankenwerk geschmückt.

Die Zaytuna-Moschee in Tunis, im 9. Jh. von Abu Ibrahim Ahmaḍ durch Umbau und Erweiterung einer älteren Moschee errichtet, stellt im wesentlichen eine Kopie der Moschee von Kairouan dar. Teile der Mauern und des Sanktuariums stammen noch aus den 9./10. Jh., die meisten Anbauten wurden im 18. Jh. erstellt. Der Gebetssaal ist fünfzehnschiffig gegliedert, 184 antike Säulen tragen die Bogen. Die dekorierte Kuppel über dem Mihrab entstammt der ziridischen Epoche (991). An der Westseite des Gebäudes führt eine monumentale Treppe auf eine Außengalerie, die im 15. Jh. angefügt wurde. Das 44 m hohe Minarett aus dem Jahr 1653 ist mit farbigen Fayencen gekachelt.

Für die osmanische Periode Tunesiens darf der Komplex von Moschee und Grab des Hamuda Pascha als typisch gelten. Erbaut 1655, wird das Sanktuarium durch sieben Tonnengewölbe gedeckt. Der Betsaal mündet auf drei Seiten in umlaufende Galerien. Ein gefliestes Pyramidendach überwölbt das Grab, das wie die gesamte Moschee mit Marmor farbig verkleidet und reich mit ornamentalem Stuckwerk abgesetzt ist. Das achteckige, schlanke Minarett mit seiner hohen Galerie ist hingegen typisch türkisch.

Libyen, das nach dem Niedergang des Byzantinischen Reiches seine Rolle als Kornkammer des Imperiums verlor, von den Bani Hilal verwüstet wurde und auch nicht die Schätze Ägyptens aufweisen konnte, blieb als Siedlungsgebiet uninteressant. Aus der Blütezeit islamischer Baukunst sind so nur noch wenige Reste erhalten.

In Tripolis kündet noch der Moscheenkomplex des Ahmad Pascha, des Gründers der Qaramaniden-Dynastie (1736–1737) von der osmanischen Besetzung. Moschee, Medrese und zahlreiche Gräber bilden den Baukomplex, der allseitig von Suqs (Märkten) umgeben ist. Das quadratische Sanktuarium ist aufgeteilt in 25 Joche mit je einer Pendentifkuppel; das Gewölbe über dem Mihrab überragt die anderen Kuppeln. Die reich ornamentierten Kachelwände, Kuppeln, Stützbogen und Kapitelle überzieht eine feingeschnittene Gipsarbeit. Türen, Fensterläden und Mihrab leuchten vielfarbig durch ornamental angeordnete Marmorpaneele. Diese Ornamente setzen sich an den Außenwänden fort, denen ein Portikus vorgesetzt ist, darüber läuft eine Galerie mit bemalter Plankendecke. Die im gleichen Stil geschmückte Medrese und ihre Nebenräume münden in einen Hof mit dem Brunnen für die rituellen Waschungen und einem oktogonalen osmanischen Minarett.

Außer den Sakralbauten der Fatimiden sind in Kairo bedeutende Festungsanlagen dieser Epoche erhalten – Palastbauten lassen sich dagegen nicht mehr rekonstruieren. Zwischen 1087 und 1092 ersetzte der Wesir Badr al-Djamali die alten Ziegelmauern der Stadt durch monumentale steinerne Befestigungen. Die gewaltigen Tore Bab an-Nasr, Bab al-Futuh und Bab az-Zuweyla wurden von armenischen Baumeistern aus Edessa konstruiert. Vorkragende Erkerpaare mit Senkscharten, Kuppeln auf sphärischen Gewölbezwickeln und in Stein gehauene, tonnengewölbte Gänge zeigen den byzantinisch-syrischen Einfluß auf Tektonik und Bautechnik.

Ein Beispiel für den Wechsel des Schrifttyps unter den Ayyubiden, den wir bereits beim Mausoleum der abbasidischen Kalifen beobachten konnten (s. S. 107), finden wir auch im Bab al-Mudarradj in der Zitadelle, wo eine Marmorplatte in den neuen Lettern von Saladin als dem Erbauer der Zitadelle kündet. Die ayyubidischen Befestigungsanlagen begegnen uns zudem noch in den Türmen, die Saladin zur Befestigung der Zitadelle errichten ließ; einige der Wehrtürme haben ihre ursprüngliche halbrunde Form beibehalten, während Saladins Bruder al-Adil rechteckige Befestigungen bevorzugte. Die ayyubidischen Torwege zu den Befestigungen zeigen erstmalig einen winkligen Verlauf, um die Stoßkraft der Angreifer zu brechen.

Von den Profanbauten aus mamlukischer Zeit blieben in Ägypten noch zahlreiche Karawansereien und mehrere Wohnhäuser erhalten. Die *Wakala* (Karawanserei) von Qansuh al-Ghuri, 1504 neben seinem Komplex von Medrese und Mausoleum errichtet, ist typisch für seine Art. Durch ein repräsentatives Portal in der Mitte der Straßenfassade

gelangt man in den großen Innenhof, in dessen Zentrum sich einst eine kleine Bethalle befand. Ein spitzbogiger Portikus bildet die beiden Untergeschosse aller Hofseiten und trägt an den Pfeiler-Bogenübergängen ein hölzernes Balkongitter; diese Untergeschosse dienten einst als Lagerhallen für die Waren, teilweise auch als Handwerksläden. Über einen Seitenaufgang erreichte man die drei Obergeschosse mit dem eigentlichen ›Hotel‹ für Kaufleute, Pilger und Reisende. Die Unterbringung erfolgte in je einem Komplex aus drei übereinanderliegenden, mit einer Treppe verbundenen Räumen, von denen der oberste je einen Mashrabiyya-Erker trägt.

Obwohl mehr als 100 Jahre nach der türkischen Eroberung, nämlich im Jahre 1637 erbaut, stellt das Haus des Djamal ad-Din al-Dhahabi noch ein rein mamlukisches Wohnhaus dar. In typischer Weise ist der Eingangskorridor mit dem Sitz für den Türwächter winklig gebrochen. Um den Hof des *Salamlik* (Teil des Hauses für Besucher) gruppieren sich die Wohnräume des Besitzers, dem Eingang gegenüber befindet sich der Empfangsraum, der *Mandara.* Die Innenfassaden sind gut erhalten; in der Südseite öffnet sich zu halber Höhe die *Maqad,* eine

◁ Das gewaltige Bab an-Nasr der Stadtmauer von Kairo

Das Haus von Djamal ad-Din al-Dhahabi; Blick vom Innenhof auf den Maqad (›Loggia‹)

Der Ribat von Sousse

offene Halle mit zwei Spitzbogen, die sich beide auf eine zentrale Marmorsäule stützen. Die Maqad – wie die meisten Räume – wendet kunstvoll gedrechselte Mashrabiyya-Erker zur Straße und zum Innenhof. Im Ostflügel des Obergeschosses liegt die mit marmornen Paneelen ausgekleidete Qa^{c}a, der Prunksaal des Hauses. Die Iwane der Qa^{c}a tragen Decken aus bemalten Holzbalken, der größere Süd-Iwan grenzt sich zur Straße durch eine Mashrabiyya mit darüberliegenden Kamariyyas ab. Über dem durch eine zentrale Bodenvertiefung gebildeten Mittelraum wölbt sich eine Holzkuppel auf Stalaktitenkonsolen. An den Wänden finden sich in Marmornischen eingelassene Diwan-Konsolen und prächtig paneelierte Wandschränke. Alle Räume des Hauses sind durch winklige Treppen und Geheimkorridore miteinander verbunden; über dem Bad wölbt sich eine Zementkuppel mit Glaseinsätzen.

Der bedeutendste Profanbau der Aghlabiden in Tunesien ist der bereits 821 fertiggestellte Ribat von Sousse. Eine im Grundriß quadratische Festungsmauer aus Hausteinen umfaßt die Bauanlage mit ihren halbrunden Türmen an den Ecken und an drei Seiten. Um den Innenhof gruppieren sich die Räume mit Tonnengewölben; eine Treppe führt in den über dem Eingang gelegenen, elfschiffigen Betraum. Das Gebäude weist eine Kantenlänge von 38 m auf; einer der Ecktürme wurde als Wachtturm auf 27 m erhöht. Die Hausteinfassade wirkt schmucklos bis auf einen Rundbogenfries unter dem Dachumgang, den ebenfalls rundbogenförmige, massive Zinnen mit je einer Schießscharte zieren.

Der Palast von Adjabiya in Libyen, an der Kreuzung der Küstenstraße und der Trans-Sahara-Route zum Sudan gelegen, war im 10. Jh. unter den Fatimiden das Zentrum eines prosperierenden Ortes. 972 als Rasthaus für den Kalifen al-Mu^{c}izz li-Din Allah auf seinem Eroberungszug nach Kairo erbaut, weist er die Struktur eines Ribat mit rechteckigem Grundriß und Rundtürmen an den Ecken auf. Ein monumentaler Eingang führte in den Hof, der von Empfangs- und Wohnräumen gesäumt wurde. Weitgehend zerfallen zeigt der Zentralraum noch Reste des Tonnengewölbes mit der erhaltenen Halbkuppel seiner Apsis.

Kunsthandwerk

Für die Textilkunst waren zunächst die Kenntnisse der ägyptisch-koptischen Weber bestimmend, die in Material und Webtechnik auf pharaonische Traditionen zurückgriffen. Unter dem Einfluß des Islam traten dann an die Stelle christlicher Symbole und figurativer Elemente geometrische Ornamente und kalligraphische Schriftzüge. In den im gesamten Reich verstreuten Manufakturen *(Dar at-Tiraz)* entfaltete sich unter der Förderung der islamischen Herrscher eine reiche Tätigkeit, die zu bedeutenden Exporten nach Syrien und Mesopotamien führte. Die wichtigsten Zentren fanden sich in Tinnis, Tuba, Damik, Damietta, Alexandria und Fustat, weitere auch in Oberägypten. Die üblichen Techniken waren Bildweberei, später auch zusätzliche Stickarbeit und/oder Ornamentaldruck durch Batiktechnik oder Druckstöcke.

Aus der Zeit der Abbasiden und Tuluniden kennen wir Stoffe – meist Baumwolle oder Leinen, seltener Seide – mit dekorativen Bändern, in denen archaisches Kufi sich mit Palmetten und Halbrosetten abwechselt. (In der Spätzeit nahm das Kufi dann mehr floralen Charakter an.) Die Farben Schwarz, Braun und Weiß herrschten vor, bei Prachtgewändern zusätzlich mit Gold- oder Silberfäden durchgewirkt; Blau, Grün und Rot kamen erst unter den späten Abbasiden zur Anwendung. Mit der Übernahme der Herrschaft durch die Fatimiden wurden die Ornamente polychromer. Blau, Gelb und Rot dominierten nun, die Ausweitung der Seidenraupenzucht führte zur vermehrten Verwendung von Seide mit Brokat. Die Schriftbänder entsprachen nun mehr dem geblätterten Kufi der Fatimiden; figürliche Darstellungen traten wieder neben die vegetabilen Elemente aus dem Euphratgebiet und ließen alte koptische Motive stärker in Erscheinung treten. Im 12. Jh. wechselten sich in der Gestaltung der Ornamente schließlich geblättertes Kufi und frühes Naskhi mit breiten, vegetabilen Ornamentstreifen ab, wobei eine Mischtechnik aus Druck und Stickerei, überwog.

In der ayyubidischen und vor allem in der mamlukischen Zeit gewann die Stickerei zunehmend an Bedeutung; die Technik des ›Holbein-Stichs‹ verlieh den Ornamenten einen eckigeren Charakter und wirkte wie gewebt, da die Stiche parallel zum Grundgewebe liefen. Das Kufi trat bis auf vereinzelte ornamentale Ergänzungen hinter den verschiedenen Spielarten des Naskhi, insbesondere den Monumentaltypen, zurück. Die Mamluken-Gewebe kann man leicht an ihren typischen heraldischen Zeichen erkennen, die in das Schriftband eingesetzt und von floralen oder vegetabilen Ornamenten begrenzt sind.

Die Textilkunst in Tunesien und Libyen weist nicht eine solch vielfältige Entwicklung auf, sondern übernimmt, vor allem unter den Fatimiden, das ägyptische Stilempfinden. Einen weiteren Impetus lieferten die Normannen und die kulturellen Einflüsse Andalusiens, so daß auch hispano-maurische Ornamente, normannische Heraldik und vor allem der Schriftduktus des mahgrebinisch-andalusischen Stils mit zunehmender Orientierung nach Westen Fuß faßten.

Die Kunst des Knüpfteppichs etablierte sich erst spät in Nordafrika. Aus Fustat sind Noppenteppiche mit aufgeschnittenem Vlies bekannt, wie man sie auch in der Mongolei und am Euphrat gefunden hat. Knüpfteppiche kamen erst im späten 13. Jh. in Mode. Ab dem 15. Jh. bildeten sich dann in Kairo zahlreiche Manufakturen, die große, in lebhaften Farben geometrisch (meist in der Form des Oktogons) gemusterte Teppiche bis nach Europa exportierten (fälschlich als ›Damaskus-Teppiche‹ bezeichnet). Der ornamentale Aufbau dieser Teppiche ähnelt einem Kachelmuster mit geometrischer Felderung,

Reste von Tonsieben
(Ägypten, 10. Jh.)

in die Arabesken, Blattwerk und Kandelaber polychrom eingeknüpft sind; das Zentrum, meist in dunklem bis mittlerem Rot, setzt sich deutlich von den blauen oder gelb-grünen Randbordüren ab. Nach der Eroberung Kairos durch Sultan Selim I. (1517) wurde die gesamte Zunft der Teppichknüpfer nach Istanbul verschleppt und setzte dort die Tradition fort, die gerade erst durch Einflüsse aus Herat und Täbriz eine Bereicherung ihrer Ornamentgestaltung erfahren hatte.

Libyen und Tunesien blieben in dieser Zeit eher dem nomadischen Webteppich treu. Farbgebung und Musterung orientierten sich, allerdings weniger farbenprächtig, an den traditionellen Formen der Sahel-Zone und dem geometrischen Stilempfinden der afrikanischen Steppe. Die eher ›orientalisch‹ wirkenden Exemplare, die aus dieser Region erhalten sind, lassen sich auf hispano-maurische Vorbilder zurückführen. Dieser stete kulturelle Austausch mit den westlichen Provinzen bewahrte der Region eine gewisse Eigenständigkeit, die, ganz anders als in Ägypten, osmanische und zentralasiatische Einflüsse deutlich abschwächte.

Glasierte Tongefäße wurden schon in pharaonischer Zeit in Ägypten hergestellt – die Bearbeitung und das Brennen von Ton in verschiedenen Techniken und Härten sowie die große Bandbreite in der Farbgebung und Oberflächengestaltung können also auf eine lange Tradition verweisen. Aus islamischer Zeit geben interessante Funde aus den Schuttbergen von Fustat (Alt Kairo) Anlaß zu divergierenden Deutungen: Zweifellos war dort schon zur Zeit der Abbasiden und Tuluniden die Lüstertechnik hoch entwickelt – die entsprechenden Gegenstücke in Samarra (Irak, s. S. 257, 273, 282) und im Mutterland der Abbasiden werden sicher Einflüsse auf die Techniken in Ägypten ausgeübt haben. Eine andere These geht dagegen davon aus, daß die Lüsterwaren des Irak eigentlich Importe aus Ägypten gewesen seien. Die große Fluktuation der Waren und Handwerker erschwert die Unterscheidung, ob ein keramischer Fund nach Ägypten importiert oder lokal hergestellt wurde. Kennzeichnend für das gesamte Herrschaftsgebiet der Abbasiden sind ockerfarbene bis rötliche Scherben, die, mit grünlich gefärbtem Goldlüster überzogen, in Design und Motivwahl iranische Einflüsse des 6. und 7. Jh. nicht verleugnen.

Unter den Fatimiden erreichte die Keramik in Nordafrika einen hohen Standard. Neben Ritzornamenten unter monochromer Glasur wurde auch die Lüstertechnik weiter gepflegt. Der oft sehr fein ausgezogene Scherben erhielt eine weiße Glasur, auf die man dann die bräunlich-goldene Lüstermasse aufmalte. Rein ornamentale Verzierungen traten immer mehr zugunsten von figuralen Darstellungen über Arabesken in den Hintergrund. Keramische Erzeugnisse mit grau-weißem oder gelbem Scherben, überzogen mit bläulich schimmerndem Lüster, weisen hingegen auf Importe aus Syrien hin.

In der ayyubidischen und mamlukischen Zeit bevorzugte man in der Absicht, chinesische Porzellane nachzuahmen, die monochrome Glasur. Die unter den Fatimiden so dominierende Lüstertechnik verschwand bald gänzlich, lebte aber in Syrien und Spanien fort. Der Großteil der Töpferwaren aus dem 13. und 14. Jh. zeigt eine türkisfarbene bis blaue Malerei unter transparenter Glasur, wobei Motive und Dekor sich in Syrien, Irak und Ägypten so sehr ähnelten, daß eine Differenzierung meist unmöglich ist. Stilelemente der Keramikerzeugnisse von Ray wie seldschukische Tierornamente wurden in allen Variationen übernommen.

Unter den Mamluken griff man dann vermehrt auf kalligraphischen Schmuck zurück, vornehmlich in Form von Monumentallettern auf einem vegetabilen Hintergrund. Durch die Kontakte zu den Mongolen auch vermehrt asiatische Einflüsse übernehmend, ähneln die späten Keramikerzeugnisse den iranischen Arbeiten vom Sultanabad-Typus.

Eine unverwechselbare mamlukische Variante bilden große Prachtgefäße aus rotbraunem Ton, weiß überbrannt und mit grünlicher, transparenter Bleiglasur überzogen. Der Dekor wurde vor der Glasur so in den weißen Überzug geritzt, daß der braune Grund zutage trat, oder in Kombination mit Flächenschnitten auf die plastischen Erhebungen gemalt. Das so vortretende Relief erhielt durch seinen Manganüberzug eine purpurne Betonung. Im 15. Jh. verloren diese sehr aufwendigen Techniken durch zunehmende Importe aus dem vorderasiatischen Raum an Bedeutung, bis dann der florale Dekor der osmanischen Epoche das künstlerische Geschehen beherrschte.

Ebenso in Vergessenheit gerieten die vollplastischen Arbeiten, bei denen in Stempeltechnik Wappensiegel, Tiermotive oder vorgefertigte Ornamente dem Gefäß aufgelegt und mit der Glasur überbrannt wurden. Einfache, unglasierte Gebrauchskeramik wurde natürlich im gesamten Nordafrika hergestellt, wobei die Funktionalität Vorrang vor der künstlerischen Gestaltung hatte. Erwähnt seien schließlich noch die bekannten Brotstempel des fatimidischen Ägypten, tellerförmige Platten mit einem Durchmesser von 3–7 cm, die ihren Abdruck in plastischer Erhebung oder als Tiefschnitt in den Teig prägten. Ebenso typisch für diese Epoche sind die zahlreich erhaltenen Tonsiebe, bei denen mit der Nadel in den flachen, noch weichen Scherben figürliche Darstellungen Punkt an Punkt gestochen wurden.

Lüsterkeramik (Ägypten, 10. Jh.)

Moschee-Ampel aus der Gebetsstätte des Sultan Hasan (Kairo, 14. Jh.)

Im heutigen Tunesien und Libyen herschte im wesentlichen das gleiche Stilempfinden vor wie in Ägypten; sich hiervon deutlich abhebende Eigenheiten sind uns nicht überliefert. Die berühmten Kacheln in Goldfayence am Mihrab der Sidi Uqba-Moschee in Kairouan wurden 862 aus Samarra importiert (s. S. 119, 257, 273, 282). Eine beachtenswerte Entwicklung in bezug auf keramische Kacheln entstand erst relativ spät unter dem Einfluß andalusischer Flüchtlinge.

Der im Kairo der mamlukischen Spätzeit häufig anzutreffende ›Mongolen-Stil‹ – Fayencekacheln als Ornamentalbänder an Kuppeln – setzte sich in den westlichen Provinzen nicht durch. Fliesen als dekoratives Hauptelement waren in Ägypten mehr ein stilistischer Import, ein Zugeständnis an die Herkunft der Mamluken-Herrscher. In Tunesien dagegen konnte sich später eine reichere eigenständige Tradition dieses Schmuckelementes herausbilden.

Die uns überlieferten kostbaren Exponate aus Bleikristall lassen sich fast ausschließlich der Epoche der fatimidischen Herrscher Ägyptens zuordnen und fanden als wertvolle Geschenke oder Beutestücke Einzug in die Kunstkabinette und Kirchenschätze des Abendlandes. Es handelt sich vor allem um Amulette, Balsamarien und Flakons, teils facettiert und in fatimidischem Kufi geschnitten, um Köpfe für Streitkolben oder Zepter, um Schachfiguren und Tiergestalten, die gelegentlich in Europa neu zusammengesetzt oder als Reliquiare zweckentfremdet wurden. Stets aus einem Stück des kostbaren Materials geschliffen, blieben diese Objekte fürstlichem Besitz vorbehalten, ebenso wie die Kannen aus Bleikristall mit ein- oder zweieckigen Henkeln; in ihre Wandungen waren oft Stiere, Blattranken oder Schulterschriften in Kufi eingeschliffen.

Wenn auch die meisten Objekte fatimidischen Ursprungs sind, so muß doch bereits zu Zeiten Ahmad Ibn Tuluns (9. Jh.) geschliffener Bergkristall en vogue gewesen sein; der typische Samarra-Schrägschnitt der Ornamente verrät die Herkunft aus dem 9. Jh. und den Transfer des sasanidischen Stils durch die abbasidischen Eroberer nach Ägypten. Aus nicht erklärlichen Gründen ging die hohe Kunst des Kristallschliffs jedoch mit den Fatimiden unter, bis sie durch die Entfaltung des höfischen Lebens unter den Moghul-Herrschern mit dem Gebrauch der Jade eine neue prachtvolle Renaissance erlebte.

Die islamischen Glasarbeiten von kunsthistorischem Interesse konzentrieren sich in unserem Denkmälerbereich ebenfalls auf Ägypten;

Tunesien und Libyen bezogen ihre Glasprodukte von ihrem in dieser Technik führenden Nachbarn oder setzten in wenig bedeutendem Umfang die römische Tradition fort. Auch in Ägypten wurde zunächst der römisch-hellenistische Stil beibehalten, bis dann der typisch islamische Dekor auch eigene Formen und Richtungen hervorbrachte.

Dieser Dekor, zunächst in Ritz- oder Schlifftechnik die Verzierung des kostbaren Bergkristalls auf das billigere Grundmaterial Glas übertragend, entwickelte sich zwar weiter, behielt dabei aber die aus der Antike tradierte Technik bei: Preßdekor und die Auflage von Streifen, Noppen, Fäden und Figuren verzierten starkwandige Gläser; stilisierte Tiere, Rankenmuster etc. wurden aus farbiger Glasur in den Glaskörper eingepreßt, dessen Grundfarbe je nach Beimengung verschiedener Salze variierte.

Auch die Lüstermalerei der keramischen Erzeugnisse übertrug man auf die gläserne Oberfläche und täuschte so das verbotene Edelmetall für Gebrauchsgefäße vor. Ob diese Technik in Mesopotamien oder am Nil entstand, wird derzeit noch kontrovers diskutiert. Vom 12.–14. Jh. lag das Zentrum der Glaskunst in den Händen der Ägypter und Syrer. Die Farbeffekte, bislang erzielt durch Kameeschnitt in verschieden kolorierten Glasschichten oder durch Einschmelzen und ›Kämmen‹ von farbigen Fäden, erreichten durch das Emaillieren einen neuen Höhepunkt; die Verbreitung dieser Technik dürfen sich die syrischen Glaskünstler zuschreiben, da sie auf ihre antiken Traditionen zurückgriffen und diese durch die Kunst des Vergoldens ergänzten: Farbige Glaspasten wurden auf den Grundkörper aufgetragen und im Ofen auf die Oberfläche gebrannt. Auch das Gold, blättrig geschlagen oder in Staubform, verband sich im Feuer mit der Oberfläche, wobei diese Technik jedoch im Nil-Land nur sehr selten zur Anwendung kam. Bei den dort gefundenen Exponaten handelt es sich wohl um Importe aus Damaskus.

Unter den Mamluken erreichte das emaillierte polychrome Glas seinen technischen und künstlerischen Höhepunkt, von dem die berühmten Moschee-Ampeln, Trinkgefäße und Schüsseln zeugen. Die Glasornamentik dieser Zeit spiegelt das gesamte Spektrum mamlukischen Kunstempfindens wider: Heraldische Symbole, arabeske Rankenmuster, Tierfiguren und immer wieder der monumentale Schriftzug des in Medaillons gefaßten Thuluth traten in den unterschiedlichsten Farben und Kombinationen auf. Kurz vor dem Niedergang der nordafrikanischen (und syrischen) Glaskunst, den die Verschleppung der

Handwerker durch die timuridischen Eroberer bewirkte (s. S. 304), wurden chinesische Porzellane durch weiße Glaspasten imitiert und konkurrierten so mit gleichartigen Erzeugnissen des keramischen Handwerks.

Nicht zuletzt die seit der Antike gepflegten Handelsbeziehungen zum afrikanischen Hinterland führten in Ägypten zu einer vielfältigen Verwendung von Elfenbein. So konnten die islamischen Eroberer vor allen Dingen durch das reiche künstlerische Schaffen der Kopten bereits auf eine hoch entwickelte Technik, insbesondere Intarsia und Kassettierung, zurückgreifen. Während die aus der Zeit der Omayyaden bekannten Hörner, Pyxiden und Kästen vornehmlich in Damaskus, Sizilien und Córdoba hergestellt wurden, finden wir in Ägypten seit der Zeit der Ayyubiden flächige Zierplatten mit szenischen Darstellungen, floralen Ornamenten und Tiermotiven meistens in durchstochener Arbeit. Einzelne Exponate dieser Art sind uns auch aus dem heutigen Tunesien überliefert, wohin sie wohl über Sizilien gelangten oder durch das Herrschaftsgebiet der Fatimiden ihre Ausbreitung fanden.

Von weitaus größerem Umfang war jedoch die Verwendung von Elfenbein und Knochen als Grundmaterial für Intarsien und Kassettenarbeiten in Holz. Meist als Vieleck, Stern oder Wandornament eingelegt, wurde das Elfenbein zum allgegenwärtigen Schmuckbestandteil von Moscheekanzeln, Koranständern, Deckenkassetten, Türen und kleinen Gebrauchsgegenständen wie Dosen, Kisten und Möbeln. Die Spätzeit der Mamluken, in der die Liebe zum Detail und zur möglichst reichen Schmuckgestaltung besonders auffällig zutage trat, verband dann Intarsia mit der Technik des Tiefschnitts und der Unterhöhlung, so daß selbst kleinste Elfenbeinplättchen, in sich wieder fast filigranartig geschnitzt, der ansonsten glatten, geometrisch gegliederten Grundfläche einen kontrapunktischen Blickfang vermitteln. Neben den polygonalen Platten fanden gerade bei den überall gebräuchlichen Sternmotiven der Mamluken-Zeit dünne Elfenbeinstreifen als Intarsia im dunklen Holz Verwendung, um die Linienführung hervorzuheben und die strenge Geometrie zusätzlich zu betonen. Größere Paneelstücke, wie sie noch zur Zeit der Fatimiden in Tunesien und in Ägypten häufig anzutreffen waren, wurden in der späten mamlukischen Epoche seltener; der frühere Dekor mit Darstellungen von Menschen und Tieren wich der durchwogenen Rhythmik floraler Arabesken.

Die Schreiner und Schnitzer Nordafrikas, die auch auf die koptische und antike Tradition zurückgriffen, waren Meister ihres Fachs. Ihre Ornamentik kam dem Kunstempfinden der neuen islamischen Herren entgegen, so daß gerade das flächenüberziehende Sternmotiv in den späteren Epochen für die meisten Holzarbeiten vorherrschend wurde. Neben dem koptischen Einfluß sind uns aus tulunidischer Zeit Kassettenfüllungen und Balken überliefert, deren schräg angeschnittene Blattornamente auf ihre mesopotamische Herkunft hinweisen; hier verdient besondere Beachtung der mit feinsten Intarsienarbeiten versehene hölzerne Minbar aus der Sidi Uqba-Moschee in Kairouan (Tunesien), der 862 aus Bagdad herbeigeschafft wurde.

Die Paneele und Balken der Fatimiden-Epoche zeigen in Tunesien und besonders in Ägypten üppige Tierdarstellungen und Jagdszenen, teils in Friesen angeordnet. Die Schnitztechnik verfeinerte sich, der Schrägschnitt verschwand zugunsten von Durchbruchschnitzerei und Hochrelief. Holzarbeiten in Moscheen jedoch verzichteten stets entsprechend dem Gebot des Korans auf die figürliche Darstellung und beschränkten sich auf vegetabile Ornamente. Diese entfalteten zur

Holzschnitzerei aus fatimidischer Zeit (Ägypten, 11. Jh.)

Zeit der Ayyubiden eine besondere Vielfalt, wobei zu immer größeren Mustern zusammengesetzte Polygone in sich dann wieder eine geschlossene ornamentale Gliederung erreichten.

An profanem Hausrat ist uns recht wenig überliefert; den Hauptteil des Erbes bilden das Mobiliar der Moscheen, Kenotaphe, Minbars, Türen sowie Wand- und Deckenpaneele. Während sich noch die Epoche der Ayyubiden hierfür auf das Holz als wesentliches oder sogar alleiniges Material beschränkte, schmückten die Mamluken die hölzernen Flächen zunehmend mit Elfenbein, Knochen, gelegentlich auch mit Perlmutt und Silber. Verschieden strukturierte Hölzer wie Ebenholz, Rosenholz oder Pinie bildeten den Grundstock für ein Paneel, dessen polygonale Segmente einzeln ausgeschnitten und geschnitzt wurden. Diese Einzelteile fügte man dann wie zu einem Mosaik zusammen, so daß geometrische Muster von einem zentralen Stern mit 6–16 Spitzen ausgingen, bis schließlich die gesamte zur Verfügung stehende Fläche von einem polygonalen Sternenfeld in strenger Geometrie überwoben war. Das Netzwerk erfuhr sodann durch die Einlage dünner Elfenbeinstreifen eine zusätzliche Akzentuierung.

Ein besonderes Kennzeichen Ägyptens stellen die Mashrabiyyen (s.S. 49, 50) dar, die von der Zeit der Mamluken bis ins 19. Jh. das Stadtbild sowohl in Kairo als auch in anderen Städten beherrschten. Diese Gitter bestehen aus unzähligen Stücken gedrechselten Holzes, die zu einem ornamentalen Netzwerk verbunden sind. Die Vielgestaltigkeit der Einzelelemente und die freie Variabilität der Anordnung ermöglichten ein unerschöpfliches Repertoire von Mustern. Die Mashrabiyyen dienen als Raumteiler, Fensterläden, Erker und Paneeleinsätze, ermöglichen den ungehinderten Blick nach draußen, ohne daß die Blicke Vorübergehender die Intimität des Raumes stören können, halten Sonne und Hitze fern und gewähren dem Wind freien Durchtritt.

Im östlichen Nordafrika sind aus der Zeit der abbasidischen Kalifen nur wenige Metallobjekte überliefert, die in Form und Dekor und mit östlichem Kufi eindeutig mesopotamischen Ursprungs sind. Räuchergefäße und Aquamanilen wurden am Hof der Fatimiden in Kairo ebenso hergestellt wie bereits bei den Sasaniden und am Hofe Bagdads; auch frühe Geräte, Türklopfer und Beschläge in Bronzeplastik zeigen noch keine wirklich originären Eigenschaften. Der in Persien geübte Reliefguß setzte sich in Nordafrika nicht durch. Frühe Eigenentwicklungen in Tunesien oder dem Gebiet des heutigen Libyen kennen wir nicht; die Entwicklung dort folgte vor allem den Einflüssen Ägyptens, bis dann in der Spätzeit der Schriftdekor, vor allem unter dem Einfluß der Almoraviden und Almohaden ab der Mitte des 11. Jh., vom westlichen Typus geprägt wurde.

Bis zu der Eroberung durch die Fatimiden übernahmen die islamischen Handwerker Ägyptens zunächst koptische Formen und Techniken bei der Herstellung von Metallgerät, das später jedoch mit oberflächlichen Gravuren in fatimidischem Kufi, mit Flechtbändern oder figuralen Szenen zunehmend islamischen Einfluß verrät.

Einen Schwerpunkt des Metallhandwerks bildeten die tauschierten Bronzen. Die Technik der Tausia, die in Khorasan und Mossul bereits im 11. Jh. weit entwickelt war, verbreitete sich über Syrien auch nach Ägypten. Auf dem Metallkörper wurden in einzelnen Friesen figürliche Darstellungen, ornamentale Arabesken oder Inschriften in Umrissen eingraviert und durch eingehämmerte Einlagen betont. In diese wiederum ritzte man dann die feinen Details ein. Über ganz Nordafrika verbreitete sich das in Mossul entwickelte Dekorationsschema: In konzentrischer Streifengliederung wechseln sich von Rosetten unterbrochene Schriftborten, Tierfriese und Figurenmedaillons mit geschlossenen Kampfszenen oder anderen dem höfischen Leben entnommenen Darstellungen ab. Über Syrien verbreiteten sich dann Leuchter eines bestimmten Typus, bei dem über einer abgeflachten Kegelstumpfbasis ein flaschenartiger Hals mit ausladender Krönung aufragt.

Handwerker aus Mossul gründeten unter den Ayyubiden im 13. Jh. eine Tauschierschule, die dann unter den Mamluken einen ganz eigenen Stil entwickelte: Der figürliche Dekor wich einer überaus reichen Ausschmückung mit den verschiedensten Schriften. Besonders bevorzugt wurde eine Monumentalform des Naskhi, das sogenannte *Tumar,* das in wuchtigem Schwung die prominentesten Stellen der Geräte überzieht (s. S. 136). Schmalere Borten mit runder Epigraphik über Blüten- und Blattranken begrenzen diesen Schriftzug. Die Schriftzüge selbst finden eine Unterbrechung durch Medaillons oder heraldische Symbole.

Die Anwendung der Schrift, zumeist in Form der Einlagetausia in Silber oder auch in Gold, zeigt so deutlich voneinander abgesetzte Entwicklungen, daß sich eine Vielzahl der Stücke unschwer einer bestimmten Epoche zuordnen läßt. Während noch zur Zeit der Ayyubiden und der Bahri-Mamluken (13./14. Jh.) sehr häufig östliches Kufi in seiner verknoteten oder foliativen Form oder Naskhi in Kombination mit Darstellungen von Menschen und Tieren auftrat, erlangten Thuluth und Tumar ab 1320 wachsende Bedeutung. Die Inschriften wurden jetzt in Paneele gesetzt und von Medaillons unterbrochen. Geometrische Motive und florale Arabesken, weniger als Hauptthema denn als figuraler Hintergrund, traten auch als Grenzbänder oder Flächenfüllung auf. Die floralen Motive aus stilisierten Arabesken, Lotusblüten und anderem mehr wurden bis zum Ende der Mamluken-Zeit beibehalten.

Stets unterliegen die Dekore einer bindenden Geometrie. Die Oberflächen der Geräte sind in drei oder vier Einheiten geteilt, die wiederum dreifach oder vierfach untergliedert werden. Jedes Segment bildet einen synkopalen Rhythmus aus geometrischer Einheit, Inschrift und dekorativem Hintergrund. Die Einheiten selbst werden von rundlaufenden Bändern eingeschlossen und so zu einem Ganzen verwoben. Aus der Zeit der Bahri-Mamluken stammen großartige Schalen, Kerzenhalter, Gefäße für Räucherwerk, Tische, Kästen und Koranbehälter.

Während der Epoche der Burdji-Mamluken (1382–1517) ließ das Kunstschaffen der Metallhandwerker deutlich nach. Man vermißt neue dekorative Elemente; die handwerkliche Arbeit erreichte eine geringere Qualität, der Darstellung von Pracht und Reichtum wurde nicht mehr dieselbe Aufmerksamkeit geschenkt. Lediglich unter der Herrschaft des Sultans Qa'itbay im letzten Viertel des 15. Jh. erlebte die Metallkunst noch einmal eine Renaissance; die höfischen Geräte wiesen nun die typische Form eines dreigeteilten Zentralmedaillons auf. Dieses Medaillon, das wie bei den Arbeiten der früheren Epoche ein stolzes Schriftband in Tumar unterbricht, trägt fast immer im oberen und unteren Drittel eine Widmung in Thuluth, während das durch dünne Grenzlinien abgesetzte Mittelfeld des Medaillons den Namen des Sultans mit einer Lobpreisung enthält; hier kam fast immer ein schlankes Tumar zur Verwendung.

Im auslaufenden 15. Jh. verlor die Einlagetechnik mit Gold und Silber zunehmend an Bedeutung. Die Objekte wurden nun tief ziseliert, damit der Hintergrund mit schwarzem Bitumen eingelegt werden konnte. Ursprünglich so die silbernen Einlagen stark betonend, verzichtete man mehr und mehr zugunsten des kontrastierenden Effektes von Bitumen und Bronze auf das edle Metall.

Die Metallkunst der Mamluken beeinflußte zunächst über Syrien, später auch durch die Eroberung Ägyptens das frühe osmanische

Kunstvolle Einlegearbeit; Silber in Kupfer (Ägypten, 14. Jh.)

Metallhandwerk. Im 16. Jh. lebte die mamlukische Tradition in Venedig fort, wo der veneto-islamische Stil Technik und Dekor aus der Spätzeit der Mamluken übernahm. Die familiären und politischen Verbindungen nach Zentralasien inspirierten auch die chinesische Ming-Dynastie, deren Künstler die ägyptisch-mamlukischen Metallarbeiten in Porzellan nachahmten.

Die Entwicklung der Schrift und ihrer Typen folgte in etwa den politischen Strömungen und läßt entsprechende Rückschlüsse auf die herrschenden Dynastien und deren Ursprungsländer zu.

Mit der Eroberung Ägyptens durch die Abbasiden verbreiteten sich dort der Koran und die islamische Kultur durch das östliche Kufi (s. S. 29). Auch die aus der Zeit der Tuluniden stammenden Schriften waren geprägt vom östlichen Stil mit kurzen Vertikalen, die parallel zueinander eckig in die Horizontallinie auslaufen. Omayyadische Kalligraphien kennen wir aus dem östlichen und mittleren Nordafrika kaum, da die Kalifen der abbasidischen Dynastien erfolgreich die Spuren ihrer Gegner vernichteten. Im westlichen Maghreb und in Spanien hingegen konnte sich die omayyadische Tradition weiter fortsetzen.

In Tunesien kam der heiligen Stadt Kairouan schon früh eine besondere Bedeutung zu. Hier entwickelte sich unter den Aghlabiden (800–909) und den Fatimiden (909–1171) das westliche Kufi, das bereits kursive Strukturen annahm und sich in Form der verschiedenartigen dekorativen Ausgestaltungen unter den Fatimiden nach Ägypten ausbreitete, die besonders reiche Entfaltung jedoch nach Westen trug. Es bildeten sich verschiedene Stile heraus, die nach ihren Zentren als Kairouani, Andalusi, Fasi (Fes) und Sudani unterschieden werden können. Während sich in den Baudenkmälern die unterschiedlichen Schriftzüge weitgehend streng nach ihrer Entstehungszeit oder dem Stifter richteten, wurden aus dekorativen Gründen in Koranschriften und Büchern schon früh Mischformen angewandt, in denen Überschriften oder Marginalien in einem anderen Schriftduktus abgesetzt sind.

Der aus dem Osten kommende kursive Linearstil drängte in Ägypten und dem heutigen Tunesien das Kufi zunehmend zurück. In Kairo dokumentiert sich diese Wende beispielhaft in den Naskhi-Schriftzügen an dem von Saladin errichteten Kenotaph des Imam ash-Shafi. Die neue Schrift verkündete jetzt auch die Abkehr von den häretischen (schiitischen) Fatimiden, die ihre Religion und Politik in dem für sie typischen Kufi ausdrückten.

Weiterentwicklungen aus dem Naskhi von mehr monumentalem Charakter wie beispielsweise Thuluth und dessen stolze Variante, das Tumar, erfuhren dann neben dem mehr östlich orientierten Kufi zunehmend Bedeutung für die Überschriften und Illuminierungen von Koranen und anderen Manuskripten wie auch für die Ausschmückung von Gebäuden und die Verzierung von profanen Gegenständen. Unter den Mamluken trennte sich Ägypten kulturell immer mehr von den originären Entwicklungen in Tunesien und den westlich davon liegenden Gebieten; hier erlangten die verschiedenen Variationen von Kairouani und Fasi größere Eigenständigkeit, wurden jedoch durch den Einfluß des Naskhi auch immer kursiver.

In bezug auf Kalligraphie erkennen wir also eine etwa im Bereich des heutigen Libyen verlaufende Grenze zwischen einem westlichen und einem östlichen Stil. Die Folgezeit unterwarf die Kalligraphen Ägyptens weitgehend dem metrischen System des Ibn Muqlah mit dem standardisierten Größenverhältnis von Punkt, Alif und Kreis entsprechend dem Fünfer- oder Siebenersystem (s. S. 29). Dieser freie Stil des Westens entwickelte vor allem nach Marokko oder Spanien hin eigene Gesetzmäßigkeiten, denen sich letztlich übernommene Naskhi- und Thuluth-Schriften so sehr anpaßten, daß sie durch die geänderte Linienführung eindeutig als westlich zu identifizieren sind.

Die bereits unter den Abbasiden, Tuluniden und Fatimiden in Kairo gepflegte Kunst des Illuminierens und des Buchbindens erreichte unter den Mamluken einen neuen Höhepunkt. Die Grundtechnik der Buchbinderei wurde im wesentlichen beibehalten; als Materialien dienten hauptsächlich mit geprägtem Leder überzogene Pappen, seltener auch dicke Pergamenteinbände oder Verstärkungen durch Elfenbeinplatten. Die meisten illuminierten Korane und Handschriften stammten nun nicht mehr aus einer Feder; Kalligraph und Illuminator arbeiteten zusammen und ergänzten ihre individuellen handwerklichen und künstlerischen Fähigkeiten zu einem Gesamtkunstwerk.

Der große Aufwand für derartige Manuskripte, die in den Sammlungen der Welt bis zu Seitengrößen von über 1 m Höhe erhalten sind, machte ein reiches Mäzenatentum notwendig. Sultane und Fürsten wetteiferten in der Bestellung derartiger Handschriften und ließen gerade in der Epoche der Mamluken diese Kunst in besonderem Maße erblühen. Im 13. Jh. stellte sich als typisch für die Buchkunst in Ägypten der dreißigbändige Koran heraus, fast immer großformatig gehalten und in perfekter Harmonie geschrieben und illuminiert. Der Grundtext, fast immer in Naskhi oder seinen Untertypen geschrieben, wird von kursiven Überschriften in Thuluth oder Kufi begleitet; der polychrome Blattrand ist mit Gold illuminiert.

Die Manuskripte beginnen mit einer reich geschmückten Doppelseite, aufeinanderfolgende Illuminationen, Randornamente und Versenden begleiten den Text. Großer Wert wurde auf geometrische Symmetrie gelegt, so daß die Einzelseiten und die am Beginn und am Ende befindlichen Doppelfolios sich in ihrer Ausschmückung spiegelbildlich entsprechen. Die Randverzierungen umfassen die drei äußeren Seiten des Blattes, jedoch nicht den Falz.

Die Schmuckseiten wie auch die Einbände zeigen ein Zentralfeld, in dem das geometrische Design, meist strahlenartig angeordet, sich aus zwölf- oder sechzehneckigen Sternen entwickelt, die über konzentrische Ringe wieder in verschiedenartige Polygone aufgeteilt werden.

Jede Einheit in sich ist mit symmetrischen geometrischen und floralen Motiven ausgefüllt. Der so entstandene zentrifugale Effekt wird gebremst von durchgehenden dünnen, sich wiederholenden Linien, die das Ganze in einer schwingenden Harmonie zusammenhalten.

Kalligraphie und Buchkunst konnten durch das Mäzenatentum der Mamluken bis zum 15. Jh. einen eigenständigen Höhepunkt erreichen, wobei in der Spätphase der Mamluken auch timuridische und mongolische Elemente das Stilempfinden nachhaltig beeinflußten. Als nach der Eroberung durch Selim im 16. Jh. Ägypten zu einem Vasallenstaat herabsank, brach die weitere Entwicklung der Kalligraphie und Buchkunst ab und wurde durch die aus der Türkei kommenden Techniken von Schrift und Illumination ersetzt. Tunesien übernahm zwar zunehmend auch den kursiven Schreibstil, unterwarf ihn aber den eigenen Gesetzlichkeiten der westlichen Schrift und nahm so eine Mittelstellung zwischen dem östlich orientierten Stilempfinden des kursiven Naskhi und dem westlichen Maghrebini ein.

Literatur

Ahmad, M., Concise Guide to the Principal Arabic Monuments, Cairo 1931
Atil, E., Art of the Mamluks, Washington 1981
Brandenburg, D., Islamische Baukunst in Ägypten, Berlin 1966
Briggs, M. S., Muhammadan Architecture in Egypt and Palestine, Oxford 1924
Creswell, K. A. C., The Muslim Architecture of Egypt, Oxford 1951
Erdmann, K., Kairener Teppiche, Ars Islamica 1938–1940
Hitty, P. K., Capital Cities of Arab Islam, Minneapolis 1973
Hoag, J., Architektur des Westlichen Islam, Ravensburg 1965
Houlet, G., Tunesien, Paris 1965
Hutt, A., North Africa, London 1977
Islamic Art and Architecture in Libya, Katalog, London 1976
Köhler, M., Richtig Reisen Tunesien, Köln 1983
Kühnel, E., Islamische Stoffe aus ägyptischen Gräbern, Berlin 1927
Lane-Poole, S., The Story of Cairo, Dublin 1902
Lézine, A., Architecture de l'Ifriqiya, Paris 1966
Marcais, G., L'architecture muselmane d'Occident, Paris 1955
Marcais, G., Objets Kairouanais, Tunis 1952
Parker, R., A Practical Guide to the Islamic Monuments, Cairo 1988
Strelocke, H., Ägypten, Köln 1976
Strelocke, H., Tunesien, Köln 1983
Wald, P., Richtig Reisen – Kairo, Köln 1986

Islamische Kunst auf den Mittelmeerinseln

von Andreas Schneider

Historischer Hintergrund der frühislamischen und osmanischen Kunst auf den Mittelmeerinseln

Die beiden großen islamischen Expansionsbewegungen, die des arabischen Frühislam und die der Osmanen, erstreckten sich auch auf die Mittelmeerinseln. Die erste Expansionsbewegung vom 7.–9. Jh. richtete sich im Mittelmeerraum hauptsächlich gegen das Byzantinische Reich. Zypern, Rhodos, Kreta, Sizilien und Malta, Sardinien und Korsika sowie die Balearen gerieten aber im einzelnen unter unterschiedlich starken islamischen Einfluß. Zypern beispielsweise befand sich in den Jahren 647–965 nicht durchgängig in islamischer Hand: bald wurden der Bevölkerung die Tribute von Byzanz, bald von den Arabern, schließlich sogar von beiden zusammen abverlangt. Kreta dagegen war von 826–961 fest in arabischer Hand, desgleichen Sizilien in der Zeit von 878–1061.

Sizilien kann jedoch im Gegensatz zu Kreta nicht ausschließlich als ausgebeutete Provinz betrachtet werden; vielmehr schufen die fatimidischen Gouverneure hier in relativer Unabhängigkeit vom Zentrum Kairo einen funktionierenden Staat mit hohem wirtschaftlichem, wissenschaftlichem und künstlerischem Entwicklungsstand. Von allen Mittelmeerinseln hören wir für die Zeit des Frühislam nur aus Sizilien von islamischer Monumentalarchitektur: Der arabische Forschungsreisende Ibn Hauqal berichtet, daß in Palermo, der Hauptstadt des arabischen Sizilien, mehr als 300 Moscheen gestanden hätten – erhalten blieb von diesen Bauten leider nichts. Kenntnisse der islamischen Kunst Siziliens besitzen wir indirekt durch Vermittlung der Normannen, die, nachdem sie die Insel 1061–1091 erobert hatten, die zivilisatorischen Errungenschaften der Araber auf wissenschaftlichem, künstlerischem und technischem Gebiet übernahmen und weiterentwickelten. Die Normannen-Könige, allen voran Roger II. (1130–1154), beschäftigten an ihrem Hof in Palermo zahlreiche arabische Künstler und Wissenschaftler.

Zeittafel

Arabische Herrschaft

Zypern

647–965	Zeitweilig unter arabischer Herrschaft. 647 dem Byzantinischen Reich genommen, 965 von den Byzantinern zurückerobert

Kreta

878–961	Arabische Herrschaft. Wie Zypern dem Byzantinischen Reich genommen und von Byzanz zurückerobert

Sizilien

878–1061	Arabischer Staat von Sizilien. Kulturelle Blüte. Dem Byzantinischen Reich genommen, ab 1061 von den Normannen erobert
1091–1194	Normannen-Staat von Sizilien
1130–1154	Roger II., König von Sizilien
1154–1166	Wilhelm I., König von Sizilien
1166–1189	Wilhelm II., König von Sizilien

Rhodos

1522–1912	Türkische Herrschaft. Rhodos wurde den Johannitern genommen und von Italien 1912 erobert

Zypern

1571–1878	Türkische Herrschaft. Zypern wurde den Venezianern genommen und 1878 von England besetzt

Die Hauptgegner der zweiten, osmanischen Expansionsbewegung waren die katholischen Mächte des spätmittelalterlichen und frühneuzeitlichen Europa. Zypern, Rhodos und Kreta waren von den ›Franken‹ beherrscht, den Nachfahren der Kreuzfahrer, die sich, nachdem sie ihre Besitzungen im Heiligen Land hatten aufgeben müssen, auf den Inseln festgesetzt hatten. Der Johanniter-Staat von Rhodos fiel 1422 in osmanische Hand, das venezianische Zypern 1571 und Kreta, ebenfalls eine venezianische Kolonie, 1669. Unmittelbar nach diesen Eroberungen wandelten die neuen Herren die katholischen Kirchen in islamische Moscheen um. Unglücklicherweise wurden die osmanischen

Monumente in Griechenland zum Großteil zerstört oder einer anderen Bestimmung zugeführt. Allein auf Rhodos, Kos und Zypern sind heute noch Moscheen für eine islamische Minderheit in Betrieb: Rhodos befand sich zur Zeit der Vertreibung der Türken aus Griechenland in den 20er Jahren unseres Jahrhunderts unter italienischer (1912–1946), Zypern unter englischer Herrschaft (1878–1960).

Die fatimidische Kunst Siziliens unter den Normannen

Das zum Byzantinischen Reich gehörende Sizilien wurde bereits vom Jahr 700 an wiederholt von den nordafrikanischen Aghlabiden angegriffen, bis schließlich 831 Palermo, 878 Syrakus, die antike und byzantinische Hauptstadt Siziliens, erobert wurden. Die Aghlabiden regierten Sizilien von Kairouan in Tunesien aus und machten Palermo zu ihrer Kapitale, die es bis heute geblieben ist. 909 wurden die Aghlabiden von der Berber-Dynastie der Fatimiden gestürzt, die 969 Ägypten eroberten und sich das neugegründete Kairo zur Hauptstadt ihres Reiches wählten. Das Kunstschaffen Siziliens war fortan eng mit dem Hof in Kairo verbunden.

1061–1091 eroberten die Normannen die Insel; sie übernahmen eine hochentwickelte Landwirtschaft samt der islamischen und einheimischen Bevölkerung, die mit Hilfe ausgedehnter Bewässerungssysteme Apfelsinen, Datteln, Feigen, Rohrzucker, Baumwolle und Papyrus produzierte und auch die Seidenraupenzucht betrieb, die von den Byzantinern aus China importiert worden war. Darüber hinaus übernahmen die Normannen das Steuer- und Verwaltungssystem sowie weitgehend auch das Bildungssystem der Araber. Die Notwendigkeit, diese von den ehemaligen Herren entwickelten hochkomplizierten Strukturen beizubehalten, erklärt hinreichend die weitgehende Religionsfreiheit und Rechtsgleichheit, die die Normannen der andersgläubigen und fremdstämmigen Bevölkerung Siziliens einräumten. Die toleranten normannischen Könige rezipierten die überlegene arabische Kultur, umgaben sich mit arabischen Künstlern und Gelehrten. Es fanden keine Gemetzel, keine systematische Missionierung und keine Unterdrückung Andersgläubiger statt wie beispielsweise bei dem zeitgleichen 1. Kreuzzug (1096–1099).

Die Fatimiden-Kunst knüpfte stilistisch und thematisch an die Kunst der Abbasiden von Bagdad und Samarra an. Eine fatimidische

Bronzetür aus Monreale (1186)

Neuerung dagegen hat man in dem abstrakten Ornament zur Ausgestaltung großer Flächen zu sehen; Sterne, Dreiecke, Vielecke u.a.m., auch einander überschneidend, stehen nun neben den herkömmlichen pflanzlichen Ornamenten. Sizilische Beispiele hierfür sind die Bronzetüren und der Fußboden des Normannen-Domes von Monreale sowie der Fußboden der Capella Palatina im Normannen-Palast zu Palermo.

Ein weiteres Kennzeichen fatimidischer Baukunst sind die leuchtendroten, aneinandergereihten Kuppeln über kubischem Unterbau, die sich im Grundriß als im Quadrat eingeschriebener Kreis darstellen. Beispiele aus Palermo besitzen wir mit S. Giovanni dei Lebbrosi (1070), S. Giovanni degli Eremiti (1132) und S. Cataldo (1164).

Das bedeutendste Beispiel arabischer Kunst auf Sizilien ist jedoch die Decke über dem Mittelschiff der Capella Palatina: Über den Wänden mit den byzantinischen Mosaiken und ihren alt- und neutestamentarischen Motiven erhebt sich ein goldenes Stalaktitengewölbe, darin eingelassen Bildfelder mit figürlichen Darstellungen, die das einzige Beispiel fatimidischer Malerei außerhalb Ägyptens darstellen. Die Themen sind der christlichen und islamischen Ikonographie einerseits, andererseits aber auch dem luxuriösen Hofleben Rogers II. entnommen. Dieser erscheint im ›Türkensitz‹, frontal, den zum Zeremoniell gehörenden Weinbecher in der Rechten, symmetrisch von zwei Dienern flankiert. (Eine beinahe identische Darstellung finden wir als Teil eines Steinfrieses in einem ganz anderen Gebiet islamischen Einflusses, in der armenisch-christlichen Kapelle am Van-See in der Osttürkei; auch hier befinden sich islamische über christlichen Themen.) Ein vollkommener Ausdruck der islamisch-christlichen Kultursynthese im normannischen Sizilien steht uns mit jenem Bild an der Stalaktitendecke der Capella Palatina vor Augen, auf dem Johannes der Täufer Arm in Arm mit dem persischen Dichter Omar al-Khayyam (1040–1123) erscheint.

Weniger spektakulär, doch bauhistorisch bedeutend (da die Palastbauten der Fatimiden in Kairo nicht erhalten blieben) sind zwei rechteckige Pavillons in Palermo, Cuba und Ziza, die einst zu den normannischen Palastgärten gehörten. Im Garten der Cuba befindet sich zudem ein kleiner quadratischer, überkuppelter Kiosk, die Cubola. Die Ziza besitzt dagegen einen mit Stalaktitengewölben geschmückten Brunnenhof. Die normannischen Gärten dürften eine Kopie der mit Springbrunnen und Wasserläufen üppig ausgestatteten Gärten gewesen sein, die in Kairo nicht nur die Fatimiden-Paläste umgaben, sondern auch die ganze Stadt durchzogen.

Das wohl bedeutendste Denkmal fatimidischer Textilkunst (jetzt in Wien) wurde am sizilischen Normannen-Hof produziert: Der Krönungsmantel Rogers II., der, unter die Reichskleinodien aufgenommen, mit den Herrscherinsignien zum Kronschatz des Heiligen Römischen Reiches gehörte. Die symmetrische Komposition in Gold- und Perlenstickerei auf Purpurstoff zeigt auf beiden Seiten einen Löwen oder Leoparden, der ein Kamel niederhält. Der Mantel trägt die für das Lebensgefühl am Hofe der Normannen charakteristische arabische Inschrift: »Die Vergnügungen der Tage und Nächte, ohne Ende und ohne Wechsel.«

Blick auf die Suleiman-Moschee von Rhodos

Osmanische Kunst auf Rhodos und Zypern

Auf Rhodos wie auf Zypern wandelten die Türken zahlreiche fränkische Kirchen in Moscheen um; in der Altstadt von Rhodos, der ›Ritterstadt‹, befinden sich ferner einige neuerrichtete Moscheen, die leicht schon daran zu erkennen sind, daß sie aus der allgemeinen Ost-West- und Nord-Süd-Richtung der Straßen, die aus der Antike stammte und von den Johannitern beibehalten wurde, abweichen – sie sind ›schräg‹, nach Mekka nämlich, orientiert.

Das älteste der neuen Gebetshäuser, die Ibrahim Pascha-Moschee, entstand 1531, neun Jahre nach der türkischen Eroberung der Insel.

Am besten erhalten sind hingegen die Mustafa Pascha-Moschee von 1765 und die Suleiman-Moschee von 1808, beides Kuppelmoscheen in der Tradition der hochosmanischen Zeit (s. S. 219ff.). Die Mustafa Pascha-Moschee weist in der Übergangszone zur Kuppel Pendentifs statt der üblichen Trompen auf – eine Übernahme der byzantinischen Bauweise, den Übergang von Vierung zur Kuppel zu lösen.

Zeitgleich mit der Mustafa Pascha-Moschee und in unmittelbarer Nachbarschaft von ihr wurde ein türkisches Bad (Hammam) errichtet, das noch heute benutzt wird. Der überkuppelte Hauptraum des Bades ist für die Männer bestimmt und besitzt eine Scheinarkatur mit Kielbogen sowie in den Ecken Trompen, deren Ansatz Stalaktitenfriese schmücken; auf halber Höhe der Wände läuft ein stuckierter Ornamentfries um. Die den Frauen vorbehaltene Abteilung liegt in einem weniger repräsentativen Annexraum.

Die meisten osmanischen Monumente auf Zypern befinden sich auf dem seit 1974 türkisch besetzten Nordteil der Insel. In Famagusta und Nikosia wurden, anders als auf Rhodos, nach der türkischen Eroberung von 1571 zunächst keine neuen Moscheen gebaut. Die großen

Innenraum des Suleiman-Bades

gotischen Kathedralen, die der hl. Sophia in Nikosia und die des hl. Nikolaus in Famagusta, sowie weitere, von den Lusignans (französisches Adelsgeschlecht, aus dem viele Könige der Kreuzfahrerstaaten hervorgingen) und Venedig gebaute Kirchen wurden zu Moscheen umgewandelt. Man entfernte den christlichen Bildschmuck, übertünchte die Wände, baute Mihrab und Minbar ein und errichtete Minarette anstelle der Türme.

Die neugebauten Moscheen Zyperns stammen erst aus dem 18. und 19. Jh., wobei sich zwei Typen unterscheiden lassen. Zum ersten die ›klassische‹ hochosmanische Zentralkuppelmoschee, die der berühmte Architekt Sinan entwickelt hatte und die zum Paradigma für die kommenden Jahrhunderte osmanischer Baukunst wurde (s. S. 222). Beispiele für ihre klassische Form sind die Arab Ahmed-Moschee in Nikosia aus dem 18. Jh. und die Moschee der Chala Sultan-Tekke bei Larnaka von 1816. Letztere stellt eines der wichtigsten Heiligtümer der islamischen Welt dar, liegt doch hier unter einer Trilith-Konstruktion *Umm Haram,* die ›Große Mutter‹ (türkisch *Chala Sultan*), begraben, die Ziehmutter Muhammads, die als Begleiterin ihres Mannes 647 am ersten arabischen Feldzug nach Zypern teilnahm und hier ums Leben kam.

Reinigungsbrunnen der Arab Ahmed-Moschee

Der Aquädukt von Larnaka (Darstellung aus dem Jahr 1878)

Mit dem zweiten Bautyp steht uns eine im 18. und besonders im 19. Jh. auf Zypern entstandene Sonderform des Moscheebaus vor Augen: Im Grundriß ergibt sich ein mehr in die Breite als in die Länge gehendes Rechteck, das von zwei Bogenreihen in drei Schiffe unterteilt wird und ein Flachdach besitzt. Vor der Kirche befindet sich, manchmal in L-Form, ein von Bogen oder Pfeilern getragenes Vordach. Diese zweite Form überwiegt zahlenmäßig bei weitem.

Die Mevlevi-Tekke in Nikosia war bis zum Verbot des Ordens 1925 Sitz der ›tanzenden Derwische‹. Der aus dem 18. Jh. stammende Bau besteht aus dem weiträumigen Versammlungsraum der Tänzer mit Mihrab und einer hölzernen Balkonkonstruktion für die Musikanten. Südlich schließt sich ein Trakt an, in dem die Sarkophage verstorbener Derwische und Stifter stehen. Seit 1963 ist in der Mevlevi-Tekke das Museum für türkische Volkskunst untergebracht, das die Trachten und Musikinstrumente der Derwische sowie türkische Waffen präsentiert.

Die Türken haben auf Zypern wie auf Rhodos die Festungsanlagen der Venezianer beziehungsweise der Johanniter übernehmen können. Aus diesem Grunde und weil auch Zypern in osmanischer Zeit kein militärischer Vorposten mehr war, entstanden auf Zypern lediglich zwei kleine Befestigungsanlagen, die Seeforts auf den Ruinen einer Lusignan-Festung und ein neu erbautes in Larnaka. Am Ortsrand von Larnaka stehen dagegen noch beachtliche Reste eines Aquädukts, das der türkische Gouverneur von Zypern 1746–1750 erbauen ließ.

Der Große Khan in Nikosia (Darstellung aus dem Jahr 1873)

Zypern besitzt in weit größerem Umfang als Rhodos Beispiele profaner Repräsentationsarchitektur: Khane, Hammams, Herrenhäuser, Brunnen, Grabmonumente und sogar eine Bibliothek. Durch den Aufstieg des Osmanischen Reiches zu einem Weltreich im 16. und 17. Jh. erfuhren Wirtschaft, Handel und Verkehr eine steile Aufwärtsentwicklung. Im gesamten Reich entstanden Khane (Karawansereien), die, ähnlich wie die italienischen Fondacchi, nicht nur Schlafstätten für die Handeltreibenden, sondern auch Warenumschlagplätze darstellten. Die zyprischen Khane sind wie die hochosmanischen in Anatolien zweigeschossig; ihre Räume gruppieren sich um einen beinahe quadratischen Innenhof, wobei sich die konkrete Einzelform nach den vorhandenen Straßenfluchten richtet. Im Erdgeschoß liegen die Stallungen sowie die Lager- und Wirtschaftsräume, im Obergeschoß die Schlafräume.

Im Großen Khan in Nikosia besitzt jeder Raum einen eigenen Kamin, zu denen die achteckigen Schornsteine, die man aus dem Dach ragen sieht, gehören. Der Große Khan wurde unmittelbar nach der Eroberung Zyperns (1571) errichtet und weist an der Frontseite zum Hof im Erd- und Obergeschoß Arkadenreihen mit Spitzbogen auf.

In der Mitte des Hofes steht ein achteckiger, pavillonartiger Bau, der einen Brunnen und im Obergeschoß, durch eine Außentreppe erreichbar, eine Moschee beherbergt; diese bauliche Besonderheit steht in der Tradition der großen mittelalterlichen Khane Anatoliens und kommt beispielsweise auch beim Ipek-Khan in Bursa vor.

Der Khan der Glücksspieler, erst im 17. Jh. entstanden, liegt nur einige Schritte vom Großen Khan entfernt. Der nicht so repräsentative, kleinere und intimere Bau besitzt im Erdgeschoß zum Hof hin eine Spitzbogenarkatur und im Obergeschoß eine einfache Säulenreihe.

Zypern besitzt drei im Grundriß fast identische osmanische Hammams. Das Große Bad wurde auf dem Boden einer gotischen Kirche der Lusignans (St. Georg der Lateiner) errichtet, deren Portal man für den Eingang des Bades wiederverwandte; es ist im Boden versenkt, denn das heutige Straßenniveau liegt 2,5 m über dem Boden des Hammams. Das Große Bad wurde wie der nur wenige Meter entfernte Große Khan unmittelbar nach der Eroberung Zyperns errichtet und

Der Eingang zum Großen Bad in Nikosia

weist die für osmanische Bäder typische Raumfolge von Eingangshalle/Umkleideraum, mäßig beheiztem Teil sowie Schwitz- und Badeteil auf. Die quadratische Eingangshalle ist durch zwei Bogen gegliedert, der Baderaum, von gleicher Größe wie die Eingangshalle, fünffach, nämlich in der Mitte und in den vier Eckräumen, überkuppelt. Diese Eckräume waren private Schwitzbäder mit höheren Temperaturen als im Mittelraum, in dem sich ein oktogonaler Stein mit den Wasseranschlüssen befindet.

Die beiden anderen Bäder liegen gegenüber der Ömeriye-Moschee im griechischen Teil von Nikosia sowie in Famagusta, hineingebaut in eine gotische Kirche, zu der die Eingangshalle des Bades gehört.

Die Bibliothek von Nikosia vervollständigt das Bild profaner Repräsentationsarchitektur auf Zypern: Ihr Kuppelbau, unmittelbar neben dem Chor der Sophien-Kathedrale gelegen, wurde 1829 vom damaligen Gouverneur von Zypern zu Ehren Sultan Mahmuds II. (1808–1839) errichtet. Die Kuppel des Hauptraums sitzt auf einem oktogonalen Tambour, Eingangstrakt und Nebenraum sind ebenfalls überkuppelt. Das Innere der Bibliothek wurde mit schönen Holzschnitzereien im Stil des türkischen Rokoko ausgestattet, wie er im 19. Jh. – mit einigen Jahren Verspätung gegenüber dem Westen – von der türkischen Oberschicht für die Innenausstattung ihrer Paläste rezipiert wurde.

Die einheimischen Griechen auf Rhodos und Zypern fuhren unter dem Islam fort, christliche Kapellen und Kirchen zu errichten und ausmalen zu lassen und Ikonen zu stiften. Die postbyzantinischen Werke besitzen jedoch nicht mehr die Qualität der Werke aus byzantinischer oder gar ›fränkischer‹ Zeit.

Afrika: Küste und Ufer - ein Überblick

von Achim Remde

Der Islam gelangte auf zwei Wegen ins südlich der Sahara gelegene Afrika: Einmal vom islamisierten Norden durch die Sahara in die Sahel-Staaten, die das andere Ufer (arabisch *Sahl*) der binnenmeerähnlichen großen Wüste bilden. Zum anderen direkt von der arabischen Halbinsel an die Küste (Sahl) Ostafrikas, wo sich eine stark arabisch-islamisch geprägte Mischkultur mit eigener Sprache entwickelte, die den Küstenbewohnern *(Msuaheli)* zugeordnet ist.

Je mehr der Islam in der Folgezeit in die tropischen Regionen des ›schwarzen Kontinents‹ vordrang, um so stärker wurde er mit dem dort heimischen Animismus durchsetzt. Zudem sah er sich bald der Konkurrenz der christlichen Missionierung ausgesetzt, die insbesondere in Westafrika von See her erfolgte.

Das Nebeneinander von Animismus, Islam und Christentum ist durchaus typisch für Schwarzafrika. Während es meist und jahrhundertelang von friedlicher Koexistenz und Toleranz geprägt war, hat es gelegentlich, so auch in neuester Zeit, zu Spannungen und gewaltsamen Auseinandersetzungen geführt. In Nigeria, wo schon Anfang des 19. Jh. Usman Dan Fodio die Haussa-Königreiche des Nordens in einem heiligen Krieg unterwarf, ist die Dominanz des Islam zu einer politischen Frage ersten Ranges geworden, und dies, obwohl nur etwa die Hälfte der Bevölkerung Muslime sind. Im Sudan war die Einführung des islamischen Gesetzes *(Sharī^{c}a)* eine der wesentlichen Ursachen des Bürgerkrieges.

In Schwarzafrika gelten Islam und Christentum - beides Offenbarungsreligionen - gegenüber dem Animismus als höherwertig. Trotzdem haben sich hier bis auf den heutigen Tag starke animistische Elemente erhalten, die gerade in der bildenden Kunst ihren Ausdruck finden. Sie ist auch bei teilweise oder ganz islamisierten Völkern Afrikas im wesentlichen Stammeskunst und deshalb unislamisch.

Islamische Kunst gibt es in Afrika eigentlich nur auf dem Gebiet des Kunsthandwerks und der Architektur. Beide sind hier weitgehend fremdbestimmt, in Westafrika (Mauretanien und Sahel) stark marok-

Dorfmoschee in Mali

kanisch geprägt, in Ostafrika (Kenia, Tansania, Somalia) von der arabischen Halbinsel, aber auch von Persien und Indien beeinflußt. Im Sudan zeigen sich türkische und ägyptische Elemente. Islamische Kunst in Afrika ist daher fast immer ein Produkt von Mischkulturen.

Lehmarchitektur

Ihren schönsten Niederschlag hat die islamische Kunst in der Lehmarchitektur des Sahel gefunden. Bei dieser den regenarmen Regionen angepaßten Bauweise wird Lehm von den Ufern des Niger auf ein Gerüst von Holzbalken aufgetragen, mit der Hand verteilt und geglättet. In Mauretanien ist dagegen im Moscheebau die von den Berberburgen Südmarokkos bekannte Bauweise üblich, bei der behauene Sandsteinplatten ohne Mörtel aufeinandergeschichtet werden. Diese Technik hat eine gegenüber der Lehmbauweise ›kantigere‹ Formgebung zur Folge. Die Lehmbauten müssen praktisch jährlich ausge-

Dorfmoschee in Mali

bessert, oft sogar weitgehend erneuert werden. Wegen des damit verbundenen Arbeitsaufwandes sind sie zum Leidwesen der Kunstliebhaber und Ethnologen unpopulär geworden. Wer kann, baut mit Beton oder Ziegeln und deckt mit Wellblech ab (auch unter klimatischen Gesichtspunkten keine gute Lösung).

Zentrum westafrikanischer Lehmarchitektur ist das obere Nigergebiet zwischen Segu und Timbuktu im heutigen Mali, wo sich im 13. Jh. in den Handelszentren des Trans-Saharahandels ein städtisch-bürgerlicher Baustil entwickelte. Die Häuser weisen mehrere Innenhöfe sowie – durch steile Treppen miteinander verbundene – Stockwerke und Terrassendächer auf. Die mit Lehm verkleideten Stützpfeiler verleihen der Fassade eine vertikale Gliederung und enden über dem flachen Terrassendach als Zinnen, die abgerundet und häufig mit Tongefäßen oder Straußeneiern geschmückt sind. Moscheen werden durch Minarettürme ergänzt, die sich nach oben konisch verjüngen; dabei ragen Querbalken seitlich aus dem Mauerwerk und verleihen dem Bauwerk das Aussehen eines stacheligen Kaktus.

Die Stadt Djenne im Niger-Delta hat ihr traditionelles Aussehen über die Jahrhunderte hinweg am besten bewahrt. Sie verfügt über die größte Lehmmoschee, Anfang des 20. Jh. nach dem Vorbild einer aus dem 15. Jh. stammenden Moschee in traditioneller Bauweise errichtet. Dieses islamische Gebetshaus kann neben der Moschee der 60 km entfernten Zwillingsstadt Mopti, einer verkleinerten Nachbildung, als schönstes Beispiel der Lehmarchitektur gelten.

Städte wie Djenne und Mopti sind – ähnlich wie die algerische Sahara-Pentapolis Ghardaia – vor allem an Markttagen als Gesamtkunstwerk und als Reflektion eines sozialen Universums erlebbar: Die einfach-geometrischen, doch weich-fließenden Formen der Lehmbauten mit ihren rissig-rauhen Oberflächen, deren Farbe je nach Lichtverhältnissen zwischen zartem Grau und glühendem Rot wechselt, stehen in perfekter Harmonie zu den Menschen und ihrem täglichen Leben, das in seiner Farbenpracht mit der Monochromie des Lehms kontrastiert.

An den vor der Moschee gelegenen Markplatz in Djenne schließen sich die alten Stadtviertel an, deren Bürgerhäuser häufig palastartigen Charakter haben. Der fast fürstliche Baustil hat auf die umliegenden

Lehmhaus im Norden Nigerias

ländlichen Regionen ausgestrahlt, wo sich gelegentlich Moscheen in bescheideneren Dimensionen finden, die aber gerade durch ihre Einfachheit von bestechender Schönheit sind. Aus Holz gesägte sogenannte *Aijimez*-Fenster, offensichtlich marokkanischen Ursprungs, und kunstvoll mit Metall beschlagene Holzportale ergänzen die Architektur.

Daß es sich bei dieser Lehmarchitektur trotz nordafrikanischer Einflüsse um eine eigenständige Kunstform handelt, beweist die Ähnlichkeit mit der ›primitiven‹ Bauweise in den nahe gelegenen Dörfern des Dogon-Stammes. Die runden oder rechteckigen, zumeist mit einem Grasdach versehenen einfachen Lehmbauten finden sich in ganz Afrika; manchmal gibt es aber auch entwickeltere Versionen, so bei den Somba im heutigen Benin, die in zweistöckigen Kleinburgen wohnen. Vom Islam geprägt ist die Lehmarchitektur in Westafrika außer in Mali vor allem noch in Niger (Agadez und Zinder) und in Nordnigeria (Kano, Zaria, Katsina, Daura) im Siedlungsgebiet der Haussa, wo die Fassaden der Häuser und Paläste mit Schlingornamenten, entweder in Graffiti- oder in Lehmrelief-Form, verziert werden.

Die in Mauretanien vorherrschende Bauweise, bei der behauene Steine ohne Mörtel aufeinandergeschichtet werden, findet sich noch in den alten Städten Chinguetti, Ouadane, Tidjikja und Tichit; im weit westlich Richtung Mali gelegenen Oualata weist diese Technik eine Variante auf: Hier werden die Wände mit einem rotbraunen Lehmverputz versehen, auf den man die Ornamente malt, die – im ›maurischen‹ Stil – sich ganz anders darstellen als die der Haussa: Türen und Fenster sind weiß umrahmt, die Ornamente werden in braunroter Farbe mit den Fingern aufgemalt.

Suaheli-Baukunst

Ist es in Westafrika das Wüstenmeer der Sahara, das den Sahel unter dem Banner des Islam mit den arabisch-berberischen Einflüssen Nordafrikas verbindet, so stellt an der ostafrikanischen Küste der Indische Ozean die Verbindung zur arabischen Halbinsel und Indien her. Elfenbein und Sklaven waren die Waren, die schon vor der Jahrtausendwende in Sansibar, Pemba, Mombasa und Malindi einer blühenden Stadtkultur den Weg bereiteten. Sie erlebte zwischen dem 12. und 15. Jh. ihren Höhepunkt. Ganz und gar vom Islam geprägt, war – und

Häuserzeile am Marktplatz von Lamu

ist – sie eine Mischkultur aus afrikanischen, arabischen, persischen und indischen Elementen der Küstenbewohner (Msuaheli), die auch eine eigene Sprache hervorgebracht hat. In der multikulturellen Gesellschaft der Küste war der Islam die dominierende Religion. Praktisch jeder, der sich zum Islam bekannte, war Msuaheli.

Der Reichtum dieser Kultur hat sich in der Architektur und einer hochstehenden Handwerkskunst manifestiert. Als Werkstoff diente der Korallenstein, der behauen und mit Mörtel verbunden wurde. Mangroven-Balken, gestützt von quadratischen, recht- oder achteckigen Pfeilern, trugen die Decke. Da die Mangroven-Balken selten länger als 3 m sind, setzen sich die Grundrisse aus einer Reihe von schmalen Rechtecken zusammen.

An der ostafrikanischen Küste zwischen Lamu und Sansibar haben zahlreiche Paläste, Moscheen, Festungen und – eine Eigenheit der Region – Säulengrabmäler dieser Kultur die Zeit überdauert. So die Mandhry-Moschee (ca. 1570), die Tangana- und Jeneby-Moschee (spätes 16. Jh.) im kenianischen Mombasa, deren strenger, einfacher Stil später dem luxuriöseren indischen Stil wich. Die Minarette sind rund, weisen aber in ihrer Schlichtheit eine gewisse Ähnlichkeit mit den rechteckigen Lehmmoscheen Westafrikas auf.

Einen neuen Höhepunkt erlebte die Suaheli-Kultur in der zweiten Hälfte des 19. Jh. mit dem sogenannten Sansibar-Stil, der starke indische Einflüsse aufweist. Die mehrstöckigen Häuser schmücken reichverzierte Holzbalkone und prachtvoll geschnitzte Türen. Die Altstadt *(Stone Town)* von Sansibar, aber auch Mombasa sind voll von Beispielen. Dieser Stil hat jedoch im Moschee-Bau keine Rolle gespielt, und scheint vorwiegend säkularen Charakter zu haben.

Arabische Halbinsel

von Peter Wald

Als im Jahr 630 (8 islamischer Zeitrechnung) Muhammad wieder in die Stadt Mekka einzog und seine Gegner sich ihm dort unterwarfen, begab er sich zur Ka^{c}ba. Augenzeugen berichteten: »Der Prophet ritt siebenmal um sie herum, wobei er jedesmal mit einem Stock ... den Schwarzen Stein berührte ... Man öffnete ihm das Heiligtum, und er trat ein. Er fand darin eine Holztaube, zerbrach sie mit eigener Hand und warf sie weg.« In den folgenden Tagen zerschlugen die Gefährten des Propheten alle erreichbaren Idole der Mekkaner, die bis dahin über 300 Götzenbilder verehrt hatten. Das bedeutete das Ende einer darstellenden Kunst, die südarabische, hellenistische, äthiopische und mesopotamische Stilelemente in sich vereint hatte. Was kam danach an religiöser Kunst? Zunächst einige Zeit lang gar nichts. Es dauerte wahrscheinlich Jahrzehnte, bis sich im Jemen Ansätze eines eigenen islamischen Baustils zeigten; der eigene Baudekor und eine neue Kleinkunst ließen noch länger auf sich warten.

Das früheste islamische Kunstwerk, wenn man es denn an den Orten der Verkündung des Islam sucht, müßte das kalligraphisch verzierte Bogenfutteral Muhammads sein. Doch das heute im Topkapi-Museum zu Istanbul aufbewahrte Stück ist aus Gold gearbeitet, und der Prophet war bekanntlich dem Prunk nicht zugetan. Man hat das Futteral erst lange nach dem Tod Muhammads zur Aufbewahrung einer Reliquie, des Bogens nämlich, hergestellt, was sich unter anderem am Duktus der applizierten Schrift zeigt. Nach dem Beginn islamischer Kunst zur Lebzeit des Propheten müßte also im architektonischen Bereich, beim Bau der ersten Bethäuser gesucht werden.

Die erste Moschee wurde im Jahr 622 in Medina eingerichtet; sie war nicht mehr als ein ummauerter Gebetsplatz ohne Überdachung, von dem keine Spuren erhalten blieben. Das zweite, fast zum selben Zeitpunkt in Bau genommene islamische Gotteshaus, die Moschee des Propheten in Medina, genießt bis heute hohe Verehrung; als Zeuge frühester islamischer Baukunst taugt sie jedoch nicht, denn von dem ursprünglichen Gotteshaus ist nur sehr wenig übriggeblieben. Die

Übersichtskarte Vorderasien

jetzige Moschee zu Medina wurde 705–709 vom Omayyaden-Fürsten al-Walid I. begonnen. Der Bauplan bezog Teile des Hauses ein, in dem der Prophet gelebt hatte und unter dessen Fußboden er 75 Jahre zuvor beigesetzt worden war. In dieser Moschee soll zum ersten Mal eines der wichtigsten Symbole des Islam, die Gebetsnische (Mihrab), aufgekommen sein. Wie mehrere Markierungen an den Wänden den früheren Standort des Hauses Muhammads kennzeichneten, so errichtete man

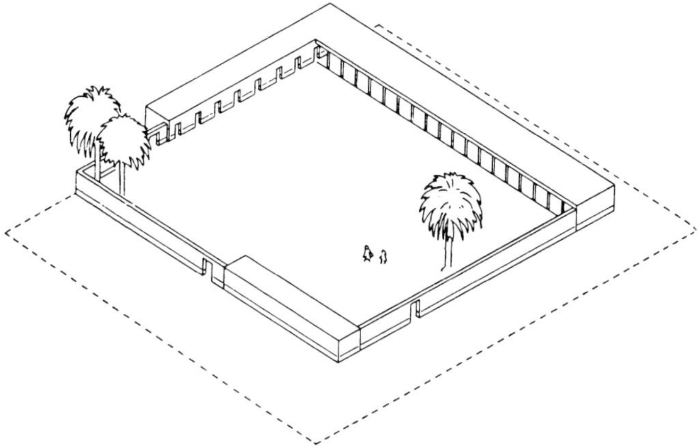

Das Haus des Propheten in Medina; Vorbild der frühislamischen Moscheearchitektur und ihres Hof-Hallen-Schemas

auch eine Nische gegenüber dem Platz, den der Prophet üblicherweise beim Gebet eingenommen hatte. Eine Forschungsrichtung in der Islamistik führt die Form des Mihrab, der an Devotionalnischen für griechische und römische Götterfiguren erinnert, auf die wesentliche Rolle ›importierter‹ Architekten und Kunsthandwerker byzantinischer und ägyptischer Herkunft zurück. Byzantinische Einflüsse dürften auch bei den Mosaiken und Wandmalereien sowie bei den Marmorpaneelen, die al-Walid in Medina anbringen ließ, deutlich erkennbar gewesen sein, doch sind diese Dekorationen nun verschwunden, wahrscheinlich zerstört von dem Großfeuer im Jahre 1256. Weitgehende Neu- und Umbauten wurden von den Abbasiden, Mamluken, Osmanen und dem Haus der Sa^{c}uds vorgenommen, so daß wir heute die ursprüngliche Moschee aus der Lebenszeit des Propheten nur in vollständig überbautem Zustand vor uns sehen; diese Moschee besaß auch noch kein Minarett, während das jetzige Gotteshaus ihrer vier aufweist, drei im mamlukischen und eins im osmanischen Stil.

Ähnliches gilt für das höchste Heiligtum des Islam, die Große Moschee in Mekka. Muhammad entfernte aus der alten mekkanischen Kultstätte nur die Götzenbilder, gliederte aber die Ka^{c}ba mit dem schwarzen Stein und den hier vollzogenen Ritus in die neuen islami-

Zeittafel

622	Umzug des Propheten von Mekka nach Medina
623	Umgestaltung einer gemeinsamen Gebetsstätte in Medina zur ersten Moschee
ca. 624	Bau einer Hofmoschee vor dem Haus des Propheten in Medina
630	Rückkehr des Propheten nach Mekka; vollständiger Bruch der Mekkaner mit den alten Göttern und ihrer künstlerischen Darstellung
ca. 632	Grundsteinlegungen für die ersten Moscheen im Jemen
633	Tod Muhammads
635	Eroberung von Damaskus durch ein arabisch-islamisches Heer
637	Eroberung von Jerusalem
ca. 690	Entfaltung der ibaditischen Glaubensrichtung im heutigen Oman
1228	Beginn der Rasuliden-Dynastie im Jemen
ca. 1310	Baubeginn an der al-Mussafar-Moschee in Ta^{c}izz/Jemen
ca. 1370	Fertigstellung der Ashrafiyya-Moschee in Ta^{c}izz
1510	Mamlukische Truppen im Jemen; Zunahme des ägyptischen Kultureinflusses
1538–1630	Erste osmanische Besetzung des Jemen Türkisch-nordarabischer Innovationsschub für die Baukunst Südarabiens
1849–1918	Zweite osmanische Besetzung des Jemen

schen Rituale ein. Die aus Stein erbaute Ka^{c}ba, ein innen hohler Würfel von 13 × 11 m × 16 m Größe, wurde im Lauf der Zeit mehrmals neu errichtet, behielt jedoch ihr ursprüngliches Aussehen. Der die Ka^{c}ba umgebende Bau ist hingegen das nicht immer koordinierte Gemeinschaftswerk vieler Kalifen, insbesondere des osmanischen Sultans Selim II., der rund 900 Jahre nach Muhammad in der Region von Mekka und Medina regierte. Auch das jetzige Herrscherhaus der Sa^{c}uds hat der zentralen Pilgerstätte des Islam durch großzügige Um- und Ausbauten seinen Stempel aufgedrückt.

Pilger vor der Ka^c^ba in der Großen Moschee von Mekka (Foto aus dem Jahr 1935)

Früheste islamische Baukunst in ursprünglichen Konturen läßt sich am ehesten südlich von Mekka, im Jemen erkennen. Die Moschee von Djanad bei Ta^c^izz soll noch zur Lebzeit des Propheten durch dessen Gefährten Mu^c^ad Ibn Djabal gegründet worden sein. Etwa zur selben Zeit, jedenfalls kurz vor dem Tod Muhammads, wurde auch der Bau der Großen Moschee zu Sana'a begonnen. Obwohl die Djanadiyya im 10. und 11. Jh. schwere Verwüstungen und entsprechende Erneuerungen erlebte, blieb das von Muhammad entworfene Grundkonzept einer schlichten Gebetsstätte erhalten. Die Moschee besitzt einen

Das Minarett der Moschee von Djanad, der wahrscheinlich ältesten Gebetsstätte des Jemen

weiten, von Arkaden umgebenen Innenhof; weißgekalkte Säulen und Pfeiler ohne Kapitelle, von Bogen überbrückt, tragen die flachen Dächer der Umgänge und der Gebetshalle. Ein dekorativer Kontrast entsteht allein zwischen den dunklen Balken der Decke und den schneeweißen Bogen der Arkaden. Daraus ergibt sich »die perfekte Harmonie mit den nüchternen Linien der Moschee«, wie Paolo Costa bemerkt. Halb aus den Seitenflügeln ragten früher zwei Minarette hervor, zur Zeit gibt es nur noch eines – ein schlanker, oktogonaler Schaft mit einem herausragenden Balkon und einer ebenfalls achteckigen Laterne. Dieser Teil des Minaretts wird dem 10. Jh. zugerechnet, während der zylindrische obere Schaft mit dem konischen Abschluß osmanischen Ursprungs ist.

Frühe islamische Quellen betonen, daß dem Bauplan für die erste Moschee in Sana'a genaue Instruktionen des Propheten zugrunde lagen. Stimmt das, so muß Muhammad von vornherein großzügig geplant haben. Obwohl auch noch stattlich und eindrucksvoll, ist die Hauptmoschee von Sana'a heute nicht einmal doppelt so groß wie im

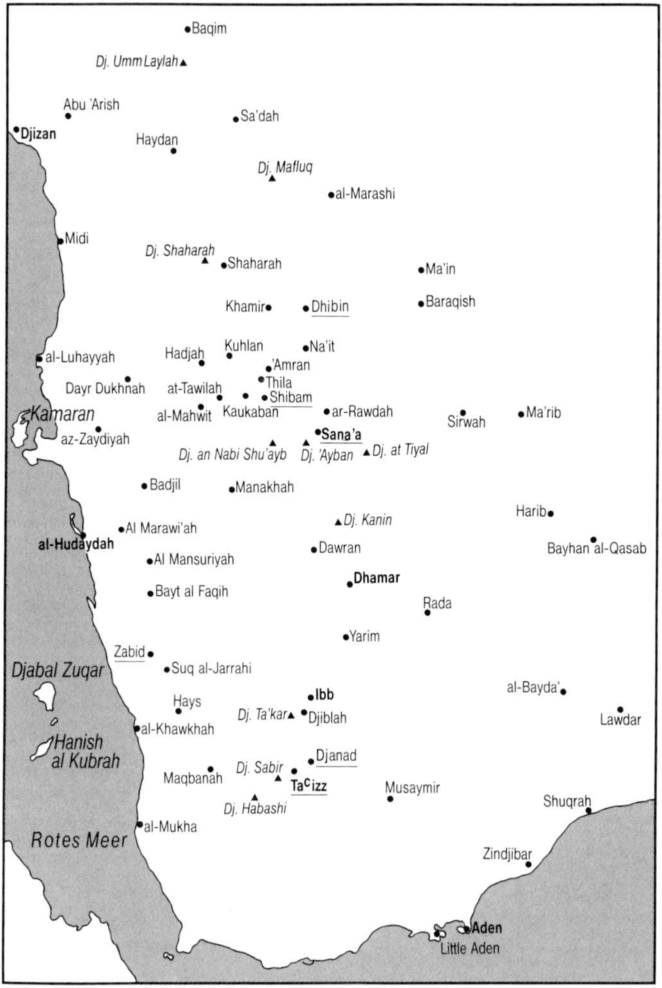

Jemen

Jahr 631, als ihr erster Grundriß angelegt worden sein dürfte. Ausgebaut und erweitert wurde sie später vor allem vom Kalifen al-Walid I., der sich ja schon der Grabmoschee Muhammads in Medina angenommen hatte (s. S. 160). Im Laufe der Jahrhunderte traten noch viele weitere Ausbauten und Restaurierungen hinzu, doch läßt sich die heutige Gestalt im wesentlichen auf das 8. und 9. Jh. zurückführen.

Als Prototyp islamischer Baukunst darf man die Große Moschee zu Sana'a dennoch nur bedingt ansehen. In ihrer Ausführung manifestiert sich noch stark die Kunst vorislamischer, also sabäisch-himyaritischer Baumeister: Die feinbehauenen Basaltblöcke der Außenmauern, an manchen Stellen ohne Mörtelbindung aufgeschichtet, verraten die jahrhundertelang an sabäischen Tempeln praktizierte Technik. Der wohl damals schon im Verfall befindliche Regierungspalast Ghumdan, dessen Standort in unmittelbarer Nähe der jetzigen Großen Moschee vermutet wird, lieferte gewiß einen Teil des Baumaterials einschließlich zahlreicher Architekturelemente und antiker Schriftsteine, die heute noch das Gotteshaus zieren. Ebenso entstammen die meisten Säulen antiken Bauwerken und der christlichen Kathedrale, die es bis etwa 754 in Sana'a gab. Die feingearbeitete Kassettendecke der Großen Moschee mit ihren geschnitzten und gemalten Ornamenten geht hingegen auf mindestens drei Stilrichtungen aus der Zeit zwischen dem 8. und 11. Jh. zurück.

Die Freitagsmoschee von Shibam/Kaukaban nahe Sana'a ist ebenfalls den Schöpfungen frühislamischer Baukunst zuzurechnen. Sie entstand im 9. Jh. und kann sich rühmen, noch überwiegend die vor rund 1000 Jahren erlangte Gestalt zu besitzen. Damit stellt sie ein interessantes Beispiel einer frühen südarabischen Säulenhallenmoschee dar. Zu den schlichten, hohen Steinsäulen, die flache Decken auf hölzernen Balken tragen, sind allerdings an zwei Seiten später noch Arkaden hinzugekommen. Die Säulen der Gebetshallen ragen 8 m hoch auf, und ihre Kapitelle mit den Palmettenornamenten verraten hellenistische Einflüsse. Die nördliche Gebetshalle überdeckt eine reich geschnitzte und bemalte Holzdecke.

Die Große Moschee von Sana'a hat in unserer Zeit einen bemerkenswerten Schatz früher islamischer Kunst freigegeben: Bei der Restaurierung des Westbaus wurden 1972 mehrere Säcke voller alter Schriften entdeckt. Deutsche Wissenschaftler konnten in den 80er Jahren wesentlich dazu beitragen, den Fund zu erforschen und zu erhalten. Ihre Arbeit ergab, daß man es mit etwa 40 000 Fragmenten zu tun hat. Mehr als 700 Koranexemplare waren auf Pergament geschrieben, weitere 350 bis 400 auf Papier. Ungefähr jeder achte Pergamentkoran war illuminiert, mit Zierleisten zwischen den Suren, mit Ornamenten am

Rand neben einer Surenüberschrift, mit Umrahmungen des Schriftspiegels oder mit ganzseitigen Ornamenten vor oder nach einer wichtigen Zäsur. Unter den illuminierten Handschriften sind die nichtjemenitischen mit über 40% vertreten. Das wahrscheinlich älteste Stück, ein großformatiger, hochrechteckiger Koran, geschrieben auf Pergament im sogenannten Hidjazi-Duktus, wird dem 7. Jh. zugeordnet und könnte aus Damaskus stammen.

Ebenfalls dem 7. Jh. gehören einige illuminierte jemenitische Stücke an. Besonders die gezeichneten Surentrenner verweisen auf den Jemen: Es werden geometrische Motive wie Kreise oder Rauten gereiht, Dreiecke durch Zickzackbänder gebildet, unterschiedliche Bogen kombiniert, vereinzelt auch architektonische Motive angewandt. In diesem der heiligen Schrift beigegebenen Dekor lassen sich leicht Elemente der phantasievollen Ausgestaltung vorislamischer Sakralbauten Südarabiens wiederentdecken; in Kombination mit der Kalligraphie jedoch deuten die Koranverzierungen auf einen Neuanfang islamischer religiöser Kunst auf der Arabischen Halbinsel. Der Jemen, der so früh dem Ruf des Propheten gefolgt war und nur wenig später als Medina

Jemenitischer Schmuck

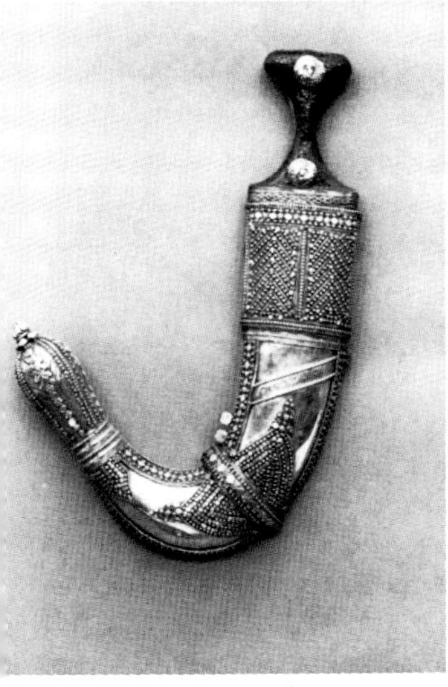

und Mekka mit dem Bau von Moscheen begonnen hatte, war gewiß mehr Schöpfer als Empfänger islamischer Kunst.

Jemen blieb die Hochburg islamischer Kunst auf der Arabischen Halbinsel während mehrerer Jahrhunderte. Erst die von Ägypten übergreifende Kunst der Fatimiden und Mamluken brachte einen gewissen künstlerischen Gleichklang mit dem Rest der islamischen Welt für die Küstenzone am Roten Meer im heutigen Saudi-Arabien und Nordjemen. Zuvor jedoch erlebte der Jemen die Kunst der Ziyaditen, die ebenfalls auf die Küstenebene am Roten Meer konzentriert war. Etwa im Jahr 819 entsandte der abbasidische Kalif einen Beauftragten namens Muhammad Ibn Ziyad in den Jemen, um dort einen Stammesaufstand niederzuschlagen. Ibn Ziyad konnte die Küstenebene unter seine Herrschaft bringen und gründete eine Stadt, die den Namen Zabid erhielt. Da an der Küste hartes Gestein fehlte, wurden schon damals Ziegel gebrannt, so daß auch Zabid in der eindrucksvollen Ziegelbauweise entstand, deren umfangreiche Reste noch heute die Besucher erfreuen. Die aus kleinen Ziegelblöcken errichteten Mauern eigneten sich besonders für dekorative Elemente, wobei man sich damals noch lebhaft der Ornamentik der vorausgegangenen himyaritischen Herrschaftskultur erinnert haben dürfte.

Die heutige Freitagsmoschee von Zabid mit ihrem Innenhofgrundriß und dem seitlichen Minarett gehört in die Reihe der zehn ältesten Gebetsstätten des Jemen. Wohlproportionierte Spitzarkaden gliedern die Moschee und umgeben den Innenhof; die Innenbogen sind noch vielfach mit eleganten Stuckreliefs im Kairoer Stil des 14. Jh. geschmückt. Ein prächtiger Stuck-Mihrab sowie leuchtendfarbige Tragebalken und Deckenpaneele mit dekorativen Mustern vervollständigen die Moschee-Ausstattung.

Die älteste heute noch stehende Moschee des Hadramaut, Südjemen, dürfte die Freitagsmoschee von Shibam (Wadi Hadramaut) sein. Teile des Gebäudes könnten auf das frühe 10. Jh. zurückgehen. Diese Theorie wird dadurch gestützt, daß sich rote Ziegel ganz unten in den Ecken des Bauwerkes fanden. Solche Ziegel sind im Hadramaut jedoch unüblich und passen zu der Legende, wonach die Moschee während der Regierungszeit des Kalifen Harun ar-Rashids von Architekten aus dem Irak errichtet oder erneuert wurde. In ihrer heutigen Form dürften die Arkaden der Moschee aus dem 14. Jh. stammen.

Die fatimidischen Einflüsse in der Kunst Südwestarabiens verstärkten sich in den rund 80 Jahren sulaihidischer Herrschaft über große Teile des Jemen ganz erheblich. Etwa 1063 konnte ein Ali Ibn Muhammad as-Sulaihi Sana'a erobern und eine Dynastie begründen. Der Eroberer hatte sich von fatimidischen Missionaren zur schiitischen Glaubensvariante bekehren lassen und setzte diese nun in seinem eigenen Herrschaftsbereich durch. Wahrscheinlich 1086 gelangte in der Sulaihiden-Dynastie eine Frau, Arwa Bint Ahmad, zur Herrschaft. Die Sultana verlegte ihren Amtssitz von Sana'a in die Bergstadt Djibla, die sie erheblich ausbauen ließ. Anregungen architektonischer und dekorativer Art kamen aus Ägypten, das damals schon rund 100 Jahre unter fatimidischer Herrschaft stand. Deutlich läßt zum Beispiel die Freitagsmoschee zu Djibla, erbaut um 1088 von Arwa Bint Ahmad, Parallelen zur al-Aqmar-Moschee (Kairo) erkennen (s. S. 106). Es handelt sich um eine Innenhofmoschee, deren Gebetshalle ein erhöhtes Mittelschiff besitzt, das vom Innenhof auf die Qibla-Wand führt. Kalligraphie und Dekorationen weisen ebenfalls Ähnlichkeit mit denen fatimidischer Moscheen Kairos aus etwa der gleichen Zeit auf.

Mamlukische Stilelemente nahmen einen wichtigen Platz in der islamischen Kunst des Jemen vom 13. bis zum 15. Jh. ein. Die Kunst jener Zeit wird nach den Rasuliden-Sultanen, die Teile des Landes rund 200 Jahre lang beherrschten, als rasulidisch bezeichnet. Die Dynastie leitete ihren Namen von Ali Ibn Rasul, einem abbasidischen Gouverneur Mekkas, her; ihre Begründer waren als Beauftragte der Abbasiden nach Jemen gelangt, wo sie sich 1228 selbständig machen konnten. Die Machthaber waren wahrscheinlich turkmenischer Abstammung; sie pflegten enge Beziehungen zu den türkischen, turkmenischen und kurdischen Beauftragten der Abbasiden in Ägypten, eine Verbindung, die bis in die mamlukische Zeit Ägyptens hinein bestehen blieb.

Die rasulidische Baukunst hinterließ zahlreiche Moscheen und Medresen im Jemen, aber auch viele Zeugnisse hochentwickelter Handwerkskunst. Während die Sakralbauten trotz vielfältiger Parallelen zu Bauwerken der gleichen Epoche in Ägypten ohne Zweifel ›typisch jemenitisch‹ sind, läßt sich das bei den Produkten der Handwerkskunst nicht ohne weiteres feststellen. Nach der vorherrschenden Fachmeinung kann zum Beispiel bei den eindrucksvollen Metallarbeiten allein »das darauf angebrachte Titular der Rasuliden und die fünfblättrige Rosette, ihr Wappen« als spezifisch jemenitisch gelten (Venetia Porter).

Die rasulidische Architektur wird in der Forschung gemeinhin als Neuerung für den Jemen charakterisiert. Nach abbasidischen und ayyubidischen Vorbildern schuf sie die ersten Kuppelmoscheen und damit die ersten homogenen Räume im Südwesten der Arabischen Halbinsel. Die ihr zuzuschreibende Öffnung des Raumes wies dem Licht eine Rolle in der Architektur zu. Die bis dahin bevorzugte traditionelle Moschee bestand aus einem würfelförmigen Bau mit quadratischem oder längsrechteckigem Grundriß. Rasulidische Medresen und Kuppelmoscheen brachten erstmalig den stilistischen Anschluß an die zeitgenössische Sakralarchitektur im Nordosten und Norden Arabiens und in Ägypten, wo sich bereits islamische Monarchien gebildet hatten, was wiederum den Anschluß an die neue Herrschaftskultur des Islam, wie sie von diesen Monarchien gepflegt wurde, mit sich brachte.

Das eindrucksvollste Beispiel rasulidischer Baukunst hat sich bis heute in der ursprünglich als Medrese konzipierten und erbauten al-Musafar-Moschee in Ta^{c}izz erhalten. Da Räumlichkeiten der Medrese mit einbezogen wurden, wirkt die Gebetshalle mit den verschiedenen Kuppeljochen wie betont in die Breite gezogen. Die langgestreckte Decke ist in 14 kleine und drei große Kuppeln gegliedert; die Kuppeln sind ausgemalt, besonders reichhaltig die des Mihrab: Schriftbänder, Medaillons mit reicher Ornamentik und mit Blättern und Ranken ausgestattete Ecken bilden den Dekor. Reich dekoriert präsentiert sich auch die Außenfassade gegenüber der Innenstadt: Rautenförmige Zinnen nach mesopotamischer Art begrenzen den Dachaufsatz; darunter verläuft ein ineinander verzahnter Dreifachmäander; aufgesetzte Spitzbogen und 14 Fenster mit Oberlichtern gliedern die Fassade. Erst in jüngster Zeit wurde der Moschee ein Minarett beigegeben, das jedoch stilistisch ein Fremdkörper ist.

In Ta^{c}izz finden sich noch weitere Beispiele rasulidischer Baukunst. Die Ashrafiyya-Moschee, in zwei Phasen zwischen 1295 und 1370 errichtet, stellt wohl das bekannteste Beispiel dar. Als wahrscheinlich vom selben Architekten wie die Ashrafiyya geplant – wenn auch kleiner gehalten und in der Harmonie der Bauglieder noch gelungener – gilt die Mu^{c}tabiyya-Moschee. Ein besonders eindrucksvolles Beispiel für eine Moschee rasulidischen Stils auf dem jemenitischen Hochland bietet die des Sultans al-Mansur, auf einem Hügel nahe Dhibin etwa 120 km nordöstlich von Sana'a gelegen. Die aus dem 13. Jh. stammende Gebets- und Grabesstätte zeichnet sich durch eine schön geschnitzte und bemalte Kassettendecke und durch reichen Ornamentschmuck an den Wänden aus. Überhaupt entwickelte sich an den Bauten der Rasuliden eine vielfältige, die Architektur bereichernde Dekoration; auf

ck auf die Kuppeln der Ashrafiyya- und der al-Musafar-Moschee diesem Sektor kristallisierte sich allmählich ein umfangreiches Repertoire heraus, das in der Baukunst des Nordjemen für Jahrhunderte bestehen blieb. Erst in den zwei Perioden osmanischer Besetzung des Landes (1538–1630 und 1849–1918) kamen wieder neue Ideen von außen, die Elemente mittelmeerischer Formentradition in die Architektur einbrachten.

Als der Islam in seiner Anfangsphase aus der urbanen Zone von Mekka und Medina heraustrat und nicht nur nach Süden in den Jemen, sondern darüber hinaus nach Osten vorstieß, drang er tiefer und tiefer in den nomadischen Lebensbereich Arabiens ein. Der Prophet selbst hatte die Lehre ursprünglich außerhalb der Städte im Wüstenland empfangen, und als er sie weiterverbreitete, bildeten die Halbnomaden im Hinterland Medinas seine erste Massengefolgschaft. Die Stammesaraber Zentral- und Südarabiens akzeptierten schnell den Islam; so wurden beispielsweise Oman und die ganze Westküste des Persischen Golfs schon zur Zeit des Kalifen Abu Bakr (s. S. 16), des direkten Nachfolgers Muhammads als Führer der Gläubigen, muslimisch. Aber die neue islamische Kultur sollte dort trotzdem noch lange keine Wurzeln schlagen.

Die nomadischen Stammeskrieger Süd- und Südostarabiens spielten eine wichtige Rolle bei den Eroberungszügen des Islam nach Persien und gegen das Byzantinische Reich. Oft siedelten die Stammesaraber in den unterworfenen Gebieten und paßten sich dort den feineren Sitten der Besiegten an. Doch ihre Herkunftsgebiete und die Daheimgebliebenen spielten keine nennenswerte Rolle beim Werden der islamischen Kunst und Kultur. Architektur und bildende Kunst, überhaupt die Idee einer monumentalen Kunst, hat der Islam von den vorgefundenen Herrschaftskulturen übernommen und in seinen Dienst gestellt. Bei den Nomaden Südostarabiens jedoch gab es zu jener Zeit keine Herrschaftskulturen.

Weite Strecken der südarabischen und südostarabischen Küste wurden während der frühislamischen Geschichte durch das Zurückweichen der Mahri-Stämme vor beduinischen Arabern von der antiken Herrschaftskultur abgekoppelt. Vor allem die Kinda drangen mit immer neuen Verbänden aus Zentralarabien in den heutigen Südjemen und nach Oman ein, reduzierten oder zerschlugen die dort vorhandenen urbanen Strukturen. Auch führte die Expansion und der spätere Niedergang der Kinda zu endlosen Stammeskonflikten, die wenig

Raum für künstlerische Kreativität ließen. Erst 200–300 Jahre nach der Islamisierung ergaben sich stabilere Verhältnisse, in denen nomadische Kunst und Reste der früheren Herrschaftskultur eine Synthese eingehen konnten. Sie äußerte sich in einer neuen Wohnkultur mit viel Schmuck am Bau, in rustikaler Web-, Knüpf- und Wirktechnik mit künstlerischem Niveau und in einem phantasiereichen Silberschmuck für Stadt- und Wüstenbewohner.

Das arabische Ufer des Persischen Golfs diente in frühislamischer Zeit als ein Rekrutierungsgebiet für die Feldzüge der Kalifen zur Verbreitung des neuen Glaubens in Nordafrika, Vorder- und Westasien – als Nährboden für das Wachsen der islamischen Kultur wirkte es aber zunächst nicht. Erst als aus dem Sektenwesen Mesopotamiens die Bewegung der Qarmaten (nach ihrem ersten Missionar Hamdan Qarmat) hervorgegangen war und in jenem Gebiet gegen Ende des 9. Jh. einen Staat gründete, konnten sich die Grundlagen für Kultur und Kunst herausbilden. Allerdings war das Qarmaten-Reich in den rund 200 Jahren seiner Existenz äußerst kriegerisch und deswegen ständig in Kämpfe mit den Beduinenstämmen Zentralasiens verwickelt. Den immer wieder anstürmenden Stammeskriegern fiel dieser theokratisch regierte Staat schließlich zum Opfer. Erst in das daraus entstandene Machtvakuum konnte dann islamische Kunst aus dem Norden ›einsickern‹, namentlich aus der Metropole des Abbasiden-Reiches, aus Bagdad. Weitere 200 Jahre später brach der Mongolen-Sturm los und warf die Araber ganz auf ihre Stammestradition zurück. Kulturelle Einflüsse drangen danach von außen, über den Golf von Persien, aus dem wachsenden Osmanischen Reich und aus Übersee in das Land ein.

In Oman, dessen Bewohner den Islam noch zu Lebzeit des Propheten angenommen haben sollen, bestimmte ebenfalls eine Sonderrichtung des neuen Glaubens die weitere Entwicklung. Etwa im Jahre 680 wurden Anhänger des Abdallah Ibn Ibad al-Murri at-Tamimi, die Ibaditen, aus Basra nach Oman verbannt; sie repräsentierten seither eine Sonderrichtung des puritanisch-schiitischen, dennoch aber moderaten Islam. Die Ibaditen errangen in Oman bald die Führungsrolle und koppelten damit den äußersten Südosten der Arabischen Halbinsel vom Hauptstrom omayyadischer Kunst und Kultur ab. Die Abwendung vom Norden bewirkte eine um so größere Aufgeschlossenheit gegenüber dem nahegelegenen Persien und denjenigen kulturellen Einflüssen, die über das Meer aus Asien und Afrika kamen.

Die Omanis selbst trugen viel zum Eindringen jener Einflüsse in ihren Lebensbereich am Persischen Golf und Indischen Ozean bei: Schon im 7. Jh. beherrschten Schiffe aus Oman den Handel mit Indien; es war ein Omani, der als erster Araber im 8. Jh. bis nach China segelte. Als um die Wende vom 11. zum 12. Jh. auf der persischen Seite des Golfs das Königreich Hormus entstand, trat Oman in Wettstreit mit dieser neuen Macht. Während die Könige von Hormus den Indien- und China-Handel an sich zu ziehen vermochten, bauten die Omanis den Handel mit Afrika weiter aus. Ab 1507 gerieten Hormus und Oman für über 100 Jahre unter portugiesische Kontrolle – zu den kulturellen Einflüssen Asiens und Afrikas gesellten sich nun auch noch europäische Elemente.

Die omanische Handelsschiffahrt brachte schon im 8. Jh. chinesische Keramik an die Ufer des Persischen Golfs. Einzelstücke künstlerischer Töpferarbeiten gelangten wahrscheinlich sogar schon viel früher über Persien nach Arabien, doch erst die Erschließung des Seeweges nach China durch die Omanis vermittelte größere Mengen der zerbrechlichen Ware in die arabische Welt. Der chinesische Dekor – Ranken, Blätter, Blüten, Ornamente – beeinflußte die frühe islamische Töpferware Südarabiens stark und gelangte schnell bis nach Ägypten. Seit dem 14. Jh. war das chinesische Blau-Weiß-Porzellan am Persischen Golf bekannt, das von da an die islamische Keramik eine Zeitlang mitprägen sollte.

Frühe islamische Baukunst hinterließ im nördlichen Berg-Oman Schloß-Befestigungsanlagen, zum Beispiel in Firg nahe Nizwa, die im 9. Jh. Sitz des Herrschers waren. Die solide Bauweise und die Gunst des Klimas sorgten dafür, daß an mehreren Stellen von den mächtigen Türmen, Mauern, Erkern und Wehrgängen aus ungebrannten Lehmziegeln so viel erhalten blieb, daß die UNESCO ihr Interesse an einer vollständigen Restaurierung der Plätze geäußert hat. Erhalten geblieben ist auch ein Kunsthandwerk, das in Silber, Kupfer, Holz und Ton die ganze Bandbreite der traditionellen islamischen Ornamentik widerspiegelt und heute noch pflegt; hier lebt die schlichte Kunst der Nomaden fort, die einst dem Auftrag des Propheten gefolgt waren, den Islam zu verbreiten.

Literatur s. S. 198

Syrien, Palästina, Levante

von Peter Wald

Im Norden der Arabischen Halbinsel markiert der Bau des Felsendoms in Jerusalem den Beginn islamischer Kunst, denn in dieser Gedenkstätte an Muhammads legendäre Himmelfahrt steht uns der früheste noch weitgehend originär erhaltene Sakralbau des Islam vor Augen. Erbaut in der Zeit von 688–692, entstand der Felsendom noch vor der Omayyaden-Moschee in Damaskus und der al-Aqsa-Moschee in Jerusalem (s.S. 178 u. S. 181). Den Felsendom sah der Bauherr, der Kalif Abd al-Malik (685–705), noch fertiggestellt; die beiden anderen großen Moscheen wurden während seiner Herrschaft entworfen und begonnen.

Ein Teil der Fachwelt jedoch sieht den eigentlichen Anfang islamischer Architektur im Bau der omayyadischen Wüstenschlösser, deren erstes 40–50 Jahre später als der Felsendom entstand. Diese Schule beruft sich darauf, daß die Bauweise und die Dekorationen der Wüstenschlösser schon stärker vom Geist des Islam geprägt seien als die des Felsendoms. Dagegen wäre anzuführen, daß es insgesamt mehrere Jahrhunderte gedauert hat, ehe die neue islamische Kunst sich weitgehend von der Kunst der Spätantike lösen konnte; bevor die Künstler der arabischen und später der turkmenischen Bauherren genügend eigene Ideen zu entwickeln und auszuführen vermochten, gingen sie eine Synthese mit der byzantinischen Spätantike ein. Am Felsendom wird dies besonders deutlich: Nahezu alle Säulen und Kapitelle des Felsendoms stammen aus spätrömischen und byzantinischen Bauten des 2.–6. Jh., der Bauplan stimmt vollkommen mit dem einiger byzantinischer Kirchen des 4.–6. Jh. überein. Durch den Rückgriff auf die Pläne christlicher Sakralbauten (zum Beispiel auf den der Kathedrale zu Bosra in Syrien) wurde so neben der einfachen arabischen Moschee – in Hausform mit einem großen Hof – der byzantinische Kuppelbau in die Reihe der islamischen Sakralbauten eingeführt. Worin also manifestiert sich ›islamische Kunst‹ im Felsendom zu Jerusalem?

Davon ausgehend, daß bei Großreparaturen (wie nach dem Zusammenbruch der Kuppel von 1016 und nach dem schweren Erdbeben von 1033) und bei zahlreichen Renovierungen immer der ursprüngliche,

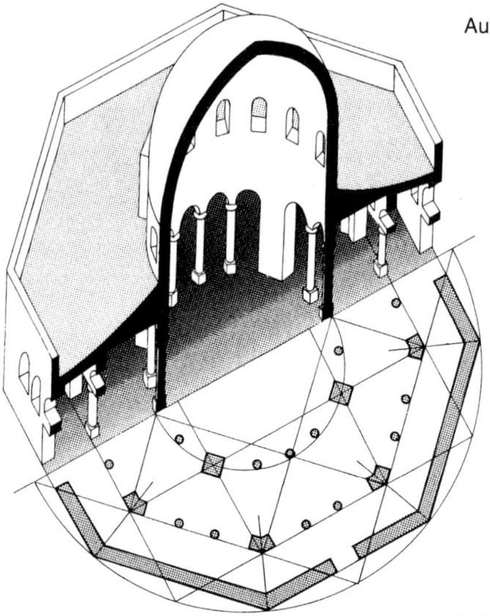

Aufriß des Felsendoms in Jerusalem

Im Inneren des Felsendoms (Foto aus dem Jahr 1870)

Zeittafel

661	Verlegung des Kalifats von Medina nach Damaskus; Beginn der Omayyaden-Dynastie
688 bis 692	Bau des Felsendoms in Jerusalem
ca. 705–715	Bau der Omayyaden-Moschee in Damaskus
ca. 710	Bau des ersten Wüstenschlosses der Omayyaden (Qusair Amr)
750	Ende der Omayyaden-Dynastie; Abu'l-Abbas wird in Kufa (Irak) zum Kalifen proklamiert; Beginn der Abbasiden-Dynastie
ca. 770	Aufblühen der Stadt Raqqa am Euphrat mit einem starken Handwerkerstand; Beginn des arabisch-islamischen Kunsthandwerkes
ca. 1150	Blüte der syrischen Glaskunst
1258	Ende des Abbasiden-Kalifats
1279	Mamlukischer Stil greift von Ägypten auf Syrien über; Bau der Zahiriya-Medrese in Damaskus
ca. 1235–1240	Bau der al-Firdausi-Medrese im mamlukischen Stil in Aleppo
1295–1340	Lebhafte mamlukische Bautätigkeit in Tripoli/Libanon
1507–1508	Einnahme Syriens und Palästinas durch die Osmanen
1560	Bau der Tekke Suleimans II. in Damaskus
ca. 1565–1573	Bau der Dervisch-Pascha-Moschee in Damaskus
16. und 17. Jh.	Bau großer Stadt-Karawansereien im osmanischen Stil in Aleppo

noch weitgehend spätantik beeinflußte Zustand wiederhergestellt worden ist – wobei für Schriftbänder allerdings ein neuerer Duktus gewählt wurde –, hat man sich den Dekorationen zuzuwenden. Alle Wandflächen im Inneren, im mittleren Kuppelbau wie in den Umgängen sind mit Mosaik überzogen. Hier zeigen sich die Künstler noch deutlich der spätantiken Schmuck- und Dekorationskunst verbunden. Ranken- und Palmettenmotive entfalten sich auf Goldgrund, bilden phantastische Kelche und Vasen mit Trauben- und Blütenschmuck. Den Dekorateuren der islamischen Weihestätte fiel nicht wesentlich mehr ein, als das griechisch-römische Rankenwerk und das assyrische Palmettenmotiv erheblich zu vergrößern, gelegentlich zu vervielfältigen und neue Kombinationen anzuwenden. Über diese prunkvollen Wandverkleidungen triumphiert in einem Teilbereich dann aber doch der reine Geist des Islam: Höher angebracht erscheint eine umlaufende Inschrift, die Verse aus dem Koran enthält.

Die Kuppel des Felsendoms, an ihrem höchsten Punkt 54 m über dem Boden, schmücken vergoldete Stuckarabesken auf rotem Grund. Es fragt sich nun, ob diese Kuppel, als sie 692 fertiggestellt wurde, auch tatsächlich denselben Baudekor aufwies, denn wir haben keine Beweise für die Annahme, daß bei der Wiederherstellung nach dem Einsturz der Kuppel im Jahre 1016 Maler und Stukkateure entsprechend den rund 300 Jahre alten Vorlagen ans Werk gingen. Doch wenn die Annahme stimmt, dann hätten wir es hier mit einer der frühesten originären Darstellungen islamischer angewandter Kunst zu tun. Die verschlungenen Ranken des Dekors verdichten sich zum Mittelpunkt des Gewölbes – unterbrochen von einem überaus kunstvollen Schriftband – derartig, daß im zentralen Medaillon nur noch Arabesken erscheinen, die nichts mehr mit dem spätantiken Ranken- und Palmettenmuster der unteren Wandabschnitte gemeinsam haben.

Bei den Außendekorationen des achteckigen Felsendoms dürfen wir davon ausgehen, daß sie ihren ursprünglichen Charakter stark verändert haben, stärker jedenfalls als der Wandschmuck des Inneren. Aufgrund von Witterungseinflüssen häufiger renovierungsbedürftig, war das Äußere in erhöhtem Maße ›praktischen‹ Lösungen und dem Zeitgeist ausgesetzt. So verdankt das Bauwerk die Fayenceverkleidung in den Hauptfarben Blau, Grün und Weiß dem osmanischen Kalifen Suleiman dem Prächtigen, der sie 1561 anbringen ließ (die Kacheln wurden 1963 originalgetreu ersetzt).

Der zweite große Sakralbau des frühen Islam im Norden der Arabischen Halbinsel, die Omayyaden-Moschee in Damaskus, war nur rund 20 Jahre nach dem Felsendom fertiggestellt. (Die Bauzeit wird mit 705–715 angenommen.) Dennoch bringen führende Fachleute (z. B. Alexandre Papadopoulo) die Omayyaden-Moschee weniger in Verbindung zum Felsendom als vielmehr zur ersten Grabmoschee des Propheten in Medina. Der Bau beider Moscheen erfolgte etwa zeitgleich, doch gehörten sie zwei ganz unterschiedlichen Kulturkreisen an, obwohl an beiden Bauten byzantinische Architekten, Meister und Arbeiter maßgebend mitwirkten (Papadopoulo vermutet sogar, daß es

Blick über die Dächer von Damaskus auf die Omayyaden-Moschee (Foto aus dem Jahr 1862)

sich um dieselben Leute handelte). Dennoch entstand in Medina eine von den Lebensgewohnheiten des Propheten und vom Versammlungsstil der arabischen Nomaden geprägte Moschee, orientiert an einem einfachen Haus nebst Hof. In Damaskus hingegen strebte man eine Synthese des Stils und der Vorgaben von Medina mit dem des Sakralbaus des Byzantinischen Reiches an. Arabische Hofmoschee und Kathedrale, nomadische und urbane Kultur, christliche und neue islamische Kunst traten in der Moschee der Hauptstadt des von den Omayyaden begründeten Großreiches miteinander in Beziehung.

In Medina wirkte der große, von einer Mauer umgebene Hof am Haus des Propheten, in dem sich etwa 80 Jahre zuvor die Urgemeinde zum Gebet versammelt hatte, als Vorgabe. Sollten wirklich dieselben Architekten für die Errichtung der beiden neuen Hauptmoscheen im Reich der Omayyaden verantwortlich gewesen sein, so hatten sie in Medina nur das religiöse Gemeinschaftserlebnis von Nomaden, Halbnomaden und Oasenbewohnern in die Baukonzeption einzubringen, von Menschen also, die im Gebet in langen Reihen nebeneinander zu stehen, zu hocken gewohnt waren und allenfalls Schutz vor der sengenden Sonne benötigten; in Damaskus aber konnten und wollten die Baumeister es der glorreichen Architektur des Byzantinischen Reiches gleich tun, wenn nicht gar sie noch übertreffen.

Gebaut wurde in Damaskus zum großen Teil mit antikem Material. Fundamente des römischen Jupiter-Tempels, ganze Mauern der früheren Johannes-Kirche waren zu integrieren; ein rechteckiger Eckturm des letzteren Bauwerks wurde zum Minarett umgestaltet, vermutlich dem ersten der islamischen Welt. Um das Dach der Gebetshalle zu tragen, standen Hunderte von Säulen aus Tempeln und Kirchen zur Verfügung; auf den die Säulen verbindenden Trägern mauerte man Rundbogen auf und diese Bogen wiederum erhielten eine zweite Reihe kleinerer Säulen, auf denen dann die Balken des Daches ruhen. So entstanden ein dreischiffiger Gebetssaal und ein auf drei Seiten von Arkaden umgebener Hof, die man in derselben Form heute noch vorfindet. Die Gebetshalle, die ein durch geöffnete Doppelbogen gebildetes

Scheingeschoß aufweist, wurde dem Vorbild der byzantinischen Emporenbasilika nachempfunden, die Hofanlage dagegen folgte dem Beispiel von Medina.

Betrachtet man den Marmor der Wandverkleidung, die mehrfarbigen Marmorsäulen und die Kapitelle im Inneren der Omayyaden-Moschee, so erkennt man, daß der imperiale Anspruch der neuen arabischen Herrscherdynastie es den Architekten und Baumeistern leicht machte, ihre byzantinischen Erfahrungen einzubringen. Hinzu kam noch, daß man der Moschee eine Kuppel beigab, die nur den Sinn haben konnte, den bevorzugten und abgegrenzten Platz des Kalifen (Maqsura) zu kennzeichnen. Auch die Fassade des Innenhofs und die den Hof umgebenden Arkaden wurden in einer Weise geschmückt, die vorausgegangenes Byzantinisches gezielt übertreffen sollte: Diese Dekoration ging als die »ausgedehnteste Fläche von Wandmosaik, die jemals hergestellt wurde« (Warren), in die Kunstgeschichte ein. Darstellungen von Bäumen, Gärten, Flüssen und Dörfern bildeten das Hauptmotiv. Als Zugeständnis an das neue islamische Denken waren allerdings jegliche Lebewesen aus dieser idealisierten Wiedergabe der Flußoase Damaskus verbannt. Reste der Mosaiken, große Rankengebilde auf Goldgrund, kirchen- und burgartige Gebäude unter Bäumen sowie Weinranken, Stern- und Blütenreihungen kann der Besucher heute noch sehen. Einzeln im Hof steht auf sechs antiken Säulen die ehemalige sechseckige Schatzkammer; die leuchtenden Mosaiken der Außenwände sind zwar neueren Datums, doch darf man vermuten, daß immer wieder im antiken Stil renoviert und restauriert worden ist, die heutigen Bilder also den alten entsprechen.

In die Frühzeit islamischen Bauens gehören noch die al-Aqsa-Moschee (um 715) in Jerusalem und die Omar-Moschee (um 720) in Bosra. Beide Bauwerke gelten als der Omayyaden-Moschee nachempfunden, jedoch in verkleinerter Form. Die al-Aqsa-Moschee, hart am Südrand des Tempelberges errichtet, vermag in ihrem heutigen Zustand noch über 3000 Gläubige aufzunehmen. Sechs überaus ›gründliche‹ Umbauten sorgten dafür, daß ihre ursprüngliche Form kaum noch zu erkennen ist. Die Omar-Moschee mußte nach Zerstörungen durch ein Erdbeben im 12. Jh. wiederhergestellt werden. Als gesichert gilt, daß ihr Minarett der erste Turm in der islamischen Welt war, den

◁ Die sogenannte Schatzkammer im Innenhof der Omayyaden-Moschee von Damaskus (Darstellung aus dem 19. Jh.)

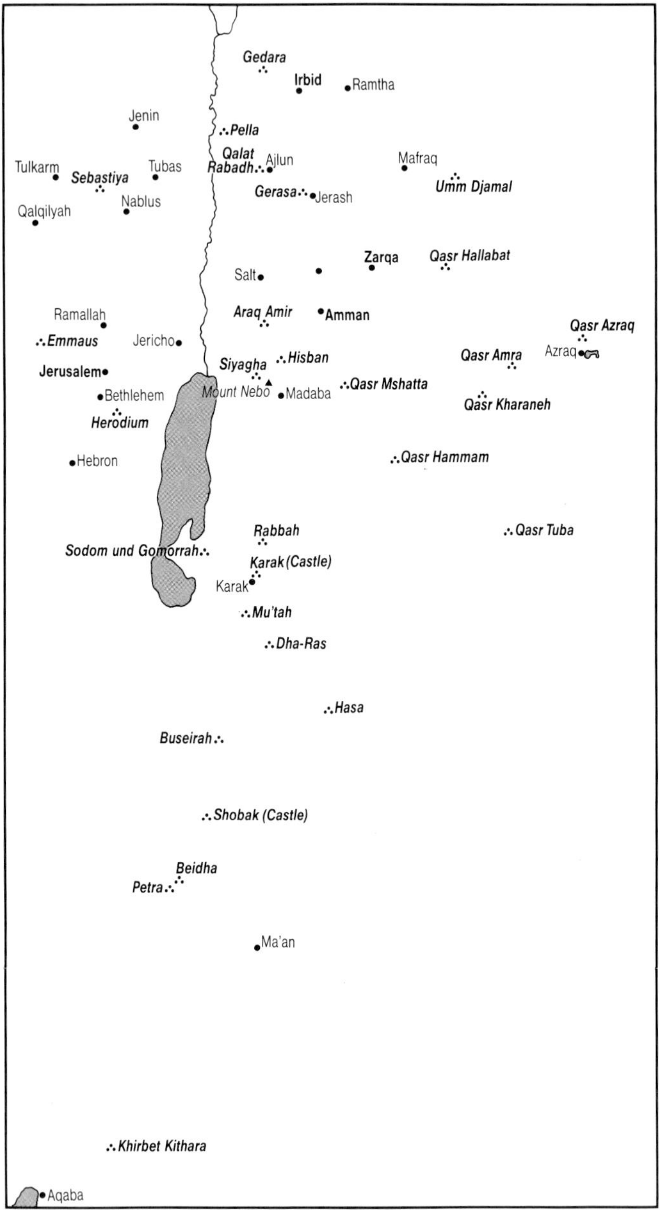
Gedara
Irbid
Ramtha
Jenin
Pella
Qalat
Rabadh
Ajlun
Mafraq
Tulkarm
Sebastiya
Tubas
Umm Djamal
Gerasa
Jerash
Qalqilyah
Nablus
Zarqa
Qasr Hallabat
Salt
Araq Amir
Amman
Ramallah
Qasr Azraq
Emmaus
Jericho
Azraq
Siyagha
Hisban
Qasr Amra
Jerusalem
Mount Nebo
Madaba
Qasr Mshatta
Bethlehem
Qasr Kharaneh
Herodium
Qasr Hammam
Hebron
Rabbah
Qasr Tuba
Sodom und Gomorrah
Karak (Castle)
Karak
Mu'tah
Dha-Ras
Hasa
Buseirah
Shobak (Castle)
Beidha
Petra
Ma'an
Khirbet Kithara
Aqaba

Syrien
◁ Jordanien, Palästina

man explizit zu dem Zweck baute, von seiner Spitze aus zum Gebet aufzurufen.

Der Jagd und anderer Vergnügungen wegen begaben sich die Omayyaden-Herrscher in die Wüste; bald genügten ihnen jedoch Zelte und bewegliche Lager nicht mehr als Stützpunkte, und sie gaben Schlösser in Auftrag. Insgesamt konnte die archäologische Forschung 20 solcher Schlösser in der Wüste des heutigen Syrien und Jordanien nachweisen. Einige davon sind in so gutem Zustand erhalten, daß sie zu zentralen Studienobjekten wurden. Nicht nur der Chronologie, sondern auch der Ausstattung wegen steht das sogenannte Badeschlößchen Qusair Amr im heutigen Jordanien unter ihnen an erster Stelle. Der Bau, dem omayyadischen Kalifen Walid I. zugeschrieben, könnte um 710 entstanden sein; die meisten Forscher halten ihn für unvollendet. Der von drei Tonnengewölben überdachte Hauptbau gilt als ›syrisch-hellenistisch‹. Er verblüfft, daß er völlig isoliert in einem flachen Wadi etwa 50 km nordöstlich des Toten Meeres steht. Einige Wissenschaftler sehen in dem Badehaus nur den Annex eines größeren Schlosses, das nicht mehr gebaut werden konnte, andererseits weist der fertiggestellte Teil jedoch durch seine reiche figürliche Wandmalerei einen hohen Grad an Vollendung auf. Der österreichische Forscher Alois Musil, der Qusair Amr 1898 entdeckte, war von den Fresken tief beeindruckt; er setzte bei der Wiener Akademie durch, daß sie in einem großen Werk mit Farbtafeln veröffentlicht wurden. Nur dieser Leistung verdankt die Welt ihre Kenntnis von dem Wandschmuck eines früharabischen Palastes, denn bis auf wenige Ausnahmen haben die Bilder nach der Freilegung stark gelitten oder wurden sogar völlig zerstört.

Die Wandmalerei von Qusair Amr lehrt uns, daß die omayyadischen Kalifen, die Nachfolger Muhammads als Führer der Glaubensgemeinschaft, nicht etwa bewußte Schöpfer oder auch nur Förderer einer ›neuen islamischen Kunst‹ waren. Um ihrem Herrschaftsdenken zu genügen, waren sie durchaus bereit, sich über religiöse Verbote und Beschränkungen hinwegzusetzen – jedenfalls im Bereich des Profan-

Qusair Amr 1 Thronnische 2 Alkoven (Fürstenschlafzimmer ?) 3 Apodyterium 4 Tepidarium 5 Caldarium 6 Heizraum 7 Offener Vorratsraum

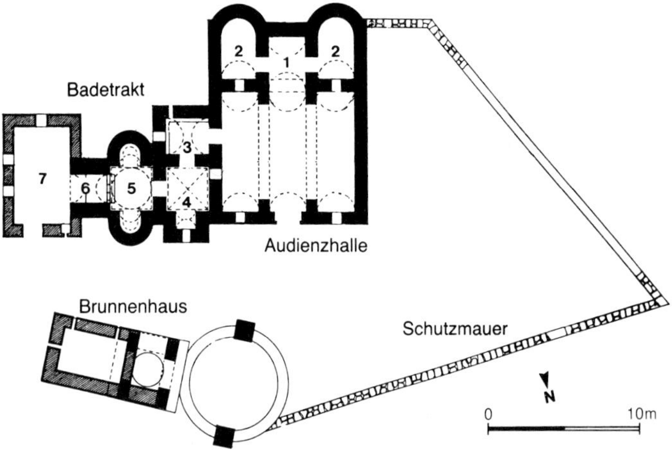

Malerei im Bad von Qusair Amr (Dionysos und Ariadne?)

baus. (Erst der volkstümliche Islam, der in den Städten durch die enge Verbindung zwischen Moschee und Markt, zwischen religiösen Würdenträgern wie Händlern entstand, sorgte für eine islamische Kunst am Bau. Die frommen Männer der Märkte begannen, neue Gotteshäuser entsprechend dem Bilderverbot des Islam zu dekorieren.) Die Fresken von Qusair Amr folgten vorwiegend spätrömischen oder byzantinischen Vorbildern. Ettinghausen rühmte »den ungewöhnlichen Reichtum an Themen dieser umfangreichen Malereien«; kein Teil der Decke sei freigelassen, selbst der unterste Teil der Mauern noch mit Nachahmungen von Vorhängen bedeckt gewesen. Die Bilder zeigen vorwiegend Jagdepisoden, aber auch Badeszenen, athletische Übungen und Ringkämpfe sowie viele nackte Frauen in unterschiedlichen Haltungen. Am Ende des Hauptschiffes der Eingangshalle befindet sich ein thronender Herrscher, den die Fachwelt für eine Darstellung des Kalifen hält.

Moderater verfuhr der Bauherr in Qasr al-Hair al-Gharbi (westliches al-Hair-Schloß). Die Ruine dieses Herrensitzes, der dem Kalifen Hisham zugeschrieben und ins Jahr 727 datiert wird, steht etwa 100 km südwestlich des antiken Palmyra – die zusammengestürzte Eingangsfront wurde in Damaskus vor dem Nationalmuseum wieder aufgerichtet. Auch zwei Räume des Schlosses hat man im Damaszener Museum nachgebaut und mit dem ursprünglichen bemalten Wandverputz versehen, soweit dieser erhalten geblieben ist. In der Architektur von Qasr al-Hair al-Gharbi treten deutlich orientalisch-hellenistische, römische und byzantinische Einflüsse zutage, an der Hauptfassade und am Wandverputz der Innenräume aber machen sich schon neue islamische Vorstellungen, wenn auch noch gemischt mit vorislamischer Tradition, bemerkbar.

Die beiden Flankentürme der Hauptfassade sind mit Stuckarbeiten überzogen, wie sie in den folgenden Jahrhunderten immer mehr zur Spezialität der islamischen Kunst wurden. Hier allerdings arbeitete man noch mit überlieferten Motiven wie Ranken, Palmetten, Rauten und Rhomben, die früher in der koptischen und sasanidischen Kleinkunst gebräuchlich waren. An den Wänden der Innenräume finden wir überdimensionale Medaillons mit floraler Füllung – wie sie die Kopten in kleinerer Form in Stoffe einwebten –, die das Zentrum von rechteckigen Platten bilden. Das Phänomen war schon am Felsendom zu beobachten: Man vergrößerte die alten Motive, weil sie nun zur Gliederung von ausgedehnten Wandflächen dienen sollten. Nach Ansicht von Franz stellt die Auflösung der Wände in ornamental dekorierte Flächen die spezifische Leistung der omayyaden-zeitlichen Künstler dar.

Qasr al-Hair ash-Sharqi (östliches al-Hair-Schloß) liegt rund 100 km nordöstlich von Palmyra; es besteht aus zwei großen, ummauerten, von 727–729 erbauten Gebäudekomplexen; den kleineren der beiden hält man für eine Karawanserei, und auch der größere diente wohl nicht nur als Jagdschloß, sondern war eine stark befestigte Verteidigungsanlage. Die dort angewandte Verteidigungstechnik ahmte man später in Europa nach: So wird ein Eingangstor von zwei mächtigen Wehrtürmen flankiert, und zwischen den beiden Türmen befindet sich ein Erker, der in die spätmittelalterliche Verteidigungsarchitektur als ›Pechnase‹ einging; man konnte von ihm aus den Feind, der das Tor berannte, mit siedendem Pech oder Öl begießen. Die Kreuzritter sollen im 11. Jh. am östlichen al-Hair-Schloß diese Vorrichtung zum ersten Mal gesehen haben.

Khirbat al-Mafdjar bei Jericho am Toten Meer wurde unter der Herrschaft der Kalifen Hisham und Walid II. errichtet. Während der Bauzeit zwischen 740 und 750 strebte die omayyadische Architektur einem Höhepunkt an Verfeinerung zu. Dennoch wurde man zumindest das hellenistische Vorbild nicht los, das sich besonders in dem großen Badehaus manifestierte: 16 Pfeiler trugen ein Dach von Tonnengewölben und Kuppeln über einem gekachelten Wasserbecken; Apsiden, Nischen und Säulengänge gestalteten die Nebenräume, die Gewölbe waren aus Ziegeln gemauert. Die Fußböden bestanden aus Mosaiken, die zum Teil nach geometrischen Prinzipien angelegt waren und somit römischen Vorbildern entsprachen, zum Teil aber auch sehr naturalistisch wirkten.

Besonders berühmt ist das auf einer erhöhten Apsis im Audienzraum gefundene Bodenmosaik, das eine Tierszene unter einem Obstbaum (Granatapfel- oder Quittenbaum?) darstellt. Der Baum entspricht fast genau einem anderen auf einem Mosaik der Omayyaden-Moschee zu Damaskus; unter dem Laubgewölbe des Baumes äsen zwei Gazellen, eine dritte Gazelle wird von einem Löwen geschlagen. Dieses Mosaik verweist auf mehrere Vorbilder, denn ähnliche Tierszenen wurden in Fußböden aus frühbyzantinischer Zeit in Antiochia oder im großen Kaiserpalast zu Konstantinopel gefunden, erfreuten sich aber auch einst in Persien großer Popularität. Ettinghausen vermutet in dem reißenden Löwen ein Symbol der unwiderstehlichen Macht des Kalifen.

Der Stuckdekor in Khirbat al-Mafdjar stammt anscheinend von lokalen Künstlern, die aber auf das hellenistische, sasanidische und christliche Repertoire zurückgriffen. Man scheute auch die figürliche Darstellung nicht und produzierte Kleinbüsten, die koptischen Würdenträgern und spätantiken Fruchtbarkeitsgöttinnen ähneln. Einen stärker ›islamischen‹ Ansatz erkennt die Fachwelt in den geometrischen, aus Gips herausgeschnittenen Fenstergittern. David Talbot Rice entdeckte hier Motive, die gewissermaßen islamische Kunst antizipierten und sich später zu Standardtypen der islamischen Kunst weiterentwickelten.

Qasr al-Mshatta (das Winterlager), das berühmteste der omayyadischen Wüstenschlösser, hatte den wohl reichsten Fassadendekor und bietet nach Meinung von Fachleuten das »eindrucksvollste Beispiel frühislamischer Zierarchitektur« (Franz). Das Schloß steht rund 25 km südöstlich von Amman im heutigen Jordanien, doch kann man dort die Kunstwerke nicht sehen: Der osmanische Sultan Abdülhamid machte dem deutschen Kaiser Wilhelm II. die noch gut erhaltenen Teile der Außenfassade zum Geschenk. 1903 wurde der größte Teil der Fassade abgenommen und mit einigen Architekturteilen vom eigent-

Der Bogeneingang in die dreischiffige Halle des Throntraktes von Qasr al-Mshatta

lichen Palasttrakt sowie Skulpturfragmenten in das damalige Kaiser-Friedrich-Museum zu Berlin gebracht. Heute ist das bedeutende Denkmal im Islamischen Museum in Berlin (Ost) zu besichtigen.

Mshatta wird dem Kalifen al-Walid II. zugeschrieben, der nur 743–744 regierte. Die kurze Regierungszeit erklärt wohl, warum Mshatta unvollendet blieb. Das Schloß hat einen quadratischen Grundriß von 144 m Seitenlänge, 25 Türme ragen in regelmäßigen Abständen aus der Umfassungsmauer hervor. Zwei von Norden nach Süden verlaufende Mauern gliederten den Bau in drei Trakte; vor dem mittleren lag die prachtvolle Fassade, die nun in Berlin steht.

Über den ornamentierten Teil der Fassade, der einst den Sockel des Schlosses bildete, zieht sich ein Zick-Zack-Band; in den dadurch entstehenden Dreiecken sitzen Sechspaß- und Achteckrosetten. Sie ragen ebenso wie das Zick-Zack-Band aus der Fläche hervor und bilden mit ihm die gliedernden Teile der Fassade. Ein Weinrankenwerk überzieht die eigentliche Oberfläche der Mauer. Die Darstellungen der einzelnen Dreiecke wechseln von Feld zu Feld: Perlkreise, Akanthusranken, sich überschneidende Kreise und Tiergruppen lösen einander ab. Fabelwesen und Tiere wie Greifen, Pfauendrachen und Zentauren, Löwen, Buckelrind, Pfau, Fuchs und Hase sowie an Trauben pickende Vögel füllen die Dreiecke der linken Fassadenhälfte. Jagdszenen treten nirgendwo auf – es geht gewissermaßen paradiesisch zu.

Aus der Fassade treten, nur in der Höhe des Sockels vorhanden, zwei Tortürme hervor. Am rechten Torturm und an der anschließenden Fassade verzichtete man völlig auf die Wiedergabe von Lebewesen; kleinteilige Weinblätter und Trauben bilden hier eine gleichförmige Dekoration. Man rekonstruierte, daß hinter der rechten Fassadenhälfte der Moscheeraum von Mshatta lag. Während Walid sein Schloß im Inneren mit männlichen und weiblichen Statuen schmücken ließ, obsiegte im Moscheebereich die islamische Bilderscheu. Der Fassadengestaltung scheint eine einheitliche Gesamtkonzeption zugrunde zu liegen, man vermutet, daß ein syrischer Meister den Entwurf geliefert hat. Franz vergleicht die kontinuierlich durchlaufenden Gesimse, die die Dreieckfelder einrahmen, mit den Gesimsen an frühen syrischen Kirchen; auch die Auflösung der Sockelgesimse in ein feingliedriges Ornament könne man auf lokale syrische Vorstufen zurückführen. Die eigene künstlerische Idee dagegen sei in der Füllung der Dreiecksfelder mit Rankendekor und Vollmedaillons zu sehen.

Nach Walid II. blieben der Omayyaden-Dynastie nur noch sechs Jahre der Herrschaft. 750 endete mit Marwan II. das Haus der Omayyaden, wurde Abu'l-Abbas in Kufa (Irak) zum Kalifen proklamiert: Das Land zwischen Euphrat und Tigris entwickelte sich anstelle von Syrien zum Mittelpunkt des Reiches (s. S. 250 ff.). Von den frühabbasidischen Bauten liegt aber die Stadtanlage von Raqqa auf syrischem Boden. Ihre Bedeutung verdankte die Stadt der Lage am Euphrat. (Inzwischen hat sich der Flußlauf verändert, Raqqa liegt heute etwa 2 km entfernt von ihm.) In ihrer Blütezeit war die abbasidische Neugründung Schnittpunkt der Handelswege, die von den Mittelmeerhäfen und Syrien nach dem südlichen Mesopotamien führten. Von 796–808 schlug in Raqqa sogar der Kalif Harun ar-Rashid seine Residenz auf.

Von Raqqa stehen heute noch die Reste der Großen Moschee und eines Stadttores; sie zeigen, daß die Ziegelarchitektur nunmehr von Mesopotamien nach Syrien übergegriffen hatte. Es gilt als bemerkenswert, daß an den erhaltenen Bauresten der Großen Moschee eine Gliederung in spitzbogige Arkaden auftaucht, denn bis dahin hatte fast überall der Rundbogen Vorrang. Raqqa hat aber vor allem als Ausgrabungs- und Fundstätte für frühe islamische Kleinkunst Bedeutung erlangt.

Kleine Gebrauchs- oder Schmuckstücke aus Metall, Keramik, Glas, Leder, Papier oder Holz wurden damals mit einer ins Künstlerische reichenden Perfektion von einzelnen Handwerkern oder Handwerkergenossenschaften hergestellt. Diese waren meistens schon nicht mehr an die führenden Architekten und Baumeister ihrer Zeit gebunden, sondern eher an die Moschee ihres Wohn- und Marktdistriktes. Aus diesem Grund neigte die Kleinkunst bald dem von der Geistlichkeit vertretenen Prinzip zu, keine naturalistischen Wiedergaben von Mensch und Tier zu dulden. Vollständig aber war diese Anpassung noch lange nicht: Immer wieder wurde die Handwerkerschaft auch für den eher weltlichen Geschmack der Herrschenden eingespannt, und immer wieder hielt man sich in der Ornamentik auch an tradierte Vorbilder.

Das kann man sehr schön an Fragmenten von Türumrahmungen aus geschnittenem Stuck erkennen, die zu den interessantesten Stücken aus dem 9. Jh. im Nationalmuseum zu Damaskus gehören. Weinranken mit Laub und Reben, langgezogene Palmetten und Medaillons, gefüllt mit Blättern und umgeben von Ranken, herrschen unter den Motiven vor. Obschon rund 100 Jahre seit dem Untergang des letzten Sasaniden vergangen waren, weisen diese Stücke noch den sasanidischen Einfluß auf. Die Varianten der Motive und die Tiefe der Gravuren lassen sie jedoch als zur arabisch-islamischen Periode der omayyadischen Kunst gehörig erkennen.

Die in Raqqa ausgegrabene Keramik schreibt man gern der Zeit des großen Kalifen Harun ar-Rashid zu; in Wirklichkeit stamme sie aber, so führt Kühnel an, erst aus dem 12. oder 13. Jh., also aus der Spätzeit der Abbasiden. Hingegen würden die Fayencen mit vollem Recht als der syrischen Gruppe zugehörig angesehen, denn sie unterschieden sich in vielerlei Hinsicht von der im Irak hergestellten Ware. Ebenfalls dem 12. Jh. gehört eine Raqqa-Lüsterschale in einem warmen bräunlichen Ton an, bei der sich islamisches Kunstempfinden mit großen Arabeskenpalmetten, dichtem Schnörkelwerk und Segenswünschen voll durchgesetzt hat. Bemerkenswert sind zudem Gläser und gläserne Karaffen aus Raqqa, die heute auch im Damaszener Museum aufbewahrt werden.

Syrischen Handwerkern gelang es im 12. Jh., die Technik der Glasveredelung zu höchster Vollendung zu führen. Es entstanden emaillierte und vergoldete Glasgefäße, deren Ruf über die islamische Welt hinaus bis ins Abendland und nach China drang. Die hervorragendsten Stücke gingen aus den Werkstätten von Aleppo hervor, doch auch Raqqa und Damaskus lieferten die begehrte Ware: Ein erster Höhepunkt islamischer Kleinkunst war erreicht. Moschee-Ampeln mit Email und Vergoldung entstanden, deren Dekor in den Farben Blau,

Glaspokal
(Syprien, 14. Jh.)

Rot und Grün aus dem Anfang des Glaubensbekenntnisses und verschlungenen kufischen Schriftknoten bestand. Selbstverständlich wurden Moschee-Ampeln an erster Stelle und die längste Zeit über produziert, zumal da ab etwa 1260 die in Kairo herrschenden Mamluken Sonderanfertigungen in größerer Zahl bestellten. Doch die syrischen Handwerker nutzten ihre Künste durchaus auch zur Produktion weltlicher Stücke, beispielsweise Glasbecher und -kannen mit Email- und Golddekor, von denen man vermuten darf, daß sie vor allem dem Weingenuß dienten; dementsprechend war auch die Gestaltung des Dekors: Das Landesmuseum in Kassel besitzt einen Glasbecher aus Syrien, datiert um 1300, auf dem ein mit Pluderhose, Jacke und Turban bekleideter Mann, umgeben von Blumen, seinem – unsichtbaren – Gegenüber ›zuprostet‹. Der Freer Gallery in Washington gehört eine email- und goldverzierte Henkelkanne, die im 13. Jh. in Aleppo hergestellt wurde: Sie dürfte als Weinkrug gedient haben. Auch syrische Parfümflaschen erfreuten sich großer Berühmtheit; obwohl ganz dem Weltlichen dienend, wurden sie manchmal mit dem Namen Gottes neben Ranken, Blüten und Fabeltieren geschmückt. Noch lange nach dem Ende der Omayyaden-Dynastie wirkte das Phänomen nach, was

Kühnel einmal »die tolerante Kulturpolitik der Omayyaden« nannte. Ihre Auswirkungen hielten sich bis gegen Ende des 13. Jh., als eine strengere Haltung sich auch in der profanen Kunst durchsetzte.

Figürliche Darstellungen dominieren noch auf einem dreibeinigen, großen Räuchergerät syrischer Herkunft aus dem 13. Jh., das heute im Victoria and Albert Museum in London zu sehen ist. Das Stück, in silbertauschierter Bronze ausgeführt, trägt auch ein Schriftband in Naskhi sowie reichlich Blätter- und Rankendekor. Auf einem in Aleppo hergestellten Bronzespiegel mit Silbertauschierung, datiert um 1320, finden sich ebenfalls noch figürliche Darstellungen, jedoch werden die Menschen strikt ohne Gesicht wiedergegeben. Später verschwanden Menschenbilder ganz aus den syrischen Metallarbeiten. Büchsen, Schmuckkästen, Schreibzeuge und Räucherkugeln kamen aus Damaszener und Aleppiner Werkstätten; ihre Gold- und Silbertauschierung blüht in dichtem Ornament, in Knoten, Flechtwerk, Schuppen und Schriftbändern. Tauschierte Wasserkannen bildeten zusammen mit entsprechenden Wasserbecken das bei großen Gastmählern benutzte Waschgeschirr. Schriftfriese auf solchen Kannen enthielten oft Wunsch- und Ruhmesworte für den Besitzer. Bänder mit rein ornamentaler Kufi-Schrift wurden in der zweiten Hälfte des 13. Jh. von den Meistern weitgehend aufgegeben.

Frühe syrische Holzschnitzereien haben meist einen streng religiösen Charakter. Hochwertiges Holz war teuer, weil es schon zur Zeit der Omayyaden eingeführt werden mußte; daher verwandte man Holz vornehmlich als Baudekor, etwa zur Verkleidung von Wänden und Decken, besonders auch für Türen. Zu den bedeutendsten Holzarbeiten in den Moscheen gehören zweifellos Gebetsnischen und Kanzeln. Im Damaszener Museum werden große Teile des hölzernen Ehrengrabes aufbewahrt, das früher über der Ruhestätte von Khalid Ibn Walid, einem der Heerführer des Propheten, in der nordsyrischen Stadt Homs stand. Der Mamluken-Sultan az-Zahir Baibars gab den Scheinsarkophag etwa um 1265 in Auftrag. Das Stück trägt am oberen Viertel breite Schriftbänder mit Versen aus dem Koran im Thuluth-Duktus (s. S. 30). Hier ist die Ausführung besonders schwungvoll und elegant: Die Buchstaben folgen in Abmessungen, Schwellungen und Biegungen einem streng vorgeschriebenen Kanon; Zwischenräume, Zeilenabstände und Abstände zum Rand unterliegen genauen Vorschriften. Die unteren drei Viertel des Kunstwerks bedecken Arabesken.

Während des Abbasiden-Kalifats, das bis 1258 dauerte, blühte zwar im heutigen Syrien und Palästina das islamische Kunsthandwerk, große Bauleistungen jedoch wurden nicht vollbracht. Gewiß ließen auch die in Samarrra, Bagdad oder Raqqa residierenden Herrscher Aus- und Umbauten an den Zitadellen von Damaskus, Amman, Aleppo und an den Befestigungsanlagen von Jerusalem vornehmen, doch blieb hiervon nichts erhalten. Größeres wurde erst wieder geleistet, als die abbasidische Zentralgewalt zu schwach geworden war, um das Reich in seiner Gesamtheit zu kontrollieren. 1193 stieg Salah ad-Din (Saladin) in Kairo vom Statthalter zum selbständigen Sultan auf und begann, von Ägypten aus nach Syrien zu greifen (s. S. 94). In der Folgezeit entstanden eine Damaszener und eine Aleppiner Linie der Ayyubiden, und diese Machthaber führten wieder größere Bauprojekte aus.

In Damaskus entstand um 1279 die Zahiriya-Medrese, nicht nur eine Stätte geistlicher Gelehrsamkeit, sondern auch ein Mausoleum, das das Grab des Sultans Baibars enthält, jenes Mamluken, der für Khalid Ibn Walid den außergewöhnlichen Scheinsarkophag hatte herstellen lassen. Die Zahiriya besitzt ein schönes mamlukisches Portal, das den Einfluß Kairos erkennen läßt. Die überkuppelte Grabkammer des Baibars zeigt im Inneren einen mehrfarbigen Mosaikfries, in dem Gold eine vorherrschende Rolle spielt. Es sind Bäume, Girlanden, Häuser zu sehen – ganz offenkundig haben hier Mosaiken der Omayyaden-Moschee das Vorbild abgegeben. Das bedeutet, daß bis in die Mitte des 13. Jh. hinein in oströmischer Tradition stehende Mosaiken noch nicht vollständig aus der islamischen Kunst verbannt waren.

Auch Aleppo verdankt der ayyubidischen und mamlukischen Periode mehrere große Bauten. Etwa 1240 wurde die al-Firdausi-Medrese fertiggestellt, erbaut im Auftrag von Daifa Khatun, dem Regenten des Sultans von Aleppo. Zur Medrese gehören eine kleine Moschee und ein Grabmal. Der Bau besticht durch sein makelloses Quadersteinmauerwerk, in das Schriftbänder eingeschnitten sind. Das Zentrum des mit mehrfarbigem Marmor belegten Hofes bildet noch der Springbrunnen aus dem 13. Jh. Die Nordseite des Hofes wird durch einen einzelnen großen Iwan bestimmt, und über der Gebetshalle erheben sich drei Kuppeln. Der schöne Mihrab besteht aus mehrfarbigem, stark kontrastierendem Marmor.

Auch die große Freitagsmoschee von Aleppo, die Zakariya-Moschee, verdankt ihre heutige Ausführung weitgehend ayyubidischen und

Ornamentdekoration am Minarett der Omayyaden-Moschee

mamlukischen Umbau- und Erneuerungsarbeiten. Ursprünglich ab 710 als kleinere Nachahmung der Damaszener Omayyaden-Moschee erbaut, wurde sie in den folgenden vier Jahrhunderten mehrmals gründlich zerstört. Ihr Minarett stammt aus dem Jahr 1090, als Aleppo eine seldschukische Herrschaftsperiode erlebte. Der über 50 m hohe rechteckige Turm erinnert an die Bauweise der Seldschuken, doch wirkt der Dekor – Blendarkaden, Nischen, Rosetten und Schriftbänder – eher mamlukisch. Den in mehrfarbigem Marmor ausgeführten Hof umgeben Arkaden, die aus dem 13. Jh. stammen.

Jerusalem verdankt der mamlukischen Zeit ebenfalls einige bemerkenswerte Bauwerke. Die Aqabat-Tekke bietet eine architektonisch reizvolle Verbindung von rosafarbenem Marmor, schwarzem Basalt und weißem Kalkstein; ihr Hauptportal weist den von Kairo her bekannten Stalaktitenbaldachin auf. Auch die Tanqaziya-Medrese aus dem Jahr 1328 fällt durch ein schönes stalaktitengeschmücktes Portal auf, über dem eine arabische Inschrift und das Kelchwappen der Mamluken zu sehen sind. Das Grabmal der mamlukischen Prinzessin Turqan Khatun aus dem 14. Jh. besitzt eine sehenswerte arabeskengeschmückte Fassade. Die Medrese Resaiya aus dem 16. Jh. zeigt schon osmanische Einflüsse.

Tripoli im Libanon wurde von den Mamluken wieder ›islamisiert‹, nachdem es lange eine Hochburg der Kreuzritter gewesen war. Aus der mamlukischen Periode stammen die Große Moschee, ab 1294 unter

Einbeziehung der Marien-Kathedrale erbaut, und die Teilan-Moschee, die 1336 auf den Trümmern der Karmeliter-Kirche entstand. Die Große Moschee ist ganz im klassisch-arabischen Stil gehalten: Vier Portiken führen in den ausgedehnten rechteckigen Hof, dessen Südseite die Gebetshalle begrenzt. Der Teilan-Moschee wurde im 14. Jh. ein Mausoleum angebaut, zu dem ein Monumentaltor im mamlukischen Stil führt. Eine Verteidigungsanlage außerhalb der Stadt, ›Löwenturm‹ (Burdj as-Sba) genannt, könnte vom Mamluken-Sultan Qa'itbay stammen. Der Turm stellt für sich allein eine ganze Festung und eines der besten Beispiele islamischer Verteidigungsbaukunst im arabischen Syrien dar.

Die Osmanen brachten ab dem 16. Jh. einen Innovationsschub in der Baukunst nach Syrien und Palästina. Allerdings war es ein im osmanischen Kernreich schon weit entwickelter Stil, der nun zu den Arabern weitergetragen wurde, wie man am Beispiel des schönsten osmanischen Bauwerks von Damaskus, der Tekke Suleiman II. (1560) sehen kann. Der Entwurf stammt von dem großen Architekten Sinan (s. S. 222), dessen zahlreiche Bauten vom Balkan bis nach Ägypten zu finden sind. Auch hier hat man es mit dem typischen Sinan-Konzept zu tun: Eine mächtige Kuppel wölbt sich über dem quadratischen Hauptraum der Tekke, vor der zwei schlanke Minarette stehen. Zweifarbige Marmorplatten verkleiden die Wände des gedrungen wirkenden Gebäudes, der Hof ist von den Wohnzellen der Schüler einer angebauten Medrese umgeben. An der Nordseite des Hofes befindet sich die Halle mit der Suppenküche und den Eßplätzen für Mekka-Pilger. Dekor aus Holz, Marmor und Fayence bilden den künstlerischen Beitrag syrischer Handwerker. Auch die Moschee des Derwisch-Paschas wurde bald nach Beginn der osmanischen Herrschaft in Damaskus gebaut; sie wurde etwa 1573 fertiggestellt und ist ebenfalls im türkischen Standardstil jener Zeit gehalten. Die örtlich hergestellten Fayencen für die Wandverkleidung weisen schon den Einfluß des Iznik-Stils auf (s. S. 219).

Einen eigenen syrischen Stil erkennt man wieder an dem 1749 von dem Gouverneur Azad-Pascha als Residenz gebauten al-Azem-Palast. Architektonische Einflüsse Istanbuls und des osmanischen Kairos sind zwar nicht zu verkennen, doch örtliche Handwerkskunst repräsentiert mit den geschnitzten Türen, Fensterläden, Decken und Wandpaneelen, mit Glaslampen, kupfernen Räuchergefäßen und Kerzenhaltern, mit hölzernen Einlege- und vielfarbigen Marmorarbeiten ganz eindeutig den Damaszener Stil.

Aleppo verdankt der osmanischen Zeit die Karawansereien Khan as-Sabun aus dem 16. und Khan al-Wazir aus dem 17. Jh. Ein breites Ornamentband über dem Haupteingang des Khan as-Sabun deutet auf seldschukische Einflüsse hin. Beim Khan al-Wazir liegen die Büros, Lager- und Wohnräume der Kaufleute überwiegend im mächtigen Eingangsgebäude. Das Eingangsportal ist in schwarz-weißem Marmor gestaltet, stark beeinflußt von der vorausgegangenen Mamluken-Zeit; der Hof beherbergt eine kleine Moschee.

Khan oder Karawanserei und Moschee an demselben Ort – das ist das deutlichste Symbol für die Synthese, die schon früh zwischen Handelsgeist und Religiosität zustande kam. Bleiben wir in Aleppo. Der auch heute noch faszinierende Suq (Basar) dieser Stadt begann sich um 750 von der unmittelbar benachbarten Großen Moschee aus neu zu gliedern. Dort hatte man die ersten Ladengeschäfte eröffnet, denn die antike Agora, auf der sich auch der byzantinische Markt angesiedelt hatte, war durch neue Bauten für die Händler benutzbar geworden. Ibn Battuta, der im 14. Jh. Aleppo besuchte, berichtete über einen geschlossenen Markt »parallel zu den Moscheetoren« und nannte ihn den schönsten und größten, den er je gesehen habe. Unter den Osmanen blieb der Suq erhalten und wurde sogar ausgebaut, so daß man diesen städtischen Markt zu Recht das Ergebnis einer Bautätigkeit von mehreren Jahrhunderten nennen kann. Auch für den Suq von Damaskus spielte das zentrale Gotteshaus, die Omayyaden-Moschee, eine maßgebliche Rolle. Die Moschee, eine nach außen abgeschlossene Hofanlage, war schon früh an allen Seiten vom Markt umgeben. Oft unterstanden die Warenhäuser der islamischen Kaufleute (Khan, Wakala, Samsara usw.) der Aufsicht der Moschee und finanzierten mit ihren Überschüssen die Unterhaltung des Gotteshauses, oder die Kaufleute traten direkt als Stifter auf, beschäftigten jedenfalls die Handwerker, ihre direkten Nachbarn auf dem Suq, beim Aus- oder Umbau oder bei der Erneuerung von Moscheen. So entstand vor allem in Syrien, aber auch in Palästina ein Kunsthandwerk, das in vielen Fällen hervorragende Stücke islamischer Kleinkunst hervorbrachte.

Beispiele dieser Kleinkunst – Stücke von sehr guter bis mittelmäßiger Qualität – sieht man im Damaszener Nationalmuseum, im Rockefeller Museum zu Jerusalem und im Museum von Aleppo. Hervorragende Stücke aber sind durch den Kunsthandel in alle Welt gelangt. So besitzt das Museum für Islamische Kunst in Berlin-Dahlem eine

Im Basar der Gold- und Silberschmiede von Damaskus (Darstellung aus dem 19. Jh.)

emaillierte und vergoldete Moschee-Lampe des 13. Jh. aus einer Aleppiner Werkstatt, einen Bronzeleuchter syrischer Herkunft mit Gold- und Silbertauschierung aus dem 14. Jh., eine glasierte Tonschale aus Damaskus (13./14. Jh.) sowie eine Deckeldose aus Bronze mit Silber tauschiert, um deren Rand eine Glückwunschinschrift im Kufi-Duktus über einem gravierten Rankenrand läuft. Im Islamischen Museum zu Berlin (Ost) kann man neben der einmaligen Fassade des omayyadischen Wüstenschlosses Mshatta (s. S. 187) auch das sogenannte Aleppo-Zimmer bewundern, eine hölzerne Wandverkleidung aus dem Haus eines Kaufmanns, die sich dieser in den Jahren 1600–1603 anfertigen ließ. Das erst in den 70er Jahren entstandene Kuwait National Museum hat sich für seine islamische Abteilung über den Kunsthandel auch in Syrien bedient, unter anderen Dingen mit mehreren Keramikschalen aus dem 12.–14. Jh., gläsernen Parfümflaschen und bronzenen, tauschierten Kerzenhaltern derselben Periode.

Das islamische Kunsthandwerk hatte schon früh Verbindungen zur Volkskunst aufgewiesen. Im alten Syrien und Palästina brachte man durch seine Kleidung zum Ausdruck, welcher sozialen und religiösen Gruppe man angehörte. Die Kleiderordnung verlor jedoch in der Zeit zwischen 1830 und 1930 zunehmend an Bedeutung. Bei den Stämmen in der syrischen Wüste und im späteren Jordanien, bei den Beduinen im Negev und den Palästinensern in ihren Dörfern, später in den Flüchtlingslagern, hielt sich die traditionelle Kleidung länger – Frauenkleidung zum großen Teil sogar bis heute. Ähnliches gilt für den Schmuck. In Syrien und Palästina fällt es schwer, den Schmuck definitiv bestimmten Regionen zuzuordnen, da er in Zentren wie Damaskus, Aleppo, Nablus, Jerusalem, Bethlehem und Gaza hergestellt und von dort exportiert wurde, so daß es Stücke gibt, die in der ganzen Region getragen werden. Externe Einflüsse, die im syrischen und palästinensischen Schmuck zu erkennen sind, stammen in erster Linie aus dem Jemen. Schmuck besaß gleichzeitig Amulettcharakter, und man kann in Umkehr auch von Amuletten mit Schmuckcharakter sprechen. Wie manche traditionellen Kleider der Region mit ihren Stickarrangements erinnern auch manche Filigranarbeiten der Damaszener Silberschmiede an Ornamente aus der Frühzeit des Islam.

Literatur

Daum, W., (Hrsg.), Jemen, Frankfurt a. M. 1987
Franz, H. G., Palast, Moschee und Wüstenschloß, Graz 1984
Ibn Ishaq, Das Leben des Propheten, Tübingen 1976
Kühnel, E., Islamische Kleinkunst, Braunschweig 1963
Lewis, B., (Hrsg.), Welt des Islam, Braunschweig 1976
Michell, G., (Hsgb.), Architecture of the Islamic World, New York 1978
Papadopoulo, A., Islam and Muslim art, New York 1979
Vogt-Göknil, U., Die Moschee, Zürich 1978

Die islamische Kunst Kleinasiens und Südosteuropas

von Burchard Brentjes

Die Türken und ihre Wege nach Europa

Dem östlichen Steppenraum Eurasiens, der Region zu Füßen des Altai-Gebirges, entstammen jene turksprachigen Völker, die bereits am Vorstoß der Hunnen nach Europa und wahrscheinlich auch an den Zügen der Huna und Hepthaliten nach Mittel- und Südasien sowie der Toba nach China teilhatten. Türken in sprachlicher Hinsicht waren wohl auch die Juan-Juan, die bis in das 6. Jh. hinein die asiatische Steppe beherrschten, während andere Turk-Stämme bis in die Wolga-Gebiete vordrangen, wo bereits um 490 der Staat der Wolga-Bulgaren mit der Residenz Bulgar bei Kasan entstand.

Mitte des 6. Jh. wurde der Name ›Turk‹ (soviel wie ›Kraft‹) von den Oghusen unter ihrem Führer Chakan Bumyn aus dem Eigennamen einer Dynastie oder Herrschersippe zur ethnisch-politischen Bezeichnung.

Im Jahre 552 entstand das Imperium der Göktürken, ein lockeres Stammesreich zwischen der Wolga und der Mandschurei, dessen Einheiten im 7. Jh. von den chinesischen Kaisern zerrieben wurden; zwischen 679 und 745 formierte sich aber nochmals ein Türkenreich zwischen Balchasch- und Aralsee, das wiederum von den Chinesen und ihren Verbündeten vernichtet wurde.

Die Oghusen standen zudem unter dem Druck der Qarluqen, die ab 776 mit den Turkmenen einen einheitlichen Stammesstaat bildeten und zwischen 745 und 840 auch von den gleichfalls turksprachigen Uiguren bedrängt wurden (die Uiguren erlagen dann den Kirgisen, einer weiteren turksprachigen Gruppierung).

Wie im Osten der Steppen fanden sich die Turkvölker auch im Westen in halbstaatlichen oder staatlichen Formationen zusammen. Ein nach Südwesten abgezogener Zweig der Wolga-Bulgaren bildete über einer slawischen Mehrheit 679 das Reich der Donau-Bulgaren, das sich indessen bald in einen christianisierten Slawenstaat verwandelte. An der unteren Wolga bestand zwischen etwa 600 und 1016 das turksprachige Chasaren-Reich mit den Residenzen Itil im Wolga-Delta und Sarkel am Don: ein multireligiöses Reich, in dem alttürkischer Schamanismus ebenso vertreten war wie das christliche Bekenntnis, vor allem aber der Islam, der in den breiten Volksschichten besondere Resonanz fand, während Teile der Oberschicht im 10. Jh. zum Judentum übertraten.

Die türkischen Chasaren schützten Europa lange vor neuen Nomadenwellen aus der asiatischen Steppe; als die Kiewer Rus ihren Staat zerschlug, öffnete sie die Steppen westlich der Donau neuen Wanderscharen: den Ungarn zunächst, denen die türkischen Petschenegen folgten, die bis 1171 die byzantinische Donaugrenze bedrohten. Seit der Mitte des 11. Jahrhunderts stießen die gleichfalls türkischen Kumanen immer wieder nach Rußland vor und erreichten 1071/1072 Ungarn, so daß der Balkan schon Jahrhunderte vor der osmanischen Eroberung türkischsprachige Volksgruppen aufwies, die zum Teil bereits islamisiert gewesen sein dürften.

Den Islam hatten einerseits Derwische und Händler aus dem mittelasiatischen Samaniden-Emirat zu den Turkstämmen gebracht; andererseits traten Tausende von Türken, als Militärsklaven (Mamluken) in die muslimischen Staaten gelangt, zum Islam über und nahmen schon im 9. Jh. an Tigris und Nil führende Positionen ein.

Ende des 10. Jh. brach das Samaniden-Emirat unter dem Ansturm der Qarluqen und dem Aufstand der Mamluken zusammen. Die Steppe geriet in Bewegung. Die Qarluqen besetzten unter ihren Qara-Khanen (Schwarz-Khanen) Mittelasien. An ihnen vorbei zogen Turkmenenstämme, deren Hauptgruppen unter dem Herrschaftsclan der Seldschuken die Oasen und Steppen am Kopeth Dağ besetzten. Von Merw aus eroberten Seldschuken-Scharen und unabhängige Turkmenenstämme seit 1035 den Iran, den Irak, Syrien und Palästina. Sie fielen in die byzantinischen Ostprovinzen ein, und im Jahre 1071 vernichtete die seldschukische Armee des Sultans Alp Arslan die letzte kampffähige Armee des byzantinischen Reiches. Zwar mußte Alp Arslan nach Osten abziehen, da neue Nomadenstämme, die Kipčak-Turkmenen, nach Süden drängten, aber sein Sieg öffnete Kleinasien den Stämmen, die – zum Teil Tausende Zelte stark – über die Hochebenen Anatoliens nach Westen zogen. Sie umgingen die festen Städte, hungerten sie aus und plünderten die Dörfer.

Es begann ein Jahrhunderte währender Kampf, in dem die Türken schließlich die seit fast zwei Jahrtausenden die Ebenen Mittel- und

Westkleinasiens dominierenden Griechen vertrieben, vernichteten oder assimilierten. Die in Ostkleinasien siedelnden Armenier flohen zum Teil nach Süden, in den Schutz der Berge Kilikiens, und formierten sich dort zu einem christlich-armenischen Staat unter europäischem Einfluß. Die Armenier des Nordens konnten sich mit georgischer Hilfe vorerst behaupten.

Die nach Kleinasien vordringenden Turkmenenvölker suchte der Seldschuken-Prinz Suleiman ibn Kutulmusch seit 1077 in einem seldschukischen Teilstaat ›Rum‹ um das eroberte Nikäa zusammenzufassen. Auch die Seldschuken in Syrien strebten nach Selbständigkeit, so daß bald Vorderasien zum Kampffeld konkurrierender Seldschuken-Heere wurde.

Im Kampf um die Vormachtstellung bildete sich eine Vielzahl von Kleinfürstentümern (*Beylikler;* Plural von *Beylik,* dem Bereich eines Beys) in Kleinasien, die dem Angriff der im ersten Kreuzzug zusammengefaßten Heere Westeuropas wenig entgegensetzen konnten.

Nikäa fiel, und die Kreuzfahrer stießen bis nach Jerusalem vor. Sie gaben große Teile West- und Südkleinasiens den Byzantinern zurück und trennten die Türken von den Arabern. Hierdurch verstärkte sich die Anlehnung der sich reorganisierenden Türkenstaaten an die lokalen Traditionen und an den bis 1157 noch immer seldschukisch beherrschten Iran.

In Mittelkleinasien bildete sich um Konya (das alte Iconium) ein neues Sultanat der Rum-Seldschuken, das in ständigen Auseinandersetzungen mit den Armeniern, den Byzantinern und den mehrfach eingreifenden Kreuzfahrern eine eigenständige Kultur und Kunst entwickelte. Eine unerwartete Entlastung brachte der vierte Kreuzzug, der das orthodoxe Kaisertum von Byzanz vernichtete (1202–1204) und ein ›lateinisches‹ Reich an seine Stelle setzte, das freilich nur Teile des Griechenstaates beherrschen sollte, vor allem, nachdem schon 1205 die Donau-Bulgaren und Kumanen die ›lateinische‹ Armee vernichtend geschlagen hatten. Von Nikäa aus regierten orthodoxe Kaiser einen byzantinischen Reststaat, und von Trapezunt aus herrschte eine eigene Griechen-Dynastie über die Nordprovinzen Kleinasiens.

Das Sultanat Rum stieg zur Vormacht Kleinasiens auf, als 1226 von Osten her Kiptschaken-Scharen nach Kleinasien einfielen, die Reste der von den Mongolen zerschlagenen Armee der Khoresm-Schahe, die das Erbe der Groß-Seldschuken angetreten hatten.

Unter Anspannung aller Kräfte gelang es den Seldschuken im Bunde mit den Ayyubiden Syriens und Ägyptens 1231 die Khoresmier zu

Das osmanische Reich

schlagen, aber dann erschienen die Mongolen und besiegten 1243 die seldschukisch-georgischen Aufgebote. Kleinasien wurde Teil des Mongolen-Reiches, obwohl die alten Dynastien formal weiterbestanden.

Über Osteuropa lag 1240 ebenfalls das Mongolenjoch. In der Auflösung des Mongolen-Reiches bildeten die Turkvölker Osteuropas das

Reich der ›Goldenen Horde‹, das schließlich in die Khanate der Krim-Tataren, der Kasan-Horde und der Astrachan-Tataren zerfiel.

Mit dem Niedergang des Mongolen-Reiches löste sich auch das Rum-Sultanat auf. An seine Stelle traten erneut zahlreiche Beylikler, unter denen ein Fürstentum an der Grenze zu den byzantinischen Restprovinzen eine große Zukunft haben sollte. Sein Führer war Osman

(1288–1326), Sohn des Ertuğrul, der von den Seldschuken aufgrund seiner Verdienste im Kampf gegen die Mongolen mit Territorialbesitz belehnt worden war.

Die Sippe Osmans beanspruchte die Herkunft vom Herrschaftsclan der Oghusen, den ›Kayi‹, und soll im 12. Jh. nach Kleinasien gekommen sein. Unter Osman nutzte das Grenzfürstentum die Gunst der Stunde. Von Osten her drohte keine Gefahr, und die Staatsmacht von Byzanz war in völliger Auflösung. Ein ständiger Grenzkrieg führte schließlich 1326 zur Einnahme der griechischen Stadt Bursa, die zur ersten Hauptstadt des Osmanen-Staates wurde. Der Erfolg führte den Beys neue Krieger, *Ghazis* (Glaubenskämpfer), zu. Auch Griechen traten zu ihnen über.

Im weitgehend isolierten Konstantinopel, seit 1261 nach dem ›lateinischen‹ Zwischenspiel wieder in byzantinischer Hand, befehdeten sich Adelscliquen und Söldner, hatten Genuesen den Transithandel übernommen, und nur die mächtigen Festungsmauern zögerten den Fall der Stadt hinaus. Die letzten Kaiser lavierten zwischen den verschiedenen Beys und mußten schließlich sogar die Osmanen als Verbündete im Kampf gegen die Serben akzeptieren.

Seit 1347 kämpften osmanische Scharen in Europa, und seit 1354 setzten ganze Stämme auf den Balken über, so daß Konstantinopel bald auch von Europa her durch osmanische Ghazis bedroht wurde. 1362 fiel den Osmanen Adrianopel in die Hände, das um 1370 unter dem Namen Edirne zur zweiten Hauptstadt der Osmanen wurde. Von hier aus organisierten die ›Großherren‹ Kleinasien und den südlichen Balkan als einen Einheitsstaat, gegliedert in Provinzen und geführt von einer Reiterarmee aus Angehörigen der Oberschicht. Neben die Kavallerie der Landbesitzenden trat eine Söldnerinfanterie sowie die aus Sklaven rekrutierte Garde der Janitscharen. Im 14. Jh. eroberten osmanische Heere die kleinasiatischen Beylikler und Südeuropa bis zur Donau. Konstantinopel wurde belagert und stand vor dem Fall, als von Osten her eine neue asiatische Macht in die Geschehnisse eingriff, die Armee Timur Lenks, eines türkisierten Mongolen. 1402 schlug Timur, auch als Tamerlan bekannt und in Samarkand residierend, die Osmanen bei Ankara vernichtend.

Timur, der das Reich des Djingis Khan erneuern wollte, war jedoch kein Organisator, und so gelang es den Osmanen nach seinem Abzug und Timurs Tod im Jahre 1405, ihr zerfallenes Imperium relativ rasch wiederzuvereinigen. Der Sultan Mehmed I. (1413–1420) betonte den türkischen Charakter des Reiches und begann den Kampf um die Seeherrschaft im Mittelmeer. Sein Nachfolger Murad II. (1421–1451) stellte das Osmanen-Reich völlig wieder her, doch erst sein Nachfolger Mehmed II. (1451–1481) erntete die Früchte des Kampfes: Ihm gelang 1453 die Einnahme Konstantinopels.

Mehmed transformierte den Staat der Adelskrieger in eine zentralisierte Militäradministration, in der die Zentralregierung, gestützt auf die Janitscharen, absolut herrschte. Es entstand ein zur damaligen Zeit sehr wirksames System der Eroberung und Ausplünderung, doch sollte es sich als starr, als nicht entwicklungsfähig erweisen. Vorerst jedoch griff Mehmed nach der Weltherrschaft und eroberte große Teile des Balkans, Ostanatoliens und des Schwarzmeer-Gebiets. Die Krim-Tataren schlossen sich dem Osmanen-Reich an.

Mehmeds zweiter Nachfolger Selim eroberte Syrien, Ägypten und den Hedjaz. Schließlich geboten die Osmanen von Aden bis nach Kiew und erschienen 1529 selbst vor Wien. Dies war die Zeit Suleimans des Prächtigen (1520–1566), die Zeit der osmanischen Hochblüte.

Aber bereits unter Selim II. (1566–1574) begann der Niedergang des Reiches, der sich über mehr als 300 Jahre hinzog und dessen Erbe noch heute auf der politischen und gesellschaftlichen Entwicklung Südosteuropas lastet.

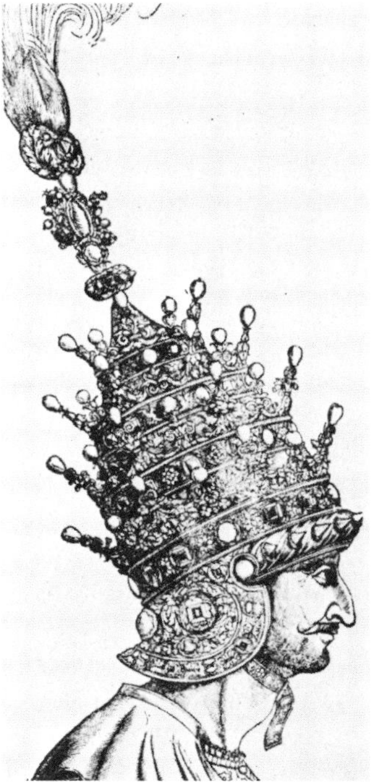

Suleiman der Prächtige

Türkisch-islamisches Erbe in Kleinasien und Südosteuropa

Die nach der Schlacht von Mantzikert (Malazgirt; 1071), in der Alp Arslan den byzantinischen Kaiser Romanus IV bezwang, nach Kleinasien strömenden Nomaden brachten nur ihre bewegliche Habe mit, dazu ihre – teilweise islamisierten – Weltbilder zentralasiatischer Tradition. Vorwiegend hingen sie mystischen Richtungen des Islam sufischer Prägung an, gleich ob sunnitischer oder schiitischer Grundhaltung.

Die seldschukische Oberschicht hatte in Khorasan und in den mittelasiatischen Oasen die regionale Baukunst und das Prunkhandwerk übernommen, in die sie nord- und ostasiatische Elemente einbrachte. Der Anschluß an diese Traditionen war um so leichter, da sie zutiefst zentralasiatisch geprägt waren und zugleich die alten Kulturen des Raumes zwischen den zentraliranischen und mittelasiatischen Wüsten die Steppenvölker des Nordens seit Jahrtausenden kulturell beeinflußt hatten.

Das Erbe

Die Turkmenen brachten aus Mittelasien u. a. das Vier-Iwan-Schema der Medresen, die Karawanserei, das Minarett und die Säulenhalle als Moschee, die geometrische Dekoration der Torfassaden, der Innenkuppeln und anderer Bauteile sowie die Verwendung von Tierbildern als Symbole im Architekturschmuck und in der angewandten Kunst mit. Zum altmittelasiatischen Kernbestand gehörten die geometrisch und floral verzierten Teppiche, der zentralasiatische Bogen, der Rundschild und die Zeltverzierung.

In Kleinasien fanden die Türken mehrere miteinander verwandte Kunsttraditionen christlicher Prägung vor, vor allem die Orthodoxie des byzantinischen Griechentums und die monophysitische Tradition der Armenier, aber auch die Kultur der christlichen Aramäer. In vielen Formen ging dieses Erbe in die sich neubildende kleinasiatisch-islamische Kultur der Türken ein.

In der Architektur waren dies u.a. der stabile Steinbau, die gedeckten Höfe, der Kreuzkuppelbau und die Neigung zur figurativen Darstellung in der Kunst. Überaus wirksam waren für die Ausbildung der kleinasiatisch-türkischen Kunst offenbar auch die christliche Buchmalerei der Armenier und Aramäer, desgleichen ihre Grabsteine, ihre Keramik und ihre Metallarbeiten.

Die Kunst der frühen islamischen Fürstentümer Kleinasiens

In den ersten Jahrhunderten türkischer Herrschaft war die Mehrheit der Bewohner Kleinasiens noch christlich, waren es Armenier, Griechen und Aramäer, die die Kunstwerke schufen, auch wenn die neuen Herren die Grundlinien der neuen Kultur bestimmten.

Byzantinische Vorbilder prägten jene Münzbilder, die den hl. Georg zeigen oder ein Brustbild Jesu. Noch deutlicher wird dies bei Münzen, auf deren Revers Jesus segnend die Hand auf das Haupt des türkischen Münzherrn legt. Im Gebiet der Danischmend-Emire (nördliches Kappadokien, 1085–1175) wurden Münzen mit griechischen Umschriften geschlagen. Hingegen stammt der häufig auf Seldschukenmünzen auftretende Löwe aus türkischen Traditionen. Christliche Motive sind nicht selten auf Metallarbeiten anzutreffen. Deutlich islamisch bestimmt sind hingegen die ersten Moscheen.

In Diyarbakir entstand 1091 die älteste bedeutende Moschee Kleinasiens. Der Bauherr war der Großseldschuke Malik Schah. Die erhaltene Prunkfront erinnert an spätrömische Palast- und Theaterfassaden. Es fehlt noch die für die späteren kleinasiatischen Moscheen so charakteristische Kuppel. Die Vorbilder für die dreischiffige Halle und den Arkadenhof darf man in der Großen Moschee von Damaskus vermuten.

Schon die für die Irak-Seldschuken in Siirt erbaute Hauptmoschee (erste Hälfte des 12. Jh.) zeigt völlig andere Formen – drei Kuppeln und ein massives Minarett zeichnen den Bau aus. In Bitlis entstand unter den Artukiden noch vor 1150 eine Moschee mit einer Kuppel vor dem Mihrab und drei tonnengewölbten Querschiffen. Auf einen Hof als Betraum wurde verzichtet, dafür aber die Bethalle erweitert. Artukidische Bautradition artikuliert sich noch deutlicher in der Moschee von Mayyafariqin, deren mächtiger Kuppelbau nach armenischen Vorbildern zwischen 1152 und 1157 restauriert wurde. Der Grundplan der Hallenmoschee stammt aus Turkmenien, doch wurde er hier in Stein umgesetzt. Unter den Artukiden entstand noch eine Reihe weiterer Moscheen, so in Urfa, Mardin und Harput.

Von den Danischmendiden und den Saltukiden haben sich nur wenige Originalbauten erhalten. Sehr reizvoll sind die Bauten der Mengücekiden in Divriği, so die Burgmoschee von 1180–1181, die von einem Azerbaidjaner aus Maragha errichtet wurde. Ein Meisterwerk der Architektur ist die Freitagsmoschee der Stadt (1228/1229), an die sich der Vier-Iwan-Bau eines Hospitals anschließt. Der Ebenholz-Minbar der Moschee von 1240/1241 war das Werk eines Schnitzers aus Tiflis. Das Hospitaltor erinnert mit seinem figurativen Schmuck an gotische Kirchentore.

Die Kunst der Rum-Seldschuken

Der Staat der Rum-Seldschuken stand in vielfältigen mittelasiatisch-iranischen Traditionen. Die Hof- und Literatursprache war Persisch, und der Islam der türkischen Oberschicht vereinigte Orthodoxie und Mystik. Aus dem alttürkischen Nomadenerbe leiteten sich die Ekstase, das schamanistische Versinken im Tanz und Trommelrhythmus, sowie eine vielfach erwiesene Toleranz her, die u. a. einen ›liberalen‹ Fernhandel mit Venezianern und Genuesen förderte.

Neben Sklaven und Pelzen, Metallen und Rohstoffen dienten Teppiche als Handelsware. Sie entstanden hauptsächlich in Konya, Sivaş und Kayseri in den Werkstätten griechischer und armenischer Handwerker, deren Produkte von Zentralasien bis nach Europa als ›türkische Teppiche‹ gehandelt wurden.

Aus Mittelasien importierten die Seldschuken das System der befestigten Karawansereien, die entlang der Handelsrouten in einer Entfernung von jeweils etwa 30 km errichtet wurden. Der einheimischen Bautradition entsprechend, wurden sie in Kleinasien aus Hausteinen errichtet.

Die Seldschuken-Maliks selbst lebten im Bann mittelasiatisch-iranischer Traditionen. Ihre Ideale fanden sie in den persischen Epen, wie dem »Schah-nameh«. Selbst viele Königsnamen stammten aus diesen Heldengesängen, wie Kaykavus oder Kaykobad. Auf das »Schahnameh« gehen die seldschukische Krone, der Siegelring des Herrschers und der Thron zurück. Die schwarze Farbe der Baldachine und Feldzeichen hingegen erklärt sich aus der nordasiatischen Tradition. ›Schwarz‹ war die edle Farbe der Fürsten und wurde mit dem Norden assoziiert – weshalb man die Seldschuken-Throne an der Nordseite der Königshallen plazierte.

Die Sommerresidenz der Seldschuken, leicht gebaute Kioske in weiten Parks nach altnomadischem Vorbild, waren, so im Kubadabad-Palast, mit glasierten Keramikplatten dekoriert. In diesem Dekor treten ostasiatische Züge, das Vorbild importierter Keramiken hervor.

Eine Fliese aus dem Palast von Kubadabad; der Seldschukenfürst als Herr zweier Meere

Den Dekor der Moscheen, Medresen und Mausoleen prägte dagegen der Islam, hauptsächlich durch die arabische Sprache der Monumentalinschriften. Auch die Münzen der Rum-Seldschuken trugen arabische Umschriften.

Auf den in griechischer, lateinischer oder armenischer Schrift ausgefertigten Urkunden der Staatskanzleien erschien die Tughra als Beglaubigung. Es war die kunstvolle Unterschrift der Sultane, aus einer kalligraphischen Umgestaltung der die Staatsmacht symbolisierenden Kombination von Pfeil und Bogen entwickelt.

Das alttürkische Gedankengut lebte in erster Linie unter den nur halb unterworfenen Turkmenenstämmen fort. Die *Babas*, die geistigen Führer dieser Stämme, darf man als islamisierte Schamanen ansprechen; wiederholt führten sie die Turkmenen gegen die Seldschuken. Solche inneren Kämpfe schwächten die Seldschuken entscheidend, als 1241 die Mongolen nach Anatolien einfielen.

Die Mongolen, denen die Seldschuken nun als Vasallen zugeordnet waren, förderten nicht nur den Transithandel und bauten dazu das Netz der Karawansereien aus, sondern ermöglichten auch den Fernhandel bis nach China. Ostasiatische Errungenschaften erreichten das Mittelmeergebiet. Über den Fernhandel gelangte u. a. das Papiergeld nach Vorderasien, auch führten die Mongolen chinesische Seide und mittelasiatische Baumwollstoffe mit sich.

Das 14. Jh. brachte das Ende der christlichen Gemeinden Kleinasiens. Immer mehr Christen traten zum Islam über und stärkten

Seldschukisches Relief in der Stadtmauer von Konya

besonders die mystischen Bruderschaften, darunter die Kalandariya, die jedweden Luxus und alle formalen Glaubensvorschriften verwarf.

In jener Zeit entstand anscheinend auch der später berühmt gewordene Bektaschi-Orden, der die Abgrenzung von der Schia ablehnte. Seine Mitglieder verehrten eine Trinität und organisierten ihr religiöses Leben in übernommenen christlichen Klöstern.

In den Städten dominierte im 14. Jh. der Mevlevi-Orden, dessen geistiger Vater Djalal ad-Din Rumi war. Mitte des 13. Jh. vor den Mongolen aus Balkh (Khorasan) geflohen, lehrte er im mittelanatolischen Konya eine heterodoxe Form des Islam, Hauptziel des Glaubens war danach die Liebe zu Gott und die Vereinigung mit ihm. Der zu rhythmischer Musik bis zur Ekstase getriebene Tanz (›Tanzende Derwische‹) sollte diese spirituelle Vereinigung fördern. Zur Musik wurden die Verse Djalal ad-Din Rumis gesungen. Den Mevlevis schlossen sich vor allem Basarhändler und Handwerker an.

Djalal ad-Din Rumis meisterhafte Gedichte entnahmen ihre Bilder verschiedenen orientalischen Religionen, so den Gedanken der Seelenwanderung der indischen Tradition und den Pantheismus der extremen Schia.

Kloster des Mevlevi-Ordens in Konya

Die Tanzenden Derwische des Mevlevi-Ordens (Foto aus dem 19. Jh.)

Im Werk vieler Dichter der Seldschuken-Zeit herrschten neoplatonische Lehren vor, bei Nizami, Omar al-Khayyam und Sa^{c}di etwa. Eine typische Form der seldschukischen Literatur waren die Chroniken. Indessen ist viel vom Turkmenen-Schrifttum verlorengegangen, gerade die Werke der mystischen Orden.

Münzen, Keramiken, Seiden und die Bauornamentik bewahren zahlreiche Elemente bildlicher Darstellung, vermutlich mystischer Inspiration. So war bis in das 19. Jh. die Burgmauer von Konya mit Bildwerken aus vielen Jahrhunderten verziert. Die Gök Medrese in Sivaş (1271) schmücken zwei Reliefs mit zwölf Tierköpfen, den Symbolen des türkischen Zyklus der zwölf Jahre.

Weit verbreitet waren Sonnen- und Monddarstellungen, so auf den Fliesen aus dem Palast von Kubadabad. Überreich ist die Seldschuken-Kunst an geometrischen Bauornamenten, die in ihrer Harmonie das Wesen Gottes widerspiegeln sollten.

Als Baumeister dienten den Seldschuken häufig Griechen, darunter der aus Konya stammende Kaluyan al-Qunawi, der außer der Gök-Medrese wahrscheinlich auch die Çifte Minare Medrese in Erzurum errichtete. Im Jahre 1222 baute der Grieche Thyrianos eine Moschee bei Akşehir. Griechische Maler arbeiteten mit Djalal ad-Din Rumi. Sie sollen den Mystiker porträtiert haben.

Einer der bedeutendsten seldschukischen Sakralbauten ist die Alaeddin-Moschee in Konya, die für die Sultane Mesud und Kiliç Arslan II. um 1155 errichtet wurde. Sie ist zweiteilig und verbindet eine Kuppelhalle mit einem Betsaal, dessen Holzdecke 42 Marmorsäulen tragen. Zwei Mausoleen sind an die Moschee angebaut, die mit Bauornamenten reich geschmückt sind.

Als dreischiffiger Innenraum mit drei Kuppeln ist die Alaeddin-Moschee von Niğde aus dem Jahre 1223 angelegt. In Kayseri findet sich die älteste Kombination einer Moschee, einer Medrese, eines Mausoleums und eines Bades, die Stiftung der Sultansgattin Huant Hatun von 1237. Überhaupt sind die Seldschuken-Bauten zumeist Stiftungen von Angehörigen der Dynastie oder führender Beamter und Offiziere, so die Çifte Medrese von 1206 oder die Haci Kiliç-Moschee von 1249, beide ebenfalls in Kayseri.

Neben den großen Freitagsmoscheen entstanden in den Stadtvierteln kleine Kuppelmoscheen, von denen allein in Konya fast ein Dutzend erhalten blieb. Der mittelasiatischen Tradition folgen Hallenmoscheen mit Flachdächern, von Holzpfeilern getragen, so die Hauptmoschee im Städtchen Sivrihisar (1275) oder auch die Große Moschee von Afyon (1272). Zwei Ahis stifteten um 1290 die Arslanhane-Moschee in Ankara mit ihren 24 geschnitzten Holzpfeilern.

Unter den Medresen kommt der erste Rang der Karatay-Koranschule in Konya zu, deren 1251 errichtete Innenkuppel mit farbigen Fayencen verkleidet ist. Als Observatorium gebaut wurde die Çaça Bey-Medrese in Kirşehir (1272/1278). Eine Besonderheit des rumseldschukischen Medresenbaus war die Vervielfachung der Iwane, der zum Hof hin offenen Hallen.

Mehrere Hospitäler der Seldschuken-Zeit sind erhalten, neben dem Mengücekiden-Bau in Divriği etwa das Krankenhaus des Kaykavus I. in Sivaş, in dessen Dekor sich Ziegel- und Fayencemosaiken vereinigen.

Die turkmenischen Dynastien Ostanatoliens ließen in mittelasiatischer Tradition zahlreiche Mausoleen errichten: Kuppelmausoleen mit rundem oder mehreckigem Körper. Die Sarkophage fanden in unterirdischen Krypten Platz. Eines der eigenartigsten Grabmäler ist das Mausoleum der Mama Hatun (1192?) in Tercan, 90 km von

Portal der Karatay-Medrese in Konya

Erzurum. Fürstliche Zentren wie Kayseri oder Konya sind mit solchen Grabtürben geradezu übersät.

Aus der Seldschuken-Zeit sind über 80 Karawansereien erhalten, festungsartige Handelsstationen aus Stein von oft prachtvoller Gestaltung. Acht der erhaltenen Gebäude sind nachweisbar Stiftungen von Sultanen. Die wohl schönste Anlage ist der Sultanhan nordöstlich von Kayseri aus den Jahren 1232 bis 1236 mit einer reizvollen Kioskmoschee auf dem Innenhof und einer reich dekorierten Fassade. Weniger prächtig waren Stiftungen von Wesiren, Emiren oder Hofdamen.

Von den leichtgebauten Palästen der Seldschuken haben sich nur Fundamente und Ruinen erhalten, so die Reste des 1225 errichteten Kaykobad-Palastes.

Hafen- und Befestigungsanlagen kennen wir vor allem aus der Stadt Alanya an der Südküste Kleinasiens. Großartig sind die teilweise in den Felsen geschlagenen Dockanlagen von 55 m Breite und fast 40 m Tiefe aus dem Jahre 1227. Sie wurden ebenso wie die starken Verteidigungsmauern unter Sultan Kaykobad I. von dem Syrer Abu Ali geschaffen.

Den Hauptschmuck der seldschukischen Großbauten bildeten Glasurziegel, die in mehreren Farben bemalt waren. Sie verraten mit ihren Drachen, Wolken und Bändern deutlich ostasiatische Vorbilder.

Hinzu treten Jagdszenen, Tier- und Reiterdarstellungen. Schnitzereien zieren Koranständer, Gebetskanzeln und Minbare, aber auch Holzsäulen und -decken.

Webwaren und Teppiche aus dem Seldschuken-Staat sind bis weit nach Europa exportiert worden. Die Motive stammen zum Teil aus dem Formeninventar der Turkmenen, in deren Auftrag gearbeitet wurde. Sie umfassen Drachen, Vögel, Sterne, Rosetten und Haken, doch versanken die ethnischen Traditionen in der Anonymität der Kunsthandwerker, deren Schöpfungen vom Auftraggeber, den seldschukischen Großen, bestimmt wurde. Der Geschmack dieser Oberschicht gab der rum-seldschukischen Kunst letztlich einen relativ einheitlichen Charakter.

Zeittafel zu Kleinasien

1071	Schlacht bei Mantzikert Turkmenenzüge durch Kleinasien
1077–1243	Staaten der Rum-Seldschuken; Moscheen und Karawansereien in mehreren seldschukisch kleinasiatischen Stilformen; Sommerpaläste im Kioskstil; Glasurziegel und Keramik mit ostasiatischen Motiven; Bilderhandschriften, Teppiche
1281	Osman wird Bey (Grenzfürst) in Nordwestkleinasien
1326	Bursa wird erste Hauptstadt der Osmanen; Vereinigung griechischer und turkmenischer Kunsttraditionen
um 1370	Edirne wird zweite Hauptstadt der Osmanen Ausbildung der osmanischen Staatskunst beginnt; Moscheen von Iznik und Bursa, Chinoiserie, Milet-Keramik und Fliesen, erste osmanische Miniaturhandschriften
1453	Fall von Konstantinopel, das als Istanbul dritte Hauptstadt der Osmanen wird; Glanzzeit der Hofkunst der Osmanen, Iznik-Keramik, Porträtmalerei für Mehmed II.; Hagia Sophia als Vorbild osmanischer Kuppelmoscheen
1463–1469	Bau der Mehmediye-Moschee in Istanbul; Bau des Topkapi Sarayi

1522–1579	Wirkungszeit Sinan Paschas des ›Architekten der Osmanen‹, erbaute u. a. in Istanbul Schehzade-Moschee, Suleimaniye-Moschee und in Edirne die Selimiye-Moschee; Ausbau des Basars von Istanbul
1500–1600	Hofatelier der Osmanen liefert illustrierte Manuskripte; Vorlagen für Textilien und Keramiken Ausbildung des Osmanenstils der Buchmalerei mit dem »Selim-nameh«, mehreren »Suleiman-namehs«, dem »Tarikh-i Sultan Bayezid«, dem »Huner-nameh«, dem »Sur-nameh« und anderen Handschriften
1579	Sayyid Loqman sammelt die Porträts der Sultane; Blütezeit der Kalligraphie und der Illumination; Polychromer Schmuckstil im Kunstgewerbe, Prunkwaffen und Möbel, Teppiche und Kelims
1609–1617	Bau der Blauen Moschee
1650	Verfall der Töpfereien von Iznik; der Rhodos-Stil entwickelt sich
1683	Niederlage der Osmanen vor Wien
1703–1720	Beginn des türkischen Rokoko; Tulpenzeit; Weiterführung der osmanischen Hofmalerei
1748–1755	Bau der Nurosmaniye-Moschee
1759–1763	Barockmoschee Laleli
19. Jh.	Erlöschen der Buchmalerei; Übernahme des Empire-Stils
1835	Dolmanbače-Palast

Die Kunst der Osmanen

Die uns erhaltene Kunst spiegelt deutlich die Etappen der Entwicklung des Osmanentums sowie sein soziales Wesen und seine Grenzen wider. In groben Zügen lassen sich drei Phasen unterscheiden:

- Die Zeit des Grenzbeyliks bis zur Eroberung von Konstantinopel (1300–1453);
- die Zeit der großen Sultane von Mehmed II. bis zu Selim II. (1451–1574) und

– die Phase der Stagnation und des Niedergangs bis zur Aufteilung des Sultanats (1574–1922).

In der ersten Periode wurde das seldschukisch-nomadische Erbe mit den vorgefundenen griechischen Traditionen und timuridischen Formen zur Staatskunst einer Adelsmacht vereinigt, unter der Volkskunstformen verschiedener Geisteshaltung erhalten blieben. In der zweiten Etappe prägte das absolute Regime der Sultane, gestützt auf das Janitscharensystem und die Adelsreiterei, eine osmanische Staatskunst aus, in der die Einschmelzung griechischer Architektur in eine vom Hof diktierte islamisch-mystische Reichskunst vor sich ging. Die dritte Phase schließlich ist durch ein Nachlassen schöpferischer Kraft des Hofes gekennzeichnet, das regionalen Kräften sowohl die Übernahme osmanischer Tradition wie ihre Eliminierung erlaubte.

Die osmanische Kunst war als Staatskunst Auftragskunst, damit in ihrer Ästhetik vom Auftraggeber bestimmt und nicht von der ethnischen Zugehörigkeit des Meisters und der Tradition abhängig. Die Künstler blieben zumeist anonym, soweit die Herkunft bekannt ist, prägten vor allem Griechen, Armenier, Serben oder Kaukasier die Werke, selten hingegen Türken selbst.

Die Kunst der Beyliks

Die osmanische Baukunst im 14. und 15. Jh. steht unter dem Einfluß der rum-seldschukischen Kultur und deren Vorbilder. Das früheste typische Bauwerk dieser Ära ist die Haci Özbek-Moschee in Iznik aus dem Jahr 1333. Sie folgt in Plan und Dimensionen seldschukischen Quartiermoscheen. Bedeutender ist die ›Grüne Moschee‹ von Iznik (1378–1392), deren Kuppelhalle ein reich ornamental ausgestalteter Mihrab ziert. Marmorplatten schmücken die Wände. Das Minarett ist nach seldschukischem Vorbild mit grünen Kacheln verkleidet. Verwandt sind die Orhan-Moschee in Bileçik sowie eine weitere Moschee in Iznik (1445).

Mit der Verlegung der Residenz nach Bursa erreichte die osmanische Architektur ihren ersten Höhepunkt. Murad I. ließ zwischen 1360 und 1385 eine zweistöckige Hallenmoschee mit einbezogener Medrese errichten. Bereits vor seinem Regierungsantritt hatte Bayezid I. in Bursa eine Moschee mit zwei Minaretten errichten lassen. Das Dach bilden 20 auf schweren Pfeilern lastende Kuppeln. Die etwas jüngere Yilderim-Moschee in Bursa folgt in ihrem T-förmigen Grundriß turkmenischen Bauten.

Der Einfall Timurs im Jahre 1402 unterbrach die Bautätigkeit, gab aber zugleich den Bauherren und Architekten neue Anregungen und Vorbilder, die besonders in der Grünen Moschee des Çelebi Sultan Mehmed (Baubeginn 1404) deutlich werden. Der reiche Fliesenschmuck ist in sieben Farben gehalten, die Unterglasurmalereien erinnern an chinesische Vorlagen.

Murad II. (1421–1451) verlegte das Machtzentrum nach Europa und ließ hauptsächlich in Edirne bauen. Erwähnt sei nur die Üç Şerefeli-Moschee.

Die Palastarchitektur der osmanischen Frühzeit ist kaum bekannt. Timur ließ die Gebäude der osmanischen Dynastie zerstören, und die Türken sprengten die Paläste in Edirne 1878 beim Herannahen russischer Truppen. Nur einige Ruinen sind erhalten geblieben. Nach schriftlichen Quellen waren es Kioske in Parks sowie niedrige Nutzbauten. Sie schließen damit an die ost- und nordasiatische Park-Palast-Bauweise an.

Die Wohnbauten folgten anscheinend vorwiegend einheimischen, dem Klima angepaßten Bautraditionen.

Die Fliesen- und Gefäßkeramik der frühen Osmanen schloß an die Produktion der Seldschukenzeit an. Ein Zentrum der Töpferei lag bereits in vorosmanischer Zeit in Konya, in dem eine Porzellan imitierende weiße Ware hergestellt wurde, die sogenannte Kubadabad-Ware. Im 14. und 15. Jh. dominierte die als Milet-Ware bezeichnete Keramik, die unter Bleiglasur grüne und schwarze Malerei aufwies.

In Bursa sind die Yeşil Cami und die Yeşil Türbe durch ihre Fliesen ausgezeichnet. Die dort angebrachten leuchtendblauen Kacheln zeigen mit ihren vielen Ornamenten timuridisch-mittelasiatische Einflüsse. Die sechseckigen Fliesen tragen einen nicht mitgebrannten Goldauftrag. In diesem Fall ist der Meister bekannt: Ali Ben Elyas Ali war von Timur 1402 aus Bursa nach Mittelasien verschleppt worden und dort offenbar an der Errichtung der Prunkbauten Samarkands beteiligt. Er konnte später heimkehren und gestaltete die Fürstenloge in der Moschee in Bursa im timuridischen Stil aus.

Der Fliesenschmuck der Edirne-Moschee Murads II. weist feine Ranken in sinisierendem Stil auf. Die Vorlagen waren hier anscheinend chinesische Importporzellane, die bereits ein Inventar des Sarayi-Schatzes von 1495 neben Seladonen erwähnt.

Mit Chinoiserie-Fliesen ist auch der nach ihnen benannte Çinili-Kiosk im Sarayi in Istanbul verziert.

Gegen Ende des 15. Jh. kam eine von den Türken als Iznik-Chinaware bezeichnete Keramik auf, die europäische Sammler unter dem Begriff Iznik-Ware kennen. Auf einen weißen Grund in Schlickermalerei setzte man eine farbige, transparente Glasur auf. Die monochrome Bemalung zeigt Streifendekoration, eckige Kalligraphien und steif wirkende Muster. Die Töpfer waren anscheinend Armenier und Griechen, doch kamen ihre Vorlagen aus dem Osten.

Noch sehr wenig wissen wir über die frühosmanische Buchmalerei. Das älteste bekannte Manuskript mit Illustrationen ist eine 1416 in Amasiya gestaltete Kopie des »Iskander-nameh« von Ahmadi. Drei der Miniaturen zeigen noch deutlich byzantinische Vorbilder, so vor allem in der Darstellung der Bauwerke. Die restlichen Miniaturen der Handschrift sind spätere Nachträge. Obwohl der Hof in Edirne ein Nakkaş-Hane besaß, eine Bücherschreib- und Gestaltungswerkstatt, scheinen kaum Handschriften jener Zeit mit Bildern versehen worden zu sein.

Die Glanzzeit der Osmanen

Mit der Eroberung Konstantinopels 1453 begann eine rund hundertjährige Periode der expansiven und kulturell innovativen Entwicklung. Mehmed II. (1451–1481) schaltete den Adel weitgehend aus und regierte als absoluter Monarch mit dem Anspruch auf die Weltherrschaft. Er setzte sich über viele Traditionen hinweg und sah sich zugleich als Erbe der byzantinischen Kaiser und als ihr Bezwinger. Deutlich wird dies an der Behandlung der bisherigen Reichskirche der Griechen, der Hagia Sophia, die zum geistigen Zentrum der neuen islamisch-türkischen Welt, zur Reichsmoschee wurde. Sie erhielt die schlanken, runden Minarette, die sie noch heute in ihrer Wirkung recht widersprüchlich erscheinen lassen. Die christliche Kirche war nach außen hin abgeschlossen, als Schutz der im Inneren ablaufenden Heilsgeschichte im abgeschlossenen Kosmos – als Reichsmoschee sollte das Bauwerk himmelwärts weisen! Sie wurde zum oft kopierten Vorbild osmanischer Kuppelmoscheen in Südosteuropa, in Vorderasien und schließlich auch in Ägypten.

Der große Repräsentativbau Mehmeds in der neuformierten Residenz – die Fatih-Moschee – war von der architektonischen Auseinandersetzung mit der Hagia Sophia geprägt. Die Gebetsstätte befand sich im Zentrum eines Komplexes, der 16 Medresen, ein Hospital sowie eine Karawanserei mit Bädern aufwies; mehrere hundert Kuppeln überdachten die Gebäude.

علي
عمر
تعالى عنه
الفاروق

Unter diesem Herrscher sollen insgesamt rund 300 Moscheen, 37 Medresen, 59 Bäder und 29 *Bedesten* (gedeckte Kaufhallen) errichtet worden sein, weiterhin eine Anzahl von Palästen, Festungen, Stadtmauern und Brücken.

Im Auftrag Bayezid II. (1481–1512) arbeitete Khair ad-Din, einer der berühmtesten Architekten der Osmanen. Nach dem Vorbild der Mehmediye in Istanbul baute er große Komplexe in Amasiya, Edirne und Istanbul. Er zeichnete auch für die Bayezidiye in der Hauptstadt verantwortlich und schuf damit den ersten Bau, der der Hagia Sophia gleichkam.

◁ Im Innern der Hagia Sophia

Blick über die Medresen auf die Suleimaniye Camii

Selim I. (1512–1520) gönnte sich wenig Zeit für Großbauten. Selbst die Selimiye-Moschee in Istanbul ließ erst sein Nachfolger Suleiman fertigstellen.

Die Herrschaft Suleimans (1520–1566) markiert die große Epoche der osmanischen Architektur. Sein Architekt Sinan – der bereits als Pionieroffizier bei den Janitscharen sein Können unter Beweis gestellt hatte – schuf rund 80 große und 50 kleinere Moscheen, über 50 Medresen, 25 Schulen und Mausoleen, 33 Paläste, dazu Karawansereien, Brücken und Wasserleitungen. Sinans bekannteste Werke sind die Schehzade-, die Suleimaniye- und die Selimiye-Moschee, die ersten zwei stehen in Istanbul, die dritte in Edirne. Letztere – von Selim II. in Auftrag gegeben – gilt als das Meisterwerk der osmanischen Architektur. Der geniale Baumeister arbeitete übrigens nicht nur für den Sultan, sondern auch für verschiedene Paschas und Prinzen. Die Werke Sinans dienten bis ins 19. Jh. als Vorbilder für das weitere Bauschaffen der Osmanen.

In der Zeit der großen osmanischen Sultane entstand auch der Topkapi Sarayi, die Residenz von Istanbul. Der Palast – Ende des 15. Jh. vollendet – bedeckt eine Fläche von annähernd 300 000 m² und ist zur Landseite hin massiv befestigt. Drei Baugruppen lassen sich unterscheiden:

- Das Bab-i Humayun, das Außentor mit dem anschließenden Hof, an dem neben Magazinen und dem Münzamt die ehemals byzantinische Kirche Hagia Irene als Arsenal benutzt wurde;
- das Bab-i Salam, an das sich die Küchen und der Marstall sowie die Schatzkammer und der Diwan anschlossen;
- das Bab-i Saadat, das in den inneren Palast mit der Pagenschule, dem Reliquienschatz und einer Moschee führte.

Die Städte der Osmanen waren in Wohnviertel gegliedert, in denen es Moscheen, Schulen, Brunnen und Bäder gab. Das zentrale Wirtschaftszentrum bildete der Basar mit Ladenzeilen und Werkstätten, hinter denen sich die Karawansereien, die Großbauten des Fern- und Transithandels befanden. Eine osmanische Sonderform stellten die Bedesten dar, gedeckte Kaufhallen für den Edelmetall- und Seidenhandel. Diese Verkaufsareale bildeten ganze Stadtbezirke. So besteht der Kapali Çarşi in Istanbul aus über 3000 Läden an 61 Straßen, nebst einer Freitagsmoschee und fünf Bezirksmoscheen. Der Basar wies 18 Tore auf, die des Nachts verschlossen wurden. Zum Basar gehörten wie zu den Wohnquartieren große und kleine Badehäuser mit einer

Türkische Lastenträger im Basar von Konstantinopel (Foto aus dem Jahr 1875)

effektiven Heizanlage und komplizierten Wasserleitungssystemen. Vorbildlich für Europa waren die öffentliche Wasserversorgung und der Bau von Hospitälern.

Die flach gedeckten Wohnbauten bestanden in Ost- und Südostkleinasien aus Lehmziegeln. Die hölzernen Wohnhäuser Nord- und Westkleinasiens dagegen deckten Walmdächer.

Die osmanischen Städte wiesen massive Befestigungen auf, wobei häufig römische und byzantinische Stadtmauern restauriert und erweitert wurden. Nochmals besonders geschützt waren Zitadellen und Festungen, so etwa die Sperren der Dardanellen, Anadolu Hisar und Rumeli Hisar. Letztere erbaute man auf Befehl Mehmeds II. des Eroberers (1451–1481): Drei mächtige Türme stehen im Schutz von rund 7 m starken Mauern.

Bei der Ausgestaltung von Großbauten verwandte man farbige Glasurkacheln. Zur Iznik-Ware kam die Goldene-Horn-Ware mit ihrem leuchtenden Türkis und den feinen Spiralornamenten, die an die Tughra (die ›Unterschrift‹) Suleimans erinnern.

Die Festung Rumeli Hisar und die asiatische Seite des Bosporus (Foto aus dem Jahr 1853)

Die Persönlichkeit Mehmeds II. prägte die bildende Kunst der Osmanen. Im Gegensatz zur islamischen Orthodoxie ließ er sich in Öl malen. Für den Herrscher fertigten die Italiener Matteo di Paste (1465) und Constanzo di Ferrara (1478–1481) über hundert Medaillen mit dem Porträt des Sultan. Constanzo wird auch als Schöpfer eines Porträts im Topkapi Sarayi angesehen. Von 1479–1480 arbeitete Gentile Bellini am osmanischen Hofe, sein Porträt Mehmeds II. befindet sich heute in London. Selbstverständlich malten auch türkische Meister den Sultan. Aber schon Bayezid II. ließ die Bildersammlung seines Vaters auf dem Basar verkaufen. Dies führte später zu einigen Problemen bei der Herstellung einer Ahnengalerie der Herrscher. Der Schriftsteller Sayyid Loqman beendete 1579 ein Album mit den Porträts der Sultane. Um Vorlagen für den Maler Osman zu erhalten, hatte er die Hofsammlungen abgesucht, aber nur wenige verwertbare Bilder gefunden. Loqman erfuhr, daß ›fränkische‹ Meister weitere Porträts früherer Sultane in ihrem Besitz hatten. Durch Vermittlung des Großwesir Sokollu Mehmed Pascha gelang es, Kopien aus Venedig zu beschaffen, die im Auftrag des Dogen anscheinend von Paolo Veronese gefertigt wurden. Diese Bilder gingen ihrerseits vermutlich auf eine Serie zurück, die der Korsarenführer Khair ad-Din Barbarossa dem Kommandanten der französischen Flotte, Virginio Orsini, 1543 geschenkt hatte. Die Serien sind später wiederholt in Istanbul und wahrscheinlich auch in Damaskus kopiert worden.

Selim I. (1512–1520) hingegen war wieder ein Freund der bildenden Kunst – auch malte er selbst. Auf Säulen vor dem Sultanspalast in Istanbul ließ er in Budapest eroberte Bronzestatuen des Herkules, der Diana und des Apollo aufstellen. Unter dem Sultan Suleiman (1520–1566) blühte am Hofe von Istanbul ein Nakkaş-Hane, eine Bücherwerkstatt. Die dort organisierten Künstler bildeten einen Berufsverband und waren in Stammrollen erfaßt. Ähnliche Verbände wirkten an den Höfen von Prinzen und Gouverneuren. Die Maler lieferten neben der Gestaltung von Manuskripten auch Musterbogen für andere Handwerker, so für die Weber, Töpfer, Steinschneider, Bildhauer und Wandmaler.

Lohnregister des Hofateliers zählen für das Jahr 1526 41 Maler auf. Zehn von ihnen kamen aus dem Iran oder stammten von Iranern ab, des weiteren gab es zwei Tscherkessen, einen Albaner und einen Moldawier. Das Register von 1543 nennt vier Bosnier, drei Österreicher, zwei Tscherkessen, je einen Albaner, Moldawier und ›Rumelier‹. Spätere Listen erwähnten Ungarn, Georgier und ›Franken‹ (eventuell Italiener und Franzosen).

Sultan Selim erweiterte die Akademie durch die in Täbriz in Gefangenschaft geratenen Hofmaler der Safawiden, die eine neue Welle asiatischen Einflusses nach Istanbul brachten. Nur für wenige Künstler der Hofschule lassen sich eigene Malstile nachweisen. Eine besondere Aufgabe des Hofateliers war die Gestaltung der osmanischen Tughra, der ›Unterschriften‹ des jeweiligen Sultans, ohne die die Urkunden nicht rechtskräftig waren.

Neben den Meistern der Hofwerkstätten arbeiteten Maler auf dem Basar für Privatleute. Es gab aber auch Angehörige der Oberschichten, die zum Teil eigene Texte kunstvoll gestalteten.

Die Grundlagen der osmanischen Reichskunst waren die Traditionen der Timuriden-Schule von Herat und der Malschule der Turkmenen der Ak Koyunlu-Dynastie. Wenig spürbar ist das Erbe Südosteuropas, obwohl viele Maler des osmanischen Hofes aus dieser Region stammten.

Seite aus dem Manuskript Zubdat al-Tawarikh; Tinte, Farben und Gold auf Papier (Türkei, um 1580)

Spezifisch osmanisch sind die großen Erzählfolgen von den Kriegen und Siegen der Sultane sowie ihrer Festumzüge, die vielseitige Auskunft über die Trachten, Waffen und Geräte jener Zeit geben.

Die klassische Miniaturmalerei der Osmanen setzte unter Bayezid II. ein. Ein um 1500 entstandenes Manuskript des »Suleiman-nameh«, geschrieben von Sherif ad-Din aus Bursa, enthält zwei Deckblattminiaturen. Sie zeigen Salomo inmitten seiner Begleiter sowie die Königin von Saba mit ihrem Gefolge. Salomo residiert wie ein osmanischer Sultan. Auch Muhammad und die anderen vom Islam anerkannten Propheten (Noah, Abraham, Moses, Jesus) sind dargestellt.

Unter Suleiman entstanden viele Schriften heroisierenden Inhalts. Frühestes Beispiel ist ein »Selim-nameh« in Versen mit 24 Miniaturen, welche die Siege Selims I. feiern. Die Gesichter der Figuren sind stilisiert, hingegen werden die Waffen und die Bekleidung detailliert wiedergegeben. In der zweiten Hälfte des 16. Jh. beherrschte anscheinend der Maler Matrakci Nasuh den Kunstmarkt. Er begleitete Suleiman auf seinen Kriegszügen und hielt die Stationen der Märsche und die Belagerungen u. a. von Istanbul, Täbriz und Bagdad fest. Die Illustrationen zieren den »Bericht über die Etappen der Kampagne in den zwei Iraks«.

Das »Tarikh-i Sultan Bayezid«, der Bericht über Bayezids militärische Operationen, enthielt zehn Miniaturen Nasuhs. Der Künstler gestaltete mit 32 Bildern auch das »Suleiman-nameh«, das über den Ungarnfeldzug von 1543 berichtete; ebenfalls malte er Khair ad-Dins Seeschlachten im Mittelmeer. Nasuh vermied die Darstellung von Menschen und beschränkte sich auf Städte, Häfen und Landschaften.

Anders ist dies auf den Bildern des »Suleiman-nameh«, das Ali Ben Emir Bek aus Schirvan 1558 in persischer Sprache anfertigte. Hier quellen die 69 Miniaturen von Kämpfen, Märschen und Lagerszenen geradezu von Figuren über. Beteiligt waren anscheinend Künstler verschiedener Herkunft, ohne daß sichere Zuweisungen möglich sind. Die Szenen sind äußerst lebendig und in den Details naturgetreu. Traditionell ist die Hervorhebung des Sultans durch eine überhöhte Körpergröße.

Dieser Stil blieb bis in das späte 16. Jh. maßgeblich für die Hofschule. 1579 schrieb Sayyid Loqman ein »Suleiman-nameh«, zu dem 25 gute Miniaturen dieses Typus gehören. Loqman verfaßte 1581 auch das »Schah-nameh des Selim Khan«, in dem Selim II. gefeiert wird. Die

Miniaturen betonen die Gebäude und die Natur, setzen jedoch die Figuren in ihrer Bedeutung zurück. Ebenfalls 1581 ehrte Loqman Murad III. durch das gleichfalls illustrierte »Schahanschah-nameh«.

Im »Huner-nameh« beschreibt Loqman die Fähigkeiten der Sultane Murad II. und Selim I. Hier findet sich auch die Darstellung der ersten Belagerung Wiens sowie eine Miniatur zur Schlacht von Mohacs, in der Suleiman die Ungarn schlug. Ein Teil der Miniaturen läßt sich – wie auch in anderen Handschriften aus jener Zeit – dem Maler Osman zuweisen. Anläßlich der Beschneidung des Prinzen Schehzade Mehmed entstand das »Sur-nameh«; die 437 Miniaturen geben Volksszenen wieder. Andere Handschriften mit Miniaturen berichten über den Krieg mit den Russen, über Feldzüge in Georgien und Azerbaidjan.

Illustriert wurden in erster Linie literarische Werke, klassische Dichtungen, aber auch zeitgenössische Begebenheiten sowie viele historische Stoffe der türkischen Tradition. Illustrierte Manuskripte galten als eine bevorzugte Kriegsbeute. Das Nakkaş-Hane fertigte auch Prunkhandschriften von Werken bekannter Autoren an.

Eine offizielle Biographie Suleimans gestaltete der Maler Arifi. Das Manuskript war in persischer Sprache abgefaßt und lehnte sich an das »Schah-nameh« an. Die Biographie des Sultans bildete den fünften Band einer Osmanengeschichte, die zwischen 1552 und 1558 vom Nakkaş-Hane reich ausgestaltet wurde.

In der Osmanenzeit sammelten Liebhaber Einzelblätter, die teils gesondert gefertigt, teils aus Manuskripten oder Bildrollen herausgeschnitten wurden. Berühmtheit erlangten fünf Sammelmappen, die »Fateh-Alben«, in denen nebeneinander chinesische Zeichnungen, europäische Drucke und zentralasiatische Bildwerke bewahrt geblieben sind, ohne daß man ihre Herkunft nachweisen konnte.

Im 16. Jh. vergab der Osmanenhof Aufträge zur Herstellung von Prunktextilien. Zu den von dem Nakkaş-Hane gelieferten Vorlagen fanden nun auch italienische Ranken und Rauten Eingang in die osmanische Kunst. Die Kleidung folgte im Schnitt den Kaftanen und Hosen mittelasiatischer Traditionen.

Seit Mehmed II. schrieben staatliche Verordnungen die Farben und Muster sowie die Stoffe vor, die von den Angehörigen bestimmter sozialer Schichten getragen werden durften. Auch die Religionsge-

◁ Porträt von Sultan Selim II.; Miniaturmalerei (Türkei, 1570) meinschaften hatten sich in der Tracht zu unterscheiden. Die Armee trug je nach Einheit und Waffengattung unterschiedliche Uniformen.

Eine anonyme Kunst war die Teppichknüpferei, die sowohl von den christlichen Völkern Kleinasiens wie von den Osmanen ausgeübt wurde. Hingegen scheint die Kelim-Weberei ein turkmenisches Handwerk gewesen zu sein. Die reiche Ornamentik und Farbauswahl osmanischer Teppiche schließt an die Tapisserien der Seldschuken an; die Gobelinkunst Europas fand hier Vorbild und Anregung.

Das Nakkaş-Hane lieferte auch Vorlagen für die Gold- und Waffenschmiede. Beliebt war ein polychromer Schmuckstil, bei dem sowohl Porzellane als auch Jadeschnitzereien mit Gold- und Silberwerk besetzt wurden, in das man zusätzlich farbige Schmucksteine einarbeitete. Selbst Sultane wie Selim und Suleiman erlernten die Goldschmiedekunst. Die Edelmetallhandwerker waren häufig Armenier oder Griechen. Besonderen Prunk trieben die Sultane mit ihren Rüstungen, deren Stahlkörper mit Gold, Silber und Halbedelsteinen verziert wurden.

Die staatlich verordnete Trennung der ethnisch-religiösen Gemeinschaften, der *Millets*, ließ neben der osmanischen Reichskunst eine ganze Reihe eigenständiger Kunsttraditionen bei den Armeniern, Griechen und den Balkanvölkern bestehen, die zumeist betont christlich oder jüdisch geprägt waren. Sie gehören nur im weiteren Sinn zur Kunst des Osmanenreiches. Allerdings bilden die Arbeiten christlicher Handwerker und Künstler im osmanischen Auftrag ein Übergangsfeld, auf dem die nationalen Interpretationen der Gegenwart verfehlt sind. Bestimmend für die Aussage des Kunstwerkes war der Auftraggeber und sein Verständnis der Kunst.

Die Spätphase osmanischer Kunst

Mit Beginn der Regierungszeit von Selim II. (1566–1574) sowie in der Folge wurden die Werke Sinan Paschas sowohl in der Hauptstadt als auch in den lokalen Zentren kopiert. Der eindrucksvollste Bau dieser Epigonenzeit steht in Istanbul. Der Architekt Mehmed Agha schuf für Sultan Ahmad I. zwischen 1609 und 1617 die von sechs schlanken Minaretten umgebene Blaue Moschee, die größte Gebetsstätte Istanbuls. Im lichtdurchfluteten Inneren besticht die Wirkung der blau schimmernden Kachelwände, die aus 21 043 Fliesen bestehen. Mehr als 50 unterschiedliche Ornamente haben die Künstler kombiniert. Die gewaltige Kuppel schmücken Kalligraphien aus der Hand Ahmad Gubaris.

Sultansgewand
(Mitte 16. Jh.)

Die Niederlage der Osmanen vor Wien (1683) zeigte den beginnenden Zusammenbruch, und bald ging das bisher beherrschte Ungarn verloren. Der sich unter der Regierung Ahmads III. (1703–1720) verstärkende Kontakt mit Frankreich ließ Barock- und Rokoko-Einflüsse nach Istanbul gelangen. Diese als ›Tulpenzeit‹ bekannt gewordene Periode ist durch eine Vielfalt übernommener abendländischer Zierformen gekennzeichnet, die allerdings zum Teil als ›Chinoiserien‹ nicht originär europäischen Ursprungs waren; doch fühlten sich die Osmanen offenbar deutlich davon angesprochen. Als typische Moschee jener Zeit gilt die Nuruosmaniye (1748–1755, Istanbul), die vollständig mit Marmor verkleidet ist. In der Dekoration mischen sich Kalligraphien und barocke Muster. Auch die Laleli-Moschee (1759–1763, Istanbul), die 1765/66 von einem Erdbeben zerstört und 1783 neu errichtet wurde, zeigt deutlich den Einfluß des Barock.

Relativ lange hielt sich die klassische Miniaturmalerei der Hofschule frei von europäischen Einflüssen. Den Niedergang dieser traditionsreichen Kunst spiegelt das »Schaqaiyiq-i Nu'maniye« aus der Regierungszeit Osman II. wider. Die 49 Miniaturen des Ahmad Mustafa, der diese Handschrift illustrierte, sind sehr einfach, steif und in einer völlig von den Vorbildern abweichenden Farbgebung gehalten. Für Ahmad III. (1703–1730) wirkte als Miniaturist Abd al-Djalil Çelebi, genannt Levni. Er illustrierte u. a. das »Sur-nameh« des Vehbi, das die Beschneidungsfeiern für den Prinzen Suleiman beschreibt, mit 137 Bildern. Levni malte auch Albumblätter für die Sammler von Miniaturen. Seine Bilder sind recht stereotyp und zeigen häufig europäische Vorbilder, die er kopierte. Im 19. Jh. verschwand die alte Kunst endgültig, und matte Imitationen europäischer Tafelmalerei traten an ihre Stelle.

Im 19. Jh. übernahm Istanbul in der Architektur den Empire-Stil. Deutlich zeigt dies die Nusretiye-Moschee aus dem Jahre 1826. Auch die Medrese am Diwan Yolu, desgleichen die Dolmanbač̌e-Moschee und die Moschee von Ortaköy sind durch diesen Stil geprägt. Im dritten Viertel des 19. Jh. setzte sich ein Ekklektizismus nach dem zeitgenössischen Vorbild Europas durch, so in der Aksaray Valide-Moschee.

Die Provinzen haben diesen Verfall der Tradition nur langsam übernommen, so daß sowohl in Kleinasien als auch auf dem Balkan noch bis in das 19. Jh. Moscheen im traditionellen Stil entstanden.

Mit dem Aufkommen der modernen Nationalbewegung griffen Architekten wie Kemal ad-Din (1870–1927) bei ihren Moschee- und Iwan-Bauten erneut auf die großen Traditionen Sinans zurück.

Literatur

Aslanapa, O., Turkish Art and Architecture, London 1971
Atil, N., The Age of Sultan Suleyman, the Magnificent, Washington/New York 1987
Babinger, F., Die Geschichtsschreiber der Osmanen und ihre Werke, Leipzig 1927
Cahen, C., Pre-Ottoman Turkey, London 1968
Duda, H. W. (Hrsg.), Die Seldschukengeschichte des Ibn Babi, Kopenhagen 1961
Egli, E., Sinan, Stuttgart 1954
Feher, G., Türkisches und balkanisches Kunsthandwerk, Budapest 1975
Otto-Dorn, K., Türkische Keramik, Ankara 1957
Rice, T. T., The Seljuks in Asia Minor, London 1966
Stanford, J. S., History of the Ottoman Empire and Modern Turkey, Vol. I, Cambridge 1976
Yetkin, S. K., L'architecture Turque en Turquie, Paris 1962

Osmanische Kunst auf dem Balkan

Die Balkanhalbinsel und ihre Völker spielten im Osmanenreich eine widerspruchsvolle Sonderrolle. Es gelang den Osmanen nicht, eine allgemeine Islamisierung durchzusetzen; die Mehrheit der Balkanslawen, die Rumänen, Ungarn und Griechen, blieb Christen. Ausnahmen bildeten die slawischen Bosnier, die zuvor dem von den Hochkirchen verfolgten Bogomilentum anhingen, einer dualistischen Lehre orientalischen Ursprungs, und die Albaner, die allerdings erst zum Islam konvertierten, als der Zwang zum Übertritt nachließ und die Skipetaren im sich auflösenden Osmanenstaat als Muslime größere Möglichkeiten ihrer Verwirklichung fanden als zuvor. Andererseits entwickelten sich die klassische osmanische Gesellschaft und ihre Kunst gerade in Südosteuropa aus der Verschmelzung byzantinischer Traditionen der Unterworfenen und dem seldschukisch-nomadischen Gut des neuen Herrschervolkes. Vor allem die durch Mehmed II. (1451–1481) geformte Rolle der Janitscharen, die sich in den ersten Jahrhunderten ja aus den fähigsten Jugendlichen der christlichen Völker des Reiches rekrutierte und sie zu Trägern eines Staatsosmanismus erzog, hat die Ausbildung der osmanischen Reichskunst bestimmt. Die Staatskunst

Mitglieder der gefürchteten Elitegruppe der Janitscharen in traditioneller Tracht (Foto aus dem 19. Jh.)

entstand primär auf europäischem Boden – in Edirne und Konstantinopel, in jener Region Südosteuropas also, die am weitestgehenden die Verschmelzung von Türken, Griechen und Slawen im Osmanentum erlebte.

Seit dem Ausgang des 19. Jh. ist der größte Teil der damals noch vorhandenen Gebäude osmanischer Prägung abgerissen worden oder verfallen. So zählte die nordgriechische Stadt Seres vor 90 Jahren noch über 60 Moscheen, jetzt sollen gerade noch drei Ruinen zu sehen sein. In der bulgarischen Stadt Russe waren es 36 Moscheen, von denen heute nur noch eine erhalten ist. Eine osmanische Liste der Medresen Rumeliens (des europäischen Landesteils) nennt 166 Medresen, von denen noch acht stehen, fünf davon in Edirne. Von den früher alle 30 km die Landstraße von Belgrad nach Istanbul säumenden Karawansereien stehen noch eine in gutem Zustand und vier als Ruinen.

Nach den erhaltenen Resten und den türkischen Berichten, besonders den detaillierten Niederschriften des osmanischen Weltreisenden Evliya Çelebi zu urteilen, lassen sich drei Hauptetappen in der Entwicklung der islamischen Architektur in Südosteuropa unterscheiden. Die erste Phase vom Übertritt der ersten Ghazi-Truppen nach Europa (1346) bis in das frühe 15. Jh. war vom seldschukisch-kleinasiatischen Erbe bestimmt. Neben den frühen Bauten in Edirne, so der Üç-Şerefeli-Moschee, sind als charakteristische Werke jener Zeit die Ishak Pascha-Moschee im makedonischen Skopje (1435) und die Moschee im griechischen Didymoteichon (1402) zu nennen. Letztere wurde vom gleichen Architekten geschaffen, der auch die Grüne Moschee in Bursa erbaute (s. S. 218). Zu der gleichen Gruppe seldschukisch geprägter Bauten gehörten auch die Imaret Camii des Ghazi Evremos in Makoteni (1385).

Die zweite Phase, der Übergang zu dem ›balkanisch‹ geprägten Moscheetyp, in dem zu der mitgebrachten seldschukischen Tradition der Türken die Tradition des einheimischen Kirchenbaus zur Geltung kam, stellen dann die Moscheen von Stara Zagora (1408), Jambol (1420), die große Moschee von Sofia (frühes 15. Jh.) und die aus dem Jahr 1444 datierende Imaret Camii in Plovdiv (alle in Bulgarien) dar. Die seldschukische Ziegelbautradition blieb in einigen Regionen noch bis in das 16. Jh. erhalten. In Monastir Bikola (Makedonien) steht die in diesem Stil errichtete Haçi Mahmud-Moschee aus dem Jahre 1527.

An seldschukische Zierweisen erinnert auch das Ziegelmuster des Minaretts der Djumaita in Plovdiv. Das Dach dieser Moschee, die ver-

Zeittafel zu Südosteuropa

1346	Osmanische Truppen erscheinen auf dem Balkan
1354	Erster osmanischer Stützpunkt in Europa
um 1370	Residenz von Edirne; Bau von Moscheen im seldschukischen Stil auf dem Balkan
1408	Moschee von Stara Zagora; Große Moschee von Sofia
1435	Ishak Pascha-Moschee von Skopje
1444	Moschee von Plovdiv
1453	Fall von Konstantinopel; Balkanisch-byzantinische Baukunst in osmanischem Dienst
	Zentralkuppelmoscheen, so die
1486	Banja Baschi in Sofia und die
1510	Iskandar Bey Evrenoğlu in Yenize Vardar
1521	Fall von Belgrad
1526	Ungarn unterliegen in der Schlacht von Mohacs
1528	Bau der Schwarzen Moschee in Sofia durch Sinan Pascha
1529	Erste Belagerung Wiens
1683	Zweite Belagerung Wiens; Verfall der Osmanenmacht, Rückzug der Osmanen
1717	Kapitulation der Osmanen vor Belgrad
1730–1754	Türkisches Rokoko
1748–1755	Nuruosmaniye-Moschee; Moschee von Samokow; Moscheen im Wohnhausstil auf dem Balkan
1809–1829	Abfall Griechenlands
1878	Osmanen erkennen nach dem russisch-türkischen Krieg die Unabhängigkeit Montenegros, Serbiens und Rumäniens an; Bulgarien wird abhängiges Fürstentum
1908	Annexion Bosniens und der Herzegowina durch Österreich-Ungarn, Bulgarien wird unabhängig

mutlich in der Zeit Murad II. (1421–1451) errichtet wurde, beherrschen drei Mittelkuppeln. Neun Kuppeln decken die Büyük-Camii von Sofia (1474).

In Albanien sind aus dem 15. und 16. Jh. nur einige kleine Garnisonsmoscheen erhalten. Im späten 15. Jh. setzte sich die byzantinische

Blick auf das Minarett der Djumaita-Moschee in Plovdiv

Tradition mit der Kombination von Backstein und Haustein durch. Reihen von Ziegeln wechselten mit Quadern ab. Zwischen zwei Quader setzten die Handwerker in der Regel einen Ziegel senkrecht ein. Diese Ziegelreihen dienten den Architekten zur Ausgestaltung der Wandflächen mit geometrischen Mustern. Die Kuppeln erbaute man nach kleinasiatischem Vorbild ebenfalls aus Ziegeln. Nur in Bosnien, das mit der relativ späten Eroberung und Islamisierung den Kuppelbau als Grundform übernahm, behielt man den auch in Dalmatien üblichen Bau der Kuppeln aus Stein bei.

Ein typisches Beispiel für die Zentralkuppelmoschee des 16. und 17. Jh. ist u. a. die Moschee des Iskendar Bey Evrenoǧlu in Yenize Vardar (Griechisch-Makedonien) aus dem Jahre 1510. Der nur als Ruine erhaltene Bau scheint die älteste Moschee mit einer zusätzlichen Halbkuppel zur Hauptkuppel nach dem Vorbild der Hagia Sophia zu sein.

Klassische Bauten aus der Zeit des kongenialen osmanischen Architekten Sinan Pascha (um 1491 – um 1578) sind die Rüstem Pascha

Camii in Russe, die Mustafa Pascha Camii in Vidin, die Haseki Sultan-Moschee in Odrin (alle in Bulgarien), die Banja Baschi in Sofia (1486), weiterhin die Chodscha Derwisch Mehmed-Moschee in Sofia, die sogenannte ›Schwarze Moschee‹, die Sinan 1528 für den Sultan Suleiman errichtete. Auch die Mir Mehmed Bey Camii in Çagniçede (Bosnien) geht auf den großen Baumeister zurück. Gleiches gilt auch für die Ahmad Bey Camii (1442) und die Ibrahim Pascha-Moschee (1614) in Razgrad (Bulgarien).

Nur wenige osmanische Bauwerke haben in Ungarn die Zeit überdauert. In Budapest ist zumindest noch der Kernbau der Toygun Pascha-Kuppelmoschee zu besichtigen. Von den weiteren 19 Budapester Moscheen ist nichts erhalten geblieben. In der ungarischen Stadt Pecs steht die Ghazi Kasim Pascha-Moschee (1543–1564), die 1686 in eine Kirche umgewandelt wurde. Zwischen 1939 und 1942 restaurierte man die Gebetsstätte; gleiches tat man in Pecs auch mit der Yakovali Hasan Pascha Camii, einer Medrese und einem Mevlevi-Kloster aus dem 16. Jh. Im Schloßhof von Szigetvar (Ungarn) steht die Ali Pascha Camii (1588–1589), die nach der Rückeroberung durch die Österreicher (1689) als Pulvermagazin, ab 1712 dann als Kirche genutzt wurde. Zu nennen wäre auch neben anderen die Fatih Mehmed-Moschee in Küstendil (Ungarn); ungewöhnlich ist hier, daß das Minarett von der Vorhalle her zu betreten ist.

Wiederholt befinden sich neben den Kuppelmoscheen Türben, in denen zumeist die sterblichen Überreste der Moschee-Stifter ruhen. Bisweilen sind beide Gebäude miteinander verbunden, wie in Banaluka (Bosnien) die Arnavuduje Defterdariye-Camii mit ihrer achteckigen Türbe zeigt. Auch die meisten Moscheen in Mostar (Jugoslawien) – nach Überlieferungen einst 45 an der Zahl – dürften diesem Typ angehört haben, zu sehen beispielsweise an der Koski Mehmed Pascha-Moschee.

Eine recht späte Form stellt die dreistufige Tombul-Moschee (1744) in Schumen dar. Nach Istanbuler Vorbild ist dem Moscheekörper ein ummauerter Hof mit Waschpavillon vorgelagert. Die Selimiyeh in Odrin (Bulgarien, 18. Jh.?) folgt den repräsentativen hauptstädtischen Formen.

Die Albaner, die erst im 17. und 18. Jh. mehr oder weniger zum Islam übertraten, blieben bis in unsere Tage bei der klassischen Moscheeform der Spätzeit, auch wenn sie die Wanddekoration nach byzantinischem Vorbild gestalteten.

Im Niedergang des Osmanischen Reiches folgte der Baukunst des osmanischen Großstaates eine Architektur der Niedergangszeit, die

Die Tombul-Moschee in Schumen

sich nach örtlichen Traditionen richtete. Neben dem Zentralkuppelbau setzte sich in dieser Folge von der Dobrudscha bis nach Makedonien und Bulgarien eine anscheinend aus dem regionalen Wohnhaustyp entwickelte Moscheeform durch, bei der man einen rechteckigen Baukörper unter ein Walmdach setzte. Diese Moscheen sind zumeist nach Süden orientiert, d.h. die Mihrab-Wand steht im Süden, so daß die in der Regel vorhandene Vorhalle an der Nordseite errichtet ist. Das Minarett ragt nördlich der Qibla auf, eine Galerie ziert den Turm, der sich zumeist auf einem quadratischen Sockel erhebt und im Turmkörper rund bzw. vieleckig ist. Ein spitzes Zeltdach gibt ihm die typische ›Bleistiftform‹ osmanischer Minarette. Nur größere Moscheen weisen ein eigenes Brunnenhaus auf. Die Gebetshalle ist überwiegend flach gedeckt. Es gibt aber auch Moscheen mit eingearbeiteten Kuppeldecken, die unter dem Walmdach verborgen sind. Typisch für diesen Baustil ist die Hallenmoschee von Küstendil, deren Gebetsraum 20,3 × 6,5 m mißt.

Diesen Typ repräsentieren in Rumänien die Ghazi Ali Pascha Camii in Babadagn (Dobrudscha), die Mahmud Yazici Camii in Isaccea, in der die Kuppel durch ein quadratisches Deckenmuster mit eingesetzten

Kreisornamenten ersetzt wurde, die Moscheen in Çarnavoda und die Selim Hunkar-Camii in Constanta (1869).

Wenig älter ist die in spätem türkischem Rokoko gehaltene reizvolle Bajrakli-Moschee in Samokov (Bulgarien). Ihr Betraum mißt 14×17,75 m; das Minarett ist mit einem girlandenartigen Band verziert. Die Wandmalereien sind gut restauriert.

Hauptsächlich in Ungarn, Bosnien und Albanien sind uns Mausoleen erhalten geblieben. Eine touristische Sehenswürdigkeit ist die 1543–1548 errichtete Gül Baba Türbe in Budapest, in der ein Bektaschi-Scheich zur letzten Ruhe gebettet wurde. Die 1690 erfolgte Umwandlung in eine christliche Kapelle verhinderte den Abriß des Grabmals. In Pecs steht noch das etwas jüngere Mausoleum des Idris Baba, eine oktogonale Türbe. Nur noch wenige Derwischklöster haben die Zeiten überdauert, so im bosnischen Blagaj oder in der ungarischen Stadt Pecs.

Meist unbeschädigt überstanden die türkischen Bäder die Vertreibung der Osmanen (16./17. Jh.). Erst gegen Ende des 19. Jh. scheint die Mehrzahl abgerissen worden zu sein. Das Vorhandensein heißer Quellen ließ neben den üblichen Dampfbädern, die sich auf dem Balkan an syrischen Vorbildern orientierten, Bäder mit großen Becken entstehen; so in Küstendil das Derwisch-Banja aus dem 15./16. Jahrhundert mit einem achteckigen Becken von 4 m Seitenlänge. Derartige *Ilidje* (Beckenbäder) waren häufig Stiftungen; so ließ im 16. Jh. der Großwesir Sokollu Mustafa in Budapest die Kiraly- und die Csaszar-Bäder errichten.

Aus der Türkenzeit stammen auch viele der Befestigungsanlagen des Balkan. Recht gut erhalten ist die 70 × 73 m messende osmanische Burg von Vidin (Bulgarien), Baba Vidin Kuli. In Szigetvar (Ungarn) wurde 1566 die Ruine der stark zerstörten Festung nach dem alten Plan wieder mit viereckigen Bastionen für Geschütze versehen aufgebaut. Die Burg von Buda erweiterten die Osmanen mehrfach und legten dabei auch die West- und Nordmauer mit ihren Bastionen und Türmen an. Desgleichen sind die Festungen von Esztergom und Gesztes (Ungarn) sowie die Zitadelle von Nisch (Jugoslawien), deren Portal recht deutlich seldschukische Traditionen zeigt, weitgehend Bauwerke aus osmanischer Zeit. Die Festungsmauern der Osmanen waren in der Regel 7–8 m stark mit tonnengewölbten Kasematten dahinter.

Für die osmanische Karawanserei lassen sich nur noch wenige erhaltene Beispiele nennen, so der Kursum Han aus dem 15. Jh. in Plovdiv

(Bulgarien) und der Kurschumli Han, eine Doppelhofanlage, in Skopje (Makedonien). Ein osmanischer Basar und Holzhäuser im osmanischen Stil sind in Preslav (Bulgarien) bewahrt worden.

Auf eine möglicherweise vorosmanische Bauform geht der befestigte Wohnturm zurück. Dabei handelt es sich um drei- bis vierstöckige, fast quadratische Gebäude, die man zwischen dem 14. und 18. Jh. errichtete. In Küstendil steht noch heute ein solcher Turm, seine Höhe beträgt 14,5 m, die Grundfläche mißt 8,25 × 8,35 m.

Im Wohnbau arbeitete man viel mit Lehmfachwerk, aber auch mit Hausteinen, die man mit Holzankern verband und in Lehmmörtel setzte. Das Dach war mit Ziegeln gedeckt.

Die im Haus oder auch der Moschee viel benutzten Teppiche wiesen ungarische Inventarlisten schon im 16. Jh. als türkische Importe aus. Umstritten ist die Ausbildung eigener Teppichknüpferschulen auf dem Balkan. Noch heute ist die Herkunft der ›transsylvanischen‹ Teppiche nicht genau geklärt. Sicherer ist dagegen die Teppichkunst der Walachen und Moldawier zu belegen, die mit ihrem Blumendekor an kleinasiatische Produkte anknüpften. Unbekannt ist, ob nicht die seit dem 9. und 10. Jh. über die Ukraine auf den Balkan strömenden Nomaden eigene Teppichtraditionen, besonders in der weitverbreiteten Kelim-Weberei, mitgebracht haben. Sie dürften des weiteren die Trachten und Waffen der Steppenvölker auf dem Balkan bekannt gemacht haben, so daß viele Züge des Osmanischen den Völkern Südosteuropas bereits zuvor vertraut waren.

Der Prunk des osmanischen Hofes und seiner Repräsentanten strahlte bis in das 18. Jh. tief nach Osteuropa aus, auch wenn es unrichtig ist, alle Orientalismen, die in der Balkanregion auftraten, als türkisch zu bezeichnen. Das osmanische Vorbild hat schon im 16. Jh. Ungarns Hofmode bestimmt; so empfing beispielsweise der ungarische König Matthias I. Corvinus den Gesandten der Stadt Ferrara im Kaftan. Der Kaftan avancierte vielerorts zum Bestandteil der Volkstracht, wurde gar an Kaiser und Könige verschenkt. Osteuropa übernahm auch die weiten Hosen, die türkischen Hüte, die Prunkkaraffen und Schuhformen. Beliebt waren kleinasiatische (vermutlich zum großen Teil armenische) Stickereien.

Osmanische Buchmalereien aus dem Balkan scheinen bisher nicht bekannt zu sein. Auch die nachbyzantinische christliche Buchmalerei der Region läßt nur geringen orientalischen Einfluß erkennen. Lediglich in einigen Kodices des Klosterberges Athos (Griechenland) konnte man orientalisierende Ornamentfelder, Vignetten etc. nachweisen, die aber eher auf keramische Vorbilder als auf den Dekor islamischer Handschriften zurückgehen. Wahrscheinlich verbot der religiöse Gegensatz die direkte Übernahme islamischer Vorbilder.

Segment plastisch gestalteter Thuluth-Schrift

Literatur

Gerö, G., Turkish Monuments in Hungary, Budapest 1976

Gervers, V., Oriental Carpets from Eastern Europe, in: Islam in the Balkans, Edinburgh 1979, S. 29–41

Gervers, V., The Influence of Ottoman Turkish Textiles and Costume in Eastern Europe, ROM-History, Technology and Art, Monograph 4, Toronto 1982

Kiel, M., Some Reflections on the Origins of Provincial Tendencies in the Ottoman Architecture of the Balkans, in: Islam in the Balkans, Edinburgh 1979, S. 19–28

Minetti, H., Osmanische provinzielle Baukunst auf dem Balkan, Hannover 1923

Wessel, K., Osmanische Einflüsse in der nachbyzantinischen Buchmalerei, in: Die Türkei in Europa, herausgegeben von Klaus-Detlev Grothusen, Göttingen 1989, S. 38–44

Kaukasien und Transkaukasien

von Burchard Brentjes

Der Islam erreichte den Bergriegel des Kaukasus sowohl von Norden als auch von Süden her. Im Schutz der Gebirge behaupteten sich jedoch die Armenier und die Georgier als Christen, während der Ostkaukasus und der Nordkaukasus islamisch wurden. Ganze Völker – darunter die christlichen Albaner des Kaukasus (nicht verwandt mit den Albanern des Balkan) – sind in diesem Prozeß verschwunden, andere hingegen wurden – wie etwa die Osseten – im Laufe der Jahrhunderte schrittweise islamisiert. In den isolierten Bergregionen entwickelten sich recht unterschiedliche Formen des Islam. Nur im Südosten, von Derbent südwärts, und in den Nordsteppen setzten sich die staatlich organisierten Formen des Islam durch. Im Norden war es vor allem die ›Goldene Horde‹, auf deren Spuren man im Gebirgsvorland Azerbaidjans in Gestalt zerfallener Moscheen trifft.

Im Südosten des Landes war die Stadt Derbent ein Eckpfeiler der Verteidigung gegen die Nomaden und Bergvölker des Nordens. Schon die Sasaniden hatten Derbent jene eigenartige Gestalt gegeben, die die Altstadt noch heute aufweist. Zwei annähernd parallele Festungsmauern ziehen sich von einem steilen Felskamm zum Meer und umschließen an der Küste einen Hafen. Die erhaltenen Steinmauern sind bis zu 10 m hoch und ca. 4 m stark. An diese Festung schloß sich landeinwärts ein über 40 km langes Mauersystem an. Die Zitadelle steht auf dem höchsten Punkt der Stadt, und zwei große Straßenbasare durchziehen die Ober- und die Mittelstadt. Derbent fiel um 710 endgültig in die Hand der Muslime und erhielt seine heutige Gestalt im 15. Jh. durch die Schirwanschahe, die in Baku residierten.

Aus den ersten Jahrhunderten des Islam sind nur wenige Bauten vollständig erhalten, da der Mongolensturm auch Azerbaidjan und die Kaukasusländer verwüstete. Moscheen des 8. und 9. Jh. sind in Achsu und Schemacha nachgewiesen worden. Eine Bauinschrift datiert die Muhammad-Moschee von Baku in das Jahr 1078/79; ihr Minarett ist anscheinend älter. Berichte über Derbent erzählen von Plastiken, die die Stadtmauern und öffentlichen Gebäude schmückten;

Zeittafel

710	Fall von Derbent; Transkaukasien unter islamischer Herrschaft
10. Jh.	Islamisierung Daghestans
	Armenien und Georgien bleiben christlich
	Einfall turkmenischer Stämme, Seldschukenherrschaft
1078–1079	Muhammad-Moschee in Baku
12. Jh.	Befestigung Bakus als Residenz der Schirwanschahe
13.–16. Jh.	Turmfestungen von Apscheron
nach 1501	Persische Oberhoheit, Safawiden-Dynastie
1722–1736	Nadir-Schah erobert Georgien und Daghestan
1797	Palast von Scheki
1801–1805	Angliederung Georgiens an Rußland
1813	Karabagh, Daghestan und Nordazerbaidjan fallen an Rußland
1828	Nordostarmenien fällt an Rußland
1834–1864	Schamil-Aufstand in Nordkaukasien

eine derartige Ausstattung erinnert an die seldschukischen Mauern von Konya. Während der Zeit der Mongolenoberhoheit wurde in der Region rund um das heutige Azerbaidjan intensiv gebaut. Aufgrund der anhaltenden Bedrohung durch die Bergvölker und die Herren Osteuropas erweiterte man die Befestigungssysteme. Besonders auf der Halbinsel Apscheron, die den über See kommenden Angreifern offen lag, entstanden mehrfach hintereinandergestaffelte Verteidigungsketten, die den südwärts gelegenen Hafen von Baku schützen sollten, von dem aus man Handel nach Turkmenien über See betrieb.

Die Burgen bestehen in der Regel aus einem massiven Donjon (Wohnturm), den eine quadratisch oder rechteckig verlaufende Mauer umgibt. Der Turm ist entweder rund wie z.B. in Mardakjan (1232) oder aber, wie die Inselfestung in der Bucht von Baku (1234/35) zeigte, rechteckig. Diese Befestigungsanlage ist nicht mehr erhalten; im 14. Jh. versank die mit Kalligraphien im kufischen Stil geschmückte Burg in den Fluten. Zu der Gruppe der runden Donjons aus dem 12. Jh. gehört auch der ›Mädchenturm‹ in Baku, der 30 m hoch ist und dessen Mauern

Rekonstruktionszeichnung der Inselfestung in der Bucht von Baku

am Fundament 5 m stark sind; eine Wendeltreppe verbindet im Inneren des Turms acht Stockwerke.

Die Region von Nakhitschewan ist besonders durch reich verzierte Mausoleen in seldschukischer Tradition charakterisiert, die im 12. und 13. Jh. entstanden. Erwähnenswert ist u. a. das Grabmal einer Angehörigen der herrschenden Schicht, der Mumine-Khatun (um 1185), ein zehneckiger Grabturm mit Ornament- und Kalligraphiebändern als Schmuck. Im gleichen Stil sind auch die Mausoleen von Maragha ausgeschmückt.

Seit dem 12. Jh. diente Baku den Schirwanschahe als Residenz; auf der Bergkuppe über der Stadt entstand ein befestigter Palast, an dem bis in das 15. Jh. hinein gebaut worden ist. Hervorzuheben sind das reizvolle Diwan-Khane (15. Jh., der Versammlungsort der Minister), das Mausoleum der Dynastie (von 1435) und die Palastmoschee (von 1441).

An die alten vorislamischen Bautraditionen der Merw-Oase erinnert die Halbsäulenfassade des Grabturms von Qarabaghlar (1340), dessen Ziegeldekor den timuridischen Gebäudeschmuck vorwegnimmt. Ungewöhnlich ist ein Mausoleum in Haçin-Dorbatly, das aus dem Jahr

1314 datiert. Die Fensterzwickel der Außenfront sind mit Flachreliefs verziert, die Tiere darstellen. Der Bau ist zwölfeckig, Tor und Innenkuppel sind hervorragend ornamental verziert.

Im Jahre 1368 entstand die Djuma-Moschee von Derbent, eine dreischiffige Hallenmoschee mit einer Flachkuppel über dem Mihrab-Raum. Ihr gegenüber errichtete man im 15. Jh. eine Medrese.

Vom 14. bis zum 16. Jh. erbaute man auf der Apscheron-Halbinsel erneut Turmburgen, nun stets in rechteckiger Grundform. Die Vorbilder dieser Festungen standen im Kaukasus.

In Scheki hat sich ein zweistöckiger Palast der örtlichen Khane aus dem Jahre 1797 erhalten. Seine Fassade zieren geometrische Muster, der Hauptsaal hingegen ist im qadjarischen Stil sowohl figurativ als auch ornamental ausgeschmückt. Reiche Baumuster in Nischen gesetzt wechseln mit geometrisch gemusterten Bändern ab. Ein langer Gemäldefries erzählt vom Zusammentreffen der Khane mit den Bergbewohnern des Kaukasus, von Jagden und Kämpfen (um 1900). Gemälde in einem alten Palastteil (17. Jh.?) stellen die Geschichte von Ferhad und Schirin dar. In Azerbaidjan stehen verschiedene Moscheen, so die Gileili-Moschee in Scheki. In Armenien künden einige Bauwerke von der persischen Oberhoheit (bis 1825), so die Djuma-Moschee in Erivan. Grabmoscheen der Spätzeit sind u. a. in Gandscha und in Barda erhalten (17. Jh.).

In Schemacha entstanden im 14. Jh. Miniaturhandschriften im sogenannten Turkmenenstil, so z. B. eine Anthologie persischer Dichter, die 1468 niedergeschrieben wurde. Sie war offenbar dem Schirwanschah zugedacht, der deshalb auch auf dem Frontispiz, einer doppelseitigen Miniatur, thronend dargestellt ist. Einige Miniaturen des Bakuer Malers Abd al-Baki blieben in Sammelmappen Istanbuls erhalten.

Die Grabsteine Azerbaidjans schließen zum Teil in ihrer Tiergestalt (Pferde, Löwen und Bären) an nordasiatische Traditionen an. Die Hofwerkstätten lieferten seit dem 16. Jh. Grabsteine und Kenotaphe mit teppichartigen Flachreliefs in feinsten Mustern.

In der Volkskunst versah man derartige sarkophagförmige Grabsteine mit Handwerksszenen, die den Bestatteten zu Lebzeiten darstellten – bis in unsere Zeit hat sich dieser Brauch erhalten. Daneben bestehen beschriftete Grabplatten mit feinen dekorativen Ornamentstreifen.

Die Teppichknüpferei und die Kelim-Weberei waren in Transkaukasien offenbar schon vor dem Einzug der Turkmenen verbreitet

(11. Jh.). Die Teppiche lassen sich verschiedenen lokalen Gruppen zuordnen; teilweise jedoch sind sie von Armeniern geknüpft worden, so vor allem die Kasach-Teppiche und die rein armenischen Karabagh-Teppiche.

Daghestan und Nordkaukasien

In Daghestan setzte sich der Islam – gestützt auf 7000 arabische Familien, die man in frühabbasidischer Zeit in Derbent angesiedelt hatte – nur langsam durch. Von diesen Gläubigen ging eine schrittweise Islamisierung Daghestans aus, die sich in der Verbreitung der arabischen Schrift und dem Aufbau islamischer Bethäuser und Medresen nachweisen läßt. In den folgenden Jahrhunderten flossen sehr unterschiedliche alte Traditionen in den muslimischen Glauben ein. So fertigten die Handwerker in Daghestan noch im 12. Jh. Metallarbeiten im sasanidischen Stil.

Viele dieser Lokaltraditionen gingen erst im 19. Jh. verloren; damals rief Schamil (1797–1871), Führer im Widerstand gegen die vordringenden Russen, zur Überwindung heidnischer Traditionen auf und propagierte die Rückkehr zum reinen Islam. In der Folge wurden viele Moscheen in Daghestan renoviert, ja sogar neu erbaut.

Die daghestanischen Aul(Dorf-)-Moscheen sind Längshallen mit dem Mihrab an der Südwand, die Minarette haben zum Teil die Form der alten Wehrtürme des Landes. Im Westteil Nordkaukasiens, im Tal des Kuban, errichtet man die Moscheen im traditionellen Wohnhausstil – rechteckig mit einem Giebeldach.

In Daghestan sind mehrere Moscheen aus dem 10. und 11. Jh. erhalten geblieben. Die Moschee im Aul Ichrek besitzt eine Inschrift aus dem Jahre 1017. Gerühmt wird die Gebetsstätte von Qala-Qoreisch, dem Dorf der ethnischen Gruppe der Darginer. Der Mihrab und die Stützen des Gebäudes weisen reiche Stuckschnitzerei auf, und die Türen schmücken Löwenreliefs. Diese zierten einst – so heißt es – einen vorislamischen Tempel in Kubatschi, von dort sollen sie als Siegeszeichen entführt und in die Moschee eingebaut worden sein. In dem Aul der Agulen Ritscha befindet sich eine Hallenmoschee, die 1239 von den Mongolen zerstört und in alter Form wiederaufgebaut wurde.

Der Großen Moschee von Derbent nachgestaltet ist die im 15. Jh. errichtete Freitagsmoschee des Lakendorfes Kumusch; 14 Säulen tragen die Kuppel. Auch die Lesginen bauten ähnliche Moscheen, so z. B. in Achty.

An den Straßen Daghestans stehen reliefierte Steinsäulen, Kenotaphe. Die Awaren stellten derartige Stelen – die starke stilisierte Menschenbilder darstellen – für die Männer auf. Die Stelen für Frauen haben runde oder dreieckige Formen. Der Dekor der Stelen zeigt Waffen, Geräte und häufig auch gesattelte Pferde, gelegentlich kommen Memorialinschriften und dekorative Pflanzenmuster vor.

Die Osseten stellen seit ihrer Islamisierung quadratische Stelen mit rundem oberen Ende auf – der Besucher findet sie überall in Nordossetien. Die Stelen des 19. Jh. zeigen neben Inschriften am oberen Ende Rosettenmuster sowie Darstellungen von Waffen und Pferden. Letztere fehlen auf den neuen Grabsteinen, auf denen mitunter der fünfzackige Stern oder aber Stern und Halbmond die sechsblättrige Rosette ersetzen.

Die Volkskunst der islamischen Kaukasusvölker ist bisher kaum studiert worden. Sie bewahrt offenbar in vielen Zügen altorientalische, nomadische und vorderasiatische Elemente.

Bei den Adygeiern im westlichen Kaukasus spielten Filzteppiche und Matten zentralasiatischer Tradition eine große Rolle. Die Rhomben, Widderhornmuster, Ranken und Dreiblattornamente erinnern an kasachische Kunstwerke. Aus Gras geflochtene Matten dienten als Gebetsteppiche, die ein Kreuz als Symbol der vier Weltgegenden zierte.

Die Adygeier liebten reich bestickte Trachten, die die Frauen in Hausarbeit anfertigten. Stickerei und Schmuck wurden mit Vorliebe in Gold oder Silber gearbeitet. Besonders die Gürtel, Brustschließen und den Schmuck der Damen fertigte man in Filigran aus Silber. Die Adygeier waren berühmte Waffenschmiede, die Panzerhemden, Säbel, Dolche und Feuerwaffen kunstvoll gestalteten.

Die Osseten beherrschten meisterlich die Schnitzkunst, die sie zur Ausschmückung ihrer Wohnhäuser einsetzten. Bei den Wainachen zierten ebenfalls kunstvolle Stickereien die Kleidung. Überhaupt vermochte man anhand der Nationaltrachten die Völker Daghestans zu unterscheiden.

Bei den Awaren gilt der Aul Gozatl als das älteste Zentrum der Metallkunst. Weit über den Kaukasus hinaus berühmt ist der Aul Kubatschi, ein Dorf der Darginer. Die Einwohner fertigten neben Waffen, Geräten und Gefäßen eine Vielzahl von Stelen und Kenotaphen in feiner Reliefarbeit. Eine Besonderheit des Auls ist die Khunala-Moschee, die nur Frauen betreten dürfen. Die Gebetsstätte bewahrt eine Inschrift aus dem Jahr 1694. Reliefs aus Kubatschi datieren bis in das 13. oder 14. Jh. zurück und zeigen Löwen am Lebensbaum, Eber sowie pflanzliche Muster. Die Kubatschi-Schmiede produzierten hauptsächlich Prunkwaffen und Frauenschmuck.

Das Awarendorf Unzukul galt als berühmt für seine Einlegearbeiten, die die Bewohner aus dem Holz der Kornelkirsche und des Weißdorns fertigten. Die Ornamente schlug man in Silber, Bronze und Gold ein. Ein Lacküberzug machte die Erzeugnisse dauerhaft. Weithin beliebt waren im Kaukasus die rot und weiß bemalten Keramiken der Frauen des Lakendorfes Balchar.

Das Vordringen der Russen im Kaukasus führte zu einer Revitalisierung des Islam: Einerseits diente der Glaube den Bewohnern als eine Art geistiger Widerstandsbewegung, andererseits entstanden im russisch regierten Nordkaukasus islamische Prachtbauten vor allem für die Angehörigen der muslimischen Truppen der Zarenarmee. Die Russen waren im Kampf gegen die herrschenden Khanate an der Wolga bis tief in das 18. Jh. hinein aggressiv antiislamisch aufgetreten. Noch beim Fall von Kazan zerstörten sie 1743 demonstrativ rund 500 Moscheen.

Die Regierungszeit Katharinas II. (1762–1796) brachte einen Wandel; bei dem Aufstand des Jemeljan Pugatschov gegen die Dynastie spalteten sich die unterworfenen muslimischen Völker: Der Adel unterstützte die Zarenmacht, die Bauern und armen Städter hingegen die Revolte. Katharina ließ daraufhin in Orenburg (später in Ufa) eine islamische Zentralverwaltung einrichten, die unter einem Mufti stand und für alle Muslime des Reiches zuständig war. Die Zarin und ihre Nachfolger unterstützten auch den Bau von Moscheen; Glanzstück dieser Zeit ist die um 1880 in Ordshonikidse errichtete Kuppelmoschee mit zwei an Kirchtürme erinnernden hohen Minaretten.

Literatur

Bretanizkij, B./Weimarn, B./Brentjes, B., Die Kunst Aserbaidshans vom 4. bis zum 18. Jh., Leipzig 1988

Markowin, W. J./Muntschajew, R. M., Kunst und Kultur im Nordkaukasus, Leipzig 1988

Islamische Architektur auf der Krim

von Burchard Brentjes

Die Halbinsel Krim stand seit dem mongolischen Westzug im 13. Jh. unter der Herrschaft der Steppenvölker und seit deren Übergang zum Islam (nach 1250) entstanden auch auf der Krim islamische Bauwerke.

Aus der Zeit des Krim-Khanats ist uns eine Reihe von bedeutenden Gebäuden erhalten geblieben, so etwa die Zincirli-Medrese in Salacek oder die Mimar Sinan Camii in Gözleve. Einmalig ist der völlig erhaltene Palast der Khane in Bachtschi-Sarayi, der aus dem 18. Jh. datiert und vorzügliches orientalisches Rokoko zeigt. Der Komplex umfaßt einen Pavillonpalast, eine Palastmoschee, zwei Türben sowie Haremsbauten und Wirtschaftsgebäude. Der Innenschmuck ist aus Marmor gearbeitet; die Minarette sind achteckig, die Galerien weisen reiche Dekorationen auf.

Die Außenfronten der Bauten sind bemalt und mittels durchbrochener Fenster aufgelockert. Ein achteckiger Wohnturm diente als letzte Zuflucht im Belagerungsfall.

Auf dem nahegelegenen Tafelberg Khufud-Kale ist u. a. ein Steinmausoleum aus dem 15. Jh. erhalten, das für Dshanike-Khanum gebaut wurde. Der Khufud-Kale war schon vor den Mongolen eine Fluchtburg und Festung. Die Türben des Mengli-Girajed und des Diljari-Bekec sowie die Grabsteine von Bachtschi-Sarayi schließen an die Kunst der Osmanen an.

Irak und Iran

von Gerd Gropp

Nach Osten grenzt die Arabische Halbinsel an eine weiträumige Folge gegensätzlicher Landschaften: Das Zweistromland des Euphrat und Tigris ist eine sonnendurchglühte Ebene mit fruchtbaren Äckern und anmutigen Palmenhainen an den Wasserläufen, die keinen Winter kennt. Jenseits des Tigris hingegen erheben sich die bis zu 5000 m ansteigenden, schwer zugänglichen Bergketten des Zagros mit ihren schneebedeckten Gipfeln und engen, auch im Sommer angenehm kühlen Tälern. Zwischen den Pappeln an den schmalen Flüßchen liegen karge Felder, auf den gestrüppbewachsenen Hängen weiden die Karakul-Schafe der Hirtennomaden. Bergketten umschließen von allen Seiten die iranische Hochebene, eine abflußlose, niederschlagsarme Steppe fast ohne Vegetation, in der die Oasen mit den berühmten Städten Täbriz, Ray, Isfahan und Schiraz liegen. Die Oasen, die häufig unabhängige Fürstentümer und Kulturzentren waren, bilden wiederum jeweils eigene Welten. Auch die Stämme der Bergtäler, die Kurden im Westen und die Paschtunen im Osten, konnten immer wieder ihre Unabhängigkeit verteidigen. Im Norden setzt sich die iranische Gebirgs- und Steppenlandschaft über Oxus (Amu Darya) und Pamir bis nach Zentralasien fort, wogegen der Indus eine deutliche Grenze zur gänzlich anders gearteten Welt Indiens darstellt.

Bereits drei Jahre nach dem Tode des Propheten Muhammad (570–632) stürmten die islamischen Glaubenskämpfer gegen die kampfgewohnten Heere des persischen Reiches der Sasaniden an (225–651) und errangen ihren ersten Sieg bei Qadisiya, dem bald die Eroberung der Ebene und des Hochlandes folgte. Das riesige Landgebiet wurde jetzt als Irak bezeichnet und von den neugegründeten Städten Kufa (bei den Ruinen Babylons am Euphrat) und Basra (am Shatt al-ᶜArab am Persischen Golf) aus von zwei Statthaltern verwaltet. Bald unterschied man das schnell die arabische Sprache annehmende Mesopotamien als *ᶜIraq al-ᶜArabi* (arabischer Irak) von dem die persische Sprache bewahrenden Hochland, dem *ᶜIraq al-ᶜAdjami* (fremdsprachiger Irak) – heute führt nur noch das Tiefland die alte Bezeichnung.

Zum ersten Male wurde der Irak zum Zentrum des islamischen Reiches, als der vierte Kalif (Nachfolger des Propheten) Ali (656–661) die Residenz von Medina nach Kufa verlegte, wo ein Statthalter bereits einen prächtigen Palast errichtet hatte. Dort wurde Ali ermordet und in dem nahe gelegenen Nadjaf beigesetzt, dem ersten Märtyrerheiligtum für die seither mit den Sunniten unversöhnlich entzweite Konfession der Schiiten (s. S. 17). Alis Gegenspieler ließ sich in Damaskus zum Kalifen ausrufen und begründete die Dynastie der Omayyaden. Um 700 verstand es Hadjadj, Statthalter ›der beiden Irak‹, den neuen Staat und seine Finanzen zu organisieren und zu festigen – eine zweite Eroberungswelle konnte den Islam nun bis an den Indus hin ausbreiten. Der Osten wurde erneut zum entscheidenden Machtfaktor, als sich dort ein Gegenkalif erhob, unter dem Schutz seiner persischen Leibgarde das ganze Reich bis auf Spanien eroberte und die Dynastie der Abbasiden (749–1258) begründete (s. S. 18 ff.). In der zunächst zur Residenz erhobenen Stadt Kufa kam es zu Zusammenstößen zwischen der persischen Leibgarde und den eingesessenen Arabern, woraufhin der Kalif al-Mansur 762 Bagdad errichtete; in ihrer kreisrunden Innenstadt bewohnte der Beherrscher der Gläubigen, umgeben von seinen Prätorianern und in Distanz zu den Arabern, von nun an seinen Palast.

Unter den Söhnen des Harun ar-Rashid (786–809) kam es zu einem Bruderkrieg, aus dem zuletzt al-Mu^{c}tasim siegreich hervorging, weil er sich eine eigene Leibgarde aus türkischen Sklaven (Mamluken) aufgebaut hatte. Ähnlich wie einst unter al-Mansur, gerieten nun bei seinem Einzug in Bagdad die persische und die türkische Garde in Streit, worauf der Kalif eine neue Residenz in Samarra erbauen ließ und im Jahre 838 Bagdad verließ. Von jetzt an standen die schwachen Herrscher vollständig unter der Macht der Prätorianergeneräle und blieben es auch nach ihrer erneuten Rückkehr nach Bagdad im Jahre 892. Indessen war es schon unter Harun ar-Rashid einigen Provinzgouverneuren gelungen, sich auf Lebenszeit in ihrem Amt bestätigen zu lassen (vorher wurden sie etwa alle drei Jahre abgelöst), um auf diese Weise in Ägypten und Ostpersien erbliche Emirate und Sultanate zu schaffen. Nur vorübergehend konnte um 900 ein mächtiger Prätorianergeneral noch einmal die Zentralgewalt stärken und einige Emire besiegen, bevor der buyidische Emir von Persien Bagdad eroberte. Die Buyiden (945–1055) ließen die Kalifen unter Hausarrest stellen und nur noch ihre geistlichen Funktionen ausüben, während sie selbst die politische Macht in Händen hielten, die sie jedoch nur in Persien und im Irak

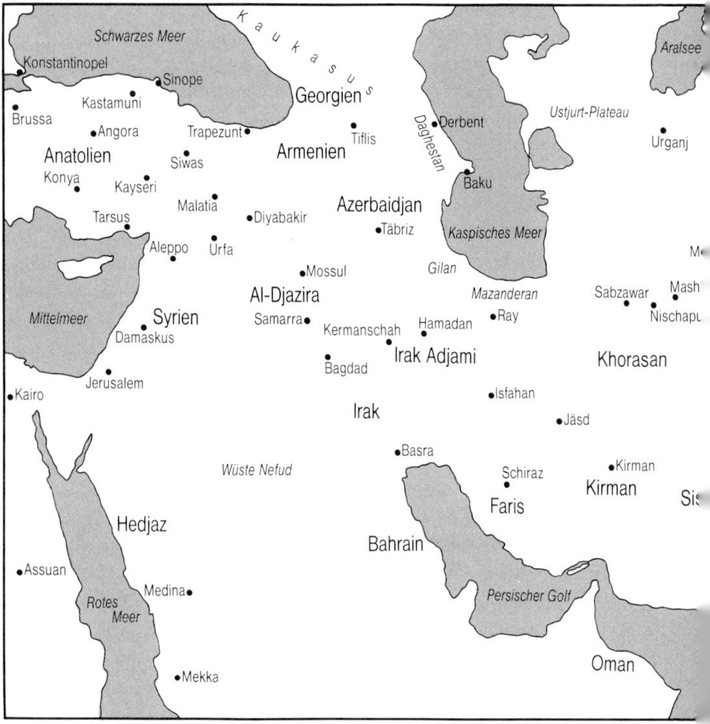

durchsetzen konnten: Westen und Osten des islamischen Reiches standen von jetzt ab unter selbständigen Sultanen. Für die Kalifen bedeutete es kaum einen Unterschied, als ein türkisches Volk unter der Dynastie der Seldschuken (1055–1191) Persien und den Irak unterwarf und ein Sultanat schuf, das von Aleppo und Konya im Westen bis Merw und Buchara im Osten reichte. Erst als dieses Reich in viele Teile zerfiel, konnten die Kalifen die Bevormundung abschütteln und von 1180–1258 noch einmal über Teile des Irak und Westpersiens herrschen; während dieser Zeit ließen sie die Hauptstadt Bagdad prächtig wiederaufbauen.

Die Kalifenzeit endete unter den furchtbaren Verheerungen der Mongolen; 1258 wurde von Hülagü der letzte Abbaside hingerichtet und Bagdad niedergebrannt. Die anfangs buddhistischen und antiislamischen Ilkhane (1256–1335) und Djalayiriden (1335–1400) wurden

Der islamische Osten

bald zu guten Landesherren, die von ihrer Sommerresidenz Täbriz und ihrer Winterresidenz Bagdad aus ein Gebiet wie einst die Seldschuken beherrschten. Unter Timur jedoch (auch Tamerlan, 1370–1405) kam es erneut zu schrecklichen Feldzügen und Zerstörungen, Bagdad wurde ein zweites Mal niedergebrannt und viele persische Städte sollten jahrhundertelang unbewohnt bleiben. Aus der Fehde zweier Turkmenen-Stämme (1410–1501) ging in dem verwüsteten Persien zuletzt die Dynastie der Safawiden (1501–1722) als Sieger hervor, deren Residenz Isfahan zu den einst prächtigsten Städten der Welt zählte. Aus dem Irak wurden die Safawiden im Jahre 1534 von den türkischen Osmanen (1231–1922) vertrieben, nur Schah Abbas (1587–1629) konnte es noch einmal für einige Jahre zurückerobern.

Wie die Osmanen waren auch die Safawiden eine türkische Dynastie, und beide herrschten sie in Vielvölkerstaaten. Um die militärisch

Schah Abbas der Große (Darstellung aus dem Jahr 1634)

wichtigen Turkmenen-Stämme fester an sich zu binden, verstärkten die Safawiden die Gegensätze zwischen den beiden islamischen Konfessionen und sammelten im Iran die Schiiten um sich, während das Osmanische Reich – und damit der Irak – sunnitisch blieb. Erst seit dem 16. Jh. gelangte durch diese Politik die Schia im Iran zu der noch heute bestimmenden Übermacht; vorher war sie, wie in fast allen islamischen Ländern, lediglich eine Minderheit. In Afghanistan und Mittelasien wurde aus dem politischem Gegensatz zu den Safawiden heraus die sunnitische Konfession ebenfalls zu einer Sammlungsbewegung.

Im Zeitalter des europäischen Imperialismus konnte sich Persien nach dem afghanischen Überfall auf die Safawiden 1722 unter dem kriegerischen Nader Schah (1732–1747, der aus Delhi den Pfauenthron raubte) und dem feinsinnigen Karim Khan Zand von Schiraz (1750–1779) behaupten, bis es unter den Qadjaren (1796–1925) zwischen die Fronten der Großmächte England und Rußland geriet und dadurch zeitweilig verarmte. Die Pahlaviden (1926–1978) leiteten bis zur Revolution der *Mullas* die Modernisierung und Europäisierung des Landes ein.

Zeittafel

638	Rechtgeleitete Kalifen; Freitagsmoschee und Palast in Kufa
703	Omayyaden; Freitagsmoschee in Wasit
720–800	Abbassiden; Wüstenschloß Ukhaidir
760–762	Umfassungsmauer der Freitagsmoschee in Isfahan
775	Tariq Khane-Moschee in Damghan
836	Große Moschee und Palast Djausaq al Khaqani in Samarra
10. Jh.	Khorasan; Samaniden-Mausoleum in Buchara, Nischapur-Keramik
1007	Buyiden; Mausoleum in Gonbad-e Qabus
1080	Seldschuken; Kuppeln der Freitagsmoschee in Isfahan
1199–1222	Miniaturhandschriften aus Mossul; Unterglasurbemalte Keramik und Lüsterware aus Kaschan
1226	Lüster-Mihrab aus Kaschan (im Berliner Museum)
1232	Späte Abbasiden; Mustansiriye-Medrese in Bagdad
1312	Ilkhaniden; Derwischkloster Pir-e Bakran
1313	Mausoleum des Sultan Öldjeytü in Soltaniye
1405	Timuriden; Mausoleum des Timur in Samarkand
1418	Moschee der Djauhar Shad in Maschad; Architekt Qawam ad-Din Schirazi
1430	Miniaturhandschrift des »Schah-nameh« für Prinz Baisonqor aus Herat
1465	Blaue Moschee in Täbriz
1480–1520	Miniaturmaler Bihzad in Herat und Täbriz
1540	Ardabil-Teppich von Maqsud al-Kashani
1603–1618	Safawiden; Masdjid-e Scheich Lotfollah in Isfahan
1616	Masdjid-e Schah in Isfahan

Im Irak, der unter den Osmanen zu einer abgelegenen Provinz herabgesunken war, kam es nach dem Ersten Weltkrieg zu einem beschämenden Handel zwischen den Engländern und ihren arabischen Verbündeten, als dessen Ergebnis die Hashimiten (1921–1958) den Staat als Königreich erhielten. Seit der Revolution von 1958 ist der Irak eine Republik.

Die Baukunst

Die islamische Baukunst des Ostens – Irak, Iran, Zentralasien – unterscheidet sich von der des Westens – Syrien, Nordafrika, Anatolien – und Indiens durch den fast ausschließlichen Gebrauch von Ziegeln. Stein wurde nur als besonders kostbarer Schmuck für die Verkleidung der Mauersockel und manchmal für Säulen verwendet, weitaus häufiger finden sich jedoch Ziegelpfeiler und Holzsäulen. Da die Sasaniden im Iran vorwiegend mit Haustein und Mörtel gebaut hatten, scheint die neue Bauweise während der abbasidischen Blütezeit um 800 in Mesopotamien, wo bereits 5000 Jahre zuvor die Sumerer mit Ziegeln bauten, entwickelt worden zu sein und sich von dort nach Osten ausgebreitet zu haben.

Als architektonisches Vorbild für das Gebetshaus des neuen Glaubens wählte man offensichtlich das Wohnhaus des Propheten in Medina, ein großes Mauergeviert mit Innenhof und einem säulengetragenen Schutzdach an der einen und einigen kleineren Gebäuden für die Frauen an der anderen Seite. Die beiden ältesten in Mesopotamien erbauten Moscheen in Basra und Kufa (635–638) kennen wir nur aus zeitgenössischen Berichten. Es handelte sich um quadratische Höfe von etwa 100 m Seitenlänge, umgeben von einem Graben statt einer Mauer, zusätzlich jedoch mit einer doppelten Säulenreihe an der Südseite. In Kufa fanden sich bei neueren Ausgrabungen einige Marmorkapitelle dieser Säulen, spätantike Spolien aus den zerstörten Kirchen der nahe gelegenen Araber-Stadt al-Hira. Zwei Säulen einer ähnlichen Moschee in Istakhr (nahe Schiraz auf dem persischen Hochland), Spolien mit Stierkapitellen aus dem nahen Palast von Persepolis, stehen noch heute aufrecht. Interessante Ergebnisse brachten Ausgrabungen an der Moschee von Wasit (nahe Kut al-Amara südlich von Bagdad) zutage, denn dieses von dem großen Organisator des Kalifenreiches, Hadjadj, im Jahre 703 gegründete Bauwerk, die älteste heute noch erhaltene Moschee, war statt nach Mekka (Süden) nach Südwesten ausgerichtet und hatte in der Umfassungsmauer noch keine Gebetsnische (Mihrab) – diese wurde erst 708 eingeführt. Der quadratische Hof war auf der Gebetsseite von fünf Reihen zu je 18 Säulen, auf den anderen drei Seiten von je einer Säulenreihe umgeben. Die Säulentrommeln aus Sandstein, aus dem Osten herbeigeschafft, waren durchbohrt und von Eisenstangen zusammengehalten. Eine solche

Die Mauer der Großen Moschee von Samarra

Hofmoschee mit Säulenhallen an allen vier Seiten nennt man ›Lagermoschee‹.

In Bagdad stand ohne Zweifel die bedeutendste Moschee des Ostens, doch hat sich von der Stadt des Harun ar-Rashid kein einziges Bauwerk über die Jahrhunderte erhalten. Da ist es ein gewisser ›Ersatz‹, daß in der bereits erwähnten Stadt Samarra noch zwei Moscheen aus der Zeit seines Enkels al-Mutawakkil (847–861) stehen. Seit die Kalifen im Jahre 892 nach Bagdad zurückkehrten, liegt die Stadt verlassen, ein riesiges Ruinenfeld, das erst zu einem kleinen Teil durch Ausgrabungen freigelegt werden konnte. Die Freitagsmoschee bildet ein Rechteck von 240 × 156 m, umgeben von einer 11 m hohen Mauer mit Rundtürmen und Blendnischen. 16 Tore führen in den Hof, um den sich die Pfeilerhallen schlossen; diese sind zwar heute verschwunden, doch Ausgrabungen bewiesen, daß auf 464 schlanken Pfeilern in 10 m Höhe ein Dach aus Zedernbalken ruhte. 24 Reihen zu je neun Pfeilern führten auf die Mihrab-Wand zu, während die Hallen an den anderen Seiten schmaler waren. Im Schutt fanden sich Reste der Mosaiken, mit denen die Wände verziert waren, ein wenig Goldmosaik blieb noch in der Mihrab-Nische erhalten. Die Moschee steht auf einem freien Platz

von etwa 400 m Seitenlänge; in der Ziyada (dem umlaufenden Außenhof), konnten sich die Besucher den Waschungen unterziehen, aber auch Marktstände sorgten für buntes Leben. Vor der Nordwand ragt das 50 m hohe Minarett auf, die *Malwiye*, wie es nach seiner spiralförmigen Rampe genannt wird.

Der Kalif al-Mutawakkil ließ in seinem letzten Lebensjahr 1 km nördlich von Samarra eine zweite Residenzstadt aus dem Boden stampfen, die allerdings nur wenige Monate bewohnt worden ist. In ihrer Mitte erhebt sich die Abu Dulaf-Moschee, deren Erhaltungszustand sich von dem der Freitagsmoschee unterscheidet: Die Umfassungsmauer ist heute verschwunden, aber die mit Spitzbogen verbundenen Pfeilerhallen stehen noch aufrecht und vermögen einen Eindruck von dem einstigen Gebäude zu vermitteln, als noch das Zederngebälk für Schatten sorgte. Diese Moschee ist mit 213×135 m wenig kleiner als ihr Vorbild – nie wurden in den islamischen Ländern größere Gebetshäuser errichtet.

Auf dem iranischen Hochland wurden – nach den ältesten aus Spolien errichteten Bauten – im 8. und 9. Jh. überall Moscheen mit Säulen aus Ziegeln gebaut. In Anlehnung an die sasanidischen Tempel und Paläste waren die ersten Säulen noch sehr dick und ungefüge (Tariq Khane in Damghan), doch dann wagte man es, sie schlank und zierlich zu gestalten. Man überzog das Mauerwerk mit fein geschnittenem Stuck (Schiraz; Nayin – 10. Jh.) und ersetzte die Holzdecken durch Gewölbe. Die mesopotamische Lagermoschee konnte sich auf dem Hochland nicht gegen jene Bauformen durchsetzen, die auf sasanidische, in Moscheen umgewandelte Tempel zurückgehen. Diese zoroastrischen Feuertempel waren Kuppelbauten, und viele frühe Moscheen bestehen ebenfalls aus einem Hof mit Kuppelraum oder vorne offener Gewölbehalle (Iwan) über der Gebetsnische. Eine weitere Neuerung stammte aus der Palastarchitektur: Man fügte in die Mitte jeder Hofseite eine Iwan-Halle ein und erhielt so die Vier-Iwan-Moschee.

Nach zahlreichen Umbauten vereinigte man nun diese Formen in der großen Freitagsmoschee von Isfahan. Sie wurde im 9. Jh. als Lagermoschee mit sieben Joch tiefer Qibla-Halle, zwei Seiten zu je drei Joch und der Nordhalle zu fünf Joch errichtet. Erhalten blieben außer

◁ Minarett der Abu Dulaf-Moschee

Detail vom Süd-Iwan der Freitagsmoschee von Isfahan

einigen Säulen – die meisten wurden später neu aufgemauert – große Teile der Ostmauer mit hochgelegenen Fensteröffnungen in abbasidischem Stil. Wahrscheinlich bereits im 10. Jh. ließ ein buyidischer Fürst vor dem Mihrab einen 15 m weiten Saal mit mächtigen Pfeilern und Stuckdekoration in abbasidischem Stil einbauen, den möglicherweise eine Holzkuppel deckte. Eine Inschrift besagt jedenfalls, daß die heutige Kuppel unter dem Seldschuken-Sultan Malik Schah (1072–1092) von dessen Großwesir Nizam ol-Mulk eingewölbt wurde. Bald darauf wurde dieser Kuppelsaal durch ein Gewölbe (Iwan) mit dem Hof verbunden und auch an den anderen drei Hofseiten errichtete man je einen Iwan. Damals stand die 125 × 85 m große Moschee noch frei auf einem weiten Ziyada-Platz, den man jedoch in den späteren Jahrhunderten mit Seitenhallen zubaute. Vor den alten Nordeingang setzte ein anderer Wesir des Seldschuken-Sultans, Tadj ol-Mulk, im Jahre 1088 einen zweiten Kuppelsaal von unvergleichlicher Schönheit (er steht an der entsprechenden Stelle wie die Malwiye in Samarra, s. S. 259). Von Grund auf in den schwerelosen, durch Streben aufgelockerten Formen des seldschukischen Stils konstruiert, legt er beredtes Zeugnis ab von dem technischen Können damaliger Architekten, denn die 10 m im Durchmesser und 20 m in der Höhe messende Kuppel ruht bis heute in jenem Erdbebengebiet ohne Schäden auf den schlanken Pfeilern. Könige aller folgenden Dynastien fügten der ehrwürdigen Moschee neue Hallen und Gewölbe hinzu: der Ilkhanide Öldjeytü (1304–1316) einen Saal mit Stuck-Mihrab, der Muzaffaride Schah Schodja' (1357–1384) Nordhalle und -tor, der Timuride Schah Rokh (1405–1447) die Westhalle (›Wintermoschee‹), der Turkmene Uzun Hasan (1453–1478) die Innenwölbungen der Seiten-Iwane, der Safawide Schah Abbas um 1590 eine Halle im Süden und der Afghane Ashraf (1725–1730) einen Iwan in der östlich vorgelagerten Medrese. So ist dieses Bauwerk wie kaum ein anderes zu einem Denkmal persischer Geschichte geworden.

Die großen Kuppeln der seldschukischen Moscheen sind noch sparsam mit einigen wenigen Inschriftenbändern verziert, die Künstler der Mongolenzeit hingegen überzogen die Gebetshäuser bald mit einem üppigen Stuckdekor aus Schrift und Arabesken. Man wagte sich an immer größere Ausmaße; so trug die Iwan-Halle der Moschee von Täbriz ein (später eingestürztes) Gewölbe von 31 m Durchmesser. Die Mihrab-Nischen in Isfahan, Marand und Rezaye sind wahre Wunderwerke des in Stuck geschnittenen Arabeskendekors.

Das kleine südpersische Königreich der Muzaffariden gelangte im späten 14. Jh. zu Reichtum, so daß die Könige in den Residenzen Kerman, Schiraz und Isfahan große Moscheen stiften konnten und eine Architektenschule begründeten, die bis in das folgende Jahrhundert berühmte Meister hervorbrachte. Höfe, Iwane und auch die Kuppeln erhielten an der Außenseite einen üppigen Dekor aus farbig glasierten Fliesen. Die Zweischalenkuppeln wuchsen immer mehr in die Höhe – Vorbilder hierfür waren die Kuppeln der Mausoleen des Seldschuken Sandjar (1152) in Merw und des Ilkhaniden Öldjeytü (1315) in Soltaniye, deren zwei Kuppelschalen noch miteinander verbunden sind –, jetzt jedoch erreicht der Raum zwischen beiden Schalen 10–15 m Höhe! Die äußere Kuppel erhält durch den Fliesenschmuck neue Bedeutung, soll sie doch auch aus der Nähe über der hohen Fassade sichtbar werden und diese bei weitem überragen. Die Innenkuppel läßt die eingewölbte Halle nicht zu hoch erscheinen und gibt ihr eine harmonische Gestalt, so daß der Betende die Inschriften und Arabesken betrachten kann, ohne gar zu steil nach oben schauen zu müssen.

Zentralhof der Königsmoschee in Isfahan (Darstellung aus dem Jahr 1843)

Zu den Höhepunkten persischer Architektur werden drei Moscheen in Maschhad und Isfahan gerechnet: Im Heiligtum des Imam Reza in Maschhad erbaute ein Architekt aus Schiraz in den Jahren 1405–1408 die Moschee für die Gattin des Timuriden Schah Rokh, Djauhar Shad. Durch das Heiligtum selbst oder durch enge Nebeneingänge betritt man den Vier-Iwan-Hof, dessen zweistöckige Fassaden ihm trotz seiner 50 m Seitenlänge den Charakter eines Innenraumes verleihen. Den Iwan der Qibla-Wand krönt die mächtige, blau glasierte Kuppel, doch der Blick kann ungehindert vom Hof durch die riesige Öffnung der Halle bis zum Mihrab vordringen, denn keine Trennwand stützt die Kuppel – das ganze Gewicht der Konstruktion wird von den Seitenwänden aufgefangen. Zwei Minarette flankieren die Iwan-Fassade und betonen deren Höhe: Hof und Mihrab-Halle sind zu einer Einheit zusammengewachsen.

Schah Abbas I. ließ um 1610 an zwei Seiten des großen Königsplatzes von Isfahan Moscheen errichten. Die Königsmoschee (Masdjid-e Schah) ist, ähnlich wie die der Djauhar Shad (s. o.), als Vier-Iwan-Hof angelegt (70 m Seitenlänge), doch gelang es dem Architekten hier, die

Säulenhalle zu beiden Seiten der großen Mihrab-Kuppel mit dieser zu einem weiträumigen Saal zu verbinden, indem er die Seitenwände des Kuppelsaals durch riesige Bogen öffnete. Dafür ist aber der Blick vom Hof in die Halle durch eine Türöffnung verengt, und der Saal erhält sein Licht nun von einem Kranz hochgelegener Fenster. Auch hinter den Seiten-Iwanen erheben sich Kuppeln, innen und außen mit herrlichen Fliesen verziert. Die Wölbungen der Hof-Iwane füllt feingliedriges Stalaktitenwerk (Muqarnas), das den Blick von den dahinterliegenden Kuppeln ablenkt. Auf diese Weise wirkt der Hof in dieser Moschee viel stärker abgeschlossen als in Djauhar Shads Bauwerk. Die blauen Fassadenflächen mit den schattigen Bogen der Arkaden brechen das strahlende Sonnenlicht und lassen den Besucher zögern, weiter in die Gebetshalle vorzudringen. Der Eingang zum Hof liegt an einer Seite des Königsplatzes. Hoch überragen zwei Minarette und die mächtige Kuppel das mit Muqarnas gefüllte Iwan-Gewölbe dieser Eingangsfassade und gestalten die Platzumrandung zu einer pyramidenförmigen Kulisse. Eingang, Hof und Gebetshalle stellen in diesem Bauwerk drei gleichwertige Architekturelemente dar, die die liturgischen Stufen von Vorbereitung, Sammlung und Vertiefung symbolisieren – zu einer ästhetischen Einheit werden sie durch den Dekor der blauen Fayencen.

Auf ganz andere Weise wirkt die ebenfalls am Königsplatz gelegene Masdjid-e Scheich Lotfollah. Der schöne Eingangsiwan fügt sich ohne Minarette in die Platzfassade ein und wird überragt von der ockerfarbenen Kuppel mit dem teppichartigen Arabeskenwerk. Aber an Stelle eines sonnenbestrahlten Hofes betritt man vom Iwan aus einen langen, dunklen Gang mit einer Wendung nach rechts, sodann durch eine Tür den großen, von Fenstern erhellten Kuppelsaal. Verwundert empfindet man die Weite der prächtig ausgestatteten Gebetshalle, denn nach der Enge des niedrigen Ganges richtet sich der Blick unwillkürlich in die Höhe des Gewölbes, dessen Blau der Fliesen mit Gelb und Ocker aufgehellt ist. Durch das architektonische Element des Ganges bewirkte der Architekt in dieser einräumigen Moschee auf kleinem Raum, daß der Besucher sich vom Lärm des Marktplatzes zu lösen und auf die Sammlung im Gebet vorzubereiten vermag.

In den meisten Moscheen geben Inschriften Auskunft über den Stifter oder Bauherrn, meist einen Kalifen, König oder Minister. Bauten wie die Freitagsmoschee in Isfahan sind durch ihre Inschriftenfülle geradezu ein historisches Archiv. Die Bauinschriften geben uns aber auch Hinweise auf die religiösen und wohltätigen Zwecken dienenden Nebengebäude einer Moschee, für deren Unterhaltung besondere Zuwendungen festgelegt wurden: Medresen (Hochschulen mit verschiedenen Wissenszweigen, vorwiegend theologisch ausgerichtet), Krankenhäuser, Armenküchen, Brunnen, Gasthäuser (Karawansereien), Brücken, Basare und Bäder *(Hamam)*. Indem er sich und seine Nachkommen zum Verwalter einer solchen Stiftung *(Waqf)* einsetzte, konnte ein Minister oder Kaufmann seinen Reichtum vor der stets drohenden Konfiszierung durch den Herrscher sichern – ein Grund dafür, daß die meisten Stiftungen aus politisch unsicheren Zeiten stammen.

Im Irak und Iran lassen sich unter den erhaltenen Bauten bisher nur wenige Medresen aus den früheren Epochen nachweisen, offensichtlich, weil man für sie vergängliche Baustoffe wie Holz und Lehmziegel verwendete. Wir wissen jedoch, daß bereits um 260 der Sasaniden-König Schapur I. in Gundeschapur (bei Ahwaz in Persien) eine Universität gegründet hatte, von der um 765 die Abbasiden-Kalifen dann die Professoren für ihre medizinische Hochschule nach Bagdad beriefen. Die Buyiden förderten die Universitäten in Bagdad und Ray (bei Teheran), wo der große Mediziner Razi lehrte. Zu einem Politikum wurde das Studium der Theologie, als 969/70 in Ägypten das Gegenkalifat der schiitischen Fatimiden (Ismailiten) mit der Universität al-Azhar (s. S. 104) eine Kaderschule für subversive Agenten begründete, die bis an die Grenze Indiens das Ansehen des Kalifen von Bagdad untergruben. Das Reich der Seldschuken mußte sich gegen diese ismailitischen Terroristen (französisch Assassin von persisch *Hasisin* = Haschischesser) wehren, und so schuf der kluge Wesir Nizam ol-Mulk um 1066/70 in Bagdad, Nischapur, Tus (bei Maschhad), Merw und Buchara theologische Hochschulen, an denen die sunnitischen Grundlagen des Islam (es gab die vier Rechtsschulen der Juristen Shafi^{c}i, Hanafi, Ibn Hanbal und Malik) gelehrt wurden. In Khargerd (südlich von Maschhad) haben sich Ruinen von einer seiner Medresen erhalten, ein zerbröckelnder Lehmziegelbau mit quadratischem Hof und vier Iwanen an den Seiten, von denen der südwestliche mit Gebetsnische als Moschee diente; eine reichverzierte Prunkinschrift aus Stuck nennt den Namen des Stifters. Die Professoren und Studenten lebten in kleinen Räumen rund um den Hof und benutzten die Iwan-Hallen für den Unterricht. Möglicherweise übernahm der Architekt für diese Medrese den Plan der älteren Universitäten, denn der Vier-Iwan-Bau läßt sich bis in die Zeit um Christi Geburt zurückverfolgen. Alle im 12. und 13. Jh. er-

Hauptportal der Mustansiriye-Medrese in Bagdad

richteten Medresen in Iran, Irak, Syrien, Ägypten und Anatolien nahmen sich in der Folge diese seldschukische Bauform zum Vorbild.

Im Jahre 1233 stiftete der Kalif al-Mustansir in Bagdad die nach ihm benannte Mustansiriye-Medrese am Tigris-Ufer. Auf den rechteckigen Hof von 60 × 25 m öffnen sich in zwei Etagen die Wohnräume für Lehrer und Schüler, in der Mitte der Seiten die Unterrichtshallen. Gänge führen zur Küche und zu den Speisesälen, einem Badehaus und zwei Bibliotheken. Alle Fassaden waren reich mit Ziegelsetzungen und Inschriften aus Stuck und geschnittenen Ziegeln verziert. Nachdem das Gebäude jahrhundertelang als Magazin und Zoll-Lager zweckentfremdet war, ist es in den letzten Jahrzehnten in mühevoller Arbeit restauriert worden und gehört nun zu den schönsten erhaltenen Bauten der späten Kalifenzeit.

In dem Ort Khargerd, wo sich die älteste Ruine einer Medrese erhalten hat, steht auch das schönste Bauwerk dieser Art, die 1444 von einem Schirazer Architekten für die Königin Djauhar Shad vollendete Medrese. Alle Fassaden des quadratischen Vier-Iwan-Hofes und der Außenmauern sind mit Fayencen bedeckt. Die Vorliebe der Timuriden für eindrucksvolle Außenfassaden kommt dadurch zum

Ausdruck, daß der hohe Tor-Iwan von zwei Kuppeln flankiert wird und die Mauer als seitlichen Abschluß zwei achteckige Türme erhielt. Die beiden Kuppelräume sind mit feinstem Stalaktitenwerk und zarten Malereien ausgestattet und dienten wohl der königlichen Stifterin bei Besuchen als Residenzräume. In Herat ließ sie sich eine ebenso große Medrese errichten und darin einen Kuppelraum als Mausoleum umgestalten.

Bekanntlich ist die Moschee kein Heiligtum im eigentlichen Sinne, sondern nur ein Gebetshaus. Für alle Muslime verehrungswürdig sind nur zwei Heiligtümer – die Ka^{c}ba in Mekka, ein vorislamischer Tempelbau, den Muhammad zum Haus Gottes erklärte, und der Felsendom in Jerusalem, der Ort, von dem aus Muhammad seine Himmelfahrt unternommen haben soll. Dagegen gewann das Grabmal des Propheten in seinem Haus in Medina erst spät religiöse Bedeutung. Die Gräber der Muslime waren zunächst sehr einfach, nur von einer schmucklosen Platte bedeckt, so daß sich die Ruhestätten der frühen Kalifen nicht erhalten haben. Erst im 9. und 10. Jh. begann man, Mausoleen mit Kuppeln zu errichten, und seit dem 13. Jh. kennen wir dann Grabmäler, die wie Heiligtümer verehrt werden.

Überzeugende Argumente sprechen für eine Herleitung des islamischen Mausoleums aus der Kunst Zentralasiens. Die ältesten Grabkuppeln stehen in Buchara und anderen Städten Transoxaniens und Ostirans (und fern davon in Assuan/Ägypten, wo in frühislamischer Zeit eine türkische Garnison aus dem Norden die Südgrenze bewachte). Neueste Ausgrabungen haben in diesem Gebiet eine uralte Tradition des Kuppelgrabes aus der Zeit um 2000 v. Chr. nachgewiesen, die sich bis in die Spätantike fortsetzte. Unter diesen Vorläufern finden wir auch die Form des Galeriegrabes, einer meist quadratischen Halle mit Trompenkuppel (d.h. kleine Bogen in den Ecken bilden den Übergang zum kreisförmigen Kuppelplafond), um deren Tambour ein Bogengang, eine Galerie, führt. Drei der bedeutendsten islamischen Monumente gehören diesem Typ an: In Buchara steht das Grabmal des Samaniden Isma^{c}il (gestorben 907), ein nicht sehr großer Bau (14 m hoch) mit Türen nach jeder Seite, innen und außen durch feine Ziegelsetzungen und sparsame Stuckleisten zu einem geschmackvollen Kunstwerk gestaltet. Die überaus niedrige Galerie kann nicht betreten werden, hat also nur dekorativen Wert. Gewaltig gesteigert tritt uns diese Bauform in dem 38 m hohen Mausoleum des Seldschuken-Sultans Sandjar

(1117–1157) in seiner Residenz Merw (heute in der Sowjetrepublik Turkmenien) gegenüber. Reicher Stuckdekor bedeckt die Wände des Kuppelsaals und besonders die Pfeiler und Gewölbe des Galerieganges, von dem aus der Blick über die vom König neuerrichtete Stadt streifen kann.

Sandjar war vielleicht der erste islamische Herrscher, der sein Grabmal zum ewigen Andenken an seine Wohltaten für das Volk im Zentrum seiner Residenz errichten ließ. Weniger eindrucksvoll ist das Mausoleum seines im Westen herrschenden Neffen Toghrul II. (1132–1134), der neben der uralten, schon in der Bibel erwähnten Stadt Ray (Rhages) eine Neustadt mit hohen Mauern errichtete und mit Palästen, Moscheen und Krankenhäusern ausstattete. Sein eingestürztes Mausoleum kann noch heute in der Mitte von Ray (jetzt am Stadtrand von Teheran gelegen) besichtigt werden. Damit brach der König mit der alten vorderasiatischen Tradition, Gräber außerhalb der Stadtmauern anzulegen, und knüpfte an religiöse Vorstellungen seiner zentralasiatischen Heimat an.

Als die mongolischen Ilkhaniden Täbriz zu ihrer Hauptstadt wählten, gründete der zum Islam übergetretene Herrscher Ghazan (1295–1304) ebenfalls eine Neustadt mit seinem (heute zerstörten) Grabturm in der Mitte, und auch sein Großwesir Rashid ad-Din (bekannt als Geschichtsschreiber) eiferte ihm – in beachtlichen Ausmaßen – nach; Reste seines Mausoleums finden sich noch am Ostrand von Täbriz. Glücklicherweise fast unversehrt erhalten blieb das Grabmal des auf Ghazan folgenden Mongolen-Herrschers Öldjeytü (1304–1316) in der neugegründeten Residenz Soltaniye (auf halbem Weg zwischen Täbriz und Teheran gelegen). Seine Grabkuppel erreicht die unerhörte Höhe von 53 m und ist innen und außen mit farbigen Fayence-Fliesen verkleidet. Wunderbare geometrische und florale Kompositionen erfanden die Stukkateure für den Dekor der Galeriegewölbe, indem sie den Eindruck von Ziegelsetzungen vorspiegelten. Dieses Bauwerk bildete das Vorbild für die Denkmäler des Timur in Samarkand (um 1400) und der Moghul-Herrscher in Indien, des Humayun-Grabes in Delhi (um 1550) und des Taj Mahal in Agra (um 1650, s. S. 343). Ausgrabungen neben dem Mausoleum in Soltaniye ergaben, daß es inmitten eines Palastkomplexes lag, der den Mittelpunkt der Stadt einnahm.

Neben dem aufwendigen Galeriegrab begegnen wir im islamischen Osten häufig der Form des Grabturms, eines zylindrischen Baus – oft nach oben hin verjüngt – mit kegelförmigem Zeltdach. Diese Türme besitzen nur eine einzige Tür, der gegenüber eine Gebetsnische zur andächtigen Verehrung einlädt; zu der unterirdischen Gruft führt eine Treppe hinab. Der Dekor dieser Bauten beschränkt sich meist auf die Außenseite, die häufig durch vorspringende senkrechte Grate gegliedert ist. Bereits eines der frühesten Bauwerke dieser Art, die 1007 errichtete Gonbad-e Qabus in der Gorgan-Ebene östlich des Kaspischen Meeres, gehört mit seinen strengen Formen und sparsam eingefügten Schriftbändern zu den eindrucksvollsten Monumenten persischer Kunst. Die beachtliche Höhe von 50 m wird noch unterstrichen durch die etwas geneigten Wände und den als Fundament gewählten 10 m hohen Hügel. Die spitzen Grate sind wirkungsvoll voneinander getrennt und auf der Mauer des Turmzylinders verteilt; diesen lassen sie als eigentlichen Baukörper erkennbar werden.

Ganz anders hat man später, im 12. und 13. Jh., die Grate dicht nebeneinandergesetzt und einen sternförmigen Grundriß geschaffen (Ray; Veramin) oder man hat halbrunde Vorsprünge gewählt (Radkan), am Grabturm von Kischmar sogar abwechselnd spitze und runde. Ein Stalaktitenfries unter dem Zeltdach schützt an mehreren Türmen das Inschriftenband vor Verwitterung, letzteres ist durch farbige Fayence-Fliesen hervorgehoben und nennt den Verstorbenen. Wieder andere Grabtürme weisen oktogonale Grundrisse mit vorspringenden Kanten auf, zwischen denen die Wandflächen einen reichen Dekor aus versetzten Ziegeln, Stuck und farbigen Fayencen erhielten (Nakhitschewan; Demawend; Kharrakan). Diese Türme sind nach allen Seiten hin gleich reich verziert, es existieren aber auch Bauten mit hervorgehobener Eingangsfassade und schlichter Rückseite, wobei die Fassade meist die Form einer hohen Iwan-Halle erhält (Chiaw bei Täbriz; Serakhs).

Außer Königen, Regionalfürsten, Provinzstatthaltern und Oasenbesitzern ließen im Iran häufig auch reiche Kaufleute oder Beamte Mausoleen erbauen, nachdem sie ihren gesamten Besitz als religiöse Stiftung zum Bau einer öffentlichen Einrichtung aufgewandt hatten. Besonders schöne Beispiele sind die Grabtürme in den Medresen Alawiyan in Hamadan und Haidariye in Qazwin. Diese Bauten des 12. Jh. stehen heute in den Schulhöfen der zu Gymnasien umgewandelten Medresen.

Besondere Verehrung bringen die Perser den religiösen Persönlichkeiten der Imamzade und Derwische entgegen. Die Schiiten erkennen

Die goldene Kuppel des Imam Reza-Heiligtums in Maschhad

zwölf (die Gruppe der Ismailiten nur sieben) Imame (geistige Führer) aus der Familie des Propheten an, nämlich den mit Muhammads Tochter Fatima verheirateten vierten Kalifen Ali und seine Nachfolger, die über mehrere Generationen vergeblich nach der Kalifenwürde trachteten. Alle übrigen Angehörigen dieser Familie, zu der sich noch heute Hunderte rechnen und deshalb mit dem grünen Gürtel schmücken, nennt man Imamzade oder Sayyid. Ali und fünf seiner Nachfolger sind im Irak beigesetzt, in Nadjaf, Kerbela, Kadhimain (ein Vorort von Bagdad) und Samarra, vier in Medina und einer, Ali Reza, der achte Imam, im ostpersischen Maschhad. Die Höhle, in die der zwölfte Imam entschwand, um am Ende der Tage als Mahdi (Weltverbesserer) aus dem Verborgenen zurückzukehren, wird in Samarra gezeigt. Die Imam-Gräber in Irak und Persien, die wichtigsten Wallfahrtsorte der Schiiten, erstrahlen unter goldenen Kuppeln. Wer sie besucht, erhält einen Ehrentitel und darf sicher sein, nach dem Tode ins Paradies einzugehen; wer diese Reise zu Lebzeiten nicht ermöglichen kann, läßt sich möglichst in der Nähe eines der Mausoleen begraben. Heiligtümer mit goldenen Kuppeln erhielten in den persischen Städten Ray und Qom auch Schah Abdolazim und Fatima, ein Sohn und die Schwester des achten Imam; seit 1800 ließen sich hier die Könige Persiens beisetzen.

In Kerbela und Maschhad errichtete man im 13. Jh. neben der Grabkuppel eine Halle, von deren Seitennischen und Emporen aus man einen Blick auf den Kenotaph werfen kann. Unter Anleitung hoher Geistlicher versammeln sich hier Gläubige zu meditationsähnlichen Andachten, um in verehrendem Gedenken und im Schutze des hier beigesetzten geistigen Führers den mystischen Weg zu Gott zu finden. Diese Halle heißt Dar al-Hoffaz (Haus der Bewahrer), denn alle diese Gläubigen sind *Hafiz,* d. h. sie kennen den Koran auswendig und ›bewahren‹ ihn (im Herzen).

Die gleiche Verbindung gingen Grabmal und Andachtshalle (Khanqah) bei den großen Derwischorden ein, die seit dem 13. Jh. in vielen Städten Persiens und des Irak entstanden. In den Grabtürmen sind die Ordensgründer beigesetzt, die in einer Gedichtsammlung *(Diwan),* einem gereimten Epos *(Mathnawi)* oder einer Prosaschrift den mystischen Weg zu Gott gelehrt haben (*Sufi, Tasawwuf* = Mystiker, Mystik). Sie können noch aus dem Grabe mit ihren übernatürlichen Kräften ihre Schüler in der geistigen Versenkung lenken. Museumsartig werden oft Hut, Mantel, Bettelschale und Beil des Lehrers ausgestellt, falls sie nicht gar von seinem Nachfolger getragen werden. Manche Khanqah wurden im Laufe der Jahrhunderte immer wieder durch Anbauten erweitert und wuchsen so zu großen Gebäudekomplexen heran, in deren Mittelpunkt sich der Grabturm erhebt. Ein überaus reicher Arabeskendekor in Stuck überzieht die Wände der Versammlungshalle in Pir-e Bakran bei Isfahan (erbaut 1299), dagegen sind die Seitenwände der Halle des Scheich Safi in Ardabil von Fenstern durchbrochen (für Persien ganz außergewöhnlich), die Wände der Nischen und Galerien mit ornamentalen Malereien des frühen 16. Jh. verziert. Schah Tahmasp (1524–1576) und sein Enkel Schah Abbas schenkten als königliche Nachkommen des Ordensgründers dem Heiligtum zwei riesige Teppiche, eine Porzellansammlung (großenteils heute in London) sowie eine Bibliothek (heute in Leningrad) und erbauten darauf einen oktogonalen Pavillon, das Tshini-Khane, mit seiner reich bemalten Kuppel.

Schlafräume für die Derwische und eine Küche stellen ebenfalls wichtige Teile eines Khanqah dar; in Ardabil sind sie um einen Hof angeordnet, den die Prachtfassade der Andachtshalle und die drei Kuppeln der Derwischgräber beherrschen, in der Masdjid-e Bozorg von Amol und dem ähnlichen Ishrat-Khane von Samarkand ordnen sich hingegen alle diese Räumlichkeiten rund um den Grabturm. Die Grabtürme der späten Timuriden- und frühen Safawiden-Zeit unterscheiden sich von den frühislamischen Bauten durch ihren ungegliederten, zylindrischen Baukörper, der ohne Absatz in die Kuppelwölbung übergeht und an der gesamten Außenseite mit bunten, meist zweifarbig blauen und weißen Fliesen bedeckt ist, die in Siegelschrift das Glaubensbekenntnis wiederholen.

Wir wissen, daß die ersten drei Kalifen (632–655) nach den puritanischen Vorschriften des Islam ohne größeren Luxus lebten und das alte Wohnhaus des Propheten in Medina bewohnten. So erregte es noch den Zorn des Kalifen Omar, als sich der Eroberer Persiens und Statthalter der riesigen Osthälfte des Reiches, Sa^{c}d Ibn al-Waqqas, im Jahre 638 in der neugegründeten Verwaltungsmetropole Kufa einen prächtigen Palast nach sasanidisch-persischem Vorbild errichten ließ. Sa^{c}d wurde in Ungnade entlassen, der Palast sollte eigentlich niedergebrannt werden, was aber dann doch nicht geschah, denn von 655 bis 661 residierte hier der vierte Kalif Ali, der als erster islamischer Herrscher zu Prunk und Wohlleben neigte. Bei den Ausgrabungen 1956 konnten die Grundmauern freigelegt werden, ein Quadrat von etwa 120 m Seitenlänge, umgeben von einer turmbewehrten Festungsmauer mit vielen kleinen Pforten und einem Haupttor in der Mitte der Nordseite. Von hier betrat man durch zwei Vorhallen den Haupthof (40 m im Quadrat) und erblickte vor sich die mächtige, dreischiffige Thronhalle, getragen von sechs Ziegelsäulen. Der Statthalter und später der Kalif thronten in einem Kreuzkuppelsaal an der Rückwand der Säulenhalle; sie konnten durch mehrere Türen von dort in die Wohn- und Haremsgemächer eintreten, denen die südliche Hälfte des Palastareals vorbehalten war. Dienerschaft und Verwaltungsbeamten hatten ihre Aufenthaltsräume zu beiden Seiten des Zentralhofes. Dieser Palast stand in einem noch größeren Mauerquadrat von 180 m Breite – umgeben von Verwaltungsgebäuden – an der Südseite der Großen Moschee von Kufa, so daß die Nordwand des Palastes gleichzeitig die Südwand der Moschee bildete und die Gläubigen gezwungen waren, beim täglichen Gebet über den Palast hinweg in Richtung Mekka zu blicken. Beide Mauerquadrate waren allerdings um etwa 30 m gegeneinander versetzt, so daß der Zugang zum Palast an der Ostecke der Moschee lag.

Die Omayyaden (661–750, s. S. 18) erbauten sich in der syrischen Wüste und im Jordan-Land (s. S. 183 ff.) zahlreiche kleine Jagdschlösser, entweder nach dem Vorbild des soeben beschriebenen persisch-sasanidischen Palastes oder nach dem der überkuppelten byzantinischen Thronhalle. Die genaue Lage von größeren Stadtpalästen in Damaskus und Rusafa bleibt allerdings unklar. Die Chroniken berichten von großem Luxus am Hofe dieser Weltherrscher, denen die Länder vom Atlantik bis zum Indus gehorchten, doch die Grabungsfunde lassen auf ein eher maßvolles Hofleben schließen, in dem die Traditionen des arabischen Nomadentums wie die Vorliebe zur Jagd in der Steppe gewahrt blieben.

Diese Lebensweise änderte sich gründlich beim Regierungsantritt der Abbasiden-Dynastie (s. S. 19). Sie schirmte sich durch ihre Leibgarde von ihren arabischen Stammesgenossen ab und lebte in strenger

Eines der vier Tore des Jagdschlosses Ukhaidir

Trennung vom Volke, woraus sich die berühmte Sage entwickelte, der Kalif Harun ar-Rashid habe nachts in Verkleidung Ausflüge zu den einfachen Leuten in der Stadt unternommen. In Wirklichkeit genoß der Kalif jetzt jedoch eine hohe Verehrung als religiöser Herrscher, hielt sich nur noch wenig an die ursprünglichen Gebote des Islam und führte ein prunkvolles Hofleben. Nach den ersten unerfreulichen Jahren des Zusammenlebens mit den Arabern in Kufa errichtete sich der zweite Abbaside, al-Mansur, in den Jahren 762–766 die neue Residenz Bagdad mit dem Palast im Zentrum (nach dem Vorbild von Kufa an der Südseite der Moschee), nun aber umgeben von einer kreisförmigen, der khorasanischen Leibgarde vorbehaltenen Innenstadt, um die sich dann die Viertel für Araber, Juden und andere Bewohner gruppierten.

Diese Stadt und ihren Palast kennen wir nur von den ausführlichen Beschreibungen der Chronisten, doch in ihrer Nähe hat sich in der Wüste westlich des Euphrat beinahe unbeschädigt das Jagdschloß Ukhaidir erhalten, errichtet um 780. Nur wenig kleiner als der Residenzpalast des Sa^{c}d – die äußere Umfassungsmauer mißt 170 m im Quadrat, die innere, rechteckige, 115 × 80 m – ähnelt Ukhaidir mit der Eingangshalle, dem Mittelhof und dem von Diener-, Wohn- und Haremsräumen umgebenen Thronsaal der früheren Anlage, nur fehlen die in einem Jagdschloß entbehrlichen Verwaltungsgebäude. Die hohen Tonnengewölbe, die reichgegliederten Kuppeln in den Korridoren und die reizvollen Innenhöfe der Wohnblöcke vermitteln jedem Besucher noch heute den Eindruck von der verlorenen Pracht Bagdads, auch wenn die Mauern jetzt kahl und unbedeckt von Teppichen und Wandschmuck stehen.

Die von den Kalifen al-Mu^{c}tasim und al-Mutawakkil in den Jahren 836 und 860 in größter Eile erbaute Metropole Samarra (*Surra man ra'a* = wer sie sieht, ist erfreut) konnte glücklicherweise großflächig erforscht und teilweise freigelegt werden, so daß wir ein reiches Anschauungsmaterial über den Kalifenhof zwei Generationen nach Harun ar-Rashid besitzen. Fünf riesige Paläste lagen im Zentrum und an den Rändern der (Doppel-)Stadt: Der Zentralpalast maß 1,4 km im Geviert – allein der Thronsaal mit seinen Nebenräumen bildete einen Block von 200 m Seitenlänge – daran schlossen sich Freitreppen, Vorhöfe, Parkanlagen mit Pavillons, kühle Grottengärten, Haremstrakte, Verwaltungsgebäude etc. an, ein Komplex von mehr als 1000 Räumen. Vor dem Palast erstreckte sich ein auf Luftbildern erkennbares Stadion für Pferderennen, zugänglich über eine 600 m breite Tribüne. Ein zweiter Palast, ähnlich angelegt mit Höfen, Thronhalle und Hunderten von Nebenräumen maß ›nur‹ 700 × 450 m, ein dritter und vierter waren etwas schmaler, ein fünfter dagegen, als ›Belvedere‹ auf eine mächtige Ziegelterrasse gesetzt, erhob sich in der Achse des Zentralpalastes auf dem gegenüberliegenden Ufer des Tigris.

In diesen Palästen und in den reichen Häusern der Wohnstadt standen die Mauern bei der Ausgrabung oft 2 m hoch an und trugen noch große Teile des ursprünglichen Wandschmucks aus ornamental geschnittenem Gipsstuck mit Spuren der Bemalung (jetzt in einem Saal des Pergamon-Museums, Berlin-Ost). Drei verschiedene Dekorstile und mehr als 200 verschiedene Muster können unterschieden werden und beweisen den Einfallsreichtum der kalifenzeitlichen Kunst. Nur die Sockel der Mauern waren stuckiert, darüber folgte eine Zone mit Wandnischen, die als Schränke dienten und außer Stuckrahmen meist Verkleidungen aus geschnitztem, bemaltem und vergoldetem Holz aufwiesen. Andere Wände, besonders in den Haremsräumen, waren in der oberen Zone mit figürlichen Fresken bemalt – Jagdszenen, Ranken mit Tieren, Tänzerinnen und Fabelwesen. Auf dem Boden der Zimmer lagen zerbrochene Schalen aus glasierter Keramik, Glas und – zur Zeit der Ausgrabung 1912 eine Sensation, da es genau datierbar war – chinesischem Porzellan. Auch Reste von Seidenstoffen fanden sich, leider zu fragmentarisch, um eine Vorstellung von den fürstlichen Gewändern vermitteln zu können.

Nach al-Mutawakkil (846–861), dem letzten mächtigen Kalifen, wurden seine Nachfolger von ihren Oberfeldherren, den Emiren, nach Belieben ein- und abgesetzt und von allen Regierungsaufgaben ferngehalten. Daher haben die Kalifen auch seither keine neuen Paläste mehr errichtet, einige mußten sich gar durch Korbflechten ihren Lebensunterhalt erwerben! Von den Palästen der Emire und Sultane auf dem persischen Hochland wissen wir meist nur aus den Chroniken; viele dieser Bauten liegen noch unberührt unter dem Boden und warten auf ihre Freilegung durch die Archäologen, insbesondere die Paläste der Buyiden und Seldschuken (934–1190). Eine Vorstellung von den Überraschungen, die die Wissenschaftler noch erwarten, geben die Ausgrabungen in zwei Palästen der Ghaznawiden (998–1160) in Afghanistan: In den Residenzen Lashgari-Basar und Ghazna legte man die Paläste des Mahmud (998–1030) und seines Urenkels Mas^{c}ud III. (1099–1114) frei (s. S. 318). Der uns aus Kufa, Ukhaidir und Samarra geläufige Haupthof, der dort als Vorhof für die Thronhalle fungierte, erscheint hier umgewandelt zu einem Wohnhof, an dessen Seiten sich viele Säle unterschiedlicher Größe mit verschließbaren Türen reihten; in der Mitte jeder Seite befand sich eine große Iwan-Halle.

Die Vier-Iwan-Anlage, die uns bereits bei Moschee und Medrese begegnet war, hatte also auch den Palastbau durchdrungen. Der Palast von Lashgari-Basar ist dabei das älteste bisher bekannte Beispiel dieser Bauform in islamischer Zeit; sie hat ihren Ursprung in der buddhistischen Architektur Indiens, tritt aber auch schon bei Parthern und Sasaniden im 2.–3. Jh. im Westen auf. In Mahmuds Palast verlagerte sich durch die Einbeziehung des Vier-Iwan-Hofes das ganze Hofleben nach vorn vor die Thronhalle; der Verwaltungstrakt lag offenbar in einem anderen Gebäude. Hinter dem Thronsaal war hoch über dem Abhang zum Flußufer eine weitere Iwan-Halle angefügt, von der man den Blick in die wilde Landschaft genießen konnte. Diese Halle sorgte für eine archäologische Sensation, denn sie war mit Wandgemälden überlebensgroß dargestellter Fürsten in prächtigen Gewändern verziert. Das Gefolge des mächtigen Türken-Herrschers war in Kaftane zentralasiatischen Zuschnitts gekleidet, mit den auch in Europa üblichen Jackettaufschlägen (›Klappenrock‹), dazu Reithosen und hohe Stiefel.

Eine weitere überraschende Entdeckung brachte die Grabung im Palast Mas^{c}uds III. zutage: Der Vier-Iwan-Hof war eingefaßt mit aufrecht gestellten Marmorplatten, die reich mit Arabesken dekoriert und am oberen Rand mit der ältesten bekannten Inschrift in persischer Sprache versehen sind. Eine ähnliche Marmorverkleidung kennt man seit vielen Jahren aus dem Westen Persiens; die Platten liegen in dem Dorf Sarmadj (bei Kermanschah) herum und wurden bereits von vielen Reisenden gezeichnet, ohne daß bisher eine Grabung stattfand. Am oberen Rand des Ornamentfeldes tragen auch sie eine persische Inschrift in kufischem Duktus, die in ihrem fragmentarischen Zustand allerdings kaum zu entziffern ist. Beide Palastdekorationen scheinen darauf hinzudeuten, daß um 1100 im mächtigen Seldschuken-Reich, wahrscheinlich in den Zentren Isfahan, Hamadan und Ray, zum ersten Mal die persische Sprache für Bauinschriften gewählt wurde, nachdem jahrhundertelang das Arabische allein vorgeherrscht hatte.

Mit der Mongolen-Zeit lernen wir eine andere Bauform des Palastes kennen, die wahrscheinlich auf dem iranischen Hochland eine lange Tradition besaß, ohne daß wir um die direkten Vorformen wissen. Anstelle der vielräumigen Hofanlagen entstanden jetzt kleine, rechteckige Pavillons mit einem Kuppelsaal, der sich an drei Seiten in Gewölben fortsetzt, und vier kleinen, die Ecken ausfüllenden Räumen; vor der Eingangsseite wurde oft ein Säulenportikus errichtet. Zwei ilkhanidische Jagdschlösser in Takht-e Solaiman und Bisotun (Kurdestan) wurden um 1280 und 1300 – beide mit etwa 20 m Seitenlänge winzig im Vergleich zu dem abbasidischen Schloß Ukhaidir – nach diesem Plan errichtet und in prächtiger Weise mit Steinfußböden sowie Fliesendekor an den Wänden und in den Gewölben ausgestattet. Möglicherweise dienten diese Pavillons dem Fürsten als Audienzsaal inmitten des ausgedehnten Zeltlagers seiner Gefolgschaft und blieben somit die längste Zeit des Jahres unbenutzt. In den folgenden Jahrhunderten können wir beobachten, daß Pavillons dieser Art in den Residenzstädten zum festen Bestandteil der kontinuierlich bewohnten Paläste werden: Der Tshinili-Köshk in Istanbul (erbaut 1466 kurz nach der Eroberung) ist das älteste Bauwerk des Topkapi Sarayi, das sich im folgenden Jahrhundert durch Hinzufügen weiterer Pavillons in den Gärten immer mehr ausdehnte. Dieser erste Pavillon (türkisch *Köshk* = Kiosk aus persisch *Gushak* = [vier-]eckig) ist mit 40 m Seitenlänge der größte des Komplexes. In Persien kennen wir aus der Safawiden-Zeit (1500–1722) in mehreren Städten Palastpavillons (Täbriz, Qazwin, Kaschan, Schiraz, Barferush).

Besonders eindrucksvoll ist der Palastkomplex in Isfahan erhalten. Er dehnte sich in den Gärten zwischen dem Königsplatz und der Tshaharbagh-Allee über eine Fläche von 800 × 1500 m aus, war also etwa so groß wie der Palast von Samarra, enthielt aber nur wenige, nicht sehr große Gebäude. Den Zugang vom Maidan-e Schah (Königsplatz) bildeten zwei Torbauten, das zentral gelegene Hohe Tor (Ali Kapu) und, seitlich davon, versteckt hinter den Basargewölben des Platzes, das streng bewachte Tor zum Haremstrakt (heute nicht mehr erhalten). Das Ali Kapu ist in den letzten Jahren von italienischen Fachleuten restauriert worden und vermittelt wieder einen lebendigen Eindruck von der Pracht um 1600. Das hohe Gewölbe der Tordurchfahrt flankieren – nach dem Vorbild des römischen Triumphbogens (?) – zwei gleich hohe Nischen, hinter denen sich in zwei Stockwerken die Raumfluchten verbergen. Über der vorderen Hälfte dieses Torgewölbes erhebt sich eine offene Säulenhalle mit einem kühlenden Wasserbecken im Boden, an dem der König sich mit seinem engeren Hofstaat, umgeben von einem Orchester und Tänzerinnen niederlassen konnte, um den Ausblick auf die Polospiele und das Treiben auf dem *Maidan* (Platz) zu genießen.

Der Maidan-e Schah (Königsplatz) in Isfahan; in der Mitte die Königsmoschee, rechts das Ali Kupa (Darstellung aus dem Jahr 1840)

Hinter der Säulenhalle wurde auf der zweiten Hälfte des Torgewölbes ein viergeschossiger Wohnturm errichtet, der eine Fülle kleiner Gemächer und größerer Säle enthält, alle in überraschender Vielfalt mit reliefierten Wandgemälden und verkleideten Wandnischen in üppiger Weise verziert. Außer Schlaf- und Schreibkabinetten erkennen wir an der Form der Wandnischen Säle für Gelage bei Musik und Wein. Dieser insgesamt sechsstöckige Pavillonbau von etwas mehr als 20 m Seitenlänge konnte auf dem beschränkten Raum natürlich nicht den riesigen Hofstaat und Harem der Perser-Könige beherbergen. Dazu diente ein großes, heute nicht mehr erhaltenes Hofgebäude mit vier Iwanen nach dem Plan der ghaznawidischen Paläste, zu dem das oben erwähnte zweite Tor führte. Wir kennen dieses Serail nur von einer Zeichnung des Reisenden Engelbert Kämpfer aus dem Jahre 1685, die, wohl vom Dach einer Moschee aus angefertigt, einen Gesamtüberblick des Komplexes gibt. Über die Einrichtung und Aufteilung der Innenräume informiert uns diese Zeichnung natürlich nicht.

Glücklicherweise haben sich aber noch inmitten der jetzt von Wohnhäusern stark an Umfang beschnittenen Palastgärten zwei Pavillons unversehrt erhalten: Bei einem Besuch des Palastes Tshihil Sotun können wir vielleicht nachempfinden, wie die holsteinische Gesandtschaft im Jahre 1637 von Schah Safi I. empfangen wurde. Adam Olearius, einer der Teilnehmer, hat die Audienzhalle mit der hohen, offenen Säulenhalle gezeichnet, ein Ebenbild der heutigen Halle, die 1647 von Safis Sohn Abbas II. errichtet wurde. Der Bankettsaal dieses Pavillons öffnet sich durch weite Türen und hohe Säulenportiken nach allen Seiten zum Garten hin; Wohnräume gibt es keine. Ein ähnlicher, aber oktogonaler Pavillon ist schließlich das zweigeschossige Hasht Behesht, die ›acht Paradiese‹ (ein Wortspiel, denn im Himmel gibt es nur sieben Paradiese), dessen in jahrelanger, mühseliger Arbeit von den Italienern restaurierte Wandmalereien nun wieder in alter Frische leuchten.

Die Herrscher der vorletzten Dynastie, der Qadjaren (1794–1925), erbauten in Teheran den Gulestan-Palast in kleineren Dimensionen als ihre Isfahaner Vorgänger, doch auch hier können wir einen mehrstöckigen, turmartigen Torpalast bewundern, das Shams-ol-Imara' (Sonne der Herrschaft), und inmitten des Gartens die Audienzhalle mit offenem Säulenportikus und der aus Marmor geschnitzten Thronkline. Im Bankettsaal, einer geschlossenen, dreischiffigen Halle, ließ sich als letzter Schah Muhammad Reza Pahlavi 1967 krönen. Die sich an diese Halle anschließenden Wohnbauten mögen ursprünglich wie in Isfahan einen Vier-Iwan-Hof umgeben haben, doch waren sie seit dem Baubeginn (um 1800) so vielen Umbauten unterworfen, daß die alte Anordnung nicht mehr erkennbar ist. Auch die letzten Herrscher Persiens legten rund um die Hauptstadt und an vielen reizvollen Stellen des Landes Gärten mit Pavillons an, in denen die alte Bauform bis in dieses Jahrhundert fortlebte. Allerdings änderte sich der Dekor von Grund auf: An die Stelle der Wandgemälde trat ein weißer Gipsstuck mit Vergoldung in französischer Empire-Tradition, die Gewölbe verzierte man mit Spiegelmosaiken und farbigem Glas. In manchen Bauten werden wir durch die noch ausliegenden wertvollen Teppiche für den Verlust der alten Wandmalerei entschädigt und bekommen eine Vorstellung davon, welche Schätze aus den alten Palästen fortgetragen worden sind.

In Persien nennt man die großen Rasthäuser an den Landstraßen nach dem eifrigen Förderer des Handels und der Wirtschaft Schah-Abbasi, doch nicht alle wurden tatsächlich von diesem König errichtet; auch

Der prachtvoll ausgestattete Palast Hasht Behesht in Isfahan

Der Innenhof einer Karawanserei in Isfahan (Darstellung aus der Mitte des 19. Jh.)

die Qadjahren legten im 19. Jh. neue Verkehrswege an, und bereits Jahrhunderte zuvor bauten die Seldschuken (ähnlich wie in Anatolien) in Persien Karawansereien. Nahe der sowjetischen und afghanischen Grenze blieb wie durch ein Wunder ein seldschukischer Prachtbau erhalten, Robat-e Sharaf an der Straße von Maschhad nach Serakhs. Da dieses Rasthaus an der häufig benutzten Verbindungsstrecke zwischen seinen Residenzen Merw und Nischapur lag, ließ König Sandjar (1117–1157) es fürstlich ausstatten, um hier selbst zu nächtigen. Eine hohe Mauer mit Tor teilt das Geviert von 60 × 100 m in einen kleineren vorderen Bereich für die Dienerschaft und die prunkvolle Anlage für das königliche Gefolge, jeweils als Vier-Iwan-Hof angelegt; hinter der Hofarkade liegen an einem Wandelgang die Schlaf- und Stauräume, im vorderen Bereich die Pferdeställe. Vom Tor zum inneren Hof führt ein Gang zu zwei kleinen, hintereinanderliegenden Moscheen; sie sind offensichtlich für Männer und Frauen getrennt und lassen darauf schließen, daß der König zusammen mit seinen Gemahlinnen zu reisen pflegte. Die Moscheen, Tore, Iwane und einige Prunkräume sind reich mit Stuckdekor und Inschriftenbändern verziert. Restaurierungen aus dem letzten Regierungsjahr des Königs zeigen, daß die Katastrophe des Oghusen-Überfalls 1154 auch dieses Gebäude nicht verschonte, und illustrieren außerdem in anschaulicher Weise den Stilunterschied zwi-

schen Arbeiten vom Anfang und vom Ende der langen, florierenden Herrschaft dieses Königs.

In Anlage und Einrichtung persischer Karawansereien änderte sich in den folgenden Jahrhunderten wenig; es blieben Hofbauten mit Stauräumen und Stallungen an den Seiten und komfortableren Gemächern für anspruchsvolle Reisende im zweiten Stockwerk über dem Torbau. Da die Stauräume zum Schutz der Waren gegen Tiere auf hohen Rampen liegen, sind diese Bauten heute als Laderäume und Lastwagen-Garagen brauchbar, haben also ihre Funktion beibehalten. Besonders die großen Karawansereien in den Basaren der Städte wurden selten abgerissen und überraschen inmitten des lauten, modernen Treibens durch ihren farbigen Fliesendekor aus früheren Jahrhunderten.

Kunsthandwerk

Auf drei Gebieten hat der arabisch-iranische Bereich schon frühzeitig die westlichen Länder der islamischen Welt überflügelt; es sind dies die Keramik, die Miniaturmalerei und die Teppichknüpferei. Auch die Metallhandwerker, Seidenweber, Goldschmiede, Elfenbeinschnitzer, Kalligraphen und Steinschneider leisteten Außerordentliches, doch sind ihre Arbeiten meist schwer von den Erzeugnissen Syriens und Ägyptens zu unterscheiden, und emailliertes Glas und geschnittenen Bergkristall hat der islamische Westen wohl in noch vollendeterer Form hergestellt. Daher sollen hier nur die drei oben genannten künstlerischen Bereiche besprochen werden.

In vorislamischer Zeit kannte der Vordere Orient zwar grün glasierte und reliefverzierte Keramiken, doch wurden diese nicht für anspruchsvolle Zwecke verwendet, da man Tafelgeschirr aus Gold, Silber und Bronze bevorzugte. Der Islam verbot – anfangs – derartigen Luxus, daher gelangte die Keramik wieder zu höherer Wertschätzung und künstlerischer Entfaltung. Es entstanden Meisterwerke von größter Vollkommenheit, heute der Stolz aller größeren Museumssammlungen. Da diese Exponate fast ausschließlich über den Kunsthandel angeschafft wurden, ist man für die Datierung und regionale Zuordnung auf stilistische und – in günstigen Fällen – epigraphische Untersuchungen angewiesen. Wissenschaftliche Ausgrabungen haben immer noch Seltenheitswert wie die besonders reichen Funde aus Samarra (zweite Hälfte 9. Jh.), Lashgari-Basar (Anfang 11. Jh.), Nischapur und Samarkand (10.–12. Jh.) sowie Siraf und Susa (7.–10. Jh.), denen wir die wichtigsten Anhaltspunkte für die Entwicklungsgeschichte verdanken.

In den Palästen von Samarra lag im Irak hergestellte Keramik neben Importen chinesischen Porzellans, was ein merkwürdiges Wechselspiel beiderseitiger Beeinflussung erkennen ließ: Die Chinesen hatten sich im 7. Jh. in der Formgebung ihrer Schalen, Kannen und Trinkbecher an sasanidisch-persischen Gold- und Silbergefäßen orientiert und sie aus Porzellan oder dreifarbig *(San-tsai)* beziehungsweise grünlich (Seladon) glasierter Fayence nachgebildet und teilweise umgewandelt – im 9. Jh. ahmten nun die irakisch-persischen Künstler die für sie neuartigen Glasurtechniken und -farben nach. Im 13. Jh. – die iranischen Manufakturen waren mittlerweile in der Technik der Unterglasurmalerei mit Kobaltblau führend – wurde eben diese Keramik in China als ›Mohammedaner-Blau‹ übernommen und auf Porzellan zu dem berühmten ›Blau-Weiß‹ fortentwickelt, das wiederum im 15. Jh. in Persien und der Türkei Furore machte (die königliche Tafel der Safawiden und Osmanen war mit Ming-Porzellan gedeckt!) und persische Künstler zu ähnlichen Arbeiten in Fayence anregte. Die engen Handelskontakte beider Länder über die Seidenstraße und den Seeweg um

Becher mit aufgemalten Figuren (Iran, Ende des 12. Jh.)

Bemalter Glasteller (Iran, frühes 13. Jh.)

Indien sowie die engen politischen Verbindungen seit der Mongolen-Zeit begünstigten diesen überaus fruchtbaren Austausch.

Die chinesische San-tsai-Ware in gelbbraun, grün und blau wird mit farbigen Bleiglasuren hergestellt; diese laufen beim Brand leicht ineinander über und erlauben daher keine figürliche Malerei. Im Irak versuchte man, mit Reliefuntergrund oder Einritzungen (Sgraffiatto-Ware) die Farben auseinanderzuhalten, erzielte aber nur geringe Erfolge, weshalb diese Ware immer ihren ornamentalen, unfigürlichen Charakter beibehielt. Es gelang aber schon frühzeitig, Zeichnungen in nur einer Farbe, vorwiegend Kobaltblau, unter einer farblosen Glasur aufzutragen, denn dieses Mineral verläuft nicht. Eine dritte im Irak entwickelte Ware, die Lüsterkeramik, erhält in einem zweiten Brand durch Reduktion der über der Glasur aufgetragenen Farben einen goldglänzenden Überzug. Diese Gefäße sollten die verpönten Goldschalen ersetzen. Doch auch einfarbig weiß glasierte Reliefschalen entstanden als Imitation des chinesischen Porzellans im Irak. Wahrscheinlich entstanden die meisten der in Samarra ausgegrabenen Gefäße in Bagdad, das auch nach der Verlegung der Residenz seine wirtschaftliche Bedeutung behielt.

Als unter den Söhnen Harun ar-Rashids die Zentralgewalt verfiel, gelangten die Samaniden im Ostiran zu großem Reichtum, so daß sie die besten Künstler an ihre Residenzen Nischapur und Samarkand ziehen konnten. Dort entwickelte sich eine neue Technik: Man mischte geschlämmten Ton (Engobe) in die farbige Glasur und machte sie dadurch so dickflüssig, daß sie beim Brennen nicht mehr auseinanderlief. So entstanden reizvolle mehrfarbige, figürlich bemalte Schalen und Kannen; am berühmtesten aber sind die weißgrundigen Schalen mit einer einzelnen, effektvoll abgehobenen schwarzen Schriftzeile oder einem aus Schriftzeichen komponierten Vogel oder Hasen. Diese Ware fand sich auch in dem Palast von Lashgari-Basar. In dem mächtigen Seldschuken-Reich entfaltete sich dagegen ein neues Manufakturzentrum in der westiranischen Stadt Kaschan, berühmt für ihre Unterglasurmalerei.

Zuerst gelang es, figürliche Malereien in Schwarz unter einer durchscheinenden, farbigen Glasur (die engobehaltige Glasur war nicht durchscheinend) zu brennen. Besondere Effekte erzielte man mit der Silhouette-Ware – der weißliche Scherben wurde mit schwarzer Farbe überzogen, darein kratzte der Künstler das Ornament, das dann hell durch die grüne Glasur leuchtete. Als Gefäßkörper benutzte man nicht mehr Ton, sondern weiße Fritte, experimentierte auch mit Kobaltblau und anderen Farben unter farbloser Glasur. In Verbindung mit Lüster, der in einem zweiten Brand über der Glasur aufgetragen wurde, entstanden Kompositionen, zu denen offenbar Miniaturmaler herangezogen wurden. In Überglasurmalerei konnten bei sehr leichtem Brand auch viele Farben verwendet werden, die höhere Temperaturen nicht vertragen: Das Ergebnis war die berühmte Minai-Ware des 12.–13. Jh., auf der ganze Schlachtengemälde oder Szenen der berühmten Epen mit zierlichen Figürchen das Auge entzücken. Daneben wurde die einfarbige Ware weiterentwickelt, indem man außer Reliefdekor auch kleine Durchbohrungen anbrachte, die, mit weißlicher Glasur gefüllt, das Licht durchfallen lassen – eine Technik, die in China bis heute Nachahmung findet.

Bereits in Samarra hatte man die Keramik nicht nur zu Gefäßen, sondern auch als Wandschmuck verwendet, denn in den Ruinen wurden Fragmente von Lüsterfliesen gefunden. Unsere hauptsächliche Kenntnis verdanken wir aber einem glücklichen Umstand: Im Jahre 863 ließ der Emir von Tunesien in der Moschee von Kairouan den Mihrab mit 28 Marmorplatten und 139 Lüsterfliesen aus Bagdad verzieren, die bis heute unversehrt am Ort blieben (s. S. 119 ff.). Sie gleichen im Dekor dem Stil von Samarra, überraschen jedoch durch die Fülle ihrer geometrischen und floralen Motive. Lüsterfliesen erhielten im 12.–13. Jh. ihre Vollendung in den Manufakturen von Kaschan, sie konnten zu Mihrab-Nischen und Wandfriesen zusammengesetzt werden. Die etwa

60 cm hohen Friesplatten aus den Grabtürmen von Qom und Veramin trugen in kobaltblauem Relief eine Schriftzeile, eingebettet in ein Rankengeflecht, das man in Lüsterfarben über der Glasur malte; mehrere Schriftbänder umgaben das mit Arabesken gefüllte Mittelfeld des Mihrab. Die Innenwände vieler Moscheen und Mausoleen bedeckte ein etwa 1 m hoher Sockel aus Stern- und Kreuzfliesen, den oberen Abschluß bildete wiederum ein Schriftband. Leider sind heute fast alle Fliesen in die Museen gelangt, kaum ein Bauwerk weist noch seinen ursprünglichen Dekor auf.

Im Ostiran bevorzugte man im 13.–15. Jh. Fliesen mit farbiger Glasur auf reliefiertem Grund (Laqabi-Ware), und dort begann man offenbar auch damit, die Außenfassaden der Bauten gleichfalls mit Fayencen zu überziehen. Das älteste erhaltene Bauwerk dieser Art scheint die Moschee von Zawzan (südlich von Maschhad) zu sein, von dem Großwesir des Khwarazmschah (1199–1220) wenige Jahre vor dem Mongolen-Sturm errichtet. In der Mongolen-Zeit trat das Fliesenmosaik neben den Dekor aus Reliefplatten: Aus einfarbig glasierten Platten in Weiß, Schwarz, Blau, Rot, Grün und Gelb sägte man die Teile eines Schriftbandes, Arabeskenfeldes oder Figurenfrieses heraus und setzte sie dann wie ein Mosaik zusammen. Bis in die Zeit des Schah Abbas um 1600 entstanden herrliche Bauten im Schmuck dieses feingliedrigen, farbintensiven Dekors, danach verwendete man wieder mehrfarbig glasierte Fliesenplatten.

In der Safawiden-Zeit konkurrierte die persische Gefäßkeramik mit dem importierten chinesischen Porzellan, schuf auch noch weitere schöne Lüsterwaren und Unterglasurdekore, ihre künstlerische Überlegenheit jedoch konnte sie nicht bewahren. Arbeiten des frühen 20. Jh. sind oft von guter Qualität und reizvoll mit feiner Malerei versehen, doch machte sich europäischer Einfluß hier störend bemerkbar.

Eine Sonderentwicklung im östlichen Bereich der islamischen Welt ist die Miniaturmalerei. Sie entstand an den Fürstenhöfen Persiens und Syriens zusammen mit einer romantischen Unterhaltungsliteratur vorwiegend persischsprachiger Dichter, die im rein arabischen Westen nur wenig Verbreitung fand. Die ältesten erhaltenen illuminierten Handschriften sind allerdings Werke naturwissenschaftlichen Inhalts in arabischer Sprache, beispielsweise eine Abhandlung über die Astronomie von as-Sufi und einige Werke über Tiere, Pflanzen, Arzneimittel und Maschinen, in denen die bildlichen Darstellungen weitgehend zum Text gehören. Sie wurden für Fürsten angefertigt, die sich gerne mit den Geheimnissen der Natur beschäftigten. Eine weitere Handschrift, entstanden in Ray am Hof der Buyiden um 1000, verrät noch das Vorbild der 100 Jahre älteren Wandmalereien von Samarra, steht aber wahrscheinlich auch in der Tradition manichäischer Miniaturmalerei, von der ein entscheidender Impuls an die islamischen Künstler ausgegangen sein muß.

Leider blieb uns keine Miniaturhandschrift aus der Zeit des seldschukischen Großreichs erhalten; erst als dieses in viele Regionalstaaten zerfiel, entstand um 1200 jenes gute Dutzend von Manuskripten, die heute als größte Kostbarkeiten in unseren Bibliotheken gehütet werden. Wahrscheinlich überstanden sie in einem Versteck in Mossul (Irak) den Mongolen-Sturm, denn sie stammen fast alle aus dem Besitz der seldschukischen Herrscher Syrien-Mesopotamiens, der Artukiden, deren Residenz Mossul ein großes Kunstzentrum war. Unverkennbar ist das byzantinisch-spätantike Vorbild einiger Handschriften, doch haben die syrischen Maler die Landschaft weitgehend durch einen neutralen Hintergrund ersetzt und die Gestalten dicht zu Gruppen zusammengedrängt. Dagegen sind die großen Vorsatzblätter einiger Handschriften in einem ganz anderen Stil gehalten, der nach Osten, auf die Kunst der Sasaniden und besonders der Sogder (Wandgemälde von Pendjikent und Afrasiyab bei Samarkand) hinweist. In großen heraldischen Kompositionen befindet sich der Fürst von seinen Höflingen umgeben – wie Buddha im Kreis seiner Schüler und der Götter – oder der Sasaniden-König im Zentrum der Silberschalen. Im Text verteilt sind Bildstreifen, hier berühren die Reiter mit ihren Köpfen den Oberrand wie auf den sogdischen Wandgemälden; der Hintergrund ist einfarbig rot oder mit Arabeskenranken gefüllt, wie in der zentralasiatischen Kunst wird das Gesicht im Dreiviertelprofil wiedergegeben. In dieser Handschriftengruppe finden sich auch einige erzählende Werke der schönen Literatur: In Arabisch der Fürstenspiegel »Kalila wa Dimna« (unser deutscher »Reineke Fuchs«), die »Maqamen des Hariri« (ein Schelmenroman) und das »Buch der Lieder«, in Persisch das gereimte Liebesepos »Warqa wa Golshah« (ähnlich dem altfranzösischen »Floire et Blancheflor«).

Als sich 100 Jahre nach dem Mongolen-Sturm Täbriz zu einem neuen Kulturzentrum entwickelt hatte, knüpften die Künstler an die Traditionen der ausgehenden Seldschuken-Zeit an und verbanden sie mit Anregungen aus der chinesischen Landschaftsmalerei – ganz offen-

Burzuy bringt Nushirvan das Buch »Kalila wa Dimna«; Miniatur aus dem Schahnameh (Iran, 1530)

sichtlich schmückten die neuen Herren ihre Paläste mit ostasiatischen Bildrollen. Die Fürsten lasen gern historische Werke, um ihre eigenen Taten mit denen früherer Helden verglichen zu sehen; aus diesem Grunde wurden jetzt Weltchroniken in Auftrag gegeben und mit prachtvollen Miniaturen ausgeschmückt, ferner das bereits 300 Jahre zuvor verfaßte »Persische Königsbuch« des Firdausi, eine unerschöpfliche Sammlung phantastischer Geschichten und unglaublicher Heldentaten, von ›Saufen und Raufen‹ (persisch *Bazm o Razm*), durchmischt mit zartester Romantik, geschrieben in klingenden, kraftvollen epischen Versen, die sich bis heute in Persien unveränderter Beliebtheit erfreut.

Gerade die Illustrationen zu diesem Buch stellten die Künstler vor neue Aufgaben, denn für das umfangreiche Werk benutzten die Schreiber großformatige Folianten mit einem etwa 30 cm breiten Schriftspiegel, die Blätter in vier oder sechs Kolumnen aufgeteilt. Auf diesen Bildflächen konnte der Buchmaler jetzt vielfigurige Szenen ausbreiten und eine wahrscheinlich aus Zentralasien übernommene Kompositionsform verwenden: Vor einem recht hoch angesetzten Horizont erscheint ein dreieckiger Berg, dessen nur mit Grasbüscheln bedeckter gelblicher Sandboden zum Bildfeld wird. Randfiguren – Ankömmlinge, Flüchtende oder Zuschauer – treten wie aus einer Kulisse hinter dem baumbewachsenen Berghang hervor, ohne daß die realen Größenverhältnisse zwischen Personen und Landschaft eingehalten werden. Diese ›Bedeutungsperspektive‹ – mächtige Personen erscheinen zum Beispiel größer als Diener – wird zwar insofern eingeschränkt, daß alle an einer Handlung beteiligten Menschen etwa das gleiche Format erhalten, doch gilt dies nicht für Tiere, Bäume und Berge – sie sollen bloßes Beiwerk bleiben. In ›Vogelperspektive‹ ragen die Köpfe der im Hintergrund Stehenden bis an den oberen Bildrand oder gar darüber hinaus. Diese von Wandgemälden in Sogdien und dem Tarim-Becken (um 700) bekannte Bildform stammt nicht aus Ostasien, wo der Mensch kleinfigurig in die Landschaft eingeordnet wird, sondern geht letztlich auf die Tradition der assyrischen Palastreliefs Vorderasiens zurück.

Leicht provinziell wirken neben den Kunstwerken aus der Hauptstadt Täbriz Miniaturhandschriften aus dem südiranischen Reich der Muzaffariden (1314–1392) mit der Residenz Schiraz, wo der damals größte persische Lyriker, Hafiz, lebte. Mehrere Abschriften des »Königsbuches« können diesem Hof zugewiesen werden. Zu einem Treffpunkt aller berühmten Künstler des Ostens machten die Timuri-

Khosrou tötet den Löwen; Miniaturmalerei aus dem Khamseh-Manuskript des Dichters Nizami (Iran, 1525)

den ihre Residenzen Herat und Samarkand. Schah Rokh (1404–1447), seine Gattin Djauhar Shad (sie ließ die Moschee in Maschhad und die Medrese von Khargerd erbauen, s. S. 262) und ihr Sohn Prinz Baisonqor, ein berühmter Kalligraph, gaben ungezählte Bildhandschriften in Auftrag, die als Höhepunkt der Malereientwicklung gelten. Auch diese Fürsten lasen mit Vorliebe Heldenepen – das »Königsbuch« und die Chroniken der Mongolen-Zeit, jetzt fortgesetzt in einem »Königsbuch« mit den Taten des Timur –, doch daneben ergötzten sie sich an einer neuen persischen Übersetzung des Fürstenspiegels »Kalila wa Dimna« und seinem feinsinnigen Pendant, dem »Rosengarten« *(Gulestan)* des Sa^c^di (verfaßt 1256), sowie an den meist in einer Handschrift zusammengefaßten fünf romantischen Epen des Nizami (verfaßt 1173–1203), die zum ersten Male mit Miniaturen versehen wurden. Für dieses Werk entstanden die wohl bekanntesten und berühmtesten Illuminationen: Die armenische Königstochter Shirin badet in einem Quellteich und wird dabei von dem vorbeireitenden König Khosrou beobachtet; der Künstler Farhat, der ein Relief des Königs zu Pferde in den Berg Bisotun meißelt, wird von Königin Shirin besucht; der liebeskranke Sänger Madjnun geht in die Wüste und lebt dort zusammen mit den wilden Tieren; Madjnun und seine geliebte Leila als Kinder in der Schule; König Bahram Gur besucht an jedem Wochentag je eine seiner sieben Gemahlinnen, denen er verschiedenfarbige Pavillons errichten ließ; Bahram Gur reitet mit einer Musikantin zur Jagd und vollbringt Wunder im Pfeilschießen ...

Schah Rokhs Urenkel Husein Baikara (1469–1506) und sein poetisch begabter Großwesir Alishir Navai (er dichtete in persischer und osttürkischer Sprache) zogen den Buchmaler Bihzad an den Hof von Herat. Ihm verdanken wir die lebendigsten Darstellungen des Hoflebens mit überaus realistischem Blick für die Ereignisse täglichen Lebens. So wagte es der Künstler nicht nur, den Kalifen Ma'mun, den Sohn des Harun ar-Rashid, im Bade darzustellen, wie er von zwei Bademeistern mit Wasser übergossen und am Kopf massiert wird, sondern er verbannte dazu noch die Hauptperson an den Bildrand und rückte die Arbeit der Diener ins Zentrum, die Badetücher spülen, auswringen und mit einer langen Stange hoch oben auf die Leine hängen. Für diese köstlichen Beobachtungen, die den nie wieder erreichten Gipfel in der Kunst der Buchmalerei markierten, erlangte Bihzad noch zu Lebzeiten hohe Berühmtheit.

Die Safawiden (1500–1722) hielten zwar glänzend Hof und ließen viele Prachthandschriften anfertigen, doch als Abkömmlinge eines Derwisch-Ordens waren sie streng religiös und förderten die weltliche Literatur nicht – der letzte große romantische Epiker, Djami, starb 1492 am Hofe von Herat, und so wanderten die bedeutendsten Künstler nach Indien zu den Moghul-Kaisern ab, wo sie sich frei entfalten konnten. In Persien dagegen konservierte man die vorgeschriebenen Formen bis zu manierierter Vollendung, überaus qualitätvoll zwar, doch ohne neue, zukunftsweisende Impulse. Im 19. Jh., unter den Qadjaren, orientierten sich persische Künstler an der unter europäischen Einflüssen weitgehend veränderten indischen Malerei und

Porträt von Hatifi; Miniaturmalerei des großen Meisters Bihzad (Iran, 1511/12)

schufen eine recht merkwürdige, heute jedoch als sehr reizvoll empfundene Buch- und Wandmalerei, in der sich alte persische (Vogelperspektive, flächige Kolorierung, Dreiviertelprofil) mit indischen Traditionen (bauschige Gewänder, in Deckweiß aufgelegte Glanzlichter, auffälliger Goldschmuck, Spuren von europäischer Modulation und Fluchtpunktperspektive) vermischen.

Der persische Teppich, berühmt für seine Schönheit und Haltbarkeit, wird aus der Wolle des Karakul-Schafes geknüpft. In Persien haben sich jedoch keine so alten Exemplare wie im benachbarten Anatolien erhalten (13. Jh.); die etwa 200 ›antiken‹ Stücke in den Museen stammen erst aus dem 16. und 17. Jh., nur ein einziger Teppich ist – allerdings sehr viel – älter: Er gehört in die Achämeniden-Zeit (5. Jh. v. Chr.) und hat im sibirischen Eis (Grabhügel von Pazyryk, jetzt in Leningrad) überdauert! Reliefs und Wandgemälde aus dem Sasaniden-Reich, Sogdien und

Zentralasien stellen unsere einzige Informationsquelle für das Aussehen persischer Teppiche aus vorislamischer Zeit dar, später bilden auch Miniaturmalereien einige schöne Stücke ab.

Die Teppiche der Safawiden-Zeit stammen aus mehreren Manufakturen, die sich bei Täbriz, Kaschan, Kerman, Herat und Isfahan lokalisieren lassen. Frühe Stücke des 16. Jh. aus Tabriz sind aus Wolle geknüpft, doch Kette und Schuß bestehen aus Baumwolle oder Seide, um ein möglichst engmaschiges, widerstandsfähiges Grundgewebe zu bilden. Im Gegensatz zu anatolischen oder kaukasischen Teppichen mit geometrischem Dekor ist das Grundmotiv der persischen Teppiche ein verwirrendes System mehrerer übereinandergelegter und ineinander verwobener Blütenranken, teilweise überdeckt von einem großen Mittelmedaillon mit Kartuschen oder Teilen weiterer Medaillons in den Ecken des Hauptfeldes. Die breite Randborte trägt immer ein hiervon unabhängiges Muster. Als Untergrund wählte man meist ein sattes Purpurrot, gegen das sich Blau, Braun und Grün sanft abheben. Zum Schmuck der Palastpavillons dienten Teppiche mit Jagdmotiven, die sich kleinfigurig in die Ranken einordnen. Auf anderen Teppichen tummeln sich zwischen Bäumen Fabelwesen chinesischer Herkunft (Drache und Kilin) zusammen mit Löwen und Gazellen oder auch mit geflügelten Engeln, um das Paradies vorzugaukeln. Verse aus Trinkliedern, in Randkartuschen eingewebt, deuten an, in welchen Gemächern des Palastes diese Teppiche ausgelegt waren.

Andere Teppiche wiederum lassen figürliche Motive gänzlich vermissen – sie waren für Moscheen und Heiligtümer bestimmt. Unter ihnen lassen sich zwei Manufakturen bei Täbriz unterscheiden, von denen die eine eckig geführte Blumenranken, die andere spiralig geschwungene bevorzugte. Ein Wunderwerk aus dieser zweiten Manufaktur gelangte aus dem Derwisch-Heiligtum von Ardabil nach London; es mißt 11,5 × 5,4 m und nennt in einer Inschriftenkartusche den Künstler Maqsud al-Kashani und das Datum 1540. Das Medaillon, einen sechzehnzackigen Stern, umgeben ebenso viele blattförmige Kartuschen in verschiedenen Farben; in jede Hälfte hängt eine Moscheelampe herab und ›beleuchtet‹ die üppige Blumenfülle, ausgebreitet an rötlichen Ranken auf dunkelblauem Grund. Das zentrale Medaillon schmückt auf gelblichem Grund zartes Arabeskwerk, in dem dunkel- und hellblaue Palmettenblätter alternieren und zu der hellblauen, purpur umrandeten Mittelrosette überleiten. Dieser Teppich läßt sich in

Seidenteppich (Iran, frühes 17. Jh.)

seiner erstaunlichen Größe und der unglaublichen Feinheit des Details dem gleichzeitigen Mosaikdekor der Moscheen vergleichen.

Einen ganz anderen Eindruck vermitteln die fast 100 Jahre später zu Zeiten des Schah Abbas und seiner Nachfolger in den Manufakturen von Kaschan und Isfahan hergestellten Teppiche. Jetzt wurde für die Knüpffäden fast ausschließlich Seide verwendet, die bekanntlich Farben nicht so leicht annimmt wie Wolle und einen silbrigen Glanz beibehält. Viele dieser Teppiche gelangten als Gesandtschaftsgeschenke oder Auftragsarbeiten in europäische Schlösser, besonders in polnische, weshalb sie unter dem Namen ›Polen-Teppiche‹ bekannt wurden. Der Dekor ist nur selten, wie etwa der schöne Wirkteppich der Münchner Residenz mit Engeln im Medaillon und Jagdszenen im Feld, von der Feinheit der älteren Stücke. Die übrigen Exemplare wirken mit den sehr breiten, großformatigen Ranken wie stark vergrößerte Ausschnitte aus älteren Vorbildern, doch die feine Abstufung von Braun, Grün und Hellblau gibt auch diesen Werken einen unnachahmbaren Reiz.

Seit dem vorigen Jahrhundert arbeiteten die Hofmanufakturen auch für private Auftraggeber und in immer größerem Maße für Ausländer. Das führte zu einer ständigen Qualitätsminderung insbesondere der Dekore; die Rankenkompositionen wurden vereinfacht und für das ungeübte europäische Auge ›entwirrt‹, auf den Kerman-Teppichen gar zugunsten freier Flächen an den Rand des Feldes verbannt. Technisch lassen diese Erzeugnisse kaum etwas zu wünschen übrig, doch der künstlerische Anreiz ging verloren, weil keine neuen Formen und Motive die aufgegebenen alten ersetzten.

Neben diesen Werken der Hofmanufakturen gab es seit jeher die kleinformatigen Nomadenteppiche, deren Ursprünge wir allerdings nicht weit zurückverfolgen können, denn nur selten gelangten Stücke in Moscheen oder Paläste, wo sie die Jahrhunderte überdauern konnten. Jede Landschaft Persiens und jeder Stamm hat seine eigenen Dekors, die zweifellos auf sehr alte Vorbilder zurückgehen. Erst in neuester Zeit bemühen sich einige Wissenschaftler um die Erschließung dieser Gruppe von Kunstwerken, die glücklicherweise auch heute noch oft in ungebrochener Tradition hergestellt werden. Mit der Frage nach der Kompositionsform lösen sich diese Gelehrten von der bisher im Mittelpunkt stehenden Untersuchung der Bildinhalte und der Bedeutung der Einzelmotive und machen ihre Studien so von einer völkerkundlichen zu einer kunsthistorischen Disziplin.

Literatur

Creswell, K. A. C., A Short Account of Early Muslim Architecture, Harmondsworth 1958

Diez, E., Die Kunst der islamischen Völker, Handbuch der Kunstwissenschaft, Berlin 1915

Erdmann, K., Der orientalische Knüpfteppich, Tübingen 1960

Ettinghausen, R., Islamic Art in the Metropolitan Museum of Art, New York 1972

Fehervari, G., Islamic Pottery, A Comprehensive Study Based on the Barlow Collection, London 1973

Grabar, O./Hill, D., Islamic Architecture and its Decoration, London 1964

Grube, E. J., The World of Islam, New York 1966

Grube, E. J., Islamic Pottery of the eighth to the fifteenth Century in the Keir Collection, London 1976

Hoag, J. D., Western Islamic Architecture, London 1968

Hoag, J. D., Islamische Architektur, Stuttgart/Mailand 1976

Kühnel, E., Die Kunst des Islam, Stuttgart 1962

Pope, A. U., Persian Architecture, The Triumph of Form and Color, New York 1965

Zentralasien: Afghanistan, Transoxanien, Turfan

von Klaus Fischer

An den Nordostgrenzen des islamischen Herrschaftsbereichs, in dem heute Afghanen, Völker der südlichen Sowjetunion und Turkstämme Westchinas siedeln, wird eine riesige Landmasse von Wüsten, Steppen, Flußtälern mit Bewässerungsoasen oder bewässerten Feldern und von Gebirgen mit Hochweiden bedeckt. Der Islam verbreitete sich von Westen her während der frühesten arabischen Eroberungszüge zunächst entlang der uralten Steppenpfade, die schon zu einem vorislamischen, ja vorchristlichen Netz von ›Seidenstraßen‹ gehört hatten und bald unter den Kalifen und Provinzgouverneuren einen reichen Ost-West-Handel über Basardörfer und wohlhabende Städte vermittelten. Landbau und Viehzucht in den Trockenzonen Asiens bedingten schon immer künstliche Bewässerung in ausgedehnten, von den wenigen alljährlich wasserführenden Flüssen abgeleiteten Kanalsystemen, zu deren Aufrechterhaltung große Menschenmassen von despotischen Herrschern und Landbesitzern gelenkt werden mußten. Zu den Lebens- und Wirtschaftsformen dieser innerasiatischen Räume gehörte seit alters her der Nomadismus beziehungsweise der Halbnomadismus.

Eine stetige Entwicklung des dörflichen oder städtischen Lebens unterbrachen zeitweise die Stürme der Steppennomaden, deren Reiterheere den mongolischen und timuridischen Gewaltherrschern zum Sieg über die seßhaften Völker verhalfen. Für die Regional- und Stadtgeschichten von Afghanistan und Südrußland ergeben sich vor allem zwei tiefe Einschnitte, die jeweils die Vernichtung der bestehenden Kultur nach sich zogen: die Mongolen-Stürme mit den Verheerungen durch Djingis Khan im Jahre 1221 und die Eroberungszüge des Timur im Jahre 1383. Doch auch vor und nach diesen Daten ist die Geschichte Mittelasiens voll von internen Machtkämpfen und Rebellionen, werden Menschen getötet und Kunstwerke zerstört, so zum Beispiel Mitte des 12. Jh., als der Ghoriden-Herrscher Ala' ad-Din Städte wie Ghazni oder Bust auf dem Boden Afghanistans niederbrannte oder auch

Der Mongolen-Herrscher Djingis Khan spricht vor den Bewohnern der von ihm eroberten Stadt Buchara; persische Miniatur

Anfang des 16. Jh., als das mittelasiatische Timuriden-Reich zerfiel. Trotz all dieser Zerstörungen kam es gebietsweise immer wieder zu neuen kulturellen Blütezeiten, wenn auch oft auf einem enger begrenzten Gelände, da nicht mehr genügend Menschen zum Wiederaufbau und zur Aufrechterhaltung der Bewässerungsanlagen zur Verfügung standen.

Zeittafel zu Zentralasien

651	Merw von den Arabern erobert
674	Arabischer Vormarsch in Transoxanien
	Sogdische Kunst in Buchara und Afrasiyab (Samarkand)
722–730	Eroberung Sogdiens durch das Kalifat
819–1005	Iranische Dynastie der Samaniden; Stadtpaläste von Afrasiyab; Buchara: Moschee Magak-i-Attari; Termes: Kyrk-Kyz-Palast
Um 910	Samaniden-Mausoleum in Buchara
ca. 927–1211	Karakhaniden-Dynastie
1040	Die Seldschuken brechen die Vormacht der Ghaznawiden
1118–1157	Herrschaft des Seldschuken-Sultans Sandjar
12. Jh.	Neubau der Maghak-i-Attari-Moschee in Buchara, Vorstadtpalast in Termes, Diggaron-Moschee bei Buchara
1172–1221	Vormachtstellung der Khoresm-Schah
1219–1221	Mongolenzug und Zerstörung zentralasiatischer Städte
1227–1370	Tshagatai-Ulus (Tshagatay-Khan) herrscht in Transoxanien; Ausbau von Schah-i-Sinda in Samarkand beginnt
1370–1405	Timur Lenk Herrscher über Zentralasien. Samarkand: Gräber von Schah-i-Sinda, Bibi-Khanum-Moschee, Gur-i-Emir-Kuppelgrab Timurs
1405–1502	Timuriden-Herrscher in Zentralasien; unter Ulugh Beg (1405–1449) Observatorium in Samarkand. Timuridischer Wandschmuck, Zeichnungen im sinisierenden Stil in der Siyah-Kalam-Miniaturmalerei; Palast von Shahri-Sabs. Buchara: Miniaturmalerei unter dem Einfluß von Herat
1468–1599	Shaibaniden-Dynastie in Transoxanien in Gegnerschaft zu den Timuriden; Buchara: Abdul Aziz-Medrese
1599–1785	Djaniden-Dynastie in Buchara. Buchara: Bolo Khauz-Moschee
1740–1920	Mangiten-Dynastie; Bauten teilweise unter abendländischem Einfluß.

Zentralasiatische Überlieferungen aus dem vorislamischen Nomadenleben bestanden in der Kultur des Zeltes fort, besonders der mongolischen Yurte, deren Transport auf pferde- oder kamelgezogenen Wagen schon europäische Reisende der Vergangenheit im Bilde festhielten. So lebte Nasr I. Shams al-Mulk (1068–1080) aus der türkischen Dynastie der Karakhaniden zwar selbst nach nomadischer Sitte in einer Zeltstadt bei Buchara, trat aber gleichzeitig als Bauherr mittelasiatischer Karawansereien hervor. Später wirkte die Vorliebe für diese bewegliche Behausung auch im höfischen Leben iranischer und indischer Herrscher weiter, die inmitten marmorner Paläste Plätze für Zeltbauten freihielten, die zu festlichen Gelegenheiten dienen sollten.

Einen Beitrag des buddhistischen Asien sehen wir im Fortleben der Wandmalerei aus Kulthöhlen von Turfan in der islamischen Malerei vor uns. Ebenfalls aus vorislamischer Zeit stammen die Bauformen des Tonnengewölbes und der Trompenkuppel, die im Iran für parthische Paläste und sasanidische Feuertempel Verwendung fanden. Sonderformen des Hufeisenbogens (Nischenschmuck der Ruine von Bust) in der Lehmziegel- und Backsteintechnik dürften mit indischen Handwerkern – und ihrer Kenntnis der weit zurückliegenden buddhistischen Chaitya-Halle mit dem monumentalen Eingangsbogen – herrühren. Aus Indien verschleppte man auch Spolien von Hindu-Tempeln nach Afghanistan und verwandte sie dort beim Bau der Moschee von Larwand. Bei der Ausbreitung des Islam nach Ostasien wurden altchinesische Holzbau- und Dekorationsformen beispielsweise in einer Moschee von Xi'an in dauerhaftem Stein monumentalisiert.

Auch in den frühesten Schöpfungen islamischer Kunst in Zentralasien griffen die Baumeister und Maler oft auf weit ältere, einheimische Vorbilder zurück. So erkennen wir den Charakter khoresmischer Festungs- und Grabbauten aus der zweiten Hälfte des ersten vorchristlichen Jahrtausends in der Beschreibung wieder, die der arabische Historiker und Geograph al-Istakhri von einem um die Mitte des 8. Jh. n. Chr. errichteten Bau in Merw gibt: Im Zentrum steht eine überkuppelte Kammer aus Backsteinen mit vier Türen, die jeweils zu einem Iwan und einem viereckigen Hof führen. Auch schlossen sich frühislamische Miniaturen an den Spätstil sogdischer Wandmalereien an.

Bereits im 9. Jh. erhielt Buchara die erste Mauer der islamischen Stadt. Unter den Samaniden (874–999) errichtete man in Afrasiyab, dem alten Samarkand, schon einen vierten Mauerzug mit zehn Stadt-

Zeittafel zu Afghanistan

652–664	Arabische Eroberung und Islamisierung; Heereszug durch Sistan bis in die Gegend von Kandahar und in das Bamiyan-Tal
Um 900	Abbasidische Moschee in Balkh
962–1186	Dynastie der Ghaznawiden
998–1030	Mahmud von Ghazni; Residenzen in Ghazni, Bust und Lashgari Basar
1100–1218	Dynastie der Ghoriden
1149	Zerstörung von Ghazni durch den Ghoriden Ala ad-Din; die Ghaznawiden auf den Panjab beschränkt. Ghoridische Minarette von Khwadja Siah Posh und Djam entstehen im 12. Jh., ebenso ausgedehnte Lehmziegelbauten in Sistan: Residenzen, Festungen und Moscheen
1214/15	Eroberung von Ghazni, Ghor und Sistan durch die Khoresm-Schah
1221/22	Der mongolische Herrscher Djingis Khan erobert Teile von Afghanistan. Zerstörung der Bewässerungsanlagen; Wiederbewässerung in geringerem Umfang
13. Jh.	Moschee aus Steinen nordwestindischer Tempel-Spolien im ghoridischen Larwand. Lehmziegelbau-

toren; er schützte unter anderem Adelspaläste (9./10. Jh.), von denen prachtvolle Wandverkleidungen aus Stuck und die Ansätze von Kuppeln erhalten blieben. In diesem ersten Stadium zentralasiatischer Kultur entstanden aus der Verbindung von einheimischer Überlieferung mit dem kulturellen Einfluß der benachbarten Zentren islamischer Kunst, zum Beispiel den Residenzen von Samarra, bedeutende ästhetische Einheiten: Karawansereien (von Gorodistshe Kishman-Tepe), Paläste (Termes; Qirghez), Moscheen (Buchara: die zuerst Makh und später Maghak-i-Attari genannte Moschee) und Mausoleen (Buchara, Grab des Samaniden Isma^{c}il) mit ihrem Schmuck aus Holzschnitzereien (Mihrab der Dorfmoschee von Iskodar) und Holzsäulen mit geometrichen abbasidischen Motiven (Fatmew; Khiwa):

Auf dem Gebiet des Dekors traten Anregungen älterer, vorderasiatischer Handwerkerschulen wieder zutage, so bei der glasierten bunten

	ten in Sistan: Chegini, Dewal-i-Khodayad, Gol-i-Safed, Nishk
1227–1350	Herrschaft der Nachfolger des Djingis Khan: Kurt-Dynastie in Balkh und Ghazni
1370	Krönung des Timur Lenk in Balkh Timuridische Lehmziegel- und Backsteinbauten in Balkh und Sistan; Feldzüge Timurs in Afghanistan
1405–1506	Herrschaft der Nachfolger Timurs in den kulturellen Mittelpunkten von und um Balkh, Herat und Sistan
1504–1508	Kriegszüge des Timuriden Babur in Afghanistan. Gartenanlagen für Babur in Kabul
16./17. Jh.	Kämpfe indischer und iranischer Herrscher um Teile von Afghanistan; Plünderung und Wiederaufbau von Hauptstädten
1649	Eroberung von Kandahar durch persische Safawiden
1738–1747	Kriegszüge des Nader Schah von Persien durch Afghanistan nach Indien
1747	Ermordnung Nader Schahs in Kandahar
1747–1773	Ahmad Schah Durrani begründet das Königreich Afghanistan mit der Hauptstadt Kandahar; Errichtung von Residenzen und Kultbauten.
1773–1793	Timur Schah; Verlegung der Hauptstadt Afghanistans nach Kabul; Dynastische Bauten teilweise unter abendländischen Einflüssen

Keramik, seit dem 8. Jh. in den Ateliers von Samarkand und Taschkent hergestellt, und bei den sogdischen Silbergefäßen des 8. und 9. Jh. Sasanidische und ostasiatische Einflüsse bestimmten die hervorragende Qualität von Seidenstoffen der gleichen Zeit aus Zandana (bei Buchara).

Im südlich angrenzenden Afghanistan wurden unter der Dynastie der Ghaznawiden (gegründet 962 in Afghanistan, untergegangen 1186 im Panjab) Elemente der iranischen Kultur parthischer und sasanidischer Zeit aufgenommen und weiter nach Indien vermittelt, von wo dann auf Eroberungszügen erworbene Reichtümer nach Afghanistan zurückflossen. Der Historiker al-Muqqadasi beschrieb als erster Holzbauten und Mosaikschmuck in Zentralasien. Nach den arabischen Historiographen al-Utbi und Ibn Hauqal errichteten bedeutende Bauherren schon in vorghaznawidischer Zeit Moscheen und mächtige, inzwischen verschwundene Städte. Unter der Familie der iranischen Barmakiden, die im Kalifat bis 803 das Amt des Wesir ausübten, soll die Naubahar-Kuppel in Balkh den Palast des Mansur in Bagdad an Höhe übertroffen haben. Fragmente aus neueren Ausgrabungen in verschiedenen frühislamischen Residenzen und Kultstätten bestätigen diese zeitgenössischen Schilderungen von Umfang und vorzüglicher Ausgestaltung der ghaznawidischen Bauten. Es entstanden eine Reihe königlicher Residenzen: ›Mahmuds Garten‹, der ›Siegesgarten‹, der ›Staatspalast‹, der ›Weiße Palast‹; mit einem legendären Fest wurde der Gawshak-i-Masudei eingeweiht, wo sich ein Sommerlusthaus und ein überkuppelter Winterpalast symmetrisch um die zentrale Audienzhalle gruppierten. Vorbilder des parthischen Assur, des sasanidischen Ktesiphon und der abbasidischen Bauten von Samarra und Ukhaidir (s. S. 257, 273 ff.) lieferten die Anregungen zu den ghaznawidischen Vier-Iwan-Bauten, in denen rechteckige, tonnengewölbte, nach einer Seite hin offene Iwane mit den vier Seiten eines freien Hofes verbunden sind. Diese monumentale Baukonzeption wurde ihrerseits zum Modell für die Moscheen, Medresen und Karawansereien der folgenden Jahrhunderte im benachbarten ostpersischen Khorasan.

Nach dem Niedergang der Ghaznawiden kam mit den Ghoriden eine ostiranische Dynastie aus den Gebirgen des mittelafghanischen Ghor an die Macht. Damals nutzten Ghiyath ad-Din, Ghoriden-König von 1163–1203, im Volk bekannt als Muhammad von Ghor, und sein Bruder Shihab ad-Din Muhammad, Gouverneuer von Ghazni 1173–1206, Eroberer des nordindischen Punjab 1186 und Herrscher über das gesamte Ghoriden-Reich 1203–1206, ihre Herrschaft neben räuberischen Expeditionen (von denen sie beispielsweise aus Nordwestindien die Spolien für die Moschee von Larwand mitbrachten) auch zur Errichtung von baulichen Meisterwerken wie den Minaretten von Djam in ihrem afghanischen Stammland und von Delhi im eroberten Indien.

Abseits der Residenzen entstanden in der südwestafghanischen Provinz Sistan technisch hervorragende Kanalbauten, die das Wasser vom alljährlich fließenden Hilmend und anderen, nur nach der Schneeschmelze wasserführenden Strömen weit in die Wüstengebiete hineinleiteten und so die Urbarmachung von Feldern ermöglichten, von denen Landgemeinden und Städte an den Karawanenwegen von Ost nach West abhingen. Die einfachen Nutzbauten aus Lehmziegeln wiesen nach Meinung einiger Forscher in ghaznawidischer und ghoridischer Zeit früheste Beispiele iranischer, indischer und zentralasiatischer Gewölbeformen auf; die einzelnen Bauglieder wurden durch bescheidenen, aber ausdrucksstarken Schmuck betont.

Auch in den folgenden Jahrhunderten beobachten wir weitreichende kulturelle Verbindungen. Im oben geschilderten Vier-Iwan-System entstanden die durch Holzschnitzereien oder Terrakottaschmuck bereicherten Medresen und Karawansereien von Akhtsha Kala und der Seldschuken-Palast von Merw. Eroberer, Bauherren, Institutionen des Islam sowie die Baumeister und Handwerkerschulen in ihren Diensten müssen in einem andauernden, fruchtbaren geistigen Austausch untereinander und mit den benachbarten Kunstschöpfern gestanden haben. In der quadratischen Moschee Diggaron in Khazara (11. Jh.) tragen vier mächtige Säulen eine zentrale Kuppel und gliedern im Achsenkreuz vier breitrechteckige und in den Diagonalen vier quadratische Räume aus; ein solches Bausystem, nämlich der Grundrißtypus des iranischen Feuerheiligtums, ist von der Architekturdarstellung auf einer sasanidischen Silberschale sowie vom Obergeschoß eines lehmziegelnen Wehrturms in Sistan her bekannt und sollte die Grundlage für zahlreiche Nutz- und Kultbauten des islamischen Indien bilden.

Das Grab Sultan Sandjars (erbaut 1152–1157) in Merw wurde mit seinem massigen, gedrungenen Außenbau und seiner Innengestaltung mit den kunstvollen Überleitungen aus Quadrat und Vieleck in eine Rippenkuppel vorbildlich für die Bauten der mongolischen Ilkhane im Iran und der Tughluq-Herrscher in Nordindien. Gleichzeitig durchdrangen sich iranische und ostasiatische Stilformen im Werk der Töpfer, Metallarbeiter und Textilwerkstätten von Merw.

Aus der Zeit der Mongolen-Herrschaft (1221–1370) sind weder Wandmalereien noch Miniaturen erhalten; über Bauten existieren nur gelegentliche Beschreibungen wie die, wonach der Tshagatay-Khan Kebek (1318–1326) in Nesef einen Palast errichten ließ. Im Jahre 1365 fiel die Palastmoschee vom Samarkand einem Aufstand zum Opfer. Auch ein Palast in Khwarazm, den der arabische Weltreisende Ibn Battuta (1304–1377) in seinem Reisebericht erwähnte, besteht heute nicht mehr. Nur in Ausnahmefällen haben einzelne Kunstwerke den Sturm der Zeiten überstanden, so der prachtvolle Holzkenotaph vom Grabmal des Qussam Ibn Abbas in der Samarkander Gräberstraße Schah-i-Sinda (14. Jh.). Ibn Battuta beschreibt die Ruinen dieser Stadt und der ehemaligen Metropole Buchara um die Mitte des 14. Jh., nach den Zerstörungen der Mongolen-Zeit.

Das Mausoleum von Sultan Sandjar in Merw

In Samarkand sollte eine neue Blüte zentralasiatischer Kultur beginnen, jedoch nicht als kontinuierliche Entfaltung einheimischer Wurzeln; vielmehr ließ der Turko-Mongole Timur (1360–1405) von seinen Kriegszügen Künstler aus den unterworfenen Gebieten zwangsweise nach Samarkand bringen. So trugen zum Wiederaufbau und zur künstlerischen Ausgestaltung von Mittelasien, besonders von Samarkand, neben transoxanischen Meistern ›importierte‹ Handwerker und Künstler aus Khwarazm, Iran, Irak, Syrien und Indien bei. Aus der einheimischen Bevölkerung wurden die Gelder für den Aufschwung der Bautätigkeit gepreßt; zugleich konnten unter Timur und seinen Nachfolgern vom Ende des 14. Jh. an Malerei, Dichtung und Naturwissenschaften zu einem überaus hohen Niveau heranreifen. Die Techniken für eine hochentwickelte Stadtplanung mit Wasserversorgungs- und Entwässerungssystemen, zur Berechnung astronomischer Anlagen, zur Errichtung kühn übereinandergesetzter Kuppeln und zur Herstellung von glasierten Kacheln waren bekannt.

Auch in der Malerei spiegeln sich die Leistungen von Hunderten verschleppter Künstler aus China, der Mongolei, aus Indien, dem Iran und der Türkei wider. Von der Wandmalerei wissen wir hauptsächlich aus Berichten über figurenreiche Gemälde mit Kriegsszenen, Porträts, Jagden und Darstellungen der Indien-Feldzüge, die sich in den Palästen von Samarkand und Herat befanden. Ostasiatische Bildrollen regten wohl die Künstler der Siyah Kalam-Miniaturen zur Wiedergabe naturalistisch anmutender Landschaften, Tiere und Menschen sowie zur phantastischen Darstellung der Dämonenwelt an.

Die timuridische Kultur, die in Samarkand im späten 14. Jh. existiert hatte, lebte unter Timurs Nachfolgern in Herat und Umgebung fort; vom Beginn der Regierung des Schah Rokh (1405) über Ulugh-Beg bis zum Ende der Herrschaft des Husein Baikara (1506) läßt sie sich in kultischen Bauten, in Metallhandwerk, Keramik und Miniaturmalerei nachweisen. Die Formen hauptstädtischer Backsteinbauten wurden nun zur Gestaltung von Lehmziegelanlagen in der südwestafghanischen Provinz Sistan benutzt. Während man in den Ruinenfeldern der Wüsten, die hier nach Zerstörung der Bewässerungsanlagen durch Timur im Jahre 1383 entstanden waren, nur Bruchstücke einer einfachen Keramik findet, enthalten die Museen heute kostbare Beispiele reich verzierter timuridischer Töpferei und Bronzekunst. Miniaturen der Schule von Herat zeigen Handwerker bei der Errichtung von Anlagen, die mit der Technik und Kunst von West und Ost in enger Verbindung stehen. Die ›Doppelkuppel‹ – später sogar eine Folge von drei übereinander gesetzten Raumschalen – hat man möglicherweise erstmalig an buddhistischen Lehmziegelbauten in der Turfan-Oase, in größerem Umfang dann an sakraler Holzarchitektur in Damaskus ›erprobt‹. Anregungen aus diesen beiden Vorbildern führten zu den Moschee- und Grabbauten timuridischer Zeit in Samarkand und Herat, von wo aus diese Kunstformen in die Hauptstadt und Provinzen Indiens bis nach Bijapur vermittelt wurden.

Transoxanien erlebte in den beiden nachtimuridischen Jahrhunderten unter den Shaibaniden nochmals eine weltoffene Glanzzeit mit Zentrum in Buchara. Da fortdauernde Kriege und Unruhen zur Zerstörung der Wohnhäuser und Paläste führten, gründet sich unsere Anschauung von profaner Architektur vor allem auf Ribats, den Karawansereien und Wachtforts an den Überlandstraßen.

Die bisher bekannten Bautypen religiöser Architektur wurden im 16. und 17. Jh. in besonders prächtiger Ausführung wieder aufgenommen. Beherrschende Elemente sind die flachen Kuppeln auf quadratischer Basis. In der Vier-Iwan-Medrese und der Moschee mit Hofgalerien werden die zentrale Kuppel und die beiden Fassadenminarette dem Mittel-Iwan untergeordnet. In diese Zeit fällt auch eine Spätblüte der Miniaturmalerei, als nach der Eroberung Herats durch Muhammad Shaibani (1507) der Herater Timuriden-Stil, vor allem in der Nachahmung seines Hauptvertreters, des Meisters Bihzad, nach Samarkand und Buchara gelangte. Aus dem Verkauf von 3000 gefangenen Schiiten gewann Ubaidallah Khan die finanziellen Mittel für den Bau der Medrese Mir-i-Arab in Buchara (1536) mit ihrem Prunk-Iwan und den zwei hochgestellten Kuppeln über der Schaufront. In dem Dorf Sunnitan bei Buchara wurde eine auf samanidische Zeit zurückgehende Nekropole in den Jahren 1560–1563 um eine Moschee, ein Derwisch-Kloster und ein Minarett zu einem großzügig gestalteten Komplex erweitert. In Buchara entstand vom 16. Jh. an aus einem kuppelbetonten Derwisch-Kloster und zwei geräumigen Medresen um eine Teichanlage ein weiterer Komplex, während die Medrese-Neubauten im 17. Jh. den Registan von Samarkand zu einem der schönsten Plätze Zentralasiens machten.

Diese architektonischen Ideen wurden an vielen innerasiatischen Orten im 18. und 19. Jh. durch die Wiederaufnahme uralter vorderorientalischer Motive nochmals bereichert, zum Beispiel durch hohe, überschlanke Holzstützen, die an die altpersische Säulenhalle erinnern. Eine solche hohe, luftige Halle wurde 1712 am Registan-Platz von Buchara vor den Hauptraum der Bolo Khauz-Moschee gestellt. Eine Sonderform mit vier mächtigen Minaretten konstruierte man als Kuppeltor Khar Minar für die Medrese Khalifa Niyazkul in Buchara (1807). Das historische Khiwa kam in dieser Spätzeit mit der Burganlage Kunya-Ark, dem Tor Palwan Darwaza und einer Palastmoschee nochmals zu architekturgeschichtlicher Bedeutung.

Eine altertümliche Art der Behausung lebte in den Wohntürmen von Anau wieder auf. Die Turkmenen und Usbeken verfeinerten die Kultur der Teppichherstellung, die bereits Ibn Battuta in dieser Gegend bewundert hatte, durch die Kombination von Seide, Baumwolle und Wolle, im Handel bis heute als ›Buchara‹ und – nach der Darstellung auf altdeutschen Gemälden – auch als ›Holbein-Teppich‹ bekannt.

Die Baudenkmäler

Sakralarchitektur

Moscheen sind durch alle zerstörerischen Kriege hindurch in Afghanistan, Zentralasien und Westchina bis heute als lebendiger Mittelpunkt islamischen Glaubens, umgebaut zum Museum oder auch als Ruine, auf uns gekommen, sei es als selbständiger Bau oder im Verbund mit Burg oder Medrese; gelegentlich ist eine Moschee nach der Zerstörung des aus Lehmziegeln errichteten Gebetshauses noch heute durch ein backsteinernes Minarett lokalisierbar.

Nach Bauformen und -schmuck zu urteilen, stammen die Reste der frühesten Moschee in unserem Denkmälerbereich aus der zweiten Hälfte des 9. Jh. aus der nordafghanischen Stadt Balkh, dem Geburtsort des Zoroaster und christlichen Weltkarten zufolge der legendäre Ort des Paradieses. Aus einem Quadrat von etwa 20 m Seitenlänge gliedern vier mächtige, sorgfältig stuckierte Backsteinsäulen durch Arkaden neun quadratische Räume – einschließlich einem westlichen für die Qibla –, die nach dem Befund der Ausgrabung überkuppelt waren. Nach vorderorientalischer Überlieferung stammt dieser Bautypus aus Neun-Raum-Systemen aus dem 9. Jh. Die Harmonie von Baustruktur und teils geometrischer, teils naturhafter Ornamentik gestattet Vergleiche mit der abbasidischen Residenz von Samarra (s. S. 257 ff., 273 ff.). Die Erbauer dieser bisher einzigartigen Moschee standen also mit den frühislamischen Stiftern des mittleren Iran (Nayin, Yazd und Buzan) sowie Samarras, Qasr al-Khair und der Ibn Tulun-Moschee in Kairo in Verbindung (s. S. 103 ff.).

In das 10. Jh. reichen die Gründungen der ältesten Moscheen in der – einst 364 Bethäuser zählenden – Stadt Buchara zurück: Die Makh-Moschee an der Stelle früherer zoroastrischer Feuertempel oder Moscheen in dem dieser iranischen Kultstätte entlehnten Vier-Stützen-Typus, auf den wir bereits bei der Diggaron-Moschee des 11. Jh. hinwiesen (s. S. 303). Von den etwa aus dieser Zeit datierenden Moscheen Afghanistans gehören frühe Beispiele in die erste Hälfte des 11. Jh., den Beginn der ghaznawidischen Kultur. Von einem majestätischen, dynastischen Bau in Ghazni wissen wir nur aus der Beschreibung des al-Utbi, der die Moschee ›Braut des Himmels‹, ihre vollendeten Abmessungen, ihre Errichtung aus indischen Bäumen und die polierten, ›wie Mädchenwangen‹ leuchtenden Wände preist. Ausgegraben wurde dagegen ein kleiner Betraum südlich der Audienzhalle von

Mahmuds Palast in Lashgari Basar; ein möglicherweise vor dem Mihrab überkuppelter Raum mit Stuckverzierung und Koraninschriften auf den Randleisten wurde im Museum von Kabul wieder aufgestellt. In situ können wir ein Stück ghaznawidischer Bau- und Zierweise in der noch heute benutzten Moschee des Dorfes Kharkh-i-Logar (im oberen Logar-Tal südlich von Kabul) studieren, wo sich ein hölzerner Mihrab mit Kufi-Inschriften erhalten hat. Auch in diesem leicht vergänglichen Baustoff sind technische Neuerungen aus der zeitgenössischen Haustein-, Backstein- und Lehmziegelbauweise zu beobachten: Übereckhölzer verwandeln einen rechteckigen in einen kreisförmigen Raum, so daß die Grundlage für eine Kuppel gegeben ist.

Aus der folgenden Zeit der Ghoriden-Herrschaft sind auf dem Boden Afghanistans einige Sakralbauten von außergewöhnlicher geschichtlicher Bedeutung und künstlerischem Wert entdeckt worden: Im mittelafghanischen Bergland von Ghor, in Larwand, liegt die Ruine eines steinernen Gebäudes, im trockenen Verband aus großen Quadern zusammengefügt, durch Pilaster verziert und zugänglich durch ein Tor mit Tympanon. Das stark zerstörte Innere läßt noch erkennen, wie der quadratische Bau durch vorkragende Steine in ein Achteck als Grundlage für eine Kragkuppel überführt wurde, von der allerdings der bekrönende Schmuckstein, nach der indischen Terminologie *Amalaka* genannt, herabgestürzt ist. Bau- und Dekorformen stammen von nordindischen Hindu-Tempeln, die die Ghoriden vom Ende des 12. Jh. an ihrer menschengestaltigen Plastik beraubten und in Moscheen verwandelten. Die Historiker berichten von der Beute, die auf Kamelkarawanen aus Indien in die Berge von Ghor geschleppt wurde – durch kürzlich gemachte Beobachtungen in einer entlegenen Provinz von Afghanistan wissen wir nun, daß Teile von gujaratischen Hausteintempeln hier in Larwand zu einer islamischen Kultstätte in kleinen Abmessungen zusammengesetzt wurden.

Etwa zur gleichen Zeit errichteten in einer Bewässerungsoase von Peshwaran am unteren Hilmend Baumeister – vermutlich unter iranischer Anleitung – eine riesige Moschee vom Vier-Iwan-Typus aus Lehmziegeln. Die Ruine beeindruckt noch heute durch eine monumentale Fassade mit Hufeisenbogen und Inschriftenfeldern. Die gleiche Formensprache findet sich auch im frühesten, ghoridischen Teil der großen Freitagsmoschee von Herat wieder, deren gegenwärtige Gestalt durch den timuridischen, sich zum Hof öffnenden Iwan bestimmt wird. Im Stammland Timurs erinnern heute die Ruinen der

Bibi Khanum-Moschee in Samarkand an die Entstehung der ausdrucksvollen zentralasiatischen Backsteinbaukunst; im Jahre 1404 wurde hier eine Vier-Iwan-Anlage mit etwa 400 Kuppeln überwölbt.

Beiderseits des Oxus, des heutigen Amu Darya, bezeugen weitere Baureste eine Kunstblüte im Dienste der islamischen Religion. Gegenwärtig isoliert stehende Ziegelminarette – wie die von Usgen aus dem 11. Jh. oder das Kalan-Minarett aus Buchara (1127) – gehörten zu inzwischen verschwundenen Lehmziegelmoscheen oder dienten dem Muezzin dazu, die Gläubigen in eine etwas entfernt liegende Kultstätte zum Gebet zu rufen. Aus der ghaznawidischen Epoche stammen die Stümpfe der Minarette mit Sterngrundriß in Ghazni, errichtet von Bahram Schah und Mas^cud III. Ein mehrgeschossiger zylindrischer Turm bezeichnet in Djam, in der Bergwildnis des Ghorat am Herirud, nicht nur den ehemaligen Standort einer Moschee aus vergänglichem Baustoff, sondern vermutlich auch den Sitz des Ghoriden-Herrschers Ghiyath ad-Din. Als dessen Heere Indien eroberten und die Sieger dort ihren Glauben durch die Errichtung von Moscheen mit prunkvollen Minaretten verbreiteten, wurden auch Kunstformen verwendet, die sich in den mittelafghanischen Bergen und am unteren Hilmend entwickelt hatten. In dem allein erhaltenen untersten Geschoß des Backsteinminaretts von Khwadja Siah Posh (Sistan) durchdringen sich Stern- und Zylinderformen; es stammt, nach den Funden von Münzen und glasierter bunter Ritzkeramik aus dem Stadtgebiet und dem Gelände der früheren Moschee zu urteilen, aus der ghoridischen Besiedlung um die Mitte des 12. Jh. Den Grundriß dieser sistanischen Ruine finden wir dann in dem untersten Stockwerk des Qutb Minar in Delhi wieder, den Qutb ad-Din aus dem mittelafghanischen Dorf Aibak in der indischen Hauptstadt errichten ließ. Neben diesen hochaufragenden Türmen vermögen uns auch weitere monumentale Zeugnisse einstiger Moscheebauten wie der Bogen von Bust zu beeindrucken, der vermutlich zu einer imperialen Vier-Iwan-Anlage gehörte.

Aus dem 18. Jh. stammen zwei Moscheen im heutigen westlichen China: Der 83jährige Uigure Imin ließ in der Turfan-Oase im Stil der späteren Bauten von Buchara und Khiwa 1776 die im Volksmund so genannte ›Imin Pagoda‹ errichten; neben einer Kielbogenöffnung mit der rahmenden Nischenarchitektur des Iwan erhebt sich das reichgeschmückte Minarett über einer Folge von überkuppelten Räumen. Im Jahre 1739 erfolgten Reparaturen an der Moschee im islamischen, durch eine Mauer mit bunten Fliesen abgeteilten Viertel von Xi'an, indem ostasiatische Holz- und Ziegelbauformen den liturgischen Erfordernissen des Islam angepaßt wurden.

Medresen in unserem Denkmälerbereich wurden häufig in einem Komplex zusammen mit Grab- und Moscheebauten errichtet, beispielsweise im ghoridischen Khisht (Medrese und Moschee) oder am Registan von Samarkand, einem Höhepunkt timuridischer Stadtplanung, mit seinen drei Medresen, deren älteste, von Ulugh-Beg 1420 errichtet, eine Wintermoschee (ein breitgestellter Quertrakt mit angrenzendem Kuppelraum) enthielt; zu denken wäre schließlich auch an den Char Minar-Komplex (1807) in Buchara, wo sich innerhalb einer Medrese die lichte Säulenhalle einer Sommermoschee erhob.

Von ›selbständigen‹, nicht mit Gräbern oder Moscheen verbundenen Medresen seien zwei Beispiele genannt: Zunächst die Ruine Shah-i-Mashhad, in der Einsamkeit der nordwestafghanischen Bergwelt am linken Ufer des Murghab gelegen, etwa 150 km nordöstlich von Herat. Besonders schön kann man an der Südfassade die Dekoration der Wandflächen mit Schmuckfeldern, Bogenarchitekturen und

Die Ulugh-Beg-Medrese in Samarkand

zehn Inschriften in geflochtenem und quadratischem Kufi bewundern, u. a. mit dem Hinweis, daß eine Stifterin im Jahre 1165 diese Medrese errichten ließ; darüber hinaus finden sich noch fünf Naskhi-Inschriften. Am Ort gefundene bunte Ritzkeramik sowie die Gestaltung des Übergangs vom Quadrat in die Kuppel verbinden diesen Bau mit der ghoridischen Freitagsmoschee von Herat und weiteren Anlagen dieser Dynastie in Khorasan, Sistan und Zentralasien. Spätere Medresen, die eben diese künstlerische Einheit von klar gegliedertem Bau und maßvoll verteiltem Schmuck aufweisen, befanden sich in dicht besiedelten Städten wie Buchara; so die Medrese des Ulugh-Beg aus dem Jahr 1417, die für alle folgenden Anlagen an diesem Ort, beispielsweise die Medrese des Abd al-Aziz Khan von 1652, vorbildlich wurde.

Auch Grabbauten wurden oft gemeinsam mit anderen religiösen Bauten errichtet, so das Kuppelmausoleum der Königin Djauhar Shad (1432, s. S. 262), der große Gebetsplatz Musalla und die von Minaretten betonte Medrese in Herat, die Grabmoschee des Khodja Ahmad Yazawi oder die späteren timuridischen Baugruppen von Taschkent, Samarkand und Merw.

Eine frühe Grabstätte der Samaniden, zum Beispiel die des Isma^{c}il in Buchara (um 900), besteht im allgemeinen aus einer ›einfachen‹ Verbindung von Würfel und Halbkugel und weist im Innern ausgewogene Proportionen auf. Am Grab des 1049 gestorbenen Abu Sa^{c}id in Meana und am Mausoleum des Sultan Sandjar in Merw (errichtet 1152–1157) haben die Baumeister diese harmonische Innenraumwirkung bewahrt, das Äußere jedoch durch eine zweite Kuppelschale von spitz- beziehungsweise kielbogenförmigem Querschnitt betont (s. S. 303 f.). Als Timur 1389–1399 in der Stadt Turkestan zur Erinnerung an den mystischen, die Turksprachen nachhaltig beeinflussenden Dichter Khodja Ahmad Yazawi eine Grabmoschee errichten ließ, schufen seine Baumeister eine besonders eindrucksvolle Folge von Raumkörpern: Der hohe, spitzbogige Eingangsiwan wird von einer festungsartigen Front eingefaßt, an der achteckige Türme in halber Höhe in dreiviertelrunde Bastionen mit Zinnenfries übergehen. Die Massigkeit des Äußeren wird innen zunächst im hohen und hellen Hauptkuppelsaal gemildert. Der Grabraum selbst hingegen wurde als Blickfang im Äußeren durch eine Rippenkuppel hervorgehoben, vermutlich das erste Beispiel dieser Bauidee in Mittelasien. Sie wurde 1405 in Samarkand in der vollendeten Bau- und Schmuckweise von Timurs Grab Gur-i-Emir wieder aufgenommen, wo im Grabraum des Erdgeschosses mit dem Kenotaph die gewohnten Proportionen gewahrt blieben, über seine Kuppel jedoch ein hoher Tambour mit einer architektonisch selbständigen Rippenkuppel aufgesetzt wurde. Dieses System behielt man in der Folgezeit nicht nur am Grab der Djauhar Shad in Herat bei (s. o.), sondern auch an dem Mausoleum mit timuridischer Doppelkuppel im Dorf Kohsan (bei Herat) und schließlich am Schrein des 1460 verstorbenen Theologen Khwadja Abu Nasr Parsa in Balkh.

Aus Westasien kennen wir zwei Arten von Grablegen: Eine iranische Iwan-Fassade mit farbig glasiertem Kachelschmuck bildet den Zugang zum Kuppelgrab des Tughluq Timur in Alimari, einer kleinen Ortschaft im Lande Huocheng, unterhalb der Berge von Tianshan. Hier wurden für einen Angehörigen der Yuan-Dynastie im 14. Jh. am Kielbogeneingang und an der Trompenzone der Kuppel Bau- und Schmuckformen aus den künstlerischen Zentren nördlich und südlich des Oxus verwandt.

Aus dem Norden des indischen Subkontinents, beispielsweise von den Gräberstätten in Chaukhandi und Thatta, stammten hingegen die

Das Mausoleum der Samaniden in Buchara

Vorbilder für die hypäthralen Terrassengräber und lehmziegelnen Kuppelbauten über quadratischem oder achteckigem Grundriß, die sich aus dem 18. Jh. auf einem Friedhof außerhalb der Stadt Turfan, am Wege zu den buddhistischen Höhlen von Bezeklik, erhalten haben.

Profanarchitektur

Die Residenzen der Herrscher waren mit einer Schutzburg verbunden oder aber, der orientalischen Vorliebe für Wasser und Schatten entsprechend, als Gartenpaläste gestaltet. Naturgemäß blieb vor allem von letzteren kaum ein archäologisches Denkmal erhalten, zumal man luftige, leichte und schnell zu transportierende Zeltunterkünfte bevorzugte und auch die Kuppelkioske mit ihren nach außen führenden Iwanen aus dem vergänglichen Holz errichtet wurden. Solche Parkanlagen befanden sich gewöhnlich vor der Stadt: Khar-Bagh (vier Gärten) wurden in einem Kreuz von Hauptwegen und Wasserläufen, künstlichen Wasserfällen, Springbrunnen und Pavillons ausgegliedert. Unter den Ghaznawiden wurde in Balkh ein Bagh-i-Nao (neuer Garten) mit marmorgefaßten Teichen gerühmt, und von den Parkanlagen in Ghazni sieht man noch heute Rohre mit silbernen Wasserspeiern.

Am Nordufer des Oxus liegt die Stadt Termes. Außerhalb der befestigten frühmittelalterlichen Siedlung bezeichnet eine Vorstadtzone, Shahr-i-Saman, wohl die samanidische Epoche (um 900) mit der Gründung der ersten zentralasiatischen Palastanlage Qirghez, die jetzt durch Ausgrabungen als Sommerresidenz der Herrscherfamilie identifiziert werden konnte: Eine quadratische Grundfläche wird in Unter- und Obergeschoß im Achsenkreuz durch überwölbte Korridore geteilt. Während neuere Untersuchungen die früher vermutete Kuppel über einem zentralen Saal nicht nachweisen konnten, erkennt man nun die Unterschiede in den Lehmziegelgewölben für Gänge und Zimmer: Kassetten- und Kreuzgewölbe, dreieckige, ovale, spitze und an den Kämpfern durch Abrundung abgestufte Bogen, Kragbauten und radial konstruierte Kuppeln. Im Obergeschoß diente ein großer, durch drei Säulen unterteilter Saal als Gastraum *Mehman Khane* (dieser persische Ausdruck bezeichnet noch heute die Wohn- und Schlafstätte für den gern gesehenen Gast). Über beide Geschosse laufende Dreiviertelkreis-Bastionen betonten und schützten die Ecken dieses Gartenpalastes, der im Sommer inmitten eines schattigen Parks und rieselnder Bewässerungsanlagen Erholung von der überbevölkerten Stadt bot.

Türme und Befestigungsmauern dienten nicht nur zur Sicherung von Moscheen, Medresen und Palästen gegen die immer wieder berichteten Überfälle und Aufstände, sondern verstärkten auch Karawansereien, Städte und sogar einzelne Landhäuser. Selbständige Festungen erhoben sich schon seit ghaznawidischer Zeit zum Schutz über Städten wie Kabul, Ghazni, Kandahar, Farah oder Herat und behielten ihre militärische Bedeutung in einigen Fällen bis zu den anglo-afghanischen Kriegen des 19. Jh. bei. Die Zitadelle von Bust bewachte die Überlandstraßen sowie eine Pontonbrücke über den Hilmend, von der aus der Verkehr nach Sistan im Westen verlief. Hier erheben sich längs der historischen Karawanenrouten auch heute noch die Ruinen wehrhafter Bauten: Innerhalb einer rechteckigen Umfassungsmauer liegen die konzentrischen Kreise der Befestigung von Sar-o-Tar. Ein anderer Bau wird Khehel Burdj (40 Türme) genannt – in Wahrheit sind es 84 –, deren halbrunde Mauervorlagen und Dreiviertelkreis-Bastionen es den verteidigenden Bogenschützen gestatteten, die ganze Fläche dieses Wüstenforts mit Pfeilen zu bestreichen. In Nishk vereinen befestigte Tore im Verband mit der Stadtmauer und ein mehrgeschossiger Vier-Bastionen-Bau Wehrhaftigkeit und künstlerische Monumentalität. Sperrforts sicherten die Pässe durch den Hindukusch, so am östlichen Ausgang des Bamiyan-Tals – auf vorislamischen Fundamenten – die ghoridische Unter- und Oberburg Shahr-i-Zohak oder, gegenüber den buddhistischen Wohn- und Kultstätten von Bamiyan, der Festungsberg Shahr-i-Gholghola (Stadt des Jammers), so genannt wegen der Zerstörung der Burg durch Djingis Khan im Jahre 1221.

Das Flußufer und ein Berghang nördlich des Minaretts von Djam sind mit Bollwerken und Wachttürmen bestückt, eine andere Bergfestung verfügte über ein eigenes Wasserreservoir, und von hier aus verlaufen auch, entlang eines traditionsreichen Ost-West-Weges, Geländefestungen wie Khissar und Verteidigungslinien von lehmziegelnen, mit einfachem geometrischem Schmuck verzierten Wacht- oder Fluchttürmen (in der Umgebung der Siedlungen von Male Alau und Yahan). Am Nordende der Route durch den Hindukusch, wo sie hinab in die baktrische Ebene führt, liegen auf noch älterem Grundriß die frühislamischen und timuridischen Lehmmauern der Festungen Balkh und Qunduz sowie kleinere Geländefestungen wie Imam Sahib auf dem Weg zum Oxus. Jenseits des Flusses stoßen wir dann auf die Befestigungen der Merw-Oase und auf die Sperrfront-Ruinen der alten Bewässerungskulturen von Khoresmien wie Kawat Kala.

Aus dem Vorderen Orient kommend, verband ein über den Iran führendes Netz von Handelsstraßen Afghanistan, den südlichen Teil Rußlands und Westchina, das zum Teil den uralten, seit dem 2. Jh. v. Chr. benutzten Seidenstraßen folgte. Hier und in der Nord-Süd-Richtung nach Indien, wo in den Häfen an den West- und Ostküsten die Güter umgeschlagen wurden, rasteten die Karawanen schon in der Frühzeit dieses ›Transitverkehrs‹ in einfachen, meist befestigten Posten wie dem khoresmischen Beleuli, wo eine ältere Tradition um das Jahr 1000 wieder aufgenommen wurde. Den Kamelkarawanen und ihren berittenen Führern lieferten die zentralasiatischen Nomaden den Nachschub an Reit- und Lasttieren. Zwischen diesen freien Stämmen und den Stadtbewohnern bestand ja eine Symbiose (s. S. 299): So lebte Nasr I. Shams al-Mulk nach Nomadensitte in einer Zeltstadt bei Buchara, stiftete aber 1079 im Serafshan-Tal, an der Route von Buchara nach Samarkand, die festungsartig angelegte Karawanserei Ribat-i-Malik, deren Südostturm der Verteidigung diente, während der Südwestturm als Minarett geplant war. Hier hat sich auch eine *Sardoba* erhalten, ein unterirdischer, mit einer Backsteinkuppel geschützter Wasserspeicher, in den das Regenwasser geleitet und bis zur sommerlichen Trockenzeit aufbewahrt wurde. Ebenfalls aus dem 11. Jh. datiert die Karawanserei Daya-Khatun am Nordufer des Oxus: Ein festungsartiges Gebäude schützt den von Arkaden umgebenen Hof; der besonders reiche Backsteinschmuck geht weit über reine Nutzarchitektur hinaus. Architekturgeschichtliche Sonderformen können wir dagegen in der Doppelhofanlage von Akhtsha-Kala, die vom 10. bis zum 12. Jh. benutzt wurde, sowie in Kurtly-Bashan beobachten, wo, teils auf Grundlagen des 9. Jh., ein Kreuzkuppelbau an einen Vier-Iwan-Hof anschließt. Auch außerhalb des Landes entdeckt man Kunstformen afghanischer Dynastien, so im frühislamischen Wölbungssystem der ghaznawidischen Karawanserei von Ribat Mahi im Ostiran, während an der alten Strecke von Herat nach Merw, in Kush Rabat, ein monumentales Tor, Halbkreisbastionen und überkuppelte Kammern aus der timuridischen Zeit stammen.

Die Handelsgüter, die mit den Karawanen glücklich in einer Stadt angekommen waren, hielt man in Basaren, meist überwölbte Straßengänge mit rechteckigen Kammern, feil. Über den reinen Zweckbau gingen die überkuppelten Basare hinaus, die man an den sich rechtwinklig kreuzenden Geschäftsstraßen anlegte. (In der südwestafghanischen Großstadt Kandahar oder an einem entlegenen nordafgha-

Mauer und Portal des Ark (Festung) von Buchara

nischen Ort, Tashkurgan südlich des Oxus, blieben sie noch bis vor kurzem erhalten; nördlich des Oxus sind in den Basarstraßen von Buchara oder Shahr-i-Sabs noch heute gute Beispiele zu sehen.) Auch in diesem profanen Bereich überliefert die Bauform der Kuppel noch eine symbolische, hoheitsvolle Bedeutung; wir wissen beispielsweise von Kandahar, daß sich auf einer Galerie im Kuppelrund der Platz der Stadtpolizei befand, die von dort die Stände der Juweliere kontrollierte.

Aus nordafghanischen und südrussischen Ruinen und noch bestehenden Siedlungen islamischer Zeit kennen wir die konventionelle Abfolge von Wohn- und Wehreinheiten innerhalb einer Stadtmauer: zunächst die mit einem eigenen Festungswall ausgegliederte Burg *(Ark)* mit den Gebäuden für Verwaltung und Gerichtsbarkeit, sodann die innere Stadt *(Shahristan)* mit den Basaren, der Moschee und den Medresen, und schließlich die Außenstadt (*Rabad* = Vorstadt) mit Karawansereien und Handwerkervierteln.

Auch in diesem Teil der islamischen Welt verstanden es einheimische oder aus der Fremde herbeigeholte Baumeister und Handwerkerschulen, weit ausgedehnte und hoch aufragende Baukörper und Raumfluchten mit allen nur verfügbaren Materialien und Strukturelementen zu gliedern und zu schmücken. An den Gebäuden der Hauptstädte aber auch an abgelegenen Kultstätten gestalteten sie figürliche und abstrakte Muster, teilweise mit Inschriftenbändern, zu eigenen Kunstwerken, deren ästhetische Gesetze die der Bauten im kleineren Maßstab widerspiegelten.

Selbst in der lebensfeindlichen Wüstenlandschaft Sistans hat man an den einfachen Lehmziegelbauten mit Tonnengewölben und Kuppeln viele abwechslungsreiche Übergangsformen aus dem Rechteck in den Kreis entwickelt; darüber hinaus wurden Trompen, Pendentifs und übereck gestellte Bauglieder stets mit bescheidenen, aber Licht und Schatten kunstvoll nutzenden Schmuckformen (Kreismuster, Zinnenfriese, Schränkschichten, Nischenreihen, Bogenwände) bereichert, die in ihrer vollendeten Verbindung von Konstruktion und Dekoration auch den späteren Gewölbebau in Back- und Haustein in den angrenzenden islamischen Kulturprovinzen zur Nachschöpfung anregten. So sind die glatten Mauerflächen an den Wohn-, Wehr- und Fluchttürmen im mittelafghanischen Bergland von Ghor und in der zentralasiatischen Turkmenen-Steppe ähnlich karg, aber doch harmonisch proportioniert durch Rahmungen aus Dreiecken usw. aufgelockert.

Man nahm jedoch auch kulturelle Anregungen auf: So wurde das System der Stuckverzierung am Samaniden-Palast in Afrasiyab/Samarkand oder an der Abbasiden-Moschee von Balkh (Sechsecke in Kreisen auf einem umlaufenden Perlenband) um 900 aus der sasanidischen Kunst übernommen; die Motive von Pinienzapfen, Palmetten und Weinlaub stammen dagegen aus der abbasidischen Residenz in Samarra.

Der Regentenpalast von Termes am Oxus aus dem 11. Jh. wurde Anfang des 12. Jh. unter dem Ghaznawiden-Sultan Abu'l-Muzaffar Bahram Schah (1118–1152) um Gipsmörtelschnitzereien bereichert, von denen kostbare Reste erhalten blieben: stilisierter Akanthus, mit Kreuzmustern gefüllte Kreise, ein ›Diw‹-Ungeheuer mit Dämonenkopf sowie Deckenmalereien mit Rosetten und Tieren. Glücklicherweise blieben auch seltene Beispiele von frühem Holzschmuck bewahrt, etwa die Holzsäule aus dem zentralasiatischen Obburdon (10. Jh.) mit ihren Schmuckfriesen aus Pflanzen und Tiermotiven oder der Mihrab einer ghaznawidischen Moschee im afghanischen

Blick auf Lashgari Basar

Kharkh-i-Logar. Hier wird zudem ein rechteckiger Raum durch arabeskenverzierte horizontale Balken in einen Halbkreis überführt, der wiederum als Grundlage für einen Zackenbogen und eine teils geometrisch, teils vegetabilisch geschnitzte Halbkugel dient.

Auch die Wände ghaznawidischer Paläste wurden in den verschiedensten Weisen dekoriert. In der zeitweiligen Residenz des Mahmud von Ghazna in Lashgari Basar verzierte man Anfang des 11. Jh. Lehmziegelbauten mit Miniaturarchitekturen, zum Teil mit Hufeisenbogen vermutlich indischer Herkunft. Der Thron- oder Audienzsaal muß einen Fries mit der Darstellung einer Prozession der türkischen Palastgarde besessen haben; die etwa 60 gezeigten Krieger waren alle zum Thron hin ausgerichtet, ihre Körper frontal, ihre Füße im Profil wiedergegeben. Fragmente an einem Rundpfeiler lassen vermuten, daß die Gesichter in Dreiviertelansicht und vor einem Nimbus dargestellt waren. Nach Kleidung und Ausrüstung der Garde sowie Malstil zu urteilen, waren den Künstlern die Reiter auf sasanidischen Felsreliefs und die gemalten ›tocharischen Ritter‹ an den buddhistischen Turfan-Höhlen bekannt. Vom Palast Mas^{c}uds III. (1099–1115) in Ghazni stammen Marmorplatten, auf denen unter Hufeisenbogen Palastwächter

und Tänzerinnen, Tierfriese und Tierkämpfe gemeinsam mit persischen Versen – in einer für diesen profanen Zweck ungewöhnlichen Kufi-Inschrift – erhalten sind. Nahebei steht ein zur selben Zeit entstandenes Backsteinminarett, auf dessen allein übriggebliebenem sternförmigen Untergeschoß sich abstrakte Terrakotta-Reliefs und Inschriften in Flecht-Kufi durchdringen.

Für die nachfolgende ghoridische Epoche kennen wir aus der Moschee von Larwand mit ihren Spolien nordwestindischer Tempel Dekorformen von Dreipaßbogen, Rhomben und Rosetten sowie das Minarett von Djam mit Backsteinschmuck auf Gipslagern und Schriftfriesen in blauer Fayence, den sogenannten Kashi-Kacheln. Kufi-Inschriften zitieren den Koran und preisen den Erbauer »Sultan Ghiyath ad-Din Muhammad ... den Schützer des Islam«; der Rest einer Naskhi-Inschrift lautet: »Das Werk von Ali, dem Sohn des ...«. Nach einer allgemein akzeptierten Interpretation von G. Wiet wird damit nicht der Baumeister, sondern der Ornamentkünstler genannt, dessen Name ohnehin häufiger als der des Architekten überliefert ist. An der ebenfalls ghoridischen Medrese von Shah-i-Mashhad nennt eine der zehn Flechtband-Kufi-Inschriften den selten anzutreffenden Hinweis auf

eine Stifterin, während die fünf Naskhi-Inschriften religiöse Texte wiedergeben.

Reste einer frühen Wandmalerei sind vom Bibi Khanum-Mausoleum in Samarkand (1404) bekannt, wo Felder mit Bogenarchitekturen mit solchen voller Blumen- und Landschaftsdarstellungen abwechseln. In timuridischer Zeit wurden prunkvolle Bauten in Afghanistan und im heutigen sowjetischen Orient entsprechend aufwendig durch farbige, plastische Majolika-Reliefs und durch Naskhi-Schriftbänder auf glasierter Terrakotta geschmückt. Dafür verschwanden langsam die kombinierten polychromen Dekorstücke mit ›naturfarbener‹ Ziegelwand.

Die Minarette der Samarkander Ulugh-Beg-Medrese begründeten eine neue Tradition, indem der obere Abschluß des konischen Turms durch einen mehrstufigen Stalaktitenkranz erfolgte; Folgen von Spitzbogenarchitekturen und Nischen herrschen in diesem Kranz und im Fensterschmuck vor. Seit dieser Zeit werden auch Säulchen an Tornischen seilartig zu Bändern gedreht, die dann den gesamten Iwan umlaufen. Die Gestaltung der Innenkuppel des Timur-Grabes Gur-i-Emir in Samarkand mit ihren reich bemalten Pappmaché-Ornamenten und den anschließenden Stuckfriesen vermag uns zumindest eine ungefähre Vorstellung von dem verlorengegangenen Prunk timuridischer Paläste zu vermitteln.

Anregungen und Vorbilder für die Majolika-Bemalung lieferten die Porzellane Ostasiens, die auch Ulugh-Beg als polychrome Wandplatten für einen – inzwischen zerstörten – Porzellankiosk importieren ließ. Reste von bemalten sechseckigen Wandplatten im Grab der Shirin-Bika-Akra von Samarkand (1385) zeigen Blumen, Arabesken und stilisierte Landschaften. Nicht nur die Medrese des Abd al-Aziz Khan in Buchara (1652), ein Bauwerk aus der Zeit, als der Schmuckreichtum seinen Höhepunkt erreichte, vermittelt jene Harmonie von Architektur und Dekoration, sondern auch der weitaus spätere Palast aus der dritten Regierungszeit des Khudayar Khan in Kokand (1871–1875) weist farbige Fliesen auf, die die Baustruktur hervorheben und monumentale Inschriften tragen.

◁ Wandmalerei aus dem Mausoleum Bibi Khanum in Samarkand

Kalligraphie, Malerei und Kunsthandwerk

Die muslimischen Herrscher wandten sich mit den imperialen und religiösen Texten auf den von ihnen errichteten Gebäuden an die Öffentlichkeit. In ihren Bibliotheken jedoch – von denen zum Beispiel Ruinen aus dem 11. Jh. auf der Burg von Merw und auch Geschichtsschreiber aus der Residenz von Ghazni berichten – genossen sie im Miniaturformat eine ebenso vollendete Kunst: die des Buches. Die Sultane, manchmal selbst als Kalligraphen berühmt, bewiesen häufig ihre Fähigkeit, Meister wie Mir Ali im 16. Jh. aus Herat an den Hof von Buchara zu ziehen. Letzterer schrieb dort für ein Album persische Verse als praktische Lebensregel, doch ohne den künstlerischen Schwung, der seine Handschrift in den religiösen kalligraphischen Einzelblättern auszeichnete. Er unterrichtete uns jedoch auch über seine Person und die anderer Kalligraphen, indem er in eindringlichen Worten die Armut des Schreibers und seine Abhängigkeit vom Herrscher beklagte.

Schon im 15. Jh. war Herat als Zentrum für die Herstellung kostbarer Bucheinbände berühmt: Die vorwiegend benutzten Techniken waren die des Pressens, Schreibens, Vergoldens und des Filigrans. Die Einbände mit ihrem Medaillonschmuck bargen illustrierte Manuskripte der großen iranischen Epen oder der Dichter Firdausi und Nizami (s. S. 288, 290). Bihzad, der Meister der Malschule von Herat (s. S. 290, 291), flocht bei der Illustration weit zurückliegender Legenden auch die Darstellung zeitgenössischer Bautätigkeit ein; so kann man bei der Errichtung des sagenhaften Schlosses von Khawarnaq die Konstruktion von Kielbogen-Eingängen vor weiten, hohen Iwan-Räumen beobachten. Dieses Bild läßt sich nach B. Brentjes in Motiv, Farbe und Stil sowie in seiner künstlerischen Einheit von Bau und Schmuck mit der zentralasiatischen, buddhistischen Höhlenmalerei aus Dunhuang vergleichen.

Am Anfang des 16. Jh. herrschte der Shaibanide Kutshkundshi in Mittelasien nach den Gesetzen der Steppennomaden, während sein Neffe Muhammad Shaibani bestrebt war, den Samarkander Hof in der Nachfolge timuridischer Kultur glanzvoll auszugestalten – auch hier zeigt sich wieder der für die Geistesgeschichte des hier behandelten Gebietes so typische Antagonismus von nomadischer und städtischer Lebensweise. Nach der Eroberung von Herat nun zog letzterer aus dieser Stadt den Dichter Kamal ad-Din Binai an seinen Hof, während andere Schriftsteller seine Taten in dem »Shaibani-nameh« und »Fathnameh« verherrlichten. Bei der Illustrierung dieser Texte beobachten wir im Gegensatz zum vornehm-höfischen Herater Stil des vorangegangenen Jahrhunderts eine einfachere Szenerie mit wenigen Figuren, die vor sparsam angedeutete Landschaften mit Hügelkuppen oder Pflanzenteppiche im sogenannten ›Turkmenen-Stil‹ gesetzt werden. Historische Berichte versah man mit Porträtdarstellungen der Herrscher und knappen Schilderungen der politischen Ereignisse.

Auch nach dem Tode dieses Shaibani-Herrschers wurden bei wiederholten Überfällen Gelehrte, Dichter, Künstler und Handwerker aus Herat fortgeführt. Unter Ubaidallah, der seit 1512 in Buchara und von 1533–1539 als Haupt der Shaibani regierte, entwickelte sich diese Stadt zum Mittelpunkt für Maler und Kalligraphen aus Herat, so auch für den schon genannten Mir Ali (s. S. 322). In einem illuminierten Manuskript des »Bustan« von Sa^{c}di erkennt man die Nachwirkungen der Herater Tradition: Raumempfinden, lyrische Landschaftsschilderung und die Einbeziehung von Nebenhandlungen zur Akzentuierung der Hauptszene. So kam es zur Ausbildung einer *Kitab-Khane*, eines ›Bücherhauses‹ von Buchara. Dabei gelang es den Miniaturisten unter Abd al-Aziz Sultan Mirak um die Mitte des 16. Jh. bei der Illustrierung eines »Gulistan«, meisterhaft die Illusion räumlicher Tiefe durch den Wechsel von offenen Ebenen mit leichten Bodenwellen und meisterhaft gezeichneten Bergen und Felsen zu erwecken.

Der sich in der zweiten Hälfte des 16. Jh. innerhalb dieser Malschulen vollziehende Übergang zu einem vereinfachenden, dekorativ bestimmten Stil bedeutete keinen Niedergang des geistigen Lebens, sondern vielmehr eine Umbewertung der Rolle der Malerei. Was zunächst als eine Einschränkung der Erzählkunst wirkte, bedingte in der Folgezeit das Zurücktreten der rein äußerlichen, sinnenhaften Elemente und förderte das Vordringen des mystischen, nach innen gerichteten islamischen Sufismus.

Später wurde diese Bilderwelt, beispielsweise hinsichtlich der Darstellung von Frauen und Liebespaaren, durch den Kontakt mit indischen Künstlern zusätzlich bereichert. Dabei mögen Szenen des Weintrinkens, des Lebensgenusses, des heiteren Aufenthalts in der Natur und des Liebesrausches durchaus als Teil des Sufi-Weltbildes im Sinne symbolischer Esoterik zu verstehen sein. Auch im Laufe des 17. Jh. vereinigten sich bisweilen in epischen Manuskript-Illustrationen und dekorativen Einzelblättern mittelasiatische und indische Elemente zu einer neuartigen künstlerischen Harmonie. In einer Kitab-Khane dieser Zeit aus Buchara meistern die Illustratoren die Landschaftsdarstellung mit ihrem geradezu überquellenden Detailreichtum durch eine Synthese aus zentralasiatischer Mäßigung und indischer Erzählfreude. Schließlich sei noch erwähnt, daß auch iranische und armenische Anregungen eintrafen und zwei illuminierte Manuskripte bereicherten, die 1797/1798 im Pamir-Bezirk Darwas entstanden: ein »Diwan« des Bedil und »Yusuf und Suleika« von Nasim Harawi, in denen nochmals ein Nachklang der Kunstschule von Herat zu finden ist.

Zufällige Reste oder glücklicherweise unbeschädigte Exemplare des Kunsthandwerks, meist aus dem Leben der wohlhabenden Kreise, sind uns aus allen Teilen des hier behandelten Gebietes bekannt und lassen im Kleinen eben die meisterhafte Vollendung erkennen, die wir bereits an den Bauwerken beobachten konnten. Bruchstücke von Tongeschirr fand man in den Ruinen der ländlichen Siedlungen und Städte von Sistan, in den Befestigungen von Ghor, beiderseits des Oxus sowie bei Ausgrabungen in den Vorläufern der späteren islamischen Hauptstädte Buchara und Samarkand. Die Museen von Kabul, Ghazni, Herat, Taschkent, Samarkand, Leningrad und Moskau bewahren intakt gebliebene Beispiele in allen Spielarten auf. Nach Vorbildern aus vorislamischer Zeit wurde eine fein gebrannte braune Keramik unter den frühislamischen Dynastien weiter hergestellt; sie war durch Vertiefung mit Ritzung oder Rillung oder in Reliefschmuck mit Barbotine, Appliqué, Stempel und Formschüssel verziert. Im Zusammenhang mit vorderorientalischen Werkstätten entstand die aufwendige Lüsterkeramik (besonders gut bekannt aus dem ›Haus der Lüsterware‹ im Palastbezirk von Ghazni) mit ihrem metallisch glänzenden Überzug; dort fand man auch eine grün-glasierte Reliefkeramik und Gefäße mit Unterglasurmalerei. Importe aus Ostasien hingegen stellen Porzellan, porzellanartige Keramik mit Unterglasurritzung, Seladon und vor allem die ›Blau-Weiß-Keramik‹ dar. Bei der einheimischen Unterglasurverzierung unterscheiden wir den samanidisch-ghaznawidischen Stil mit sorgfältiger bunter Bemalung, den seldschukisch-khoresmisch-ghoridischen Stil mit Ritzmustern, den ilkhanidischen und den timuridischen Stil (Nebeneinander von rot-grün-braunen Gefäßen mit Ritzverzierung und Monochromie) und schließlich eine posttimuridische, unverzierte monochrome Keramik.

Unter den Metallgefäßen sind im Norden die sogdisch-samanidischen Silberschalen und -kannen (um 900) und im Süden die ghaznawidischen Kupferschalen (nach 1000) die frühesten Erzeugnisse. Aus der Fülle des späteren Gebrauchs- und Prunkgeschirrs seien stellvertretend das ›Kabinettstück‹ eines Bronzekübels genannt – mit versilbertem Rand, einer Inschrift aus Herat von 1163 und Buchstaben in (fast karikaturhafter) Nachahmung von Menschengestalten – sowie die riesigen, über 2 Tonnen schweren Bronzebecken vom Ende des 14. Jh.; sie wurden in öffentlichen religiösen Gebäuden aufgestellt und enthielten, sowohl an den großen Festen als auch generell für die Armen unter den Pilgern, Reisspeisen mit Fleisch oder süßen Milchreis. Heute befinden sich Exemplare solcher Becken im Hof der Moschee von Herat und in der Grabmoschee des Khodja Ahmad Yazawi in der mittelasiatischen Stadt Turkestan, letztere im Auftrag Timurs 1399 durch den Theologen Abd al-Aziz Sharif ad-Din at-Täbriz gegossen.

Auf die historische Kunst der zentralasiatischen Teppichknüpferei wurde bereits hingewiesen, die Muster dieser Teppiche sind bereits in alten Miniaturen, zum Beispiel in einem »Schah-nameh« des 15. Jh., festgehalten. Heute können wir im sowjetischen Orient die Fortdauer der Seidenweberei sowie des Teppichknüpfens in den Industriebetrieben und in Afghanistan die Vererbung uralter Handwerksübung und traditionsreicher Ornamente im ›Nomaden- und Bauernteppich‹ beobachten. Nach D. Wegner wurden Webteppiche, gelegentlich sogar durch Männer, als der früher allgemein verbreitete Bodenbelag hergestellt, auf den man den kultisch und stammesgeschichtlich bedeutsamen Knüpfteppich – immer das Erzeugnis von Frauen und Mädchen – legte, bis in neuerer Zeit nun auch kostbare Knüpfteppiche als Statussymbol im täglichen Gebrauch auf dem Boden des Zelts oder des Wohnhauses Verwendung fanden. Das Material der Knüpfteppiche besteht durchweg aus Wolle, meist von Schafen, Kettfäden sind häufig ein Gemisch aus Schaf- und Ziegenwolle. In besonders guten Stücken bestehen die roten und grünen Ornamente bisweilen aus Seide; weiße Muster sind in Baumwolle eingeknüpft, da diese im Herdrauch nicht so schnell vergilbt wie tierische Wolle. Überwiegend dient der ›türkische Knoten‹ (Ghiorde-Knüpfung) zum Einschlingen der bunten Wollfäden in das Grundgewebe. Zur Färbung werden teilweise immer noch nach Familienrezepten hergestellte Naturfarben *(Jeghari)* benutzt, vor allem in den Tönen Braun, Violett und Rot, doch werden immer häufiger auch Anilin-Farben verwandt.

Literatur

Albaum, L. I./Brentjes, B., Herren der Steppe. Zur Geschichte und Kultur mittelasiatischer Völker in islamischer Zeit, Berlin 1978

Ball, W./Gardin, J. C., Archaeological Gazetteer of Afghanistan, Paris 1982

Brandenburg, D., Samarkand. Studien zur islamischen Baukunst, Berlin 1972

Brandenburg, D., Herat. Eine timuridische Hauptstadt, Graz 1977

Brentjes, B., Mittelasien. Kunst des Islam, Leipzig 1979

Casimir, M. J./Glatzer, B., Sah-i Mashad, a recently discovered Madrasah of the Ghurid period in Gargistan (Afghanistan), East and West 21, 1971

Christ, R./Kállay, K., Taschkent, Buchara, Samarkand, Usbekische Reisebilder, Berlin 1979

Couliboeuf de Blocqueville, H. de, Gefangener bei den Turkomanen 1860–1861 im Grenzgebiet von Turkestan und Persien, Nürnberg 1980

Crane, H., Helmand-Sistan Project. An anonymous tomb in Bust, East and West 29, 1979

Crane, H./Trousdale, W., Helmand-Sistan Project. Carved Decorative and Inscribed Bricks from Bust, East and West 22, 1972

Davary, D., Die Ruinenstadt Bost am Helmand, in: Monument H. S. Nyberg. I. Acta Iranica, 1975

Fischer, K./Morgenstern, D./Thewalt, V., Nimruz. Archäologische Landesaufnahme in Südwest-Afghanistan. Geländebegehungen in Sistan 1955–1973, Bonn 1974–1976

Fischer, K./Jansen, M./Pieper, J., Architektur auf dem indischen Subkontinent, Darmstadt 1986

Fischer, K., Miscellanies on less known Islamic buildings in Northern China, in: Monneret Memory Volume, Rome 1986

Fischer, K., Preliminary remarks on archaeological survey in Afghanistan. Zentralasiatische Studien 3, 1969

Fischer, K., Überlieferungen volkstümlicher und herrschaftlicher Bauformen in Sistan, in: Ethnologie und Geschichte, Festschrift für Karl Jettmar, Wiesbaden 1983

Fischer, K., Rapport préliminaire de la prospection archéologique du Séistan. Afghanistan 23, 1970/1

Fischer, K./Thewalt, V., Archaeological fieldwork in Afghan Sistan and current research on Eastern Iranian architecture, in: Forschungsprojekt DFG Mohenjo-Daro. Dokumentation in der Archäologie, Aachen 1983

Fischer, K., Kandahar in Arachosien. Wissenschaftliche Zeitschrift der Martin-Luther-Universität Halle-Wittenberg 7, 1958

Flinker, K./Klimburg, M./Kessel, J., Legende Afghanistan, Köln 1959

Gaube, H., Innenstadt–Außenstadt. Kontinuität und Wandel im Grundriß von

Herat/Afghanistan zwischen dem 10. und 15. Jahrhundert, in: Beiträge zur Geographie orientalischer Städte und Märkte, Beihefte TAVO B 22, Wiesbaden 1977
Giese, W., Aufbau, Entwicklung und Genese der islamisch-orientalischen Stadt in Sowjet-Mittelasien. Erdkunde 34, 1980
Hrbas, M./Knobloch, E., Die Kunst Mittelasiens, Praha 1965
Michaud, R. & S., Erinnerungen an Afghanistan, Köln 1981
Pander, K., Sowjetischer Orient. Kunst und Kultur, Geschichte und Gegenwart der Völker Mittelasiens, Köln [3]1984
Pugacenkova, G. A., Little known monuments of the Balk area. AARP 13, 1978
Tolstow, S. P., Auf den Spuren der altchoresmischen Kultur, Berlin 1953

Islamische Kunst auf dem indischen Subkontinent

von Annemarie Schimmel

Im Frühjahr 711, dem Jahr, da die Araber die Straße von Gibraltar überschritten sowie nach Transoxanien vorstießen, erreichten sie auch das untere Indus-Tal und eroberten Sind bis zum südlichen Panjab (Multan). Drei Jahrhunderte gehörte dieses Gebiet zum abbasidischen Reich (s. S. 19), obgleich eine Gruppe der ultraschiitischen Qarmaten bei Multan einen eigenen Staat gründete. Mit der Jahrtausendwende begannen die Eroberungszüge des turkstämmigen Mahmud von Ghazna, der zwischen 1000 und 1026 siebzehnmal in Nordindien einfiel und sogar Somnath in Kathiawar erreichte, dessen Tempel er zerstörte: Lahore wurde zur Hauptstadt dieses ghaznawidischen Reiches in Indien.

Im 12. Jh. folgten die ghoridischen Eroberer aus Afghanistan, die das Herrschaftsgebiet bis Rajasthan erweiterten; unter ihren Nachfolgern, den ›Sklavenkönigen‹ türkischer Abstammung (1206–1290), wurde Delhi erobert und die muslimische Macht bis Bengalen ausgedehnt; Delhi blieb von nun an das Herz des muslimischen Indien, Zentrum von Gelehrsamkeit, Frömmigkeit und Dichtung, geschmückt mit gewaltigen Bauten. Den ›Sklavenkönigen‹ folgten die Khiljis (1290–1320), die wiederum die Tughluqs (1320–1398) ablösten. Unter Muhammad Tughluq wurde ein großer Teil der ihm unbequem werdenden geistigen Elite Delhis 1327 nach Deogir/Daulatabad im nördlichen Dekhan umgesiedelt. Einer ihrer türkischen Führer gründete 1347 ein eigenes Königreich in Gulbarga; seine Dynastie, die Bahmaniden, zog eine bedeutende Anzahl von Gelehrten und Künstlern an. 1422 verlegten sie ihre Hauptstadt in das strategisch günstiger gelegene Bidar.

Das Sultanat von Delhi wurde durch den Einfall Timurs 1398 schwer erschüttert, so daß das 15. Jh. in künstlerischer Hinsicht dort wenig ergiebig war, während kleinere Dynastien in Jaunpur, Bengalen, Gujarat, Khandesch und Sind ihr kulturelles und politisches Eigenleben führten. Das Bahmaniden-Reich löste sich Ende des 15. Jh. in

Indien zur Moghul-Zeit

mehrere Teilstaaten auf, unter denen die Nizamschahis von Ahmadnagar, die Qutbschahis von Golconda und die Adilschahis von Bijapur (die beiden letzteren türkischer Abkunft) trotz gegenseitiger Rivalitäten eine hohe Kultur hervorbrachten, die allerdings heute im allgemeinen Bewußtsein vom Glanz der Moghuln im Norden Indiens überschattet wird.

1526 hatte Babur, ein Nachkomme Timurs, den letzten Lodi-Sultan (Lodi-Dynastie 1451–1526) bei Panipat geschlagen und den Grund für

Zeittafel

711	Eroberung von Sind bis Multan durch die Araber unter Muhammad Ibn al-Qasin
10. Jh.	Gründung eines Qarmaten-Staates in der Gegend von Multan
1000–1026	Einfälle in Nordwest-Indien, Gründung der ghaznawidischen nord-indischen Provinz mit Hauptstadt Lahore; Zerstörung des Tempels von Somnath (Kathiawar) durch Mahmud
1191	Vordringen der Muslime nach Rajasthan; Ajmer wird Sitz des Chishti-Mystikers Mu'inasddin Chishti (gest. 1236)
ab 1197	Ausdehnung des islamischen Reiches über Delhi bis Bengalen; Dynastie der ›Sklavenkönige‹ von Delhi; Iltutmisch, Bau des Qutb Minar
1290–1320	Kilji-Regierung im Reich von Delhi
1320–1385	Tugluq Dynastie; 1325 Tod des Mystikers Nizamuddin Auliya und des Dichters und Musikers Amir Khusrau in Delhi
1327	Verbannung eines großen Teils der Delhier Oberklasse nach Deogir/Daulatabad im Dekhan
1347	Gründung des Bahmanidenreiches in Gulbarga/Dekhan
1398	Einfall Timurs in Nordwest-Indien
1493	Husainscheb von Bengalen; große Bautätigkeit in Gaur und Pandua
um 1500	Zerfall des Bahmanidenreiches; Entstehung des Reiches der Nizamschahis von Ahmadnagar, der Adilschahis von Bijapur, der Qutbschahis von Golconda
1526	Sieg des Timuriden Babur über die Lodis bei Panipat; Gründung des Moghulreiches von Delhi
1530	Moghulherrscher Humayun; Flucht nach Iran, das Suri-Interregnum
1545	Tod Sher Schah Suris
1555	Rückkehr Humayuns aus Iran
1556–1605	Regierung Akbars; Ausdehnung des Reiches, Blüte der Kunst
1580–1612	Muhammad-Quli Qutbschah von Golconda; Gründung von Hyderabad

1580–1626	Sultan Ibrahim Adil-Schah II. von Bijapur; Hochblüte der Kunst im Dekhan
1605–1627	Moghulherrscher Jahangir
1627–1658	Moghulkaiser Schahjahan; 1632–1648 Bau des Taj Mahal
1659	Hinrichtung des Kronprinzen Dara Schikoh durch seinen Bruder Aurangzeb
1686–1687	Moghul-Eroberung von Golconda und Bijapur
1707	Tod Aurangzebs im Dekhan; Thronwirren
1719–1748	Muhammad Schah von Delhi
1739	Plünderung Delhis durch Nader Schah von Persien Wachsender Einfluß der Briten und, im Süden Indiens, der Franzosen; Ausbreitung der Macht der Mahrattas, Konsolidierung der Sikkh-Gemeinschaft
1757	Schlacht von Plassey, Bengalen; erster Landgewinn der Briten, die sich erfolgreich nach Westen vorarbeiten
1762	Dritte Schlacht von Panipat mit Hilfe der Afghanen (Ahmad Schah Durrani) gegen Mahratta u. a.
1803	Briten übernehmen den ›Schutz‹ des Moghulkaisers
1843	Briten erobern Sind
1849	Briten erobern den Panjab
Zweite Hälfte des 18. Jh.	Verselbständigung des Nizam von Hyderabad (Dekhan) und der Nawab, später Könige von Awadh (Lucknow); Entwicklung dieser Gebiete zu Zentren der Urdu-Literatur und der islamischen Studien; beide Gebiete mehrheitlich schiitisch
1857	Militäraufstand (›The Mutiny‹), nach dessen Niederschlagung die britische Krone die Herrschaft über Indien, mit Ausnahme der Fürstenstaaten übernimmt

das Reich der Groß-Moghuln gelegt. Sein Sohn Humayun, der 1530 den Thron bestieg, wurde zwar eine Zeitlang durch den Pathanen Sher Schah Suri, der sich ein wohlorganisiertes Reich von Bihar aus aufgebaut hatte, verdrängt, doch kehrte er 1554 dank dem Geschick seines Generals, des Turkmenen Bairam Khan, aus dem persischen Exil nach Indien zurück, begleitet von zahlreichen persischen Künstlern. Nach seinem Tode 1556 übernahm sein vierzehnjähriger Sohn Akbar die Macht und erweiterte das Reich erheblich: Gujarat, Sind, der nördliche

Dekhan sowie Bengalen wurden annektiert, wobei sich Bairam Khans Sohn, der auch als Kunstmäzen berühmte Khankhanan (Abd ar-Rahim) besonders auszeichnete. Unter Akbars Sohn Jahangir (1605–1627) und seinem Enkel Schahjahan (1628–1658) erreichte das Reich seine Hochblüte.

Nach der Hinrichtung des künstlerisch und mystisch veranlagten Kronprinzen Dara Schikoh durch seinen jüngeren Bruder Aurangzeb (1659) setzte eine stärkere Rückkehr zur islamischen Orthodoxie ein. Aurangzeb dehnte das Reich zwar noch weiter aus – 1686/87 fielen Golconda und Bijapur –, doch innere und äußere Feinde bedrohten die Stabilität, und als der Herrscher 1707 fast neunzigjährig starb, zerfiel das Moghul-Reich unter seinen schwachen Nachfolgern. Es erhielt den Todesstoß durch den Einfall des Persers Nadir Schah im Jahre 1739, der Delhi völlig ausplünderte. Zwar blieb die Stadt unter wechselnden Moghul-Kaisern das ideelle Zentrum Muslim-Indiens, doch die Reiche früherer Vasallen – wie des Nizams von Hyderabad im Süden und der Nawabs von Awadh im Osten – entwickelten sich ihrerseits zu kulturellen Zentren.

Die Briten dehnten ihre Einflußsphäre von Bengalen (Schlacht von Plassey 1757) über Bihar bis Delhi aus, übernahmen 1803 den ›Schutz‹ des 1787 geblendeten Kaisers Schah ᶜAlam II. und annektierten 1843 Sind sowie 1849 den Panjab, den die Sikkhs seit der Mitte des 18. Jh. beherrschten. Im Süden Indiens, wo es seit frühester Zeit arabische Niederlassungen gab, standen sich britische und französische Interessen gegenüber; Tipu, der Sultan von Mysore, einer der wagemutigsten muslimischen Herrscher, schlug sich auf die Seite der Franzosen. Nachdem er 1799 in seiner Hauptstadt gefallen war, nahm auch im Süden der britische Einfluß zu. Der Soldatenaufstand von 1857 *(Indian Mutiny)* gab den Briten Gelegenheit, den greisen Moghul-Kaiser Bahadur Schah Zafar (wie seine Ahnen ein guter Dichter) abzusetzen; er starb 1862 im Exil in Rangun; zahlreiche Fürstenstaaten bestanden jedoch weiter. Unter der britischen Krone wuchs aber das Verlangen der Inder – Muslime wie Hindus – nach Freiheit, so daß sich Indien 1947 die Unabhängigkeit erkämpfen konnte; der Subkontinent wurde hierbei jedoch in die Staaten Indien (Bharat) und Pakistan geteilt, und von letzterem spaltete sich 1971 Ostpakistan als Bangladesch ab.

Die Muslime trafen in Sind auf eine mehrheitlich buddhistische Bevölkerung, die sie aufgrund der Unterdrückung durch den bisherigen

Herrscher, einen Hindu-Fürsten, jedoch willkommen hieß. Der junge Eroberer Muhammad Ibn al-Qasim war weise genug, Hindus und Buddhisten den gleichen Status als Dhimmi (Schutzbefohlene) zuzugestehen, wie ihn Christen, Juden, Zoroastrier und Sabier im Nahen Osten bereits genossen; als ›Schriftbesitzer‹ zahlten sie eine Schutzsteuer, waren aber vom Kriegsdienst befreit. Die Buddhisten gingen bald in der muslimischen Bevölkerung auf; nur in Bengalen haben sich bis heute einige Enklaven dieser Religionsgemeinschaft gehalten.

Die Hindus hingegen erschienen den Muslimen völlig fremdartig; die Beschreibung, die der Gelehrte al-Biruni im frühen 11. Jh. von der indischen Philosophie gibt, ist zwar völlig objektiv und zutreffend, doch die kulturellen Eigenheiten der Hindus stellten sich für ihn als absolut unvereinbar mit der muslimischen Lebensweise dar. Dieser Antagonismus blieb erhalten, obgleich mystische Strömungen in beiden Religionen gewisse Annäherungen bewirkten und mancherlei Sitten und Gebräuche vom Hinduismus in den Islam einflossen, vor allem auf der Ebene der Volksreligion, aber auch in Hochzeitsbräuchen u. ä. Zwei Hauptströmungen lassen sich jedoch jederzeit im indischen Islam beobachten: Einerseits den bei den aus dem Ausland (arabische Länder, Zentralasien, Iran) eingewanderten *Ashraf* (Edlen) vorherrschenden Rückblick auf ihre Heimat, die Betonung des arabisch-islamischen Kerns ihrer Kultur, andererseits die stärker mit dem indischen Boden verwachsene, volkstümliche und teilweise auch mystische Strömung. Die Spannung zwischen ›prophetischer‹ und ›mystischer‹ Haltung spiegelt sich in dem Historiker Baranie und dem Dichter Amir Khusrau im frühen 14. Jh., in den Prinzen Aurangzeb und Dara Schikoh im 17. Jh., in dem Dichter-Philosophen Pakistans, Iqbal (gestorben 1938), und in dem Theologen Indiens, Abulkalam Azad (gestorben 1958).

Die Muslime brachten alle Künste und Wissenschaften, die in den islamischen Zentralgebieten gepflegt wurden, mit nach Indien. Ein großer Teil der indischen Literatur, vor allem der religiös-theologischen, ist in arabisch geschrieben; das Persische wurde im 14. Jh. offizielle Sprache und blieb es bis zum Macauley-Edikt von 1835, das dann das Englische einführte; die in Indien geschriebene persische Literatur übertraf die im Iran selbst verfaßte Poesie und Prosa um ein Vielfaches. Türkisch wurde von der Militäraristokratie gesprochen; Baburs tschagatay-türkische Autobiographie darf als das beste Beispiel dafür gelten. In

Bengalen blieb Bengali für literarische Zwecke vorherrschend, und unter dem Einfluß mystischer Prediger entwickelten sich die Regionalsprachen – Dakhni Urdu, Sindhi, Panjabi, Paschto u. a. – zu Literatursprachen. Mit Ausnahme des Bengali nahmen alle von Muslimen gesprochenen Sprachen des Subkontinents das arabische Alphabet, die ›Buchstaben des Korans‹, an, wogegen die Sekte der Isma^cilis in Sind und Gujarat sich lange der Khojki-Schrift für ihre religiöse Literatur bediente.

Ebenso wie die sprachliche spiegelt sich auch die künstlerische Vielfalt des Islam in Indien wider; man wird stilistische Elemente aus allen islamischen Regionen, vor allem aus dem persisch-türkischen Bereich, finden, die dann ihrerseits interessante Verbindungen mit heimischen architektonischen oder sonstigen künstlerischen Formen eingegangen sind. Diese Mannigfaltigkeit verleiht der islamischen Kunst des Subkontinents ihren besonderen Reiz.

Im Innern der Großen Moschee von Gulbarga

»Wer eine Moschee baut, und sei sie nur so groß wie das Nest des Qata-Vogels, dem wird Gott ein Haus im Paradies bauen« lautet ein dem Propheten zugeschriebener Spruch, der an vielen indischen Moscheen zu lesen ist. Die älteste Moschee auf indopakistanischem Boden wurde in Mansura, der Hauptstadt von Sind, gefunden; ihre Inschrift in einfachem blühenden Kufi gibt das Datum 906–907 an, der Grundriß entspricht dem der klassischen arabischen Hofmoschee.

Mit den Ghaznawiden erreichten persisch-zentralasiatische Formen Indien, doch nur wenige Bauten der Frühzeit blieben erhalten. Der wichtigste ist die Quwwat al-Islam-Moschee in Delhi, bei der man, wie bei vielen Moscheen, Spolien von hinduistischen Tempeln verwendet hat, die jedoch durch eine fünfbogige Arkadenfront ein ›islamischeres‹ Aussehen gewinnt. Die 1193 begonnene Moschee besteht aus schwerem Steinwerk; die Verwendung unechter Bogen, die durch vorkragende Steinlagen gebildet werden, zeigt, daß Hindu-Bauleute hier gearbeitet haben. Nahe dem von bedeckten Arkaden umschlossenen riesigen Hof erhebt sich das Qutb Minar, mit über 70 m Höhe eher in die Reihe der Siegestürme einzuordnen denn als echtes Minarett anzusehen. Gewaltige Inschriften zieren die gerippten Sandsteinmauern des Baus, dessen Größe der spätere Sultan Ala'uddin Khilji mit seinem in der Nähe liegenden, jedoch nie vollendeten Minarett noch zu übertreffen suchte. Fast gleichzeitig entstand im rajastanischen Ajmer die Adhai din ka jhonpra-Moschee (Hütte von zweieinhalb Tagen), deren sieben gewaltige Kielbogen mit feinen arabischen Inschriften verziert sind.

Einen ganz anderen Moscheentyp findet man in Gulbarga, der ersten Hauptstadt der Bahmaniden; die im Festungsbereich liegende Große Moschee (1367) wird von 63 kleineren und einer größeren Kuppel über dem Mihrab völlig überdeckt; der Raum mit seinen durch breite Kielbogen gegliederten Schiffen erhält sein Licht durch abwechslungsreich unterbrochene Wände. Die von einem persischen Architekten errichtete überaus schöne Moschee besitzt keinen Hof.

Die ältesten Moscheen im Norden, wie die Khirki-Moschee in Delhi oder die Große Moschee in Jaunpur wirken außerordentlich massiv und scheinen wenig mit den elegant gegliederten Bauten des Mittleren Ostens gemein zu haben. Besonders stark erlebt man dieses ›indische‹ Raumgefühl in der Großen Moschee von Ahmadabad (1424), die mit ihren 300 dicht beieinander stehenden Säulen eher den Eindruck einer Höhle macht, statt das mit ›Moschee‹ assoziierte Gefühl der Weite und ›numinosen Leere‹ zu vermitteln.

Die Moscheearchitektur in den verschiedenen Provinzen entwickelte sich natürlich entsprechend den klimatischen und traditionellen Gegebenheiten. So entstanden im regenreichen Bengalen (Gaur und Pandua) vollständig überdeckte Moscheen, während in den holzreichen Gebieten des Nordens, etwa in Kaschmir und Swat, Holzmoscheen errichtet wurden, deren gewaltige Pfeiler kunstreich verziert sind. Im äußeren Südindien finden sich einfache, fast hausartige

Die Badshahi-Moschee in Lahore

Formen, während die Minarette in Chittagong ein schon fast ostasiatisches Gepräge tragen.

Am bekanntesten jedoch sind die Moscheebauten der Moghul-Zeit, in denen sich naturgemäß ein wachsender Einfluß des persisch-türkischen Stils bemerkbar machte (s. S. 331ff.): weit ausgedehnte Hofmoscheen, deren Qibla-Wand zu einer eleganten Halle vertieft ist, die durch reich dekorierte Bogen betreten und in der Regel von drei Kup-

peln gekrönt wird, während den gewaltigen Hof Arkaden oder gegliederte Wälle umgeben. Als typisch hierfür dürfen die Moschee im Fort von Agra und die Große Moschee von Delhi mit ihrem reichen Sandsteindekor und den weiß-rot gestreiften Kuppeln gelten; aber auch die schöne Moschee von Thatta in Sind sei erwähnt, deren Iwane und Arkaden mit überaus reichem Fliesenwerk verziert sind, während die Hofarkaden 92 kleine Kuppeln tragen.

Dieser Moscheetyp findet seinen Höhepunkt in der von Aurangzeb 1674 in Lahore errichteten Badshahi-Moschee, die mit einem Hof von ca. 180×180 m eine der größten Gebetsstätten des Islam überhaupt darstellt. Solche Ausmaße erreichen natürlich auf keinen Fall die nichtimperialen Moscheen wie die Wazir Khan-Moschee in Lahore mit fünf kleinen Kuppeln, besonders ihres Fliesenschmucks wegen berühmt. Charakteristisch für Moscheen der Moghul-Zeit sind nicht nur die vier Iwane – von denen einer mit dem gewaltigen Eingangstor zum Hof verschmilzt, während der größte sich zum Mihrab öffnet –, sondern auch die mittelhohen oktogonalen Minarette, die von eleganten, pavillonartigen Helmchen gekrönt werden – ein Stil, der bis in die Neuzeit auf dem Subkontinent beibehalten wurde.

Die moderne Defence-Moschee in Karachi ▷

Detail des Mihrab der Großen Moschee von Bijapur

INSTRUCTIONS

Im Dekhan bürgerte sich nach dem einmaligen Experiment in Gulbarga auch ein abgewandelter persischer Stil mit schönen Kielbogen ein; die Moscheen zeichnen sich jedoch in erster Linie durch ihre Lotoskuppeln aus, die aus einem Kranz von Blütenblättern zu wachsen scheinen; auch die Minarette enden in ähnlich knospengleichen Bekrönungen. Die Große Moschee von Bijapur erinnert mit ihren hohen, eleganten Spitzbogen und in der Raumaufteilung der Gebetshalle fast an ein gotisches Gebäude. In dieser Moschee befindet sich auch der wohl interessanteste Mihrab der islamischen Welt, 1636, etwa 70 Jahre nach Errichtung des Baus hinzugefügt: Eine 7 × 6 m große, reich ornamentierte und farbenprächtige Nische, deren Seitennischen mit ihren bunten Stuck-›Vorhängen‹ einer barocken Kirche entnommen zu sein scheinen. Die kulturellen Beziehungen zwischen Bijapur und dem portugiesischen Goa, das einst zu diesem Königreich gehört hatte, werden hier ebenso wie bei den Wandmalereien in Pavillons und im Reliquiengebäude des Athar Mahal in Bijapur deutlich.

In den letzten Jahren kristallisiert sich zumindest in Pakistan ein neuer Stil des Moscheebaus heraus: Die neuesten Moscheen in Karachi, Lahore und Islamabad sind deutlich vom türkischen ›Zelt-Stil‹ mit weitgespannter Zentralkuppel und nadelspitzen Minaretten beeinflußt.

Im Gegensatz zur Vielfalt der Moscheen ist der Subkontinent nicht allzu reich an architektonisch bewundernswerten Medresen. Theologische Schulen sind zwar seit dem 13. Jh. bezeugt, doch das erste wirklich interessante Beispiel, die von dem persischen Minister Mahmud Gawan in Bidar um 1460 errichtete Medrese, könnte in ihrer typisch timuridischen Form mit vier Iwanen und einem runden Minarett ebenso gut in Samarkand stehen. Sie war mit leuchtenden Fliesen bedeckt, von denen jedoch nur noch Fragmente existieren.

Als bedeutend interessanter erweisen sich die Grabanlagen, die sowohl für Fürsten als auch für Heilige errichtet wurden; obgleich der Islam den Gräberkult ablehnt, hat sich erstaunlicherweise gerade auf diesem Gebiet eine bemerkenswerte architektonische Tradition entwickelt. Bereits in den ersten Bauten, wie dem steinernen Grab Iltutmishs (im Bezirk der Quwwat al-Islam-Moschee in Delhi) findet man – wie auch an früheren Moscheen – die Tendenz, kielbogige Tore und Fenster hintereinander zu setzen, so daß ein doppelter oder dreifacher

Rahmen entsteht. Besonders ausgeprägt zeigt sich diese Form in den Bahmaniden-Gräbern in Gulbarga und Bidar. Gleichzeitig aber entstand in Bidar auch das ›persisch‹ wirkende oktogonale Mausoleum der Ni'matullahi-Mystiker aus Kirman. Die Mausoleen in Bidar weisen außerordentlich reiche Bemalung im Inneren sowie eine farbenreiche Fliesenverkleidung von außen auf.

Schon früher hatte sich im Norden unter den Tughluqs eine äußerst massive Form des Mausoleums entwickelt, bei der die leicht geböschten Mauern von einer Kuppel gekrönt werden. Neben dem Grab Muhammad Tughluqs in der Festung von Delhi bietet das schönste Beispiel dafür das Mausoleum des Rukn-iʿAlam, eines Heiligen, in Multan, ein Oktogon mit einer Seitenlänge von 9,30 m an der Basis und mit der zweitgrößten Kuppel (45,5 m Umfang) des Subkontinents. Es wirkt in seiner Schlichtheit – die Steinkonstruktion wird nur durch kleine blaue und türkisfarbene Fayence-Einlagen unterbrochen – ungewöhnlich eindrucksvoll. So dient es auch als Vorbild für moderne Architektur wie das marmorne Mausoleum von Quaid-i Azam M. A. Jinnah in Karachi.

Von den schweren Bauten des 14. und 15. Jh., wie etwa dem Mausoleum Sultan Hushangs in Mandu, führt der Weg über die Lodi-Gräber in Delhi zur ›persischen‹ Eleganz der Moghul-Zeit. Das Grab Isa Khans in Delhi (1547) nimmt die Form des baldachinbedachten Zeltes auf, die auch sonst in Nekropolen (etwa Makli Hill in Sind und in Bihar) zu finden ist. Von besonderer Wichtigkeit ist das Grab Sher Schah Suris, das dieser Pathanen-Herrscher sich in der Mitte des 16. Jh. in Sasaram errichten ließ – auf einer Plattform von 78 m Seitenlänge in einem künstlichen See gelegen, wirkt es schwereloser, schwebender als frühere Grabbauten und nimmt einige Elemente der Moghul-Grabarchitektur voraus.

So liegt auch das Mausoleum Humayuns in Delhi auf einer Plattform; es übernimmt ebenfalls die eleganten persischen Kielbogen und die durch Nischen und Tore durchbrochene Fassade. Erstmals wird in diesem Bau die für die Moghul-Zeit so typische Kombination von rotem Sandstein mit weißem Marmor verwendet. Daß Humayuns Grab, wie viele andere Mausoleen, einen achteckigen Grundriß hat, kann wohl aus der islamischen Vorstellung von der Existenz von acht Paradiesen und der Acht als ›Ewigkeitszahl‹ erklärt werden. Nahe Humayuns Grab liegt das seit zwei Jahrhunderten seiner Marmorverkleidung beraubte Mausoleum des Moghul-Generals und Kunstmäze-

Das Mausoleum des Rukn-i ᶜAlam in Multan

nen Khankhanan Abd ar-Rahim; seine Form halten einige Kunsthistoriker für das Vorbild des berühmtesten aller Mausoleen, des Taj Mahal.

Mit der Wende zum 17. Jh. wurde die Grabarchitektur weiter verfeinert, wie Akbars seltsam geformtes Grab in Sikandra zeigt, das, wie alle großen Moghul-Mausoleen, in einem Garten liegt – der Paradiesgarten mit seinen vier Strömen ist hier in die Wirklichkeit umgesetzt. Der

Wechsel von Sandstein und Marmor genügte jedoch schon bald den verfeinerten Ansprüchen nicht mehr. Nur Jahan, Jahangirs Frau, setzte bei dem Grab ihres Vaters I^{c}timad ad-Daula in Agra erstmals in großem Maße die Pietra Dura-Technik ein. Dieser kleine Marmorbau, völlig mit Ornamenten aus kostbaren Steinen übersponnen, stellt wohl den preziösesten aller islamischen Grabbauten dar.

Im Taj Mahal dann (erbaut 1634–1648) ist die gesamte blütenweiße Marmoroberfläche mit feinsten Blütenreliefs und Inkrustationen überzogen; die hohe Doppelkuppel, die sich bei vielen Moghul-Bauten findet, gibt jedoch dem Innenraum verhältnismäßig wenig Weite. Mit Recht ist das Grab von Schahjahans geliebter Mumtaz Mahal, die bei der Geburt ihres vierzehnten Kindes starb, durch seine makellose Leuchtkraft, durch seine Lage am Flußufer und die Harmonie seiner Gärten und Pavillons zum bekanntesten Werk indo-muslimischer Architektur geworden. Die Veränderung des künstlerischen Klimas innerhalb weniger Jahre wird deutlich, wenn man das wie eine schwache Kopie des Taj Mahal aus schlechtem Material wirkende Grabmal von Mumtaz Mahals Schwiegertochter, Aurangzebs Frau, in Aurangabad damit vergleicht. Rokokohafte, wenn auch schon etwas dekadent wirkende Anmut zeichnet dann das Grabmal des Safdar Jang in Delhi aus der Mitte des 18. Jh. aus, dessen überreiches Maßwerk nichts mehr von der Strenge früherer Mausoleen in Delhi besitzt.

Der Dekhan, schon unter den Bahmaniden mit eindrucksvollen Mausoleen versehen, folgte einer ähnlichen Linie wie der Norden. Die Gebäude strebten in die Höhe, zeigten, wie beispielsweise die Baridschahi-Gräber in Bidar, eine wachsende Tendenz zur Betonung der Vertikalen. Diese Tendenz setzte sich in den schönsten der Qutbschahi-Gräber in Golconda fort, die, ebenso wie die Dekhani-Moscheen des 16. und 17. Jh., von Lotoskuppeln überragt werden. Eine besonders reizvolle Mausoleenarchitektur aber entwickelte sich in Bijapur, gipfelnd in der heiteren Ibrahim Rauza (*Rauza* = Garten, Mausoleum) und der ihr gegenüberliegenden, mit zahlreichen Schmucktürmchen gekrönten Moschee. (Diese Kombination von Mausoleum und Moschee ist in Indien vor allem im Dekhan üblich.) Die Außenwände der Ibrahim Rauza, die für den kunstsinnigen König, Dichter und Musiker Ibrahim Adil-Schah II. (1580–1626) errichtet wurde, sind

Das Taj Mahal in Agra ▷

Im Innern des Taj Mahal

nicht nur mit kalligraphischen Reliefs bedeckt, sondern lassen noch Spuren der einstigen bunten Bemalung ahnen. Eine Generation später entstand in Bijapur der Gol Gunbad (Runde Kuppel) als Mausoleum für Ibrahims Sohn Muhammad; das gewaltige, kaum verzierte Gebäude enthält die größte von einer einzigen Kuppel überspannte Fläche der Welt, die ziemlich flache Kuppel besitzt einen Durchmesser von 43,9 m. Noch riesiger sollte das nie vollendete Mausoleum seines Nachfolgers werden, von dem nur einige zyklopische Bogenansätze zeugen.

Besondere Beachtung verdient das sich über 40 km hinziehende Gräberfeld von Makli Hill nahe Thatta (Sind), in dem sich die gesamte Geschichte des unteren Indus-Tales und die enorme Variationsbreite der Heiligengräber im Subkontinent spiegeln, denn mehr als anderswo treten hier auch vorislamische Einflüsse zutage. Die Fürstengräber (Jam Nizamuddin, 1509; Mirza ᶜIsa Tarkhan II., Mitte des 17. Jh.) mit ihrer überaus reichen Steinmetzarbeit im Inneren und Äußeren verraten das Geschick der Gujarati-Steinmetze, die an ihnen arbeiteten, doch stehen hier auch Kuppelbauten von zentralasiatischer Einfachheit wie Diwan Shurfa Khans Mausoleum. Makli Hill gilt als letzte Ruhestätte von 125 000 Heiligen. Ein einfacher Kuppelbau, oft etwas erhöht gelegen, gern in der Nähe von Bäumen oder Gewässer, ist die normale Form; oft schließen sich Derwischzellen an das Grab des verehrten Meisters; manchmal erwuchs hier auch ein ganzer Komplex mit einer kleinen Moschee, mit Schule und Armenküche.

Die schönsten Heiligengräber stammen jedoch aus der Moghul-Zeit, deren Herrscher das Gedächtnis der von ihnen verehrten geistigen Meister verewigen wollten, von Salim Chishtis kleinem Mausoleum in blendend weißem Marmor mit reich inkrustiertem Inneren inmitten des roten Sandsteins von Fathpur Sikri zu den zur Moghul-Zeit ausgebauten Marmorheiligtümern in Ajmer (Mu ᶜinuddin Chishti), Delhi (Nizamuddin Auliya) und Lahore (Data Ganj Bakhsh, der zierliche Pavillon von Mian Mir). Jedes dieser zahllosen Mausoleen reflektiert in gewisser Weise den Charakter des dort Begrabenen – die Anmut des Mausoleums von Schah ᶜAbdullatif in Bhit Schah (Sind) mit seinen wie Tulpen wirkenden, mit blau-weißen Fliesen bedeckten Pfeilern kontrastiert mit der gewaltigen Anlage von Gesudaraz in Gulbarga oder Rukn-i ᶜAlams Mausoleum in Multan. Reich ornamentierte, teils figural dekorierte Einzelgräber mit rechteckigem Grundriß und in sich verjüngenden Lagen aufgebaut, finden sich in Sind; sie werden als Chaukandi-(Viereck) Gräber bezeichnet.

Im indischen Kontext müssen auch die *Imambaras* erwähnt werden, Gebäude, die für die Feiern des *Muharram* zum Andenken an den Tod des Prophetenenkels Husain in Kerbela (680) von den schiitischen Gemeinden errichtet werden. Es sind dies Hallenbauten mit zahlreichen Kammern zur Aufbewahrung der für die Muharram-Prozession verwandten Geräte. Das berühmteste Imambara liegt in Lucknow, einem Zentrum der indischen Schia seit dem 18. Jh.; von Nawwab Asafuddaula 1784 erbaut, mißt es 65 × 16 m. Kleinere Gebäude dieser Art finden sich in den meisten Städten des Subkontinents.

Wieder andere heilige Stätten stehen mit Reliquien des Propheten in Verbindung (Qadam Rasul, sein Fußabdruck, Hazratbal, sein Barthaar, wie in Srinagar). Auch schiitische Reliquien wie ein Fußabdruck Alis (so in Maulali bei Hyderabad) werden verehrt, doch gibt es keine bestimmte Form für solche Gebäude; oft sind sie mit einer Moschee verbunden oder formen das innerste Heiligtum einer Moschee.

Seit frühester Zeit haben die Muslime gewaltige Festungsanlagen erbaut. Ein Vergleich der ältesten Bauten – etwa das finstere, hoch auf einem Felsen gelegene Fort von Daulatabad und die einfachen, aber eindrucksvollen Anlagen von Tughluqabad – zeigten, daß überall mehr oder minder das gleiche System waltete: Eine riesige Mauer mit Gräben umschloß ein weites Areal, das Räume für Wirtschaft, Verwaltung, Repräsentation und das Privatleben der Herrscher enthielt; von Elefanten- und Pferdeställen bis zu Schlafgemächern und Bädern entstand alles nach praktischen Gesichtspunkten, wenn die ursprüngliche Anlage auch oft erweitert oder verändert wurde, wie etwa Agra und Lahore unter Schahjahan. Immer liegt eine geräumige Moschee im Bereich des Forts. Bidar, eine Festungsanlage des frühen 15. Jh., ist von 6 km langen, hohen Mauern aus dem leicht härtenden rötlichen Material des zentralen Dekhan umgeben und durch ein dreifaches Grabensystem geschützt. Das steinerne Fort, das die Hügel von Golconda krönt, besaß einst 87 Bastionen und war, wenn man Reisenden des 17. Jh. glaubt, mit weithin leuchtenden farbigen Fliesen bedeckt. Auch das um 1540 von Sher Schah Suri erbaute Rohtas über dem Jhelum gibt einen guten Eindruck von der Ausdehnung mittelalterlicher Festungsstädte, die die Straßen weithin überwachen konnten.

Die noch gut erhaltenen Festungen der Moghuln in ihren Hauptstädten Agra, Lahore und Delhi lassen die mannigfachen Funktionen solcher Anlagen erkennen, da hier sowohl die der Verteidigung dienenden Außenbezirke als auch die kaiserlichen Räume im Zentrum erhalten sind: der *Diwan-i ᶜam*, die allgemeine Empfangshalle, wo der Fürst Audienz erteilte und Recht sprach, und der *Diwan-i khass* für private Empfänge, die anmutigen Pavillons, teilweise mit gebogenen ›bengalischen‹ Dächern überdeckt, und die zierlichen Moscheen (mit Recht ›Perlmoschee‹ genannt) mit ihren blütengleichen Minaretten lassen den hinter den wehrhaften roten Sandsteinmauern herrschenden Luxus noch ahnen, obgleich die Ausstattung der Räume mit Teppichen, kostbaren Geweben und Geräten aus edlem Material nur noch auf Miniaturen zu bewundern ist.

Wenige Stadtanlagen blieben so gut erhalten, daß man ihren Plan genau ausmachen könnte; zwar kennt man die sieben aufeinanderfolgenden Städte auf dem Gebiet des heutigen Delhi, doch auch die prunkvollste dieser Gründungen, Schahjahanabad, wurde 1857 von den Briten zum großen Teil zerstört, so daß der Glanz der Chandni Chauk genannten Achse kaum mehr vorstellbar ist. Die beste Vorstellung einer königlichen Stadt vermittelt Fathpur Sikri, von Akbar nahe dem Hause des Heiligen Salim Chishti erbaut, dessen Segen die Geburt des Thronfolgers Salim Jahangir bewirkt hatte. In dieser roten Sandsteinstadt, die nach nur 15 Jahren verlassen wurde, findet sich eine Fülle architektonisch interessanter Bauten, die meist wenig ›persisch-islamisch‹ wirken. Vor allem der Diwan-i khass mit seiner auf einer hohen Säule ruhenden Plattform, auf der Akbar zu sitzen und den Diskussionen der Vertreter aller in Indien vorhandenen religiösen Strömungen zu lauschen pflegte, ist höchst anziehend. Ein typisches Element der Moghul-Architektur stellt der gewaltige Torbau dar, durch den man die Stadt betritt. Die Diskussion über Bedeutung und Funktion der einzelnen Bauten ist jedoch noch nicht abgeschlossen, wie das internationale Symposium über Fathpur Sikri im Herbst 1985 in Harvard zeigte.

Manche Städte wurden nach astrologischen Überlegungen angelegt, so beispielsweise Hyderabad, gegründet am Ende des 16. Jh. von Muhammad-Quli Qutbschah gegenüber von Golconda. Im Zentrum liegt das Char Minar, ein gewaltiges Gebäude mit vier Minaretten, Moscheen und Medrese im Obergeschoß. Hyderabads Kern, die alte Adels- und Verwaltungsstadt, schließt sich quadratisch um diesen Bau. Das ursprüngliche Achsenkreuz der Hauptstraßen ist jetzt kaum noch zu erkennen.

Jede Stadt aber, ob konstruiert oder um die Festungsanlage gewachsen, besaß ihre Basare, wie überall nach Gilden gegliedert, ihre Bäder sowie kleinere und größere Moscheen. Die Wohnhäuser wurden so angelegt, daß die Privatsphäre gesichert war; es gab gesonderte Frauenquartiere und meist einen Innenhof – wie ja das islamische Haus allgemein nach innen orientiert ist. Die großen Wohnhäuser der Vornehmen reichten oft tief in die Erde, damit man im Sommer im Souterrain Schutz vor der Hitze finden konnte; der Kühle im Haus dienten auch die hohen Räume mit wenig Fenstern. In einigen Gebieten, wie zum Beispiel Sind, wurde die Brise durch vom Dach ins Innere führende ›Windcatcher‹ eingefangen. Das Baumaterial entsprach den lokalen Möglichkeiten: Holz im Norden, Steine im Landesinneren, Ziegel in den Flußebenen des Ganges und des Indus.

Ein typischer Aspekt indo-muslimischer Architektur zeigt sich in der Einbeziehung des Gartens in die Palast- und Grabanlagen. Babur hatte bei der Eroberung Nordindiens bemängelt, daß es keine Gartenkultur im Lande gäbe. Seine Nachfolger legten dann in allen ihren

Der Shalimar-Garten in Lahore

Hauptstädten und Erholungsorten Gärten und zum Teil terrassenförmige Parks an. Die wasserreichen Gärten in Kaschmir sind oft poetisch beschrieben worden, und der Shalimar-Garten in Lahore (1636) mit seinen weißen Pavillons wird zu Recht als vollkommener Ausdruck des feinsten Moghul-Stils angesehen. Moghul-Miniaturen zeigen oft die von Bäumen und Blüten erfüllten, geometrisch angelegten Gärten, in denen sich die Damen ergingen, in denen Prinzen und Weise diskutierten. Die Grundform der indischen Parkanlagen folgte dem persischen Char Bagh, dem durch ein Kanalkreuz viergeteilten Garten, in dessen Mitte sich ein Pavillon oder auch ein Mausoleum erhob.

Lustschlösser, gern inmitten künstlicher Teiche errichtet, waren Teil der höfischen Kultur; der anmutige oktogonale Pavillon im Teich beim Hiran Minar (dem schlichten Grabturm für eine Gazelle) nicht weit von Lahore gibt einen Eindruck davon, wo der Adel seine Abende bei Musik und Poesie verbrachte. Dagegen sind kaum Karawansereien erhalten, obgleich sie natürlich existierten. Die Quellen berichten zum Beispiel von solchen Nutzbauten in Lahore, errichtet von Adligen (Khankhanan Abd ar-Rahim) oder Fürsten (Zinatunisa, die Tochter Aurangzebs).

Die meisten Bauten, vom Palast bis zum Heiligengrab, trugen architektonischen Schmuck: Am elegantesten wirken das Pietra Dura-Werk und die kunstvolle Marmorreliefarbeit der Hochmoghul-Zeit; auch sollte man nicht vergessen, daß das Äußere vieler Gebäude (ja selbst von Moscheen!) bunt bemalt war und daß Malereien die Paläste – wie etwa den Palast Jahangirs im Lahore-Fort – auch innen schmückten, wobei figurale und allegorische Darstellungen nicht fehlten. In moderner Zeit findet man Heiligengräber, ja sogar Moscheen, mit grellfarbigen Wandbildern von Buraq, dem himmlischen Reittier Muhammads, oder von der Ka^{c}ba in Mekka und dem Grab des Propheten in Medina.

Im Norden verschönerten komplizierte Holzschnitzereien die Moscheepfeiler, Haustore und den Hausrat, in Bengalen dagegen meist Terrakotta-Dekorationen. In den westlichen Teilen des Subkontinents war die (wohl von Persien beeinflußte) Fliesentechnik besonders beliebt; die zierlichen eingestreuten türkisblauen Fliesen am Mausoleum Rukn-i ^{c}Alams in Multan sind Vorläufer des späteren reichen Fayence-Schmucks in Sind und im Panjab. In Sind herrschen blauweiße Fliesen vor; sie werden in der Gegend um Hala mit Blüten- und Schriftdekor gefertigt, daneben treten auch honiggelbe und olivgrüne Schattierungen auf. Der Eingangsiwan der Großen Moschee von Thatta mit seinen vielfarbigen Fayence-Sternen scheint das Firmament widerzuspiegeln. Bunte Fayencen herrschen im Panjab vor, man denke nur an die Wazir Khan-Moschee in Lahore (1635) mit ihren naturalistischen Blütendekorationen. Besonders interessant ist die zum größten Teil zerfallene Fliesenverkleidung der Außenwälle im Lahore-Fort, die Szenen aus dem Hofleben, Kamelkämpfe, reitende Boten u.ä. zeigt, gewissermaßen das Leben im Fort nach außen projizierend. Rechteckige farbige Fliesen werden vor allem im Indus-Tal zur Ausschmückung flacher Holzkassettendecken verwendet.

Flecht-Kufi an der Adhai Din Ka Jhaipra-Moschee in Ajmer

An manchen Bauten, wie im Shish Mahal in Lahore, sind ungezählte Spiegel in die Wände eingelassen, vielleicht aus der Technik der Spiegelstickerei übernommen. Eine weitere Eigenart indo-muslimischer Bauten bilden die durchbrochenen Fenstergitter, die *Jali,* teils in geometrischen, teils in vegetabilischen Formen. Ihren Höhepunkt erreichte diese Kunst in Ahmadabad, wo die Gitterfenster der Sidi Sayyid-Moschee aus dem 16. Jh. mit ihren verschlungenen Rankenmotiven dem Marmorarbeiter, der sie aus einem Stück zu meißeln hatte, höchstes Geschick abverlangten. Doch auch die marmornen Blüten-Jalis aus der Zeit Schahjahans, die geometrischen Motive der grauen Marmorfenster im Mausoleum des Heiligen Muhammad Ghauth Gwaliori (gestorben 1562) oder das wie weiße Spitze wirkende Jali in Salim Chishtis Grabbau müssen hier rühmend erwähnt werden.

Der Schriftschmuck islamischer Bauten ist von besonderer Wichtigkeit. Indien besitzt zwar keine Beispiele des eckigen Kufi-Stiles, doch findet sich in Sind und Kutch ›blühendes‹ Kufi (zur Kalligraphie s. S. 27ff.). Das kompliziert verknotete Flecht-Kufi entwickelte sich dort etwa zur gleichen Zeit wie in der Türkei, also im späten 12. und 13. Jh., und wie in Konya raffiniertes Flecht-Kufi und kühne Kursive (Thuluth) gleichzeitig in der Mitte des 13. Jh. auftraten, so auch in

Iltutmishs Grab (Kufi) und am Qutb Minar (Thuluth). Bei vielen der frühen Thuluth-Schriften fühlt man, daß sie von Handwerkern ausgehauen wurden, die der arabischen Lettern nicht kundig waren. Im 15. Jh. erscheinen dann Künstler aus Iran im Dekhan, und die dortigen Steinmetzen schufen ›mit zauberhafter Geschicklichkeit‹, wie ein Chronist sagt, genaue Abbildungen der von ihnen entworfenen Worte in hartem Stein, in Fayence und als Wandschmuck. Dadurch kann Bidar einige der feinsten Thuluth-Inschriften des Subkontinents aufweisen.

Von besonderem Reiz sind die Dedikationsinschriften, in denen die langen Hasten der arabischen Lettern eine Art Gitter bilden, das wiederum durch andere Buchstabenligaturen gegliedert wird; vor allem aus Bengalen sind Werke ungewöhnlicher Kraft erhalten (um 1500). Ähnliche dekorative Inschriften finden sich später auch in Bijapur und Golconda, während die Moghul-Künstler exquisite Thuluth-Schriften aus schwarzem Stein in Marmor einlegten (Taj Mahal) oder aus dem Marmor meißelten.

Der persische ›hängende‹ Stil, Nasta^{c}liq, erscheint auch in Bauinschriften, sobald der Text persisch ist. Dekorative Blüten- und Kreisformen, aus Anrufungen Gottes gebildet, gehören ebenfalls zum Schmuck zahlreicher Gebäude, denn die arabischen Lettern, die das Wort Gottes im Koran wiedergeben, tragen eine besondere Segenskraft in sich.

Ihren schönsten Ausdruck fand die indo-muslimische Kunst in der Miniaturmalerei und ganz allgemein in der Buchkunst. Erste Beispiele von illuminierten und illustrierten Handschriften, die schon eher indisch als islamisch wirken, stammen aus dem 15. Jh.; sie sind meist in Naskhi geschrieben, selbst wenn es sich um persische Texte handelte. Kopien des »Schah-nameh« sind aus verschiedenen Provinzen, von Kashmir bis Gujarat, bekannt. Eine interessante Buchkunst entstand auch um 1500 in Malwa.

Die Hochblüte der Malerei begann jedoch erst mit den Moghuln. Humayun hatte einige führende persische Miniaturmaler aus seinem Exil in Persien mitgebracht (s. S. 331), da der zunächst sehr kunstfreundliche persische Herrscher Schah Tahmasp um 1542 aus religiösen Gründen den Künsten abgeschworen hatte. Andere, vor allem Kalligraphen, die durch den Zusammenbruch des Timuriden-Reiches von Herat ihre Mäzene verloren hatten oder sich in Buchara fehl am Platze fühlten, kamen gleichfalls nach Indien, wo die Großzügigkeit neuer Mäzene lockte. Mir Saiyyid Ali und Abd as-Samad standen bei der Entwicklung des neuen Moghul-Stils Pate, wobei sich ihre persische Eleganz mit indischer Dramatik verband. Das erste große Projekt, das von Akbar angeregt wurde, war das »Hamza-nameh«, das sich um den Oheim des Propheten und seine phantastischen Abenteuer rankt. In großzügiger Nasta[c]liq-Schrift geschrieben, umfaßt es 1400 Illustrationen in der Größe 67,2 × 52 cm. Die Herstellung des auf Stoff gemalten Werkes dauerte von etwa 1567–1582; nur rund 10% der Bilder sind erhalten.

Deutlicher als in diesem Riesenwerk tritt die Verbindung persischer und indischer Elemente in den 155 Miniaturen des »Darab-nameh« zutage, bei dessen Illuminierung der von Akbar besonders bewunderte Hindu Basawan eine wichtige Rolle spielte. Daß die Künstler auch feinste Miniaturen schaffen konnten, beweist das winzige Manuskript der Gedichte Anwaris, das 1589 für Akbar in Lahore auf hauchdünnem, marmoriertem und goldgesprenkeltem Papier geschrieben wurde und mit 17 überaus delikaten Miniaturen von verschiedener Hand geschmückt ist. Zahlreiche andere Projekte entstanden unter Akbar, so die persischen, reich illustrierten Übersetzungen von Hindu-Epen und die Ausschmückung historischer Texte (»Babur-nameh«, »Akbar-nameh«) mit Miniaturen, die unschätzbare Einblicke in das Hofleben erlauben.

Die Adligen, wie Khankhanan Abd ar-Rahim, besaßen eigene Ateliers mit Malern und Kalligraphen. Vor allem Akbars Sohn Jahangir kannte die Malerei wie kaum ein anderer und rühmte sich seiner Kennerschaft; unter seiner Regierung entstanden die feinsten Miniaturen der Moghul-Zeit. Da er nur die besten Künstler am Hofe behielt, wurde der Moghul-Stil durch die entlassenen Maler in andere Gebiete getragen. Jahangirs besondere Liebe galt Tieren und Pflanzen, und so porträtierten seine Künstler, unter denen Abu'l-Hasan und Mansur hervorragten, Vögel, Insekten und Vierfüßler in bis dahin unerreichter Lebensnähe. Jesuiten und portugiesische Kaufleute brachten europäische Stiche mit, die den Moghul-Künstlern seit Ende des 16. Jh. zahlreiche neue Motive lieferten und sie die Verwendung der Perspektive lehrten. Das Porträt wurde besonders gepflegt; der Hindu Bischndas ist hier an erster Stelle zu erwähnen. Ohnehin waren es Hindu-Maler, wie Basawans Sohn Manohar und Govardhan, die in der Modellierung von Körpern, in der Stimmung eines Dorfabends Meisterwerke schufen – oder auch einen sterbenden Höfling auf Befehl des Kaisers erschreckend ›realistisch‹ zeichneten. Typisch für Jahangirs Zeit sind allegorische Darstellungen, in denen er sich als Weltherrscher oder Freund der Heiligen und Gelehrten darstellen ließ.

Die gleichen Stilrichtungen wurden, nur noch stärker formalisiert, unter Schahjahan weitergeführt. Auch entstanden seit der Zeit Akbars Einzelbilder, für Alben auf dünne Pappe geklebt; solche Alben enthalten nicht nur Porträts oder Genre-Szenen, sondern auf der Rückseite eines jeden Blattes auch eine Kalligraphie (fast immer Werke von Mir-Ali aus Herat). Bild und Kalligraphie sind mit wunderbaren Rändern (Blüten, goldenen Arabesken, aber auch zarten Figuren) umgeben.

Die Kalligraphie stellte einen der wichtigsten islamischen Kunstzweige dar. Frühe indische Handschriften sind von der arabischen Tradition abhängig, doch bildete sich im späten 13. Jh. auch ein eigenständiger Schriftstil, das sogenannte *Bihari*, das nicht den Regeln folgte, die von Ibn Muqla und Ibn al-Bawwab im 10. und 11. Jh. niedergelegt worden waren, sondern weniger harmonisch wirkt und dem Maghribi-Duktus etwas ähnelt. Wie Maghribi-Korane sind auch Bihari-Korane, die man vom späten 14. Jh. an kennt, oft reich verziert und weisen eine farbige schwere Dekoration, ja sogar farbige Schrift auf. Der Duktus wurde bis ins 19. Jh. für Korane benutzt. Mit dem Zustrom persischer und Herater Meister bürgerte sich das Nasta^{c}liq, der im Iran seit etwa 1400 herrschende ›hängende‹ Stil, für persische und dann für Urdu-Texte ein. Etwas rundere Endkurven als im Iran üblich scheinen für viele indische Nasta^{c}liq-Texte typisch zu sein. Die indischen Fürsten waren selbst oft Kalligraphen: Nasir ud-din von Delhi im 13. und Aurangzeb im 17. Jh. haben zahlreiche Korane kopiert, der Moghul-Prinz Dara Schikoh galt als besonderer Meister der Schönschrift und der letzte Moghul-Herrscher Bahadur Schah Zafar schuf reizende Schriftbilder (Tughra).

Ähnliches wie für das Moghul-Reich gilt auch für den Dekhan. Die Miniaturmalerei blühte am Hof von Ahmadnagar und dann vor allem in Bijapur, wo zahlreiche Miniaturen die poetische Stimmung zur Zeit des musikliebenden Königs Ibrahim II. (1580–1626) widerspiegeln. Ohnehin scheint die Dekhani-Malerei romantischer, ja unwirklicher als die lebensnahe, genau registrierende Moghul-Malerei, doch gelangen ihr auch einmalig bewegende Porträts und traumhafte Landschaften.

Die am Moghul-Hof entwickelten Stilarten und Techniken wurden von anderen Höfen übernommen: Die Maler des glitzernd-überfeiner-

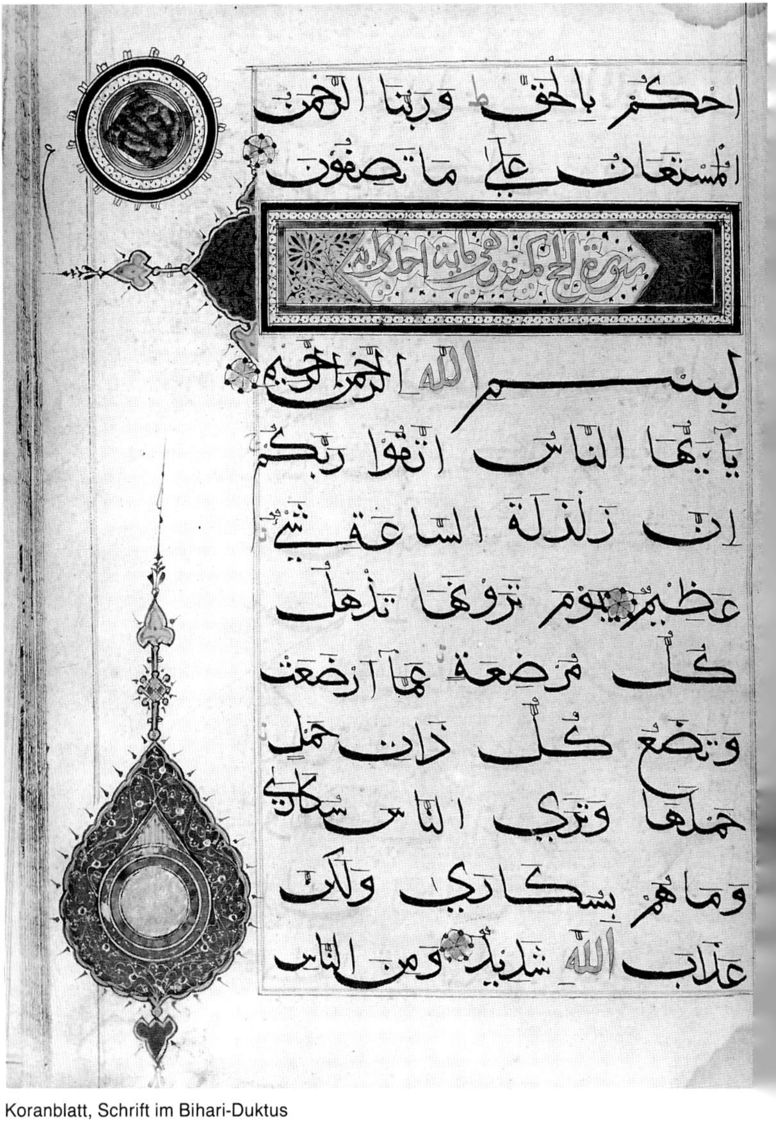

Koranblatt, Schrift im Bihari-Duktus

ten Hofes von Awadh im 18. und frühen 19. Jh. malten zum Teil sehr reizvolle Bilder – wie etwa Faiz Allahs scheinbar endloser zauberischer Haremsgarten – und im Moghul-Stil geübte muslimische Maler Bengalens wirkten für die Briten als Porträtisten, denen wir vor allem treffende Darstellungen von Tieren und gelegentlich auch von Menschen verdanken. In der Kalligraphie aber setzte sich neben den traditionellen Formen des Naskhi, Thuluth und Nasta^{c}liq auch die Kunst der Tughra durch, jener verschlungenen Lettern, die aus Gebeten, Koranformeln und Anrufungen Gottes oder der Heiligen abstrakte Figuren oder Tiergestalten formen.

Das Papier für die Buchkunst wurde teils aus China eingeführt, zum großen Teil aber auch im Lande selbst hergestellt: Schon früh war Daulatabad für sein Papier bekannt; besonders aber in Kaschmir entwickelte sich die Papierherstellung, wo bereits seit den Tagen Zain al-Abidins (1420–1470) die Herstellung buntbemalten Papiermachés einen wichtigen Zweig des Kunsthandwerks ausmachte. Auch marmoriertes Papier wurde hergestellt. Im Dekhan findet man faszinierende Beispiele nicht nur von marmoriertem Hintergrund, sondern auch von marmorierten Bildern, selbst Porträts.

Kaschmir war, neben der Papierherstellung, auch einer der wichtigsten Lieferanten allerfeinster Wollgewebe, die, mit zarten Blütenstickereien geschmückt oder mit Palmetten- und Blumenmustern durchwirkt, sich bis heute großer Berühmtheit erfreuen. Die Kunst des Webens war dagegen überall im Subkontinent verbreitet – Baumwolle konnte hauchdünn gesponnen und zu gazeartigen Kleiderstoffen verarbeitet werden, wie sie auf Moghul-Miniaturen zu sehen sind. Vor allem Bengalen war für seine durchsichtigen Stoffe bekannt, die als ›gewobene Luft‹ bezeichnet wurden; höchstes Geschick gehörte dazu, die spinnwebdünnen Fäden dann, wie es bei Luxusartikeln geschah, noch mit ebenso dünnen Goldhäutchen zu umspinnen. (Ähnliches gilt für die Seidenweberei.)

Überaus feine Stickereien schmückten die Roben der Fürsten und Prinzessinnen, und die Vielfalt der auf Miniaturen erkennbaren Stoffarten und ihrer Dekorationen, der golddurchwirkten Schärpen und Turbantücher, reizte zum genauen Studium dieser Techniken. Auch Samt wurde in Indien hergestellt. Ein Zentrum dafür lag seit alters her in Lahore, doch besonders schätzte man die Samte aus Gujarat. Aus Aurangabad kamen die berühmten doppelseitigen Seiden- und Baum-

Kupferschale (Dekhan, 17. Jh.)

wollgewebe. Teppiche wurden zum Teil aus dem Iran importiert. In Indien knüpften die Künstler der kaiserlichen Manufakturen Teppiche mit Arabesken, Landschaften oder phantastischem Getier, die die persischen noch an Feinheit übertreffen; oft findet man Wollknüpfung auf Seidengrundgewebe.

Seit alten Zeiten war Indien für seine Metallarbeiten bekannt; schon die früharabische Poesie rühmte das ›indische Schwert‹. In der Tat zeigen sowohl Miniaturen als auch erhaltene Exemplare vor allem von Dolchen eine Vielfalt von Formen, wobei nicht nur die scharfe, damaszierte Klinge fasziniert, sondern noch mehr die künstlerisch geformten Griffe (oft Tierköpfe) und die reich inkrustierten Scheiden. Ein ornamentierter, oft mit Rubinen und Smaragden eingelegter Dolch gehörte in der Regel zu den Gaben, die zusammen mit einem Ehrengewand an verdiente Offiziere oder Künstler verliehen wurden. Viele dienten nur solch zeremoniellen Zwecken, und ihre Rubine mußten das Blut ersetzen, das sonst über sie hätte fließen können. Auch kostbare Helme und Armschienen, gelegentlich völlig mit arabischen Segensformeln bedeckt, gehören hierher.

Tiergestaltige Weihrauchgefäße kennen wir aus der Sultanatszeit (14./15. Jh.), und Metallgefäße – flache Schalen – mit einer fast unübersehbaren Fülle dynamischer Arabesken und Tiergestalten, zum Teil mit (oft unkorrekten) religiösen Inschriften in Arabisch, stammen aus dem Dekhan. Eine besondere Art, Metall kunstvoll zu verarbeiten, stellt die Bidri-Ware dar, so genannt nach der Stadt Bidar im Dekhan; sie entstand vielleicht, um das Verbot, goldene und silberne Gefäße zu benutzen, zu umgehen: Silberne, selten goldene Motive hauptsächlich floraler Art wurden in eine durch Spezialbearbeitung mattschwarz gefärbte Zink-Kupfer-Legierung eingehämmert; solche Geräte dienten als Vasen und Huqqa-Ständer.

Neben feinsten Elfenbeinschnitzereien und der vor allem in Gujarat blühenden Technik der Perlmutteinlegearbeit war die Steinschneidekunst besonders hoch entwickelt; Smaragde und andere Edelsteine erhielten Gravuren aus feiner Kalligraphie oder Blütenmotiven. Insbesondere aber die aus China kommende Jade wurde zu fast unglaublicher Dünne ausgehöhlt, wobei man die Maserung der verschiedenen Jadearten höchst geschickt einbezog. Trinkgefäße, Pulverhörner und Schalen entstanden aus diesem Material, das – wie etwa in Schahjahans Trinkschale – scheinbar wachsgleich zu Pflanzen und Tieren geformt wurde. Zierliche Jadeschalen und kleine Koranständer, oft mit Edelsteinen eingelegt, stammen aus der Moghul-Zeit.

Indo-muslimische Kunst entwickelte sich weitgehend in Zusammenarbeit islamischer Mäzene und Künstler mit eingeborenen Handwerkern und Künstlern; Hindu-Steinmetzen dekorierten islamische Bauten, führende Maler der Moghul-Zeit waren Hindus, und muslimische Künstler wirkten später auch an Hindu-Höfen. Dadurch floß vieles vom künstlerischen Potential der Hindus in die islamischen Werke ein, und oft kam es zu einer echten Symbiose. Natürlich lebte die religiöse Malerei an den Hindu-Höfen weiter, und Jain-Maler fuhren fort, ihre heiligen Schriften zu kopieren. Neue Tempel durften nach islamischem Gesetz jedoch nicht errichtet werden (nur zur Zeit Akbars wurde dieses Verbot etwas gelockert), so daß keine wichtigen Tempelanlagen in den muslimischen Provinzen entstanden.

Literatur

Beach, M. C., The Grand Mogul-Imperial Painting in India 1600–1660, Williamstown, Mass. 1978

Cousens, H., Bijapur and its architectural remains, Bombay 1916 (repr. Delhi 1976)

Cousens, H., The Antiquities of Sind, Calcutta 1929

Dani, A. H., Muslim Architecture in Bengal, Dacca 1961

Desai, Z. A., Mosques of India, Delhi 1966

Eaton, R., Sufis of Bijapur, Princeton 1977

Führer, A., The Sharqi Architecture of Jaunpur, Calcutta 1889

Gascoigne, B., The Great Moghuls, New York 1971

Koch, E., Shah Jahan and Orpheus, Graz 1987

Losty, J., The Art of the Book in India, London (British Library) 1982

Lowry, G./Brand, M., Fatehpur Sikri, a Source Book, Cambridge, Mass. 1986

Quraeshi, S., Lahore, The City Within, with an introduction by A. Schimmel, Singapur 1988

Schimmel, A., Islam in the Indian Subcontinent, Leiden 1980

Schimmel, A., Der Islam im indischen Subkontinent, Darmstadt 1983

Schimmel, A., Makli Hill, a center of Islamic culture in Sind, Karachi 1983

Schimmel, A./Welch, S. C., A Pocket Book for Akbar: Anvari's Divan, New York 1983

Schwartzberg, J. E., A Historical Atlas of South Asia, Chicago 1978

Sherwani, H. K., The Bahmanids of Deccan, Hyderabad 1953

Sherwani, H.K., Muhammad-Quli Qutbshah, Founder of Hyderabad, London 1967

Volwahsen, A., Islamisches Indien (Weltkultur und Baukunst), München 1966

Welch, S. C., INDIA! Katalog der Ausstellung im Metropolitan Museum New York, New York 1985

Welch, S. C., Room for Wonder. Indian Painting during the British Period, New York 1978

Welch, S. C., et al, The Emperors' Album. Images of Mughal India, New York 1988

Yazdani, G., Bidar. Its History and Monuments, London 1947

Zebrowski, M., Deccani Painting, London 1983

Islamische Kunst in Südostasien

von Günter Spitzing

Muslime in Malaysia, Indonesien, auf den Philippinen und in Brunei

»Die Einwohner dieses Königreiches (Felech = Perlak an der Nordspitze Sumatras) sind größtenteils Götzendiener, doch haben sich viele Küstenbewohner durch sarazenische Kaufleute, die oft dahinkommen, zur islamischen Religion bekehren lassen. Die Bewohner der Bergregionen dagegen leben in tierischer Art.« So berichtet Marco Polo, der 1292 das Gebiet des heutigen Aceh auf Sumatra besucht hat. Er gilt als der älteste europäische Zeuge, der Aussagen über das Vordringen des Islam in Südostasien machte. Tatsächlich hat der Islam vom 14.–16. Jh. (der sogenannten Transition Period) seine entscheidenden Erfolge in der Insel- (und Halbinsel-)Welt erzielt, die von den westlichen Austronesiern – umgangssprachlich als Malaien bezeichnet – besiedelt werden.

Der Begriff ›Malaie‹ bietet einige Schwierigkeiten, weil er für zwei recht unterschiedliche Bevölkerungsgruppen verwendet wird. Ein ›Malaie‹ ist einerseits der Angehörige einer Ethnie, die eine indonesische (z. B. *Bahasa Indonesia, Bahasa Malaysia*) oder philippinische Sprache (z. B. *Tagalog*) spricht. In diesem Sinne gehören die Angehörigen von Stammeskulturen mit eigener Sprache – etwa die Batak oder Toraja in Indonesien, die Iban in Malaysia – zu den Malaien. Ein Malaie ist aber zum anderen auch der Angehörige einer islamischen Bevölkerungsgruppe, die als Handelsleute und Bauern in Küstenorten und an den Unterläufen von Flüssen, vor allem auf Sumatra und in Malaysia, leben. Diese Gruppe erhält Zuzug durch Angehörige von Stammeskulturen, die ihr angestammtes Umfeld aufgeben, in die Städte umsiedeln und den Islam annehmen. *Masuk Melaju* (sich dem Malaientum anschließen) ist gleichbedeutend mit ›Muslim werden‹.

Die malaiische Bevölkerung Südostasiens lebt heute in fünf verschiedenen Staaten.

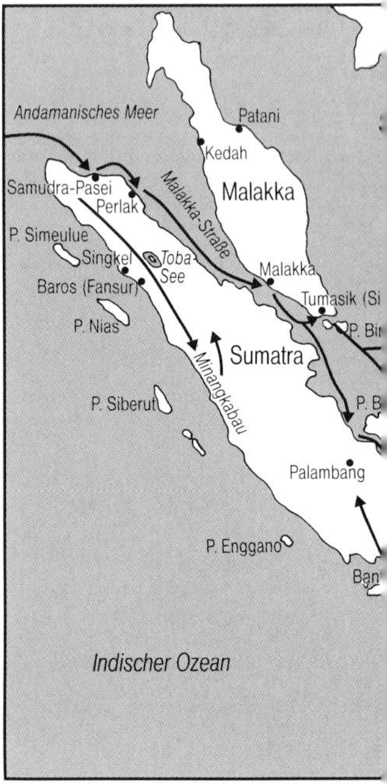

Indonesien
(Ausbreitung des Islam)

Malaysia: Staatsreligion des monarchistischen Staatenbundes (Wahlmonarchie aus 11 Sultanaten) ist der Islam; dies gilt allerdings nur für Westmalaysia, bestehend aus der malaiischen Halbinsel. Der Anteil der Muslime an der Gesamtbevölkerung beträgt dennoch nicht mehr als ein Drittel. Andere Religionen werden geduldet. Ein Austritt aus der islamischen Religionsgemeinschaft gilt allerdings als derart ›unerwünscht‹, daß er in der Praxis nicht vollzogen wird. Die Verfassung schreibt fest, daß das jeweilige Staatsoberhaupt gleichzeitig auch das religiöse Oberhaupt der Muslime in Malaysia ist.

Indonesien: Im Archipel gibt es keine Staatsreligion. Gefördert wird jedoch die Staatsideologie, die *Pancasila,* die unter anderem den Glauben an *einen* Gott fordert und Muslime, Christen und Hindus als gleichberechtigt anerkennt. Die Angaben über den prozentualen Anteil sunnitischer Muslime (scha'afitische Rechtsschule) schwanken in den verschiedenen Quellen zwischen 75 und 93%. Amtliche Schätzungen kommen in der Regel zu einem hohen Anteil an Muslimen, da

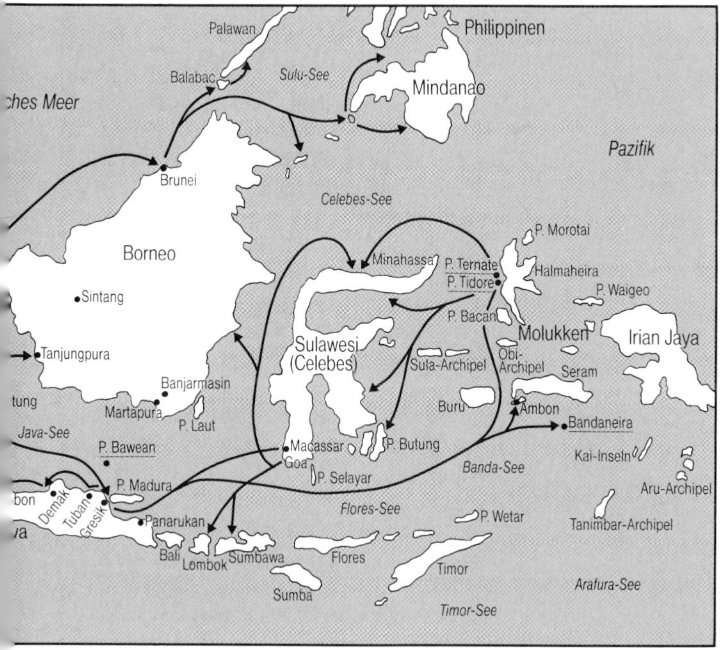

sie die Angehörigen nur oberflächlich islamisierter Stammesreligionen, aber auch die Anhänger synkretistischer Strömungen unter der Rubrik ›Muslime‹ verbuchen.

Philippinen: Keine Staatsreligion, ungefähr 90% der Bevölkerung sind durch die portugiesische Mission katholisiert. Islamisiert wurden nur die südwestlichen Landesteile, der Westen der Insel Mindanao und die Sulu-Inseln. Die gut 4% Muslime rebellieren unter der Führung der Moro National Liberation Front gegen die Zentralregierung und fordern einen unabhängigen Staat. In verschiedenen Verhandlungen wurde eine Autonomisierung des Muslim-Territoriums zugesagt.

Brunei: Zweiteiliger Kleinstaat auf dem Territorium der ostmalaysischen Provinz Sarawak. Der Islam ist Staatsreligion des Sultanats, der Sultan auch religiöses Oberhaupt der 60% (Gesamtbevölkerung ca. 200 000 Einwohner) Muslime.

Singapur: Der Stadtstaat beherbergt nur eine Minderheit malaiischer und indischer Muslime (nicht über 20%).

Zeittafel

674	Frühester chinesischer Bericht über eine (muslimische) Araber-Siedlung bei Palembang in Ostsumatra (San-Fu-Chi = Sriwijaya).
878	Pogrome in Kanton fordern zahlreiche Opfer unter den dortigen arabischen und persischen Händlern. Geflohene Muslime bauen Kedah an der Westküste Malaysias zum Handels-Stützpunkt aus
ca. 1112	Der arabische Missionar Scheich Abd Allah Arif verbreitet den Islam an der Nordspitze Sumatras
1204	Jahan Shah wird in einem nordsumatraischen Reich Sultan – der erste im malaiischen Archipel
1292	Marco Polo berichtet über die Ausbreitung des Islam an der Nordspitze Sumatras
2. Hälfte d. 14. Jh.	Der arabische Missionar Sharif Awliya Karim al-Makhdum, geboren auf der Südspitze der malaiischen Halbinsel, verbreitet den Islam auf den Sulu-Inseln. Gleichzeitig wird Brunei islamisiert
1409	Paramesvara, exilierter Prinz aus Nordjava, Gründer des Handelsknotenpunktes Malakka, nimmt den Islam und den Namen Muhammad Iskandar Schah an und verbindet sich durch Heirat mit dem islamischen Reich von Nordsumatra (Pasai). Beide Staaten werden für die folgenden zwei Jahrhunderte zu Zentren des Sufismus (islamische Mystik)
1416	Von Pasai aus war der Islam, auch mit Gewalt, in ganz Nordsumatra – Aru, Samudra, Pedir und Lambri – verbreitet worden. Die Territorien werden unter dem Namen Aceh zusammengefaßt. Der Islam dringt in den Süden der Insel vor
1419	Wali Mewlana Malik Ibrahim stirbt in Gresik (Nordjava). Arabische und persische Missionare sind seit 1400 in Java tätig

ca. 1450	Raden Rahmat, Sohn eines arabischen Missionars aus Kampa, Nordindien, läßt sich im Reich von Majapahit nieder. Sohn Sunan Bonang und Enkel (Sohn Bonangs und einer Königstochter von Majapahit) des nach seinem Tod als wichtigster Wali Javas verehrten Muslims sollten zu den aktivsten Verfechtern des Islam auf Java werden. Um diese Zeit wird Südsumatra von Nordsumatra aus, Südborneo von Demak aus islamisiert
1475	Missionierung der Philippinen (Mindanao) von Malakka aus
1478	Raden Patah von Demak erringt einen entscheidenden Sieg über das letzte hinduistische Großreich im Archipel, das Reich von Majapahit. Dies bedeutet den endgültigen Durchbruch des Islam
1488	Die von Raden Patah gebaute Moschee von Demak wird vollendet. Demak wird zu einem Zentrum des Islam. Wali Sunan Kalijaga benutzt das Schattenspiel als Vehikel zur Ausbreitung des Islam
Ende 15. Jh.	Islamisierung der Molukken, großer Teile Sulawesis sowie kleinerer Inseln
1511	Die Portugiesen erobern Malakka. Dies veranlaßt die Muslim-Staaten, sich zusammenzuschließen
1512/13	Angriffe von Patih Unus des islamischen Japara (Nordjava) auf Malakka, die von den Portugiesen nur mit Mühe abgewehrt werden konnten
1526	Banten und Jakarta werden islamisch und geraten unter die Herrschaft von Wali Sunan Gunung Jati
1527	Patih Unus von Japara verbindet sich mit Demak und gibt dem bereits angeschlagenen Majapahit den Rest. Das Territorium wird islamisch beherrscht
1537	Sultan Ala ad-Din Riayar Schah al Kahhar von Aceh islamisiert mit finanzieller Unterstützung

	des Osmanischen Reiches, Abessiniens und der islamisch indischen Staaten Gujarat und Malabar sowie die Batak-Territorien in Mittelsumatra. Einwanderung metaphysisch und mystisch orientierter Religionslehrer von Mekka, aus dem Jemen und Gujarat
Ende des 16. Jh.	Der Sufi Hamza Fansuri verfaßt mystische Schriften (Aceh)
1596	Ankunft der ersten holländischen Kaufleute in Java
1601	Tod Sutawijayas, der fast ganz Java unter die Oberhoheit des von ihm gegründeten Sultanats von Mataram (Territorium von Yogyakarta) gebracht hat
1619	Stützpunkt der holländischen Vereenigten Oostindischen Company (VOC) in Batavia (Jakarta)
1625	Sultan Agung von Mataram hat ganz Java in seiner Hand. Batavia hat er vergebens bestürmt
ca. 1630	Wirksamkeit des Sufis Shams ad-Din as-Sumatrani unter der Regierung von Sultan Iskandar Muda. Aceh beherrscht den gesamten Westen des Archipels
Ende des 17. Jh.	Übersetzung des Koran ins Malaiische durch Abd ar-Ra'uf as-Sinkili
1677	Die VOC interveniert bei Thronstreitigkeiten in Mataram. Im Laufe der Querelen gelingt es ihr, ihren Einfluß zu erweitern und ein Handelsmonopol zu erringen
1945	Indonesien erklärt sich für unabhängig. Gründung verschiedener Parteien, darunter der *Masyumi* (Konsultativrat der indonesischen Muslime)
1949	Die Konferenz von Den Haag erkennt die Souveränität Indonesiens an. Versuche fundamentalistischer Strömungen, Indonesien zu einem islamischen Staat zu machen, scheitern
1973	Zwangsvereinigung aller bis dahin entstandenen islamischen Parteien zur PPP *(Partei Persatuan Pembangunan)*

Die Verbreitung des Islam über traditionelle Handelsrouten

Der Islam verbreitete sich in Südostasien über die Seehandelswege von Küstenstaat zu Küstenstaat. Er folgte damit ziemlich genau den Routen, über die sich ein gutes Jahrtausend früher die indischen Religionen des Hinduismus und Buddhismus auf der malaiischen Halbinsel und im indonesischen Archipel ausgebreitet hatten. Die halbjährlich wechselnden Monsune brachten es mit sich, daß die fremden Handelsschiffe jeweils etwa ein halbes Jahr nur in einer Richtung segeln konnten. An den Zielorten ergaben sich zwangsläufig längere Aufenthalte. Die fremden Kaufleute gründeten eigene Quartiere – eine gute Voraussetzung für die Verbreitung kultureller Einflüsse und für die Mission. Der Islam setzte sich zunächst ganz im Nordwesten des Archipels – im Westen der malaiischen Halbinsel und auf Sumatra (Aceh) fest (13. Jh.), im 15. Jh. gewann er auf der malaiischen Halbinsel, auf Mindanao (Philippinen) und auf den Sulu-Inseln an Boden.

Zu jener Zeit unterstand der größte Teil von Java noch dem hindubuddhistischen Reich von Majapahit mit seiner Residenz in Ostjava. Ende des 15. Jh. versuchten reichgewordene Handelsstädte an der ausgedehnten Nordküste Javas, sich selbständig zu machen. Sie wurden nach und nach islamisch, bekämpften und vernichteten (1478 und 1527) Majapahit. In der Folge gelang es dem tolerant-muslimischen Reich von Mataram in Zentraljava, zum beherrschenden Machtfaktor in Java zu werden. Abgesehen von Mindanao und den Sulu-Inseln bestanden damit zwei islamische Kristallisationskerne im malaiischen Raum – die Malakka-Meerenge und das neue muslimisch-javanische Reich –, von denen aus nach 1500 (Lombok, Südkalimantan bereits vom nordjavanischen Sultanat Demak aus) und besonders ab 1600 die abgelegeneren Gebiete (Südsulawesi, Sumbawa, weitere Gebiete in Kalimantan von Mataram aus) missioniert wurden.

Aceh und Malakka – Zentren des orthodoxen Islam

Die Malaya-Halbinsel hatte immer eine große Rolle für den Handel zwischen Indien und China gespielt. Ursprünglich, solange man sich auf reine Küstenschiffahrt beschränkte, hat man die Peninsula nicht gerne umsegelt, sondern die Ware lieber auf dem Landweg über die Engstelle in der Nähe der heutigen Grenze zu Thailand von Küste zu Küste transportiert. Mit der Entwicklung hochseetüchtiger Segelschiffe wurde diese Praxis aufgegeben. Um das Jahr 1000 bekam die Straße von Malakka ihre entscheidende handelspolitische Bedeutung. Ein wichtiger Handelsplatz war zunächst der Kleinstaat mit den Zentren Perlak und Aceh in Nordsumatra, der die nordwestlichsten Häfen des Archipels und damit die nächstmöglichen Anlaufstellen für die Schiffe aus Arabien und Indien besaß. Dorthin gelangte dann zusammen mit den arabischen und indischen Waren auch die neue Religion. Schon 1205 soll der legendäre Jahan Schah den Islam nach Aceh gebracht haben. Um 1300 entstand um Aceh und Perlak das sufi-islamische Reich Pasai Samudra (= Sumatra). Gleichzeitig verbreitete sich die neue Lehre auf der malaiischen Halbinsel. 1414 trat der Gründer (1403) und Herrscher von Malakka, Paramesvara, zum Islam über. Er hatte sich als ostjavanischer Prinz gegen die Vorherrschaft des Hindu-Reiches von Majapahit gewehrt und mußte emigrieren. Nach dem Übertritt nannte er sich Muhammad Iskandar Schah. Dieser neue Name stellte ein religiös-politisches Programm dar: Da er seine Abstammung nach dem Abfall vom Hinduismus nicht mehr, wie bei den Hindu-Fürsten üblich, von Wisnu (indisch Vishnu) ableiten konnte, berief er sich auf die Herkunft von Iskandar (Alexander dem Großen), der auch im Koran erwähnt wird (vom sogenannten Alexander-Roman existiert auch eine malaiische Version).

Aceh mußte zunächst seine Führungsrolle an Malakka abgeben, das allerdings bereits 1511 von den Portugiesen erobert und zur Handelsfestung ausgebaut wurde. Damit war es wieder an dem inzwischen zum Sultanat avancierten Aceh, als die islamische Führungsmacht der Region aufzutreten. In der Folge vereinnahmte es ein benachbartes Sultanat nach dem anderen. Konkurrenz erwuchs Aceh im westjavanischen Sultanat Banten, das seinen Einfluß auf West- und Nordsumatra ausdehnte. 1581 wurde das Minangkabau-Gebiet im mittleren Westsumatra islamisch. (Die Minangkabau hatten ursprünglich eine Stammeskultur mit mutterrechtlichem Brauchtum, *Adat.*)

Zunächst war der Islam nach Nordsumatra, vorzugsweise durch die Vermittlung indischer Händler aus Gujarat, in der Form der Sufi-Mystik gekommen. Im 16. Jh. wirkten dort die bedeutenden einheimischen Mystiker Hamza Fansuri (gestorben um 1600), Shams ad-Din as-Sumantrani und Abd ar-Ra'uf as-Singkili, deren innerstes Anliegen das völlige Aufgehen des Menschen in Gott war. Eine orthodoxe Gegenbewegung jedoch kämpfte gegen 1637/1644 die mystischen Strömungen nieder.

In der zweiten Hälfte des 17. Jh. versuchte die bewaffnete holländische Handelsgesellschaft VOC (Vereenigte Oostindische Company), die inzwischen Mataram in ihre Abhängigkeit gebracht hatte, Aceh als lästigen Konkurrenten im lukrativen Pfefferhandel zu isolieren. Um 1800 breitete sich die soeben im Vorderen Orient aufgekommene puristisch-fundamentalistische Bewegung der Wahhabiten nach Sumatra aus. Dies führte zu einem Glaubenskrieg im Minangkabau-Gebiet, dem sogenannten Padri-Krieg (1803–1839). Die Padris, strenge Muslime, befehdeten sich mit den Anhängern der Stammeskulturen, die ihre traditionelle, nur geringfügig islamisch überformte Lebensweise und ihr Gewohnheitsrecht (Adat) beibehalten wollten. Die Holländer griffen zugunsten der Traditionalisten ein und beendeten die Auseinandersetzungen mit Gewalt. Seit dieser Zeit gelten die indonesischen Muslime als Vorkämpfer nationaler und antikolonialistischer Ideen. Bis heute ist Aceh, das seine Selbständigkeit gegenüber den Holländern bis ins erste Jahrzehnt dieses Jahrhunderts aufrechterhalten konnte, ein Hort von – zumindest für indonesische Verhältnisse – sehr strengen Formen des Islam.

Der indonesische Archipel hat von jeher schon als Handelsumschlagplatz und nicht zuletzt als Gewürzlieferant Händler aus aller Welt angezogen – Chinesen, Inder, Araber, Portugiesen, Spanier, Engländer und Holländer. Die Europäer haben sich mit Waffengewalt Insel für Insel angeeignet, nach den Zweiten Weltkrieg jedoch alles wieder verloren. Die muslimischen, indischen und arabischen Kaufleute hingegen haben den Archipel kulturell und geistig erobert – und zwar offensichtlich auf Dauer. Allerdings haben auch die malaiischen Herrscher bei der Verbreitung des Islam innerhalb des Archipels durchaus nicht immer nur friedliche Mittel angewandt.

Java und der Islam indonesischer Prägung

Was in Java geschieht, das war von jeher und ist noch heute wegen der zentralen, handelspolitisch günstigen Lage dieser Insel, wegen des auf ihrer kulturellen Tradition beruhenden Selbstbewußtseins ihrer

Bewohner, wegen ihrer entwickelten Landwirtschaft und nicht zuletzt wegen ihrer hohen Bevölkerungsdichte für den gesamten Archipel von entscheidender Bedeutung.

1292 war das mächtige hinduistisch-buddhistische Reich von Majapahit entstanden. (Im gleichen Jahr hatte Marco Polo Nordsumatra besucht, fünf Jahre später starb der Gründer Samudras, des ersten muslimischen Reiches, wie sein aus Indien importierter Grabstein ausweist, s. S. 373.) Majapahits Kerngebiet lag in Ostjava, es dehnte sich jedoch entlang der Handelswege über die Küsten Javas und Südsumatras aus. Die an der Nordküste liegenden, reich gewordenen hinduistischen Handelsstädte (mit ihrem Hinterland), allen voran Demak (gegründet um 1475), wünschten sehnlichst, unabhängig von Majapahit zu sein. Als Verbündete boten sich einerseits die katholischen Portugiesen und andererseits die islamischen malaiischen Staaten an. Doch die Arroganz und Gewinnsucht der Kolonialisten mit ihrer Kreuzfahrergesinnung stießen ab: So wandten sich die kleinen Hindu-Fürstentümer dem Islam zu. Stilelemente islamischer Grabsteine und Moscheen bestätigen, daß Gujarat auch in Nordjava eine entscheidende Rolle für die Missionierung spielte.

Über die Gründe für das allmähliche Einsickern des Islam können wir allerdings nur Vermutungen anstellen:

- Die Verselbständigung gegenüber Majapahit schuf für die Herrscher Legitimitätsprobleme, die durch den Übertritt zum Islam gelöst werden konnten – ähnlich wie im Falle von Muhammad Iskandar Schah von Malakka.
- Händler wurden in der hindu-javanischen Gesellschaft nur gering geachtet. Die Oberschicht hielt sich vom Handel fern. In islamischen Gesellschaften dagegen genoß der Kaufmann hohes Ansehen – schließlich war ja der Prophet selbst ein Handelsmann gewesen.
- In der hindu-javanischen Kultur galt der Herrscher als Verkörperung einer Gottheit (Siwa oder Wisnu). Wenn er, als die höchste religiöse Instanz, die Religion wechselte, lag es nahe, daß auch das Volk über kurz oder lang seinem Beispiel folgte – zumal auch im Islam der Herrscher Wahrer des Glaubens ist.

Demak schlug also Majapahit (1478), verleibte sich das Nachbarterritorium von Japara ein (1511), ließ Banten an der Nordwestküste und auch Sunda Kelapa (heute Jakarta) erobern. Um 1520 wurde im Rahmen einer von Sunan Giri entsandten Expedition Lombok (östlich von Bali) islamisiert. Um die gleiche Zeit kamen in Java und Lombok Schattenspiele mit dem Thema *Amir Hamzah* (Eroberung der Welt durch den Islam) auf. Gegen 1550 führte Demak den Islam in Südkalimantan ein. 1584 gewann Mataram in Mitteljava (in der heutigen ›Besonderen Region‹ Yogyakarta) durch eine Revolte die Selbständigkeit. Dieses islamische Reich verstand es, sich nach und nach ganz Java untertan zu machen. Ein Herrscher von Mataram allerdings, Amengku-Rat I. (1646–1677), versuchte wieder an altjavanischen religiösen Vorbildern anzuknüpfen und ließ die islamischen Lehrer verfolgen. Eine Rebellion gegen ihn veranlaßte den *Raja* (Herrscher), sich den Holländern zuzuwenden, deren Einfluß von da an ständig an Boden gewann (Handelsmonopol). 1825 kam es dann unter dem der islamischen Mystik ergebenen Prinzen Diponegoro zu einer sozial-revolutionären Erhebung gegen die Holländer und gegen die mit ihnen verbündeten einheimischen Potentaten. 1830 wurde der Prinz jedoch verraten und an die Holländer ausgeliefert.

Der orthodoxe Islam (Santri-Kultur) hat nur in Westjava und an der Nordküste Fuß fassen können. In Mittel- und Ostjava herrscht ein hindu-buddhistisch abgetönter Islam mit stark mystischen Elementen vor – sowohl unter den ›kleinen Leuten‹ und Bauern (den sogenannten *Abangan*) wie auch unter der höfischen Oberschicht *(Priyayi)*. Die strengen Regeln des Islam (die fünf Säulen des Islam, s. S. 12) gelten mehr als – nicht immer sehr ernst genommene – ›äußerliche Formen‹, die lediglich die Aufgabe haben, zu einer eigenständigen mystischen Innerlichkeit hinzuführen. Obwohl sich die Abangan nach außen hin zum Islam bekennen, folgen sie in ihrem Brauchtum und sogar in der Kunst nicht nur hinduistischen Vorstellungen, sondern sie übernehmen sogar die Inhalte dieser Religion wie etwa hinduistische Mythen. Die mystischen Figuren Rama und Dewi Sinta aus dem »Ramayana«, Bima und Arjuna aus dem »Mahabharata« sind wesentlich beliebter als muslimische Heroen. Die Verschmelzung des Islam mit hinduistischen und buddhistischen Elementen hat in Java ihr Vorbild in der Religiosität des Reiches von Majapahit: Dort bestand eine ›Koalition‹ zwischen Hinduismus und Buddhismus; beide Religionen wurden als gleichwertig anerkannt, ja einander gleichgesetzt.

Daneben hat Indonesien auch noch echte synkretistische Strömungen wie die der Wetu Telu auf Lombok aufzuweisen. Sie schätzen sich selbst als Muslime ein, werden aber von den wirklich Strenggläubigen (die sich dort Waktu Lima nennen) als *Kafir* (Ungläubige) bezeichnet und befehdet. Die Wetu Telu-Religion umfaßt Elemente aus Stammesreligionen, aus Hinduismus und Islam, die miteinander harmonisiert werden. In Java ist der Islam im Gegensatz zum Vorderen Orient und Mittelmeerraum zwar nicht ausschließlich, aber überwiegend auf friedlichem Wege eingedrungen, hat die vorher bestehenden religiösen Überzeugungen nicht verdrängt, sondern durchsetzt, manchmal auch nur überlagert. Eingesickert ist er in den verschiedenen Gebieten beziehungsweise Bevölkerungsgruppen unterschiedlich tief, was wiederum die Vielzahl der islamischen Strömungen erklärt.

Stammesreligionen und Islam

Unter den Stammeskulturen wie etwa den Batak oder Toraja gibt es neben den Angehörigen der *Agama Tua* – des ›alten Glaubens‹ – auch islamisierte oder christianisierte Gruppen. Sowohl Muslime als auch Protestanten und Katholiken haben sich bemüht, den Konvertiten ihre alte Lebensform und ihr Gewohnheitsrecht, ihr gesamtes kulturelles Umfeld also, zu belassen. Bei den indonesischen Christen besteht zur Zeit die Tendenz, die Anleihen an europäisches Kulturgut innerhalb des Kultes auszumerzen und durch Rückgriffe auf ursprüngliches indonesisches Kulturerbe zu ersetzen. Bei den Muslimen ist im Zeichen des gewachsenen Selbstbewußtseins der islamischen Welt die Tendenz eher gegenläufig.

Unbehelligt bleiben bedauerlicherweise die Stammeskulturen deshalb nicht, weil ihre Religionen als polytheistisch gelten – und das, obwohl eine solche Zuordnung lediglich eine Interpretationsfrage ist. Es entfällt somit der Schutz der Pancasila (der indonesischen Staatsdoktrin), deren erster Satz den Glauben an *einen* Gott fordert. Der Bekehrungsdruck durch strenge Muslime ist erheblich.

Großplastik und Malerei

Die Tatsache, daß die Islamisierung in den Kerngebieten Indonesiens eher eine Verschmelzung der neuen Elemente mit den alten als eine totale Verdrängung der letzteren verursachte, spiegelt sich insbesondere in der frühen islamischen Kunst. Islamische Formen, häufig indischer Abkunft (aus Gujarat), mußten sich mit der altjavanischen Formensprache auseinandersetzen – die dann meist die Oberhand behält.

In der Großplastik und Malerei allerdings hat das strenge islamische Bilderverbot weitgehend durchgeschlagen. Zwar gibt es bildhafte Ritzungen und plastischen Dekor auf *Krisen* (malaiischen Dolchen) und auf Schmuckstücken, aber die Überfülle an bildlichen Reliefs und Plastiken, mit denen hindu-javanische Heiligtümer (wie noch heute die Tempel in Bali), zum Teil auch die einfachen Wohngehöfte, geschmückt sind, mußte dem bloßen Ornament weichen. Alte ornamentale Elemente, besonders die der javanischen Batik, konnten sich unangetastet halten; sie wurden ergänzt durch aus arabischen Schriftzeichen gebildete Schmuckformen. Die ältesten Beispiele sind die Grabsteine gujaratischen Ursprungs (importiert aus Cambay), etwa der von Malik as-Salih, dem Gründer des nordsumatraischen Reiches von Samudra (gestorben 1297), mit seiner Ornamentik in kufischer Schrift und der von Malik Ibrahim in Gresik (Surabaya) an der Nordostküste Javas. Von 1313 stammt ein Stein aus Trengganu (Malaysia), das früheste bekannte Beispiel für einen malaiischen Text in arabischer Schrift. Die Grabsteine mit ihrer herben graphischen Schönheit – vor allem die vom Gujarat-Typ – sind die wichtigsten Zeugen, nach denen sich die Frühgeschichte des Islam im Archipel rekonstruieren läßt.

Im streng bilderlosen Malaysia frönen die Bewohner der aus Latten erbauten Pfahlbauten (übliche Häuser der Dorfbewohner, meist auf dem Erdboden errichtet) ihrem Schmuckbedürfnis dadurch, daß sie die Latten auf raffiniert-einfache Weise zu ornamentalen Gitterrosten fügen (Trengganu, Kelantan). Selbst in die modernen Betonbauten der Städte sind geometrische Ornamente integriert. Ausgesprochen malerische Traditionen haben sich nur im hinduistischen Bali und im synkretistischen Mitteljava gehalten. Dort haben sich unter anderem mehr oder minder naive volkstümliche Szenen entwickelt, die ihre Motive – dies auch in Java – allerdings vorzugsweise dem hinduistischen Pantheon entnehmen.

Figurenspiel und Masken

Das Verbot der bildlichen Darstellung, insbesondere menschlicher Figuren, hat sich auf dem Sektor Schatten-, Puppen- und Maskenspiel überhaupt nicht durchsetzen können. Als der Islam nach Java kam, war das Schattenspiel dort schon mindestens fünf – wenn nicht erheblich mehr – Jahrhunderte bekannt und beliebt. Die Stoffe entstammten

Sekar Din, das Wunderpferd von Amir Hamzah; Schattenspielfigur

Raden (König) Dakir Sankali; Schattenspielfigur

vorwiegend den beiden großen Hindu-Epen, dem Mahabharata und dem Ramayana. Deren Helden stellten eine Auswahl an Vorbildern dar, aus denen sich die Menschen für ihre eigene Lebensgestaltung und vor allem für die Formung ihres Charakters im hindu-javanischen Sinne das heraussuchen konnten, was ihnen im jeweiligen Falle als passend erschien. Die islamischen *Sunans* (den Islam begünstigende Herrscher) und *Walis* (javanische Mystiker, die den Islam verbreiteten) haben das Schattenspiel nicht nur nicht unterbunden, sondern sogar ganz entscheidend gefördert. Das hatte folgende Gründe:

– Schattenspiele anderen Typs, aber mit religiösen Inhalten, waren dazumal auch in anderen islamischen Ländern beliebt, so in Ägypten und Syrien (wo sie sich mit den Kreuzzügen auseinandersetzten) sowie insbesondere in Persien.

– Das Schattenspiel eignet sich hervorragend als Symbol-Bild für die mystische Beziehung zwischen Gott und Mensch, zwischen Makrokosmos und Mikrokosmos. Selbst wenn es hinduistische Inhalte transportiert, bleibt es – richtig erklärt – ein Schulbeispiel für das islamische Verständnis von Mystik. Der Muslim soll sich selbst »als ein *Wayang* (eine Schattenspielfigur) in Gottes Hand« sehen und empfinden. In ganz ähnlicher Weise bezeichnet übrigens der bekannte persische Dichter Omar al-Khayyam (11./12. Jh.) die Menschen als Figuren, die von Gott, dem allmächtigen Schattenspieler, geführt werden.

– Das Schattenspiel läßt sich unter anderem auch dazu ausnutzen, islamische Themen zu verbreiten.

Sunan Giri aus Gresik (Nordjava) wird in Verbindung mit dem islamischen Schattenspiel gebracht; die Überlieferung versteigt sich sogar zu der Behauptung, das javanische Schattenspiel sei eine islamische Schöpfung. Tatsächlich scheint aber Sunan Giri lediglich neue Themen- und Figurenformen angeregt zu haben. Vermutlich hat er die Verbreitung des Islam mit Hilfe des Schattenspiels in Lombok veranlaßt, wo das *Wayang Kulit* (Schattenspiel) bis dahin unbekannt war. Dieses sogenannte *Wayang Sasak* spiegelt auf interessante Weise die unterschiedliche Art der Ausbreitung des Islam im Nahen Osten und in Europa einerseits und im malaiischen Raum andererseits wider. Der Grundstock der Erzählungen, in Persien entstanden, schildert die frühen Eroberungen der arabischen Länder, von Persien und Byzanz durch den Helden Amir Hamzah, einen Oheim des Propheten. Der alte persische Grundbestand an Themen zeichnet sich durch die Dar-

Wayang Golek-Stabpuppenfigur aus dem Amir Hamzah-Zyklus

stellung heftiger, ja brutaler Kämpfe aus; jedes, auch das gemeinste Mittel, gilt als erlaubt, solange es nur im Dienste der gerechten Sache des Islam angewandt wird. Nun wird aber im Archipel das Epos mit farbigen Schilderungen der Eroberung des indischen und malaiischen Raumes durch einen Sohn des Titelhelden aufgestockt. Diesen angehängten Geschichten ist nun ein ganz anderer, typisch javanischer Charakter eigen: Man bekämpft sich auf höflich-höfische Weise, unterbricht die Auseinandersetzungen durch ein Spielchen oder ein Bad, man beschießt sich mit Blumenpfeilen und schwebt durch die Lüfte. Muß dann wirklich einer einmal ›dran glauben‹, so wird er hinterher vom Gegner mit heiligem Wasser wieder zum Leben erweckt.

In Java entstammt der Hauptteil des Schattenspiel- *(Wayang Kulit)* und Stabpuppenspiel-Repertoires *(Wayang Golek)* auch heute noch dem Umfeld der großen Hindu-Epen. Die Amir Hamzah-Geschichten werden dort als Wayang Golek und als Maskenspiele aufgeführt.

Die Moscheen Südostasiens

In den Küstenorten Nordjavas existieren ganz oder in Resten noch eine Reihe von Moscheen aus dem 16. und 17. Jh. Diese Gebetshäuser weisen einen ganz eigenen javanischen Charakter auf, der stilistisch, zum Teil auch noch in der Bauanlage, direkt an die Hindu-Tempel der ostjavanischen Epoche anknüpft. Dies ist um so erstaunlicher, als die Aufgaben der beiden unterschiedlichen Typen von Gotteshäusern radikal voneinander abweichen.

Die hindu-javanischen Tempel sind von Mauern umgeben; ihre Eingänge bestehen aus auffälligen Toren, einerseits dem ›gespaltenen Tor‹ *(Candi Bentar)*, andererseits einem Tor mit bergartigem Überbau, geschmückt mit einem großen Dämonenkopf *(Kala-Makara)*. Im Hof befinden sich turmähnliche Male als Aufenthaltsorte der Gottheiten. Die ostjavanischen Male *(Merus* oder *Candis)* enthalten einen fensterlosen Raum für das Kultbild, der nur durch den Eingang Licht empfängt. Sie werden mit zwei-, drei- oder fünffach gestuften Dächern gekrönt. Abbildungen derartiger Gebäude sehen wir auf ostjavanischen Reliefs (Candi Jawi, Jago, Panataran, Kedaton). Eine anschauliche Vorstellung davon können uns auch die Weiterentwicklungen dieser Anlagen, die Tempel in Bali, geben. Ein Innenraum für die Versammlungen der Gläubigen ist nicht vorgesehen, denn diese vollziehen ihre Riten in den Höfen um die Male. Der Versammlungsraum aber ist es, der nun gerade die Moschee ausmacht. Grundsätzlich besteht bei der Anlage von Moscheen eine Tendenz zum Breitraum. Es sollen sich möglichst viele Gläubige, in Parallelreihen nebeneinander ausgerichtet, in der Richtung nach Mekka (indonesisch *Kiblat*) anbetend niederwerfen können.

Die alten nordjavanischen Moscheen bestehen nun aus einer Umfassungsmauer mit ›gespaltenem Tor‹ und einem Tor mit Überbau, letzteres sogar gelegentlich noch mit einem Kala-Makara-Kopf verziert. Der Moscheebau selbst war zunächst häufig fensterlos, hat die Tendenz zum quadratischen Grundriß und besitzt ein zwei-, drei- oder fünfstufiges Dach. Es handelt sich also um eine Art von Meru, der so vergrößert worden ist, daß er einen Gemeinderaum umschließen kann.

Diesen Moscheetyp repräsentieren z. B. die Panjunan Masjid in Cirebon, die Mantingan Masjid in Japara, die Masjid Agung in Banten und die leider umgebaute Moschee in Sendang Duwur bei Paciran.

Moschee von Nyulink bei Amlapurna, Ostbali; eine neue Aluminiumkuppel wird montiert

Das Hauptportal der letzteren, die interessanterweise über einem hinduistischen Vorgängerbau errichtet wurde, ist mit steinernen Flügeln, wie sie auch die jüngeren Tempeltore in Bali aufweisen, ausgestattet. (Möglicherweise rührt von daher die Legende, daß die Moschee durch die Luft von Japara nach Sendang Duwur geflogen sei.) Im Bezirk der alten Moscheen liegen Gräber von Sunans und Walis, die wie Heilige verehrt werden. Für die Gläubigen sind es Orte, an denen sich Wunder ereignen. Die Moschee von Kudus verfügt über eine breite *Menara*

(Minarett) mit quadratischem Grundriß, die einem altjavanischen Bau gleicht. Andere Menaras haben eine vieleckige oder runde, in jedem Falle aber gedrungene Form und sind mit einem oder zwei direkt auf die Spitze aufgesetzten, nur wenig vorkragenden Balkonen ausgestattet. Die genannten Beispiele entstammen alle der sogenannten Transition Period zum Islam und sind um 1550 oder wenig später errichtet worden.

Für die älteren Bauten in den Landgebieten fehlen meist genaue Daten. Bis heute werden die Moscheen in Sumatra und Kalimantan aus Holz auf quadratischem Grundriß mit zwei bis fünf übereinander gestaffelten Dächern angelegt. Sie folgen im Stil – was am Schwung der Dächer und den Verzierungen abzulesen ist – den einheimischen Hausbauten. Gesonderte Minarette, Fremdkörper innerhalb der einheimischen Bautradition, sind zumindest nicht die Regel. Ein Turmgeschoß für den Muezzin, gelegentlich als Miniaturmodell eines einheimischen Hauses ausgestaltet, krönt das Dach.

In Malaysia und Indonesien entstehen zur Zeit moderne Moscheen – sowohl in den Großstädten als auch auf dem Land. Eine nicht zu unterschätzende Rolle spielt dabei die diskrete finanzielle Unterstützung durch Saudi-Arabien. Die modernen Bauten sind überwölbt oder überkuppelt, enthalten also dominante Bauformen, die ursprünglich nicht in Südostasien beheimatet waren. Kleinere Moscheen werden, wo immer die Mittel reichen, mit einer zentralen Zwiebelkuppel aus Aluminium gekrönt. Moderne Großmoscheen faszinieren durch ihre architektonisch interessante, oft eigenwillig ›supermoderne‹ Gestaltung. Für Indonesien sind zu erwähnen: Istiqlal Masjid Jakarta (faßt 100 000 Gläubige und gilt als das derzeit größte islamische Gotteshaus der Welt!), Masjid Raya Kebajoran Baru (für 10 000 Gläubige), die Hauptmoschee in Medan sowie mehrere Moscheen in Banjuwangi. Eine indonesische Besonderheit sind ausschließlich für Frauen bestimmte Moscheen. Sie werden seit den 20er Jahren auf Betreiben muslimischer Frauenorganisationen errichtet: Kauman Yogyakarta, Masjid Istri Garut, die Moschee in Karangkajen Yogyakarta, sowie die in Kampong Plambitan Surabaya und in Kampong Keprabon Surakarta. Interessante moderne Moscheen in Malaysia: Nationalmoschee Kuala Lumpur, Moschee in Kuala Kangsar, auf Penang.

Brunei: Der Bestand an Zeugnissen islamischer Kunst beschränkt sich auf die moderne Großmoschee Omar-Ali-Saifuddin in der Hauptstadt Seri Begawan.

Moderne Moschee von Banyuwangi, Ostjava

Singapur: In den islamischen Quartieren finden sich Moscheen aus dem 19. und 20. Jh.

Die Philippinen haben an islamischer Kunst kaum etwas zu bieten: Bekannt für seine Moscheen und sein islamisches Kunsthandwerk ist lediglich Marawi auf Mindanao.

Die islamische Kunst in Europa

von Burchard Brentjes

Seit die grüne Fahne des Propheten in den Okzident getragen wurde, haben sich die Völker Europas in fast allen Zeiten mit der Kunst des Islam auseinandergesetzt.

Auf vielen Wegen gelangte der islamische Einfluß nach Europa. Am Beginn standen die Angriffe der Omayyaden-Heere auf Byzanz. Sie scheiterten an den Festungsmauern der ja schon auf europäischen Boden liegenden alten Kaiserstadt – dagegen waren sie in Nordafrika erfolgreich. Sehr bald (710) diente Nordafrika als Operationsbasis für die Eroberung der Pyrenäenhalbinsel und der westgotischen Besitzungen in Südfrankreich (s. S. 18). Schließlich zog eine omayyadische Schar gegen die Zentral- und Nordfrankreich beherrschenden Franken, konnte aber 732 zwischen Tours und Poitiers geschlagen werden. Zu einer Wiederholung des Angriffs kam es nicht, da in den nächsten Jahrzehnten das Omayyaden-Reich im Aufstand der Abbasiden zerbrach und Spanien sich der neuen Zentralregierung nicht unterwarf (s. S. 62). Das zur kulturellen Vormacht des Westens aufsteigende Emirat (später Kalifat) von Córdoba erneuerte im 10. Jh. den Versuch, die nordwärts gelegenen Länder zu erobern. Frejus, Avignon, San Remo, Grenoble und selbst Genf fielen in arabische Hand. Doch schon wenige Jahre später scheiterte der erneute Versuch, Westeuropa dem Islam zuzuführen. Am Ende des Jahrhunderts waren die Omayyaden wieder auf Spanien beschränkt und gingen in Revolten und Kriegen mit den verbliebenen Christenstaaten Nordspaniens dem Untergang entgegen (s. S. 68). Parallel zum spanisch-islamischen Vorstoß nach Norden hatten die Tunesien beherrschenden Aghlabiden 827/828 ihren Expansionsdrang nach Europa getragen und Sizilien erobert. 831 fiel Palermo, 840 dann Tarent, und sechs Jahre später griffen arabische Flotten Rom und Genua an. Wieder retteten innere Konflikte, Aufstände und Fraktionskämpfe die Christen. Die Invasion der Normannen (ab 1060) gab den Christen die Macht über Sizilien und Süditalien zurück. Im Osten hatten unterdessen die Byzantiner die Muslime erneut aus Kleinasien verdrängt und die alten Handelsbeziehungen zu den Völkern des Ostens wieder aufgenommen. Händler aus dem islamischen Iran und Mittelasien zogen über die Wolga und den Don zur Ostsee und bekehrten auf ihren Fahrten die turksprachigen Wolgabulgaren und Teile der Chasaren zum Islam. Selbst die Großfürsten von Kiew sollen zeitweise mit dem Gedanken gespielt haben, zum Islam überzutreten. Nach Spanien, Sizilien und in den Nahen Osten zogen ihrerseits irische Mönche, sächsische Nonnen und Pilger, die zum Heiligen Grabe strebten und verglichen tief beeindruckt den Glanz beispielsweise Córdobas mit der Bescheidenheit fränkischer oder sächsischer Höfe. Die sächsische Nonne Roswitha schilderte bei allem Abscheu vor den Glaubensfeinden Córdoba mit den Worten: »Glänzendes Juwel der Erde, neue und herrliche Stadt, stolz auf ihre Kraft, gefeiert wegen ihrer Wonne, strahlend wegen des überströmenden Reichtums aller Güter«. Man versteht diesen Überschwang, wenn man den Erlebnishintergrund der gläubigen Frau berücksichtigt. Selbst Kaiserpfalzen mit ›Städten‹ wie Aachen zählten im 9. Jh. rund 5000 Einwohner, während allein im ummauerten Stadtkern Córdobas über 100 000 Menschen lebten. Rechnet man noch die ›Vororte‹ dazu, dürfte die Kapitale der spanischen Omayyaden fast 1 Mio. Bewohner gezählt haben. Spanien war bis zum Duero weitgehend von Arabern und Berbern besiedelt. Auch die im Süden lebenden Christen unterlagen stark der arabischen Kultur oder beherrschten zumindest das Arabische. Die Kunst des omayyadischen Spaniens war von den Traditionen der Muslime Vorderasiens bestimmt, aber es kamen auch byzantinische, ja selbst westgotische Elemente hinzu.

Sehr vieles ist verloren und zerstört, doch noch heute gehört ein großer Bestand islamischer Kunstwerke zum Erbe Europas. Es können nur einige wenige erwähnt werden. Erhalten blieb die große Moschee von Córdoba (s. S. 73 ff.), deren älteste Teile 785/786 entstanden sind. Hufeisen- und Zackenbogen gehen auf irakische und westgotische Vorbilder zurück, die seit dem 11. Jh. im christlichen Europa aufgenommen und hauptsächlich im Kirchenbau benutzt wurden, so in León (1054), La Sauterraine (1200) und Maulbronn (14. Jh.).

Aber diese Übernahme architektonischer Formen begann erst richtig nach dem Untergang des spanischen Kalifats, aus dessen Blütezeit zumeist nur in Spanien vollständige Bauten erhalten sind. Ruinen und Fundamente islamischer Moscheen und Burgen sind aber auch in Südfrankreich gefunden worden.

Wiederholt tauchten spanisch-islamische Münzen in Frankreich (seit 730) auf. Sie wurden im 9. und 10. Jh. in Deutschland und England nachgeprägt, wie u. a. ein Goldmancus des Königs Offa aus Murcia (744) belegt. Bei Cichanov in Polen fanden sich Nachprägungen spanischer Dirham mit arabischer Inschrift auf der einen sowie dem Kreuz und dem Namen Heinrich II. auf der anderen Seite (1002).

In weit größerer Zahl entdeckte man in Ost- und Nordeuropa ostislamische Silbermünzen, die zumeist aus dem Emirat der Samaniden in Mittelasien, aber auch aus dem Irak und dem Iran stammten. Allein in Schweden sind bisher über 40 000 Münzen gefunden worden. Orientalische Geldstücke hat man zum Teil nachgeahmt oder aber als Vorlagen für Zierornamente auf Gewichten und Schmuck genommen.

Etwa im 9. und 10. Jh. dürften auch die ersten orientalischen Textilien nach Europa gelangt sein. So lagen Seidenreste im Schiffsgrab von Oseberg. Im 19. Jh. nach angeblich tausendjährigem Verschluß geöffnete Reliquienschreine christlicher Märtyrer enthielten vorderorientalische Seiden- und Baumwollstoffe, die sicher zum wertvollsten Besitz der Stifter gehört haben. Ein Teil dieser Textilien kam vermutlich aus oder über Byzanz in den Westen.

Umstritten ist, ob der sogenannte Bildersturm, die Vernichtung christlicher Kultbilder (von 730–843) und das Verbot ihrer Verehrung, eine Aufnahme islamischer Denkweisen ist. Vergleichbar sind die Prinzipien auf alle Fälle.

Byzanz unterhielt seit dem 8. oder 9. Jh. intensive Handelsbeziehungen mit der islamischen Welt und übernahm mit der importierten Seide auch Textilornamente des Ostens, so das aus der vorislamischen Kunst stammenden Rondell mit einem Tier (oder Protomen) im Inneren. Daher finden sich auf byzantinischen Seidengeweben weiße Elefanten auf rotem Grund, deren Vorbilder aus Mittelasien stammen (so im Domschatz zu Aachen).

Der Aufstieg der von Byzanz abhängigen romanischen Kunst brachte daher neben dem oben erwähnten Zackenbogen auch exotische Tiere in die Ziermotive Westeuropas, so etwa die Elefanten der Kapitelle von St. Jean de Poitiers (1077–1095). Neben dem anscheinend sehr beliebten Löwen waren es vor allem die als kaiserliche Symboltiere in Byzanz gewerteten Adler, die mit starken islamisch-iranischen Zügen auf roten Seidenstoffen (um 1000) erscheinen. Westeuropäische Sammlungen besitzen eine ganze Reihe orientalischer Textilien aus jenen Tagen, die als Grabbeigaben erhalten geblieben sind.

Aus Almería stammen u. a. das Leichentuch von Saint Lazare d'Autun oder die Kasel des hl. Thomas von Canterbury. Islamisch-persischer Herkunft ist ein mit Löwenbildern verzierter Stoff, der zu dem Domschatz von St. Servatius von Maastricht gehörte. Ein irakisches Produkt ist die Seide aus dem Apollinaris-Schrein, die in Siegburg aufbewahrt wird.

Diese orientalischen Textilien leiten zu der vom Vorstoß der Seldschuken nach Kleinasien und von der Machtübernahme der Fatimiden in Nordafrika gekennzeichneten Phase im Islam über, während der auf Sizilien und in Süditalien die Normannen eine christlich-arabisch-byzantinische Kultur pflegten. Nach der Eroberung Siziliens durch die Normannen (s. S. 143 ff.) kam es vor allem unter Roger II. (1111–1134) zu einer christlich-orientalisierenden Kunst in allen Bereichen – von der Stickerei bis zum Palastbau. Die Kathedrale von Cefalu (1131) und noch mehr die Palastkapelle von Palermo (1132–1143) schmücken byzantinische, fatimidische und seldschukische Stilelemente. Die reiche Bilderwelt der Cappella Palatina enthält u. a. ein Königsbild nach dem Vorbild der alttürkischen Grabplastiken. Der Herrscher sitzt auf ebener Erde mit einem Becher in der Hand, der typischen Pose türkischer Khane. Eine Himmelfahrtsszene der gleichen Deckenmalerei schließt ebenfalls an östliche Vorbilder an. Normannische Münzen tragen arabische Königstitel, die den Fatimiden nachgebildet sind. Für die Krönung Roger II. wurde ein Emirsmantel in Palermo gefertigt, der ein altmittelasiatisches Motiv zeigt: Der Herrscher als Tiger, der den gefährlichen Feind, den Kamelhengst, niederwirft. Den Mantelsaum ziert eine Kufi-Inschrift, die auf arabisch den Herrscher feiert und den Herstellungsort sowie das Fertigungsjahr 1133/1134 nennt.

Unter den Adelshäusern von Palermo fällt die Ziza auf (eigentlich *al-Aziza*, die ›Ruhmreiche‹). Es handelt sich um die Kopie eines nordafrikanischen Palastes. Die Normannen wie auch die nach Süden vordringenden christlichen Könige Spaniens übernahmen auch die arabische Gartenkunst.

Noch aus omayyadischer Zeit sind reich mit Tier- und Menschenbildern verzierte Elfenbeine erhalten, so die Pyxis der al-Mughira (968). Die späteren Schmuckkästen des 11. und 12. Jh. zeigen strengere Formen und sind zum Teil nicht beschnitzt, sondern bemalt. Eng verwandt waren auch die in Sizilien, Süditalien und Spanien gearbeiteten Elfenbeine.

Nach dem Zerfall der Normannen-Macht fiel ihr Erbe an den Hohenstaufen Friedrich II. (1212–1250), der u. a. jenen Krönungsmantel (s. o.) in den deutschen Kaiserschatz einbrachte. Friedrich beherrschte die arabische Sprache und besaß zahlreiche arabische Handschriften. Er verfaßte ein Lehrbuch über die Falkenjagd, das Miniaturen zeigt, die deutlich von seldschukischen Vorbildern geprägt sind. Seinen Sommersitz Castel del Monte (um 1240) ließ er nach Prinzipien orientalischer Zahlenmystik erbauen.

Nach Friedrichs Tod erzählten seine islamisch-arabischen Untertanen, daß man ihn in den Ätna habe einreiten sehen; von dort werde er eines Tages zurückkehren. In dieser Geschichte steckt die alte Sehnsucht nach einem Mahdi, einem Messias, der die Menschen auf Erden erlöst. Bald gelangte die Legende nach Norden und führte zur Entstehung der Kyffhäusersage.

Die Zerschlagung der Staufer-Herrschaft brachte rasch das Ende der arabischen Dominanz in Süditalien, jedoch übernahmen nun die Städte Norditaliens viele Handwerksformen und Fertigkeiten. Aus der arabischen glasierten Tonware, sowohl der Gefäßkeramik als auch den Fliesen, entwickelte sich die italienische Majolika, die unter dem Einfluß der Importe chinesischer Porzellane bis in das 17. und 18. Jh. hinein beliebt war. In Venedig fertigten zahlreiche arabische Metallhandwerker hervorragende Messing- und Bronzegefäße, die bis in das 16. Jh. deutlich orientalischen Vorbildern folgten. In vielen Städten, so etwa in Lucca, produzierte man Prunktextilien; dabei griffen die Seidenweber persische, türkische, arabische, ja sogar ostasiatische Motive auf und modifizierten sie.

Selbst Miniaturen aus Genua zeigen persisch-islamischen Einfluß; so etwa die Darstellung der Völlerei in dem Genueser »Tractatus de Septem Viitis«, der gegen Ende des 14. Jh. entstand. In Spanien verlief dieser Prozeß in noch viel breiteren Bahnen. Schon im Jahre 1085 war Toledo unzerstört den Kastilianern in die Hände gefallen. Bis in die Renaissance blieb die Stadt ein Zentrum für die Übernahme orientalischer Kultur und Kunst. Von Toledo ging auch die Gründung orientalischer Fakultäten an vielen christlichen Hochschulen Europas aus. Vor allem unter Alfons X. von Kastilien übersetzte man eine Vielzahl von Werken sowohl ins Lateinische der Gelehrten als auch in das Kastilianisch des Volkes. Dazu gehörten die ursprünglich indischen Tierfabeln »Kalila wa Dimna«, die letztlich zum Vorbild für Goethes »Reinicke Fuchs«-Dichtung wurden. Aus dem »Miradj-nameh«, der mystischen

Dimna im Gefängnis; Miniatur aus der Tierfabel »Kalila wa Dimna«

Erzählung von der Himmelfahrt Muhammads, entstand Dantes »Göttliche Komödie«. Selbst die Geschichte des Robinson Crusoe geht auf eine arabische Erzählung zurück. An den Höfen und in den Städten Spaniens arbeitete man an Miniaturen zur Buchillustration. Dabei griffen die Künstler offenbar auf heute verlorengegangene Handschriften aus der islamischen Zeit zurück. Überhaupt sind nur wenige spanisch-islamische Miniaturen erhalten geblieben, da sich nach dem Sturz der Omayyaden in Spanien immer mehr radikal-traditionelle Strömungen durchsetzten, die die Bildkunst verwarfen.

Ein gutes Beispiel dieser Miniaturmalerei gibt das Schachbuch König Alfons des Weisen von 1283. Mit islamischen Problemen und Motiven befaßten sich spanische und italienische Maler. Der Spanier Miguel Alcañes arbeitete in Valencia, auf Mallorca und schließlich in Florenz. Er hinterließ u. a. das Gemälde »Reiterschlacht zwischen Muslimen« (heute im Museum zu Altenburg). Die Italiener Gentile da Fabriano und sein Zeitgenossen Masaccio setzten in die Nimben ihrer Madonnenbilder sogar das islamische Glaubensbekenntnis ein. Des öfteren findet man auch orientalische Bauformen und Trachten auf Altarbildern, welche die Geschichte der Heiligen Schrift darstellen.

Der Zerfall des islamisch-spanischen Reiches führte zur Bildung einer ganzen Reihe von Kleinstaaten, die eine fast verspielt wirkende Architektur und eine sehr verfeinerte Handwerkskunst hervorbrachten. Zweimal kamen Berber aus Nordafrika zur Unterstützung ihrer Glaubensbrüder nach Spanien, um den immer erfolgreicher werdenden Angriffen der Christen zu begegnen. Sie brachten erneut orientalische und nordafrikanische Elemente auf die Pyrenäenhalbinsel, so etwa die großen rechteckigen Minarette syrischen Typs, die für Nordafrika und Spanien charakteristisch geworden sind.

Mitte des 13. Jh. hatten die Christen die muslimischen Staaten bis auf Granada erobert, das noch über 200 Jahre als Vasallenstaat der Spanier bestehen blieb. Die Alhambra wurde zum märchenumwobenen Prunkschloß Südspaniens. Die Handwerker Granadas arbeiteten häufig im Dienst christlicher Fürsten; die Ausgestaltung des Palastes für Dom Pedro IV. in Sevilla geht beispielsweise auf ihre Arbeiten zurück. Sie leisteten ihren Beitrag zur Ausbildung einer Stilrichtung, die unter dem Namen Mudéjar bekannt geworden ist. Mudéjar bedeutet soviel wie ›erlaubt zu bleiben‹. Mit diesem Wort bezeichnete man jene Araber, die nach der Eroberung in den nun christlichen Staaten leben durften. Erhalten sind neben Palästen und Kirchen im Mudéjar-Stil auch zwei Synagogen in Toledo. Die ältere zeigt noch die Vorherrschaft des Berberstils der Almohaden-Dynastie (um 1200), die jüngere (1365) weist bereits gotische Elemente auf.

In den Mudéjar-Bauten wurden Stuck und Azulejos – blauglasierte Tonfliesen – verwandt, dazu auch polychrome Mosaikplatten und Medaillons. Die Töpfer Málagas schufen eine prachtvolle Lüstermajolika. Umsiedler brachten diese Technik nach Valencia und gründeten in der Umgebung mehrere Töpferdörfer, u. a. Paterna und Manises, deren Produkte bis nach Kairo, Brügge und Venedig exportiert wurden. In Italien und Flandern entstanden bald Produktionszentren, die diese Glasurmajolika nachahmten und die europäische Glasurkeramik begründeten.

Mudéjar-Goldbrokate aus Almería wurden gleichfalls von den Künstlern in Italien und Nordspanien kopiert.

Auf der Iberischen Halbinsel endete die Vorherrschaft des Mudéjar-Stils in der Mitte des 15. Jh. im Übergang zur Renaissance. Aber selbst viele bedeutende Bauten der spanischen Renaissance und auch die

Schale mit Zinntauschierung (Venedig, 1510)

Majolika-Teller mit Goldlüstermalerei (Valencia, um 1500)

spanische Kolonialarchitektur in Amerika trugen deutliche Spuren der Mudéjar-Tradition.

Karl V. hatte demonstrativ die islamische Zeit Spaniens durch den Einbau einer Renaissance-Kathedrale in die Moschee von Córdoba beendet. Noch kompromißloser verfuhr er in Granada, wo er einen Renaissance-Palast in die Alhambra setzen ließ.

Die Kreuzfahrer und die Mongolen

Das 12. Jh. brachte eine neue Welle islamischer Einflüsse nach Europa. Papst Urban II. hatte 1095 zum Kreuzzug, zur Befreiung des Heiligen Grabes, aufgerufen, das zu jener Zeit aus den Händen der Fatimiden in die der Seldschuken gefallen war. Urban sprach im Interesse der italienischen Handelsstädte Genua, Pisa und Venedig, die die orientalischen Produktionsverfahren übernommen hatten und nach den Häfen des Ostmittelmeeres griffen, um die Endpunkte des Transithandels nach Indien und China in die Hand zu bekommen.

Der Kreuzzug brach 1096 über Vorderasien herein, und viele Zehntausende starben unter den Schwertern der Christenheere, denen die Eroberung der Küstenzonen Syriens und Palästinas gelang. Christliche Feudalstaaten entstanden bis hin zum Roten Meer. Das Königreich Jerusalem und seine Vasallenstaaten – kaum fähig, sich selbst zu verteidigen – waren stets auf die Flotten der Seestädte angewiesen; schon 1187 fiel Jerusalem wieder an die Muslime. Der kurdische Sultan Salah ad-Din (Saladin) vertrieb mit seiner Armee die Kreuzfahrer aus den meisten ihrer Eroberungen. Nur wenige Städte konnten an der Küste gehalten werden. 1291 dann erstürmten die Mamluken die letzte christliche Bastion, die Festung Akko.

Die zwei Jahrhunderte des Zusammenlebens in Krieg und Frieden orientalisierte die nach Vorderasien eingefallenen Christen, deren Reisende und Händler bis nach Indien gelangten. Die Abendländer studierten die Baukunst der Muslime und der Byzantiner. Es war wohl kaum ein Zufall, daß in der Normandie, dem Kernland der Kreuzfahrer, im 12. Jh. ein neuer Baustil entstand, die Gotik, die mit ihren Gurtbogen und überhohen Säulen vorderorientalische Traditionen aufgriff. Nach dem Vorbild des für den Tempel Salomos gehaltenen Felsendoms errichtete man in Westeuropas Kirchen modellhaft ›heilige Gräber‹, und vorderasiatische Seidengewebe schmückten von nun an die Kleidung des hohen Klerus. Das königliche Scriptorium in Jerusalem (und später das von Akko) lieferte Handschriften, bei denen die

Miniaturen armenische, islamische und byzantinische Motive zeigten. Nach der Vertreibung aus Palästina ging dieses Erbe in die französische Buchmalerei ein. Stoffe und Kleidungsformen des Ostens setzten sich in Europa durch, der Bart kam in Mode, Parfüme, Medikamente und der Zucker verbreiteten sich über das Abendland.

Aus Ägypten und Syrien bezog Europa geschliffene Bergkristallgefäße, bemalte Gläser aus Aleppo standen hoch im Kurs. Berühmt wurde ein syrischer Glaspokal durch Uhlands Gedicht »Das Glück von Edenhall«. Arabische Kalligraphie verwandten die Künstler in Griechenland und in Frankreich als Schmuckornament an Kirchenwänden.

Aus Asien entlieh die christliche Mystik des 12. und 13. Jh. auch Weltbilder und deren Darstellung; so symbolisierte beispielsweise die gotische ›Rose‹ an der Stirnwand europäischer Dome die Welt. Illustrationen zu den Predigten der Hildegard von Bingen stellten das Vorstellungspaar von Mikro- und Makrokosmos dar. Hierbei waren vielleicht schon die Mongolen die Vermittler, die im 13. Jh. die islamische Welt bedrohten und Europa kurze Zeit mit dem Fernen Osten in unmittelbaren Kontakt brachten.

Im Wolgaraum sollte die Islamisierung der ›Goldenen Horde‹ Osteuropa für Jahrhunderte intensivem islamischem Einfluß unterwerfen. Trachten, Waffen und Zierformen der Architektur der russischen Oberschichten verbanden nomadische und islamische Elemente, wie den Kaftan, den Säbel und die Reitstiefel. Nach der Auflösung der ›Goldenen Horde‹ waren es hauptsächlich die Krimtataren, die bis nach Litauen und selbst nach Sachsen islamisches Gut brachten. In Dresden befinden sich noch heute Grabsteine tatarischer Offiziere, die einst in sächsischen Diensten standen.

Die Türken vor Wien und der Wandel des Orientbildes

Zweimal – 1529 und 1683 – erschienen islamische Heerscharen vor Wien. Die Osmanen errichteten nach dem Zerfall der Mongolenmacht im westlichen Kleinasien ein türkisches Beylik, eroberten die letzten griechischen Besitzungen in Kleinasien, überschritten den Bosporus und fielen in Südosteuropa ein, das sie von dem islamisierten Konstantinopel, nun Istanbul, aus beherrschten. Zur Demonstration ihrer Macht wandelten sie die alte Reichskirche, die Hagia Sophia, in die Hauptmoschee des Staates um. Zum byzantinischen Kuppelbau traten vier schlanke Minarette, von denen aus zum Gebet an Allah gerufen wurde.

Zeitweise regierten die Osmanen von Marokko bis Aden, von der Sahara bis nach Kiew, und der Schrecken vor der ›Türkengefahr‹ griff tief in die Staatenwelt Europas ein. Nur Frankreichs Könige suchten im Kampf gegen die Habsburger das Bündnis mit den Osmanen, das ihnen zudem den Vorrang im Levante-Handel sicherte. Der deutsche Adel fürchtete um Leben und Privilegien. Zwiespältig war besonders die Haltung der Protestantenfürsten in Deutschland. Einerseits war ihnen jeder Krieg gegen Habsburg recht, hielt er doch die Kaiserlichen fern, andererseits sahen sie die Bedrohung ihrer Herrschaft. Schon der erste osmanisch-deutsche Waffenstillstand gab Karl V. die Möglichkeit, bei Mühlhausen mit spanischen und österreichischen Truppen die Protestanten niederzuwerfen. Zugleich kamen Nachrichten aus dem besetzten Ungarn, daß die Osmanen die Protestanten weithin gewähren ließen und sie besser lebten als unter der Knute der Kaiserlichen.

Die Osmanen traten auch auf dem Mittelmeer und in Nordafrika den Spaniern entgegen. Zwei Dynastien beanspruchten die Weltherrschaft: einerseits die Osmanen seit Mehmed II., dem Eroberer Konstantinopels, andererseits der Habsburger Karl V. und seine Nachfolger.

In der Kunst stellte sich dieses Verhältnis zweier Großmächte recht widersprüchlich dar. Holzschnitte zeigen türkische Reiter, die Kleinkinder auf ihre Lanzen spießen und deren Eltern am Halsseil in die Sklaverei verschleppen. Zugleich entstanden aus der Hand italienischer und deutscher Maler Ehrfurcht gebietende Porträts der Sultane. Dürer zeichnete u. a. den »Türkischen Kaiser« (1523). M. M. Lorch schuf einen Kupferstich mit dem Bildnis Suleimans (1562?), und im Auftrag Mehmeds fertigten italienische Maler wie Gentile Bellini Porträts des Sultans in Öl, auf Medaillen und als Zeichnungen. Es folgten Arbeiten Constanzo di Ferraras, Giovanni Mansuetis, Jacopo Ligozzis und anderer Maler, die sich daneben dem türkischen Alltag zuwandten. Von Ligozzi blieb u. a. das Bildnis einer jungen Frau in türkischer Tracht erhalten (Florenz, 1614), das ein ernsthaftes Bemühen um das Verstehen der Fremden erkennen läßt. Doch malte er auch einen Mufti mit einem schwerbewaffneten Monstrum, das wohl den Islam symbolisieren sollte (Ligozzi hielt den Mufti für den Papst der Türken). Zahlreiche Bilder feiern die Siege christlicher Armeen über die Türken, so die Seeschlacht bei Lepanto und die Entsatzschlacht vor Wien.

Der Rückgang osmanischer Macht ließ im 17. und 18. Jh. ein neues, romantisch verklärtes Türkenbild entstehen. Im Werk Rembrandts

Gentile Bellini, Sultan Mehmed II. (1480)

fließen osmanische, indische und chinesische Vorlagen bei der Gestaltung biblischer Szenen oder weltlicher Motive zusammen. Er kopierte indisch-islamische Miniaturen und kleidete die Könige des Alten Testaments wie Sultane oder Wesire. Ihm folgten andere Maler wie Jan Muller, Jan van Noordt oder Salomon Koninck.

Die ›Türkenmode‹ nahm zum Teil eigenartige Formen an. Als beispielsweise die Tulpenzwiebel aus Istanbul nach Holland kam, entfesselte der frühbürgerliche Markt eine Spekulationswelle, die Tausende ruinierte. Die Tulpomanie ließ sowohl reizvolle Blumenbilder als auch Spottszenen auf die Spekulanten entstehen. Das Auftreten persischer und türkischer Gesandter in ihren farbenprächtigen Trachten und die Zulassung christlicher Gesandter in Istanbul, in deren Gefolge Maler tätig waren, lieferten Vorlagen für eine Turquerie in der angewandten Kunst. In Istanbul wirkte u. a. der Maler Jean-Etienne Liotard (1702–1789), dessen Reisegefährte Antoine Galland später die Märchenfolge »Tausendundeine Nacht« übersetzen sollte. Jean-Baptiste Vanmour (1671–1737) schuf in Istanbul hundert Gemälde, die in

J. E. Liotard, Selbstbildnis in türkischer Tracht (1744)

Europa zur Grundlage der Türkenmode wurden. Hoffähig machte diesen Stil Madame de Pompadour, die sich als Sultanin malen ließ. Auch Maria Theresia gab ein Porträt in türkischer Tracht in Auftrag. Bei Maskenumzügen an den europäischen Höfen zeigte sich der Adel regelmäßig in orientalischen Prachtkostümen, und Maler wie Joseph Marie Vien (1716–1809) porträtierten Adel und Bürgertum in einer oft phantastisch anmutenden Orienttracht.

Friedrich II. von Preußen suchte im Kampf gegen Österreich und Rußland mit französischer Unterstützung die Hilfe der Türken, die er zu neuen Angriffen auf Österreich zu ermuntern suchte – seine Bemühungen hatten allerdings keinen Erfolg. In diesem Zusammenhang kam 1763 eine türkische Gesandtschaft unter Ahmad Effendi nach Berlin, ein Ereignis, das u. a. von Daniel Nikolaus Chodowiecki (1726–1801) in Handzeichnungen sowie von anonym gebliebenen Künstlern in zwei Bildalben festgehalten wurde. Der Besuch ließ auch in Berlin eine Türkenmode ausbrechen, die Friedrich zu der sarkastischen Bemerkung veranlaßte, Berlin sei ganz und gar närrisch gewor-

den: »Die Gecken pflanzen sich einen Turban aufs Haupt. Die Sitten von Konstantinopel geben den Ton an.«

Im 18. Jh. begannen die Architekten sich mit dem osmanischen Erbe zu befassen. Für den Kurfürsten Karl Theodor errichtete Nicolas de Pigage im Park von Schwetzingen eine Moschee (1786–1795). Zum Vorbild diente ihm die von Johann Bernhard Fischer von Erlach entworfene und in Wien erbaute Karlskirche (1715–1722), die mit ihrem Kuppelbau hinter zwei ›Minaretten‹ den osmanischen Einfluß nicht verleugnen kann.

Die von Nicolas de Pigage im Schloßpark von Schwetzingen errichtete Moschee (Aquatintaradierung von Carl Kunz, 1792)

Mit Hilfe armenischer Händler wurde Europa über Polen mit persischen und über Italien mit osmanischen Teppichen versorgt. Letztere erscheinen u. a. auf einem Porträt Heinrichs VIII. Erstere tragen zum Teil die Wappen der polnischen Besteller. Die Polen, die in unmittelbarem Kontakt sowohl mit den Tataren als auch mit den Osmanen standen, übernahmen in jener Zeit viel orientalisches Gut in ihre Volkskunst. Trachten, wie die der Krakauer, sind weitgehend von persischen und türkischen Vorbildern abhängig, und auch der Adel der Balkanstaaten ahmte die Kleidung der Osmanen nach.

Die in Südpolen, Rumänien und Bulgarien in großer Zahl ansässig gewordenen Armenier brachten Stickereiformen, Edelmetallarbeiten und Baustile mit. Die Kathedrale in Lwow (Lemberg) zeigt deutlich, daß sie von Armeniern aus Kleinasien gebaut wurde.

Neben die Türkei trat im 18. Jh. das Indien der islamischen Moghul-Dynastie. Für August II. schuf Melchior Dinglinger das prunkvolle Modell »Hofstaat von Delhi zum Geburtstag Aurangzebs« (1707) und Maria Theresia ließ das sogenannte ›Millionenzimmer‹ im Schloß von Schönbrunn mit indo-islamischen Miniaturen ausschmücken.

Charakteristisch für den verspielten Charme des Orientbildes im 18. Jh. sind die Porzellanfigürchen aus vielen Manufakturen (z. B. aus Meißen, Ansbach, Kopenhagen). Sie stellen Sultane und indische Kaiser, Tataren und Eunuchen dar.

Das Kolonialbild des islamischen Orients in Europa

Im späten 18. und frühen 19. Jh. änderte sich das Orientbild Europas erneut. Die Briten eroberten in blutigen Kolonialkriegen Indien. Die Holländer warfen die Völker Indonesiens ebenso gewaltsam nieder. 1830 fielen die Franzosen in Algerien ein. China wurde in den soge-

Der Royal Pavilion in Brighton (London 1826)

nannten Opiumkriegen (1839–1842 und 1857–1860) gezwungen, sich dem europäischen Handelsdiktat zu beugen. 1853 mußte Japan seine Häfen öffnen, und die Russen okkupierten Mittelasien (1864–1889). Europa griff nach der Weltmacht. Der Orient lag als wehrlose Beute am Boden.

Intensiver als in der bildenden Kunst und in der Architektur erlebte Europa den Orient im 19. Jh. in der Literatur und in der Wissenschaft. Nur selten wurden selbst dem Orient nachempfundene Texte mit seriösen Illustrationen versehen. Nur ein Beispiel sei erwähnt. Der viel verbreitete »Westöstliche Divan« Goethes erhielt anscheinend nur zu seiner ersten Ausgabe einen kolorierten Titelkupfer mit einem arabischen Titel. Häufiger illustriert wurden Märchen und Fabeln, aber zumeist in eigenartiger Simplifizierung.

Deutlich zeigt sich der Orientalismus auch in der Architektur Europas. Warren Hastings, der schreckliche Unterdrücker Indiens (1772–1785), gab Englands Wissenschaftlern die Möglichkeit, den Subkontinent zu studieren. Sein Schützling William Hodges zeichnete von 1781–1783 indische Gebäude und Dekorationen; zwischen 1785 und 1788 wurden die Zeichnungen in England publiziert und dienten als Vorlagen beim Bau von Landhäusern und Palästen. In Indien selbst entwickelte sich ein britisch-kolonialer Baustil, der englische Zweckmäßigkeit mit der Kunsttradition der Moghuln verband. In der Malerei porträtierten indische Miniaturmaler englische Beamte und ihre Familien. Unter den indisierenden Bauten in England ist der Royal Pavilion (um 1830) in Brighton das klassische Beispiel.

Parallel zum Indientriumph in England begann in Europa die Renaissance der Alhambra, die seit Jahrhunderten in Vergessenheit geraten war. 1802 dann kam James Cavanagh Murphy nach Spanien und geriet in den Bann der maurischen Kunst. Er veröffentlichte 1815 den Band »The Arabian Antiquities of Spain«, der mit 90 großformatigen Kupferstichen Spaniens islamische Kunst in Europa bekannt werden ließ. Noch wirksamer waren Owen Jones »Plans, Elevations, Sections, and Details of the Alhambra« (1842 und 1845), die zusammen mit seiner »Grammar of Ornament« (1856) Vorlagen für orientalisierende Neubauten lieferten, die im Kristallpalast Londons und in mehreren Interieurs von Museen und Privathäusern Formen annahmen.

In Deutschland inspirierte Owens Werk den Architekten Ludwig Zanth, der in Stuttgart-Bad Cannstadt die maurische Villa ›Wilhelma‹ (1842–1864) errichtete.

Das einer Moschee nachgebildete Dampfmaschinenhaus in Potsdam

◁
Eduard Knoblauch und Friedrich August Stüler, Neue Synagoge in Berlin

Maurisches Ambiente auf der Weltausstellung Paris ▷
Wintergarten von König Ludwig II. ▷

MARBRES

Türken gründeten Anfang des 18. Jh. Kaffeehäuser in München, Leipzig und London, die Werbeschilder zierten meist ein Sultansporträt. Auch das Dampfbad brachten geschäftstüchtige Osmanen in Britanniens Hauptstadt. Im 19. Jh. kam das Tabakhaus hinzu, und schließlich war das ›Wiener Café‹ ein spätes Erbe des Ostens.

Auch die preußische Residenz in Potsdam erhielt eine Moschee – als Maschinenhaus für die Wasserspiele von Sanssouci (1841–1843). Das Palmenhaus zieren ebenfalls indo-islamische Formen. Völlig dem maurischen Stil widmete sich der Architekt Carl von Diebitsch, dessen ›arabisches Bad‹ in dem Dresdener Schloß Albrechtsberg noch heute viele Besucher anzieht. Als die zu Selbstbewußtsein gelangenden Judengemeinden Deutschlands und Österreichs in der zweiten Hälfte des 19. Jh. prunkvolle Synagogen bauen durften, griffen auch sie zum maurischen Stil. In Wien schuf Ludwig Förster die Synagoge (1853–1858) in der Tempelgasse. In Köln baute Ernst Zwirner die Synagoge in der Glockengasse (1857–1861), und die ›Neue Synagoge‹ in Berlin gestalteten Eduard Knoblauch und Friedrich August Stüler im neomaurischen Stil (1859–1860). Verwandte Bauten standen in Wiesbaden, Budapest und Heidenheim.

Völlig weltfremd sah der ›Orient‹ eines Ludwig II. aus; häufig nach Theaterdekorationen im Orient spielender Opern ließ der König in seinen Schlössern Interieurs gestalten. Auch bürgerliche Villen erhielten sowohl maurische Fassaden als auch orientalische Interieurs. In Portugal und Spanien errichtete man Stierkampfarenen mit maurischen Fassaden. Bei der Weltausstellung in Paris 1867 und der iberoamerikanischen Ausstellung in Sevilla (1929) staunten die Besucher über die grandiosen maurischen Bauten. Selbst zoologische Gärten und Fabriken warben mit ›arabischen‹ Fassaden. Mit dem kommerziellen Tourismus geriet die Alhambra zum Vorbild für Konzerthallen in Kopenhagen (1902) und Fredericksberg (1857).

Besonders aufschlußreich ist die Aufarbeitung orientalischer Themen in der Malerei des 19. Jh. Die Kunst der ›Orientalisten‹ bot einen völlig anderen Orient als ihn die Maler ein oder zwei Jahrhunderte zuvor dargestellt hatten. Neben romantischen Landschafts- und Tierbildern erschienen wilde Beduinen oder reichbeladene Karawanen. Eine Reihe von Künstlern verherrlichte den Kampf der Griechen um ihre Befreiung. Bezeichnender für die Geisteshaltung jener Tage aber ist die Tatsache, daß seriöse Sultansbilder und Darstellungen würdiger Orientalen durch nackte Frauenleiber ersetzt wurden. Europäische

J. L. Gérôme, Sklavenmarkt (1866)

Damen standen auf dem Sklavenmarkt zum Verkauf oder schmachteten in der Gewalt roher Männer. Der Maler Jean-Auguste Dominique Ingres (1780–1867) malte nackte Odalisken in wollüstigen Stellungen, ohne je im Orient gewesen zu sein. Dem europäischen Spießbürger wurde der Osten als Bezwungener dargeboten.

Wesentlich zurückhaltender waren da die Künstler Englands; die russischen Orientmaler hingegen begleiteten die Eroberung Mittel-

J. A. D. Ingres, Türkisches Bad (1862)

asiens mit martialischen Kriegsbildern, so etwa der Maler W. Wereschtschagin.

Die Bibelmalerei nahm neue Formen an. An die Stelle der antik gekleideten Europäer traten Orientalen in zeitgenössischer Kleidung, so in den Werken von Horace Vernet (1789–1863).

Eine neue Welle des Orientalismus kam mit der Einführung industriell gefertigter Serienprodukte; die Designer orientierten sich an islamischen Ornamenten. Auf der Wiener Kunstausstellung von 1873 stellten die Firmen Broccard und Lobmeyr vor allem Gläser und Keramiken in islamisiertem Stil vor. Auch die Kaiserlich-Russische Manufaktur, Betriebe in Paris, Staffordshire, Pecs, Berlin, Madrid und London, arbeitete nach orientalischen Vorbildern. Nachgeahmt wurden hauptsächlich osmanische und persische Keramiken. Aber die zum Teil komplizierten Entwürfe setzten sich nicht durch, und die Industrie entwickelte eigene Formen, die die historischen Vorbilder verdrängten. Nur noch als Originale waren islamische Erzeugnisse von Interesse. Sie füllten Museen und Privatsammlungen und waren nur noch selten Vorbilder für Kunsthandwerker und Betriebe.

Literatur

Conner, P., Oriental Architecture in the West, London 1979

Koppelmann, S., Der imaginäre Orient. Exotische Bauten des 18. und 19. Jh. in Europa, Berlin 1987

Mundt, B., Historismus, Kunsthandwerk und Industrie im Zeitalter der Weltausstellungen, Berlin 1973/1983

Osterwold, T./Pollig, H. (Hrsg.), Exotische Welten, Europäische Phantasien, Stuttgart 1987

Sievernich, G./Budde, H. (Hrsg.), Europa und der Orient 800–1900, Berlin 1990

Anhang

Übergreifende Bibliographie

Bei der Fülle des vorhandenen Materials kann die vorliegende Übersicht keinen Anspruch auf Vollständigkeit erheben. Sie umfaßt Publikationen, die aus der subjektiven Sicht des Herausgebers wesentliche Informationen für das Verständnis der Geschichte, Kultur und Kunst des Islam vermitteln. Der interessierte Leser sei für ein eingehenderes Studium der Materie auf die speziellen Bibliographien in den Länderkapiteln und die weiterführenden Angaben in den jeweiligen Werken verwiesen.

Bosworth, C. E. The Islamic Dynasties, Edinburgh 1980
Bourgoin, J., Islamic Geometrical Pattern Design, New York 1973
Brockelmann, C., Geschichte der islamischen Völker und Staaten, Berlin 1943
Collier's Encyclopedia, London 1966
Creswell, K.A.C., A Bibliography of the Architecture, Arts and Crafts in Islam, Cairo 1961
Creswell, K. A. C., Early Muslim Architecture, Oxford 1969
Das Buch im Orient, Katalog, Wiesbaden 1983
Dietz, E., Die Kunst der islamischen Völker, Potsdam 1928
Encyclopedia of Islam, Leiden 1954
Endress, G., Einführung in die islamische Geschichte, München 1982
Erdmann, K., Der orientalische Knüpfteppich, Tübingen 1955
Ettinghausen, R., Arab Paintings, Genf 1962
Gabieli, F., Mohamed and the Conquest of Islam, London 1968
Glubb, J. B., The Life and Times of Mohamed, London 1979
Grabar, O., Die Entstehung der islamischen Kunst, Köln 1977
Großer historischer Weltatlas Bd. II, München 1979
Grunebaum, G., Classical Islam, Chicago 1970
Hangeldian, A. E., Handbuch der Orientteppiche, München 1970
Hitty, P. K., History of the Arabs, London 1977

Hitty, P. K., Capital Cities of the Islamic World, Minneapolis 1973
Hoag, J., Islamische Architektur, Stuttgart 1976
Khatibi, A., Die Kunst der Islamischen Kalligraphie, Köln 1977
Klein, A., Islamische Keramik, Baden-Baden 1976
Kühnel, E., Islamische Kleinkunst, Berlin 1925
Kühnel, E., Die Moschee, Graz 1974
Kühnel, E., Die Kunst des Islam, Stuttgart 1962
Kybalova, L., Orientteppiche, Hanau 1975
Lane, A., Early Islamic Pottery, London 1937
Lane, A., Later Islamic Pottery, London 1960
Lexikon der islamischen Welt, Stuttgart 1974
Marcais, G., L'Art de l'Islam, Paris 1946
Mayer, L. A., Islamic Metalworkers and Their Works, Genf 1959
Mayer, L. A., Islamic Woodcarvers and Their Works, Genf 1958
Mayer, L. A., Islamic Architects and Their Works, Genf 1956
Migeon, G., Manuel d'art muselman, Paris 1907
Otto-Dorn, K., Die Kunst des Islam, Baden-Baden 1964
Paret, R., Der Koran – Kommentar und Konkordanz, Stuttgart 1977
Peters, A., Synoptische Weltgeschichte, München 1970
Riviere, H., La ceramique dans l'art muselman, Paris 1913
Rodinson, M., Mohamed, Paris 1968
Roolvink, R., Historical Atlas of the Muslim People, Amsterdam 1957
Safadi, Y. H., Islamic Calligraphy, Boulder/Colorado 1978
Sarre, F., Meisterwerke muhammedanischer Kunst, München 1910
Sarre, F., Sammlung Sarre: Metall, Leipzig 1906
Schmoranz, G., Altorientalische Glasgefäße, Wien 1898
Sotheby's, Catalogue Islamic Art, London 1980/1985
Talbot Rice, D., Islamic Art, London 1979
Wiet, G., Lampes et bouteilles en verre émaillé, Cairo 1929
Wiet, G., Objets en cuivre, Cairo 1932
Wilson, R. B., Islamic Art, London 1957

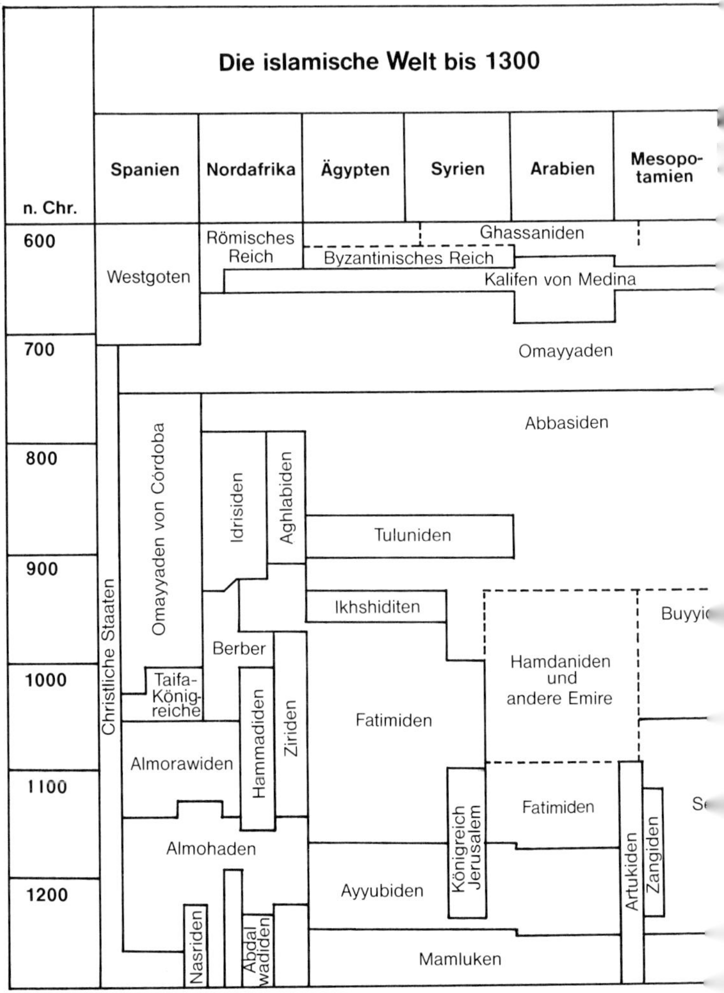
Die islamische Welt bis 1300
n. Chr.
Spanien
Nordafrika
Ägypten
Syrien
Arabien
Mesopo-
tamien
600
700
800
900
1000
1100
1200
Römisches Reich
Ghassaniden
Byzantinisches Reich
Westgoten
Kalifen von Medina
Omayyaden
Abbasiden
Omayyaden von Córdoba
Idrisiden
Aghlabiden
Tuluniden
Christliche Staaten
Ikhshiditen
Berber
Hamdaniden und andere Emire
Taifa-Königreiche
Hammadiden
Ziriden
Fatimiden
Almorawiden
Fatimiden
Königreich Jerusalem
Artukiden
Zangiden
Almohaden
Ayyubiden
Nasriden
Abdalwadiden
Mamluken

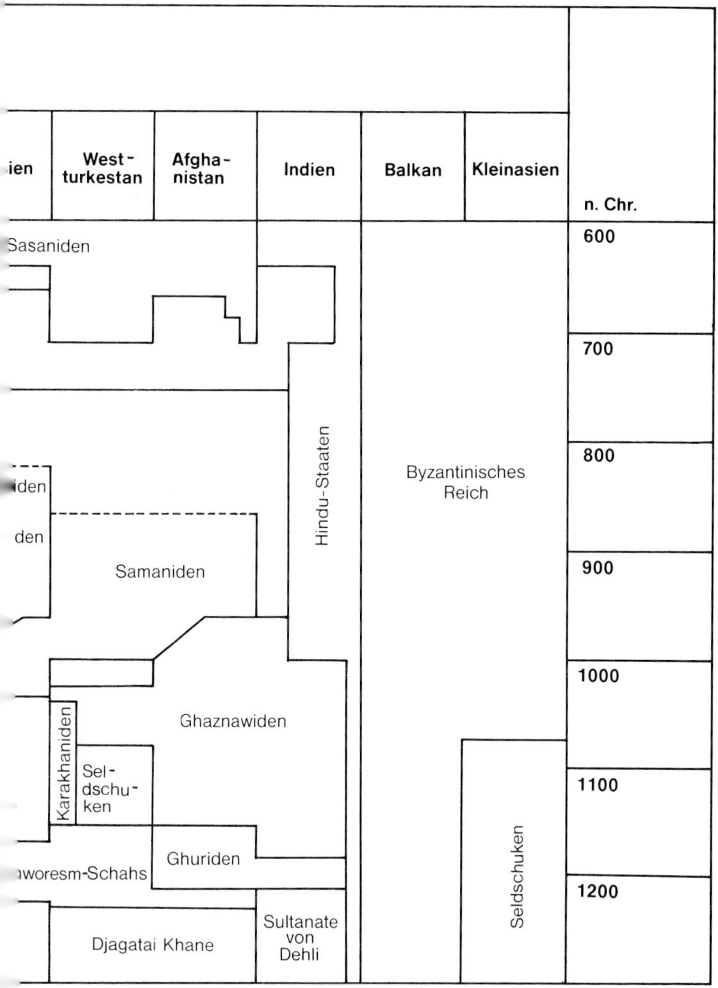

ien
West-turkestan
Afgha-nistan
Indien
Balkan
Kleinasien
n. Chr.
600
700
800
900
1000
1100
1200
Sasaniden
iden
den
Samaniden
Hindu-Staaten
Byzantinisches Reich
Ghaznawiden
Karakhaniden
Sel-dschu-ken
Ghuriden
woresm-Schahs
Seldschuken
Djagatai Khane
Sultanate von Dehli

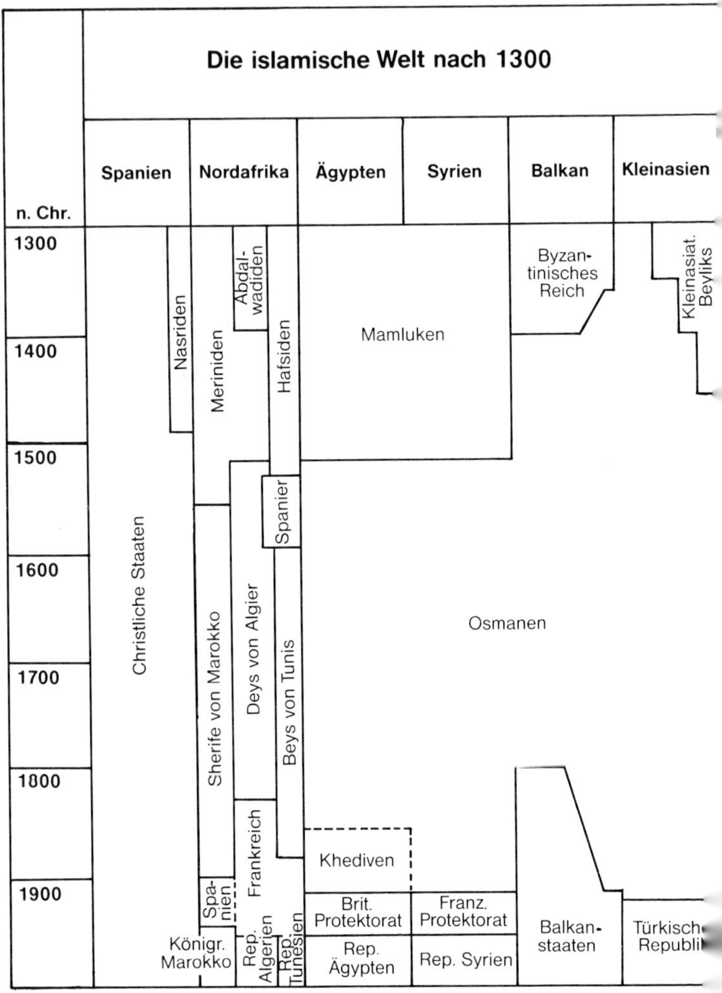
Die islamische Welt nach 1300
n. Chr.
Spanien
Nordafrika
Ägypten
Syrien
Balkan
Kleinasien
1300
1400
1500
1600
1700
1800
1900
Christliche Staaten
Nasriden
Meriniden
Abdal-wadiden
Hafsiden
Spanier
Sherife von Marokko
Deys von Algier
Beys von Tunis
Frankreich
Spa-nien
Königr. Marokko
Rep. Algerien
Rep. Tunesien
Mamluken
Osmanen
Khediven
Brit. Protektorat
Rep. Ägypten
Franz. Protektorat
Rep. Syrien
Byzan-tinisches Reich
Balkan-staaten
Kleinasiat. Beyliks

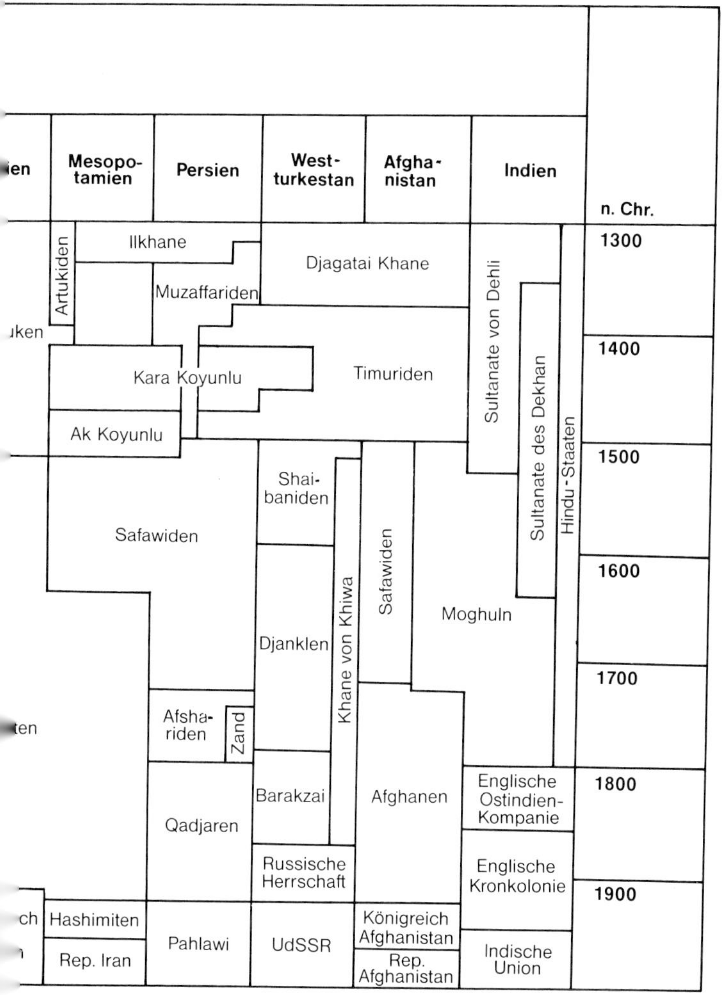
ien
Mesopo-
tamien
Persien
West-
turkestan
Afgha-
nistan
Indien
n. Chr.
1300
1400
1500
1600
1700
1800
1900
Artukiden
Ilkhane
Djagatai Khane
Sultanate von Dehli
Muzaffariden
uken
Kara Koyunlu
Timuriden
Sultanate des Dekhan
Ak Koyunlu
Hindu-Staaten
Shai-
baniden
Safawiden
Safawiden
Moghuln
Khane von Khiwa
Djanklen
ten
Afsha-
riden
Zand
Barakzai
Afghanen
Englische
Ostindien-
Kompanie
Qadjaren
Russische
Herrschaft
Englische
Kronkolonie
ch
Hashimiten
Königreich
Afghanistan
Pahlawi
UdSSR
Rep. Iran
Rep.
Afghanistan
Indische
Union

Erläuterung der Fachbegriffe (Glossar)

Abbasiden Arabisch-islamische Dynastie, die 750 die → Omayyaden vernichtete und damit das Kalifat an sich riß (bis 1258); herrschte über weite Teile von Nordafrika und Vorderasien

Abdalwadiden Berberdynastie mit der Hauptstadt Tlemcen in Westalgerien; herrschte vom 13.–16. Jh. teilweise unter der Oberhoheit anderer Dynastien

Abu (arabisch) Vater

Aghlabiden Islamische Dynastie, die im 9. Jh. das westliche Nordafrika im Namen der → Abbasiden regierte

Ak Koyunlu ›Die Stämme mit dem weißen Hammel‹ – turkmenische Stammesförderation (15./16. Jh.); → Kara Koyunlu

Almohaden (eigentlich al-Muwahhidun) Brachten 1147 die → Almorawiden zu Fall und rissen die Herrschaft in Nordafrika und Spanien an sich. Langsamer Niedergang der Dynastie bis 1269

Almorawiden (eigentlich al-Murabitun) Dynastie in Marokko und Spanien. Nach der Eroberung der Berberfürstentümer in Marokko und Westalgerien (1082) setzten die Almorawiden nach Spanien über und hielten dort vorerst die christliche Reichseroberung (→ Reconquista) auf. Angriffe der → Almohaden und Aufstände spanischer Muslime besiegelten 1147 das Schicksal dieser Dynastie

Arabeske Ornament aus stilisiertem Laub und Ranken

Arkade Bogenstellung über Pfeilern oder Säulen

Artukiden Turkmenen-Dynastie, die vom 12. bis Anfang des 15. Jh. mit verschiedenen Zentren im Norden von Mesopotamien herrschte

Ayyubiden Von Saladin (Salah ad-Din) begründete Herrscherdynastie kurdischer Herkunft, die von 1174 bis zur Mitte des 13. Jh. in Ägypten, Syrien/Palästina, Nordmesopotamien und Jemen regierte

Azulejo In der spanischen, portugiesischen und ibero-amerikanischen Kunst und Architektur verwendete, hartgebrannte, glasierte Tonfliesen; mit pflanzlichen oder figürlichen Ornamenten geschmückt. Daneben finden sich auch großflächige Azulejo-›Gemälde‹

Bab (arabisch) Tor, Stadttor

Basar Bezeichnung für den Markt; der Basar (arabisch: → Suq) ist das traditionelle Wirtschafts-, Handels- und Produktionszentrum der islamischen Stadt

Bedesten Gedeckte Kaufhallen im → Basar

Bektaschije Religiöse Bruderschaft, die vor allem im Osmanischen Reich sehr verbreitet war, Gegenpart zur → Mevlevije; die Bektaschi hatten großen Einfluß auf die Ausprägungen des türkischen Volksislam

Bey Ursprünglich ein Ehrentitel ohne Rechte auf bestimmte Ämter; später dann Bezeichnung für einen kleinen Stammesfürsten, für den Adligen allgemein, für Personen in der höheren Verwaltung und für Offiziere

Beylik Gebiet, das von einem → Bey regiert wird

Buyiden Schiitische Dynastie iranischer Herkunft; trotz der Oberhoheit der – politisch schon im Niedergang begriffenen sunnitischen – → Abbasiden herrschten die Buyyiden von Mitte des 10. bis Mitte des 11. Jh. faktisch unabhängig über Teile des Abbasidenreiches (Mesopotamien und westlicher Iran)

Cami (türkisch) Große Freitagsmoschee

Candi (eigentlich: Mausoleum) Bezeichnung für die unter hinduistischem und buddhistischem Einfluß auf Java (Indonesien) entstandenen Tempel. Ein Candi symbolisiert den → Meru

Dar (arabisch) Haus

Derwisch Persische Bezeichnung (arabisch: Faqir) für fromme Gläubige → sufischer Herkunft, die teils in Logen organisiert, teils ohne jede Organisation als wandernde Derwische die geistige Vereinigung mit Gott anstreben. Die meisten Derwische waren in Orden zusammengeschlossen und lebten – geleitet von einem Scheich – im Kloster (→ Khanqah); → Mevlevije; → Bektaschije

Deys von Algier Letzte islamische Herrschaftsperiode (1671–1830) vor der Errichtung der französischen Kolonialregierung

Dhimmi ›Schutzbefohlene‹, Nicht-Muslime im islamischen Herrschaftsbereich

Dikka Erhöhte Plattform in der Nähe des → Mihrab, von hier aus läßt der Vorbeter seine Stimme erschallen

Diwan 1. Bezeichnung für das oberste Verwaltungsgremium eines islamischen Staates. Unter den Osmanen seit Mehmed dem Eroberer weiter ausgebaut zum Staatsrat. Diwan bezeichnet auch den

Audienzraum, bzw. die Örtlichkeit, wo der Staatsrat tagte.
2. Gedichtsammlung

Diwani Kanzleischrift am osmanischen Hof

Djahilliyya Bezeichnung für das sogenannte Zeitalter der Unwissenheit, d. h. den Kultur- und Religionszustand in der vorislamischen Ära

Djambiyya Arabischer Krummdolch

Djihad Der sogenannte Heilige Krieg, dient der Verbreitung des Islam und sichert den Glauben; ist jedoch nicht nur ein militärisch gefärbter Begriff, sondern bezeichnet auch bspw. gesellschaftliche Anstrengungen zur Lösung sozialer, politischer, ökonomischer oder ökologischer Probleme

Donjon Französische Bezeichnung für den Bergfried, den Hauptturm einer Burg, der bei einer Belagerung als letzte Zuflucht diente. Im Gegensatz zum Bergfried ist der Donjon jedoch auch als Wohnturm ausgebaut

Dyophysitismus Lehre von den zwei Naturen Christi, nach der er zugleich wahrer Gott und wahrer Mensch ist; → Monophysitismus

Engobe Keramische Überzugsmasse aus Tonschlicker, die auch in verschiedenen Farben eingefärbt sein kann

Fatimiden Ismailitisch-schiitische Dynastie (909–1171) in Nordafrika (Gründung der Stadt Kairo 969), Hedjas, Jemen, Sizilien (bis 1036); Saladin beendete die Herrschaft der Fatimiden und begründete die Dynastie der → Ayyubiden

Fayence Tonware, die nach dem Brennen mit einer Blei- oder Zinnglasur überzogen und mit sogenannten Scharffeuerfarben bemalt wird. Bei einem zweiten Brand verschmilzt dann die Glasur mit den Scharffeuerfarben zu einem glänzenden Überzug; → Majolika

Fresko Auf noch feuchtem Kalkmörtel ausgeführte Malerei, bei der sich die Farben mit dem Putz verbinden und so besonders haltbar werden

Fries Waagerechte Mauerstreifen mit ornamentalen oder figürlichen Darstellungen als Schmuck, Gliederung oder Abschluß einer Wand

Fünf Säulen des Islam 1. Das Glaubensbekenntnis (→ Shahada); 2. das rituelle Gebet (→ Salat); 3. die Almosengabe (→ Zakat); 4. das Fasten (→ Saum); 5. die Pilgerfahrt nach Mekka (→ Hadj)

Funduq Gasthof in orientalischen Städten; → Khan

Ghazi Glaubenskämpfer für den Islam, wurden ab dem 9. Jh. zur Grenzsicherung eingesetzt

Ghaznawiden Kleine Dynastie türkischer Herkunft, die von der zweiten Hälfte des 10. Jh. bis in die zweite Hälfte des 11. Jh. ein Reich regierte, das im Westen von Persien, im Norden von Transoxanien und im Osten von Sind und dem Pandjab begrenzt wurde

Ghuriden → Sultanate von Dehli

Goldene Horde Bezeichnung für die Nachkommen des Djingis Khan-Enkels Batu; die Goldene Horde beherrschte ab 1236 die gesamte russische Staatenwelt (mit Ausnahme des Nordwestens); das Heer unterstand mongolischen Befehlshabern, die Soldaten waren zumeist Türken; ab 1313 Übertritt zum Islam; 1502 unterlagen die letzten der Goldenen Horde den → Krimtataren

Hadith Überlieferung der Worte und Taten Muhammads; gesammelt in der → Sunna

Hadj Die Wallfahrt nach Mekka, die jeder Gläubige, der es sich leisten kann, gemäß dem Gebot des Koran (Sure 3, 97) anzutreten hat

Hafsiden Bedeutende Herrscherdynastie berberischer Abstammung, regierte zwischen 1229 und 1574 die mittleren und östlichen → Maghreb-Länder

Hamam Öffentliches Bad in islamischen Städten

Haramlik Den Frauen vorbehaltener Teil im islamischen Privathaus

Hidjra Bezeichnung für die Flucht des Propheten Muhammad von Mekka nach Jathrib (Medina) im Jahr 622

Ibn (arabisch) Sohn

Idrisiden Arabische Herrscherdynastie in Marokko (789–974)

Ifriqiyya Arabische Bezeichnung für die ehemalige römische Provincia Africa, Tunesien und Ostalgerien

Ikhshididen Dynastie in Ägypten und Syrien (935/939–969)

Ilkhane Mongolische Herrscherdynastie, die im 13. und 14. Jh. in Persien regierte

Imam Bei den → Sunniten Vorbeter während des Gemeinschaftsgebets; bei den → Schiiten oberste religiöse Autorität und Lehrer der Gläubigen; der letzte Imam (bei den → Schiiten der 12., bei den → Ismailiten der 7.) wird eines Tages als → Mahdi wiederkehren, die Welt erlösen und den Glauben erneuern

Imambara Gebäude zur Feier des → Muharram

Ismailiten Angehörige einer schiitischen Gemeinschaft, die nach dem Tode des 6. Imam Djafar as-Sadiq seinen von ihm zum → Imam ernannten, aber vor ihm verstorbenen Sohn Isam^{c}il (daher die

Bezeichnung) für den rechtmäßigen Imam halten, der eines Tages als der → Mahdi wiederkehren wird

Iwan Zum Hof geöffnete, überwölbte Halle des altarabischen Wohnhauses. Die gleiche Bauform findet sich bei der → Moschee als Eingangsiwan

Iznik-Fliesen Glasierte, bemalte Keramikfliesen, hergestellt in der Manufaktur von Iznik (Türkei)

Janitscharen Osmanische Elitegarde, ähnlich den → Mamluken; die Janitscharen (›Neue Truppe‹) kamen aus den Beständen der Knabenlese (d. i. die Verschleppung von christlichen Jugendlichen, die dann von ihren religiösen, sozialen sowie kulturellen Wurzeln abgetrennt wurden und eine Ausbildung für den Palast-, Militär- und Staatsdienst erhielten), wurden in Kriegstechniken geschult und bildeten eine gefürchtete – allerdings schwer zu disziplinierende – Truppe

Ka^{c}ba Zentrales Heiligtum des Islam; das rechteckige Gebäude mit den Maßen 13×11×16 m steht in der Mitte der großen Moschee von Mekka und enthält den ›Schwarzen Stein‹ (Hadjar), einen Meteoriten, der bereits in vorislamischer Zeit verehrt wurde

Kalif ›Nachfolger‹, ›Stellvertreter‹, Bezeichnung für den Nachfolger des Propheten Muhammad; politische und religiöse Autorität

Kalligraphie Schönschreibkunst

Kapitell Oberer Abschluß einer Säule, eines Pfeilers oder eines → Pilasters mit ornamentaler, figürlicher oder pflanzlicher Dekoration

Karakhaniden Türkische Dynastie, die von 840–1212 in Ost- und Westturkestan regierte

Kara Koyunlu ›Die Stämme mit dem Schwarzen Hammel‹ – turkmenische Stammesförderation in Ostanatolien, Westpersien und Irak (14./15. Jh.); → Ak Koyunlu

Karawanserei → Khan

Kasba Arabisches Altstadtviertel in nordafrikanischen Städten

Kasel Seidenes Meßgewand, das über anderen Gewändern getragen wird

Kasematte Überwölbte, geschützte Bunker innerhalb einer Festung zur Unterbringung von Soldaten, Kanonen und Munition

Kelim Wirkteppich

Kenotaph Grabdenkmal oder leeres Grab für einen an anderer Stelle begrabenen Toten

Khan 1. Karawanserei, Rast- und Übernachtungsstation für Karawanen mit Räumlichkeiten für Händler, Lasttiere und Waren
2. Im türkischen und mongolischen Herrschaftsbereich Bezeichnung für den Herrscher

Khanqah → Derwisch

Kharidjiten Sekte im Islam; die Kharidjiten spalteten sich von den Anhängern Alis (→ Schiiten) ab, weil sie eine Entscheidung Alis mißbilligten. Das vorschriftsmäßige und gottgefällige Handeln ist nach kharidjitischer Überzeugung wichtigster Glaubensinhalt und Kriterium für die Unterscheidung von Gläubigen und Ungläubigen

Khedive Die unter der Oberherrschaft der osmanischen Sultane stehenden ägyptischen Vizekönige Isma^{c}il (1863–1879), Taufiq (1879–1892) und Abbas Hilmi (1892–1914)

Kiosk Eine Art Pavillon, einerseits als eigenständiger Bau, andererseits auch als Bestandteil ausgedehnter Palastanlagen; Kioske bildeten dann mit Höfen, Gärten, Moscheen, Brunnen einen ausgedehnten Komplex; Kioske – die übrigens auf die → sasanidischen Jagdpavillions in großen Parks zurückgingen – wurden oft zu festlichen Anlässen in kürzester Zeit aus Holz oder Ziegeln errichtet

Koftgari Ritztechnik zum Auftreiben von Metall

Koran Die heilige Schrift des Islam; enthält die Offenbarungen des Propheten Muhammad

Korsaren Muslimische Piraten

Krimtataren Mit dem Zerfall der → Goldenen Horde sonderten sich die Krimtataren als eigenständiges Volk ab, bemächtigten sich der Krim-Halbinsel sowie der vorgelagerten Steppengebiete und eines Teils der Nordküste des Schwarzen Meeres; 1475 gerieten sie unter osmanische Oberhoheit, konnten jedoch weitgehend ihre Autonomie behaupten; 1783 kamen die Krimtataren zum russischen Reich

Kufi Archaischer Schrifttyp in der → Kalligraphie

Kuttab Koranschule, oft als Stiftung (→ Waqf) einem öffentlichen Brunnen angegliedert (→ Sabil)

Laqabi-Ware Farbglasur auf Reliefgrund

Liwan → Iwan

Maghreb ›Ort des Sonnenuntergangs‹ = Westen; arabische Bezeichnung für das westliche Nordafrika (Marokko, Algerien, Tunesien)

Mahabharata Großes indisches Nationalepos, beschreibt in ca. 100 000 Doppelversen den Machtkampf zwischen zwei Zweigen der Bharata-Dynastie, den Pandara und den Kandara, die das Gute bzw. das Böse versinnbildlichen

Mahdi ›Messiasfigur‹; vor allem bei den → Schiiten grundlegender Bestandteil des Glaubens; der ›verborgene‹ → Imam wird eines Tages als Mahdi zurückkehren und frei von Irrtum und Sünde den Glauben erneuern und die Welt erlösen

Majolika Zinnglasierte, gebrannte Keramik; Synonym für → Fayence

Malwiye Minarett mit außen angesetzter, spiralförmig hochlaufender Treppe

Mamluken Militärsklaven, die bereits als Jugendliche kaserniert und in Kriegstechniken ausgebildet wurden. Übernahmen ab dem 13. Jh. die Macht in Ägypten und Syrien (bis 1517); → Janitscharen

Mandara Wohn- und Arbeitsraum des Mannes im orientalischen Privathaus

Maqad Eine zum Hof hin offene ›Loggia‹ im orientalischen Privathaus

Maqsura Abgeschlossene Herrscherloge in der Moschee

Maristan Krankenhaus; die ersten Hospitäler der islamischen Welt entstanden ab Mitte des 8. Jh. und wurden in der Regel durch Stiftungen (→ Waqf) finanziert

Mashrabiyya Fein gedrechseltes Holzgitterwerk als Sichtschutz an den Fenstern alter orientalischer Häuser

Mausoleum Prächtig ausgestattetes, monumentales Grabmal; nach dem bekannten antiken Grab, das zu Ehren des Königs Mausolos in Halikarnassos errichtet wurde

Medrese Islamische Moschee-Hochschule oder theologische Lehranstalt mit Schul- und Beträumen

Meriniden Muslimische Dynastie aus dem Berberstamm der Zanata, beherrschte Marokko mit der Hauptstadt Fes von der Mitte des 13. Jh. bis Mitte des 15. Jh.

Meru Im Buddhismus und Hinduismus der Weltenberg, der Sitz der Götter

Mevlevije Türkischer → Derwisch-Orden, auch bekannt als Orden der Tanzenden Derwische; beim – den Gestirnenlauf symbolisierenden – ›Tanz‹ bewegen sich die Akteure in einem Kreis, drehen sich zugleich um die eigene Achse, ein Derwisch im Kreis dreht sich im Gegensinn; der intellektuell ausgerichtete Orden erschien 1425 erstmals im osmanischen Reich und hat bis zu seinem Verbot durch den Republikgründer Atatürk im Jahre 1925 nicht nur einen starken religiösen Einfluß auf die Gestaltung des Islam gehabt, sondern wirkte auch nachhaltig und intensiv auf politischer Ebene; → Bektaschije

Mihrab Nische in der nach Mekka gerichteten Wand (→ Qibla) einer → Moschee; heiligster Ort innerhalb des islamischen Gebetshauses

Minarett Der einer → Moschee angegliederte Turm für den Gebetsrufer (→ Muezzin)

Minbar Die Kanzel in einer → Moschee, von der herab die Freitagspredigt gehalten wird

Moghuls 1526 begründete Dynastie muslimischer Herrscher in Indien; bestand bis 1858

Monophysitismus Lehre, die von der Einheit der menschlichen und göttlichen Natur Christi ausgeht; → Dyophysitismus

Moriscos Bezeichnung für die nach 1492 (vollständige Rückeroberung Spaniens durch die Christen) zwangsgetauften spanischen Muslime, die dann 1610 unter dem Einfluß der Inquisition endgültig von der iberischen Halbinsel vertrieben wurden

Moschee Islamischer Kultbau für das öffentliche und private Gebet der Gläubigen, aber auch für Versammlungen

Mozaraber Die im islamischen Spanien lebende christliche, von orientalischer Kultur beeinflußte Minderheit römisch-westgotischen Ursprungs

Mudéjar-Stil Spanischer Bau- und Dekorationsstil (13.–15. Jh.); mischt maurische und gotische Stilelemente

Muezzin Gebetsrufer, der vom → Minarett aus fünfmal am Tag die Gläubigen zum rituellen Gebet (→ Salat) ruft

Mufti Islamischer Rechtsgelehrter, der auf Probleme religiös-rechtlicher Natur spezialisiert ist

Muharram Gedenkfeier zum Todestag von Husein

Muqarnas In der islamischen Baukunst vorkragende, konkave, zellenartige Dekorationselemente, die die → Trompennischen einer Kuppel ausfüllen

Muzaffariden Herrscherdynastie arabischer Abstammung im südlichen Persien (14. Jh.)

Naskhi Kursiver Schrifttyp in der → Kalligraphie

Nasriden Letzte islamische Dynastie Spaniens, herrschte von 1231–1491 über das Königreich Granada

Niello Ziertechnik der Goldschmiedekunst, bei der eine in Metall geritzte Zeichnung mit schwärzlicher Niello-Masse gefüllt wird (bestehend aus Blei, Kupfer, Salmiak und Schwefel); die Masse wird in die Ritzlinien eingeschmolzen und hebt sich nach dem Polieren als schwarzes Ornament vom Metall ab

Omayyaden Familie aus dem mekkanischen Clan der Quraish, die von 661–750 das Kalifat innehatte. Der angeblich einzige Überlebende eines Massakers, das die → Abbasiden unter den Omayyaden anrichteten, flüchtete nach Spanien und begründete dort die Dynastie der Omayyaden von Córdoba (756–1031)

Palmette Ornamentmotiv in Form eines stilisierten Palmwedels

Pendentif Sphärisches Dreieck, das vom Quadrat des Grundrisses zum Kreis der Kuppel überleitet

Peristyl Säulenhalle, die ein Bauwerk oder einen offenen Innenhof umgibt

Pietra Dura Einlegearbeit aus Marmor und Halbedelsteinen, die fugenlos zu Ornamenten zusammengesetzt und anschließend poliert werden

Pilaster Der Wand oder einem anderen Bauteil vorgelagerter vertikaler Mauerstreifen mit Basis und → Kapitell

Portikus Von Säulen getragener Vorbau an der Hauptfront eines Gebäudes, zumeist von einem Giebel gekrönt

Pyxis Runde Dose mit Deckel zum Aufbewahren von Kosmetika oder Schmuck

Qa^{c}a Empfangssaal im orientalischen Privathaus

Qadi Muslimischer Richter

Qadjaren Erst ein turkmenischer Stamm, später dann Herrscherdynastie in Persien (Ende des 18. Jh. bis 1925)

Qala^{c}a Festung, Zitadelle

Qamariyya Farbige Glasfenster

Qasr Schloß, palastartiger Komplex

Qibla Die Gebetsrichtung gen Mekka; in der → Moschee durch den → Mihrab gekennzeichnet

Rahla Koranständer in der → Moschee

Ramadan → Saum (= Fasten)

Ramayana Großes indisches Heldenepos, beschreibt in rund 24 000 Doppelversen die Lebensgeschichte des mythischen Heroen Rama, vor allem die Entführung und Befreiung seiner Frau Sita aus der Hand des Bösewichtes Ravana

Reconquista Rückeroberung des islamischen Spanien durch die christlichen Heere (722–1492)

Ribat Im 9. Jh. im westlichen Nordafrika entwickeltes Wehrkloster; eine durch Türme geschützte Hofanlage mit Nutzräumen im Untergeschoß und einer Moschee im Obergeschoß. Im 11. Jh. übernahmen die Turkvölker der ostislamischen Regionen die Ribate. Nach dem Vorbild der Wehrklöster entstanden in der Folge im gesamten islamischen Raum die Karawansereien (→ Khan)

Sabil öffentlicher Brunnen, oft mit angegliederter Koranschule (→ Kuttab)

Safawiden Herrscherdynastie in Persien (1501–1722)

Saffariden Geht zurück auf Ya'qub Ibn Lait, genannt nach seinem Beruf as-Saffar (der Kupferschmied); konnte zur Abwehr plündernder → Kharidjiten und als Anführer einer Räuberbande Truppen um sich scharen und – mittels erzwungener Anerkennung durch den → Kalifen – in der zweiten Hälfte des 9. Jh. über Teile von Ostpersien regieren

Sahn Innenhof einer Moschee

Salat Das fünfmal am Tag praktizierte rituelle Gebet der gläubigen Muslime

Samaniden Kleine iranische Dynastie, die im 9. und 10. Jh. über Teile des Iran herrschte

Saray Türkische Bezeichnung für einen Palast

Sarkophag Sarg aus Holz, Stein oder Metall, oft reich geschmückt und verziert

Sasaniden Vorislamische persische Herrscherdynastie (226–652)

Saum Das Fasten von Sonnenaufgang bis Sonnenuntergang während des 29 Tage dauernden 9. Monats (Ramadan) des islamischen Jahres

Schah In der Regel der iranische Herrschertitel (›König‹), jedoch führten auch die → Moghuls sowie Fürsten kleinerer Dynastien diese Bezeichnung

Schiiten Angehörige der Schia; Bezeichnung für diejenigen Muslime, die Ali, den Vetter und Schwiegersohn Muhammads, als dessen legitimen Nachfolger anerkennen. Dieses Bekenntnis unterscheidet die Schiiten von den → Kharidjiten und den → Sunniten

Selamlik Den Männern vorbehaltener Teil im islamischen Privathaus

Seladon Chinesisches Porzellan mit meist grüner Glasur in unterschiedlichen Nuancen

Seldschuken Bedeutende Herrscherdynastie oghusisch-turkmenischen Ursprungs, die vom 11.–13. Jh. weite Gebiete Zentral- und Vorderasiens regierte

Shahada Das islamische Glaubensbekenntnis: Es gibt keinen Gott außer Allah und Muhammad ist sein Prophet

Shaibaniden Bezeichnung für die Nachkommen des Mongolenprinzen Shaiban (Enkel des Djingis Khan); die von ihm geführten türkisch-mongolischen Verbände wurden später unter dem Namen Usbeken bekannt

Shari^c^a Das islamische Recht; die Shari^c^a ist integraler Bestandteil des Islam und konstituierendes Element der → Umma, sie enthält die von Gott festgelegte Schöpfungsordnung, die durch den Propheten Muhammad offenbart wurde und bis zum Jüngsten Gericht gültig ist. Geregelt werden die Beziehungen der Menschen untereinander sowie die Beziehungen zu Gott. Es gibt keine Trennung zwischen dem sakralen und profanen Bereich

Spolie Bei Neubauten wiederverwendetes Werkstück älterer Gebäude

Stele Aufrecht stehende Steinplatte, undekoriert, bemalt oder reliefiert, dient als Votivstein, Erinnerungsmal oder Grabstein

Sufismus Islamische Mystik; in der Frühzeit eher asketische Weltflucht (Suf = Wollgewand der Eremiten), in späteren Zeiten entstanden subtile mystische ›Pfade‹ mit dem Ziel, die geistige Vereinigung mit Gott zu erlangen; ab dem 12. Jh. bilden sich Orden (Tariqa); in den folgenden Jahrhunderten wurde der Sufismus zu einer Massenbewegung, die exklusive Mystik verlor dadurch an Tiefe, andererseits gewannen nun die Gläubigen gefühlsmäßig belegte Elemente wie Tanz, Poesie, Musik hinzu, die dem offiziellen, stark ritualisierten Islam fehlen

Sultan Der Titel bezeichnete ab dem 11. Jh. den unabhängigen Herrscher

Sultanate von Dehli Nachdem 1186 die Ghuriden das Erbe der → Ghaznawiden angetreten hatten, sandten sie türkische Sklaventruppen nach Indien. Anfang des 13. Jh. erklärte sich der Oberbefehlshaber des türkischen Heeres für unabhängig und gründete das erste Sultanat von Dehli; bis Mitte des 16. Jh. stellten verschiedene Dynastien das Sultanat

Sunan Indonesische Herrscher, die den Islam begünstigten

Sunna Die Tradition, die Lebensführung und Handlungsweise des Propheten. Die Sunna ist in einzelne → Hadith gegliedert, Aussprüche und Sentenzen des Propheten zu bestimmten religiösen Problemen.

Sunniten Anhänger der → Sunna; erkennen im Gegensatz zu den → Schiiten nicht allein Ali als den legitimen Nachfolger des Propheten an, sondern die vier sogenannten Rechtgeleiteten → Kalifen Abu Bakr, Omar, Uthman und dann erst Ali

Suq Arabische Bezeichnung für den Markt; → Basar

Sure Abschnitt des Korans, der in 114 Suren gegliedert ist

Synkretismus Vermischung verschiedener philosophischer Lehren, Kulte und Religionen

Tahiriden Kleine Dynastie, die im 9. Jh. in Teilen des Iran faktisch unabhängig von den → Abbasiden regierte

Taifa-Königreiche (Reyes de Taifas) Muslimische Kleinkönigreiche im Spanien des 11. Jh.

Ta'liq Schräg verlaufender persischer Schrifttyp in der → Kalligraphie

Tambour Runder oder vieleckiger Unterbau einer Kuppel

Tauschieren Einlegen von Gold und Silber in unedle Metalle

Tekke Derwisch-Kloster; → Derwisch

Thuluth Monumentalschrift in der → Kalligraphie

Trompe Halb-hohlkegelförmige Bauglieder, die vom quadratischen Unterbau in das Rund der Kuppel überleiten

Tsan-Tsai-Ware Dreifarbige chinesische → Fayence

Türbe Islamischer Grabbau, oft rund mit kegelförmigem Dach

Tughra Kalligraphisch ausgeschmückter Namenszug des Sultan; zierte wichtige Dokumente und Urkunden

Tuluniden Ahmad Ibn Tulun, vom Kalifen in Bagdad als militärischer Befehlshaber in Ägypten eingesetzt, sagte sich 868 von der Zentralmacht los und gründete die Dynastie der Tuluniden; herrschte ab 878 auch über Syrien (bis 905)

Umm (arabisch) Mutter

Umma Die weltweite Gemeinschaft aller Muslime

Wakala → Khan

Wali Islamischer Mystiker auf Java

Waqf Fromme Stiftung – häufig eingerichtet, um den Zugriff der orientalischen Despoten auf ein Erbe zu verhindern – zum Unterhalt einer → Moschee, eines Krankenhauses (→ Maristan) oder einer → Medrese

Wayang Golek Indonesisches Stabpuppenspiel

Wayang Kulit Indonesisches Schattenspiel

Wesir Ursprünglich der privat besoldete Assistent oder Berater des Kalifen; in späterer Zeit oberster ›Beamter‹ der Administration

Yali Türkische Sommervilla

Yurte Turkmenisches Rundzelt

Zakat Almosengabe an Arme und Bedürftige; reinigen den gläubigen Spender von Sünden und bringen reichen Segen im Jenseits

Zawiyya Mystische Bruderschaften im Islam

Ziyada Um das Innere einer Moschee umlaufender Außenhof, der den sakralen vom profanen Bereich der Außenwelt abschirmt

Zwickel Dreieckiges Teilgewölbe, das zu einer Kuppel überleitet

Die Autoren

Burchard Brentjes, geb. 1919, studierte Geschichte, Archäologie und Ökonomie in Halle und promovierte mit einer Arbeit über den voreisenzeitlichen Pflug; Habilitationsschrift über »Archäologische Materialien zur Haustierwerdung des Rindes«. 1975 außerordentlicher Professor für die Archäologie Vorderasiens, seit 1980 ordentlicher Professor für orientalische Archäologie in Halle

Klaus Fischer, geb. 1919, studierte Kunstgeschichte, Klassische Archäologie, Vor- und Frühgeschichte sowie indische und islamische Kunstgeschichte und promovierte über ein Thema zur Barockbaukunst; Habilitation über die indische Baukunst; bis zu seiner Emeritierung Professor am Seminar für orientalische Kunstgeschichte in Bonn

Karl-Heinz Golzio, geb. 1947, studierte Indologie, Vergleichende Religionswissenschaft und orientalische Kunstgeschichte und promovierte mit einer Arbeit über den Tempel im alten Mesopotamien und seine Parallelen in Indien. Derzeit arbeitet Dr. Golzio am Deutschen Archäologischen Institut in Madrid und hat einen Lehrauftrag am Indologischen Seminar der Universität Marburg

Hans-Thomas Gosciniak, geb. 1947, ist Facharzt für Neurologie, Psychiatrie und Psychotherapie. In regelmäßigen Abständen lehrt er als Visiting Professor an der Qasr al-ᶜAini-Universität in Kairo. Nordafrika und den Nahen Osten bereist er seit vielen Jahren

Gerd Gropp, geb. 1935, studierte Iranistik, Indologie und orientalische Archäologie; Promotion mit einer Arbeit über einen Avesta-Text. Dr. Gropp ist wissenschaftlicher Mitarbeiter am Orientalischen Seminar der Universität Hamburg

Achim Remde, geb. 1942, studierte Jura und Orientalistik und promovierte über ein Thema zum islamischen Recht. Nach seinem Studium arbeitete Dr. Remde im auswärtigen Dienst sowie im Bundespresseamt, derzeit ist er Chefredakteur der Afrika-Post

Annemarie Schimmel ist Professor für islamische Sprachen und Religionsgeschichte und lehrt ›Indo-Muslim Culture‹ an der Harvard University, Cambridge, Mass. Für ihre umfangreichen wissenschaftlichen und kulturübergreifenden Arbeiten erhielt sie zahlreiche Auszeichnungen

Andreas Schneider, gab. 1951, studierte Alte Geschichte, Klassische Archäologie, griechische Philologie und promovierte mit einer Arbeit über historische Reiseführungen. Dr. Schneider führt seit vielen Jahren auf Studienreisen Reisegruppen durch Zypern und Griechenland

Günter Spitzing, geb. 1931, studierte Orientalistik und Ethnologie mit dem Schwerpunkt Südostasien/Indonesien. Seit Jahren führt er Reisegruppen durch die südostasiatische Inselwelt

Peter Wald, geb. 1929, ist Journalist und seit mehreren Jahrzehnten auf den Nahen Osten und Vorderasien spezialisiert. Als Korrespondent deutscher Zeitungen und Rundfunksender war er viele Jahre in Kairo ansässig. Heute ist er in Köln als Rundfunkredakteur tätig

Bildnachweis

H.-J. Aubert, S. 344/345
Bayrische Verwaltung der staatlichen Schlösser, S. 399 (u.)
B. Brentjes, S. 210, 211
U. Clemeur, Zeichnungen S. 18, 25
K. Gallas, S. 146, 260, 269
K.-H. Golzio, S. 75, 77, 79, 82, 85, 86, 89
H.-T. Gosciniak, S. 3 (2), 28, 30, 31, 32, 33, 38, 41, 44, 45, 46, 49, 54, 57, 105, 110, 116, 123, 127, 129, 133, 167 (2)
H. Helfritz, S. 80
M. Hengst, S. 346
S. Koppelmann, S. 398 (o.)
C. Kutschera, S. 272
Landesbildstelle Berlin, S. 398 (u.)
W. C. von der Mülbe, S. 221
Staatliche Museen zu Berlin, S. 214, 220
K. Pander, S. 312, 316
J. F. Poblete, S. 236, 238
A. Remde, S. 154, 155, 156
G. R. Reitz, S. 336/337, 350
A. von der Ropp, Umschlagvorderseite
F. R. Scheck, S. 185, 257, 258, 265, 318/319
A. Schimmel, S. 334, 338, 342, 352
A. Schneider, S. 148, 151
A. Seiffert, S. 241
H.-G. Semsek, S. 60, 104, 106
G. Spitzing, S. 374 (2), 376, 378, 380
H. Strelocke, S. 144
K. Thiele, S. 304, 310
P. Wald, S. 164, 171
A. Wilms, S. 122
Die Dynastientabellen auf den Seiten 406–409 wurden mit freundlicher Genehmigung des Kohlhammer Verlages übernommen

Register

DuMont Taschenbücher

Stand Frühjahr '91

Band 2
Horst W. und Dora Jane Janson
Malerei unserer Welt

Band 3
August Macke – Die Tunisreise

Band 4 Uwe M. Schneede
René Magritte

Band 6 Karin Thomas
DuMont's kleines Sachwörterbuch zur Kunst des 20. Jahrhunderts

Band 8 Christian Geelhaar
Paul Klee

Band 13 Joseph-Émile Muller
DuMont's kleines Lexikon des Expressionismus

Band 14 Jens Christian Jensen
Caspar David Friedrich

Band 15 Heijo Klein
DuMont's kleines Sachwörterbuch der Drucktechnik und grafischen Kunst

Band 18 Horst Richter
Geschichte der Malerei im 20. Jahrhundert

Band 23 Horst Keller
Marc Chagall

Band 25 Gabriele Sterner
Jugendstil

Band 26 Jens Christian Jensen
Carl Spitzweg

Band 28 Hans Holländer
Hieronymus Bosch

Band 29 Herbert Alexander Stützer
Die Etrusker und ihre Welt

Band 30
Johannes Pawlik (Hrsg.)
Malen lernen

Band 31 Jean Selz
DuMont's kleines Lexikon des Impressionismus

Band 32 Uwe M. Schneede
George Grosz

Band 33 Erwin Panofsky
Sinn und Deutung in der bildenden Kunst

Band 35 Evert van Uitert
Vincent van Gogh

Band 38 Ingeborg Tetzlaff
Romanische Kapitelle in Frankreich

Band 39 Joost Elffers (Hrsg.)
DuMont's Kopfzerbrecher
TANGRAM

Band 40 Walter Pach
Auguste Renoir

Band 44 Fritz Baumgart
DuMont's kleines Sachlexikon der Architektur

Band 47 Paul Vogt
Der Blaue Reiter

Band 56 Ingeborg Tetzlaff
Romanische Portale in Frankreich

Band 59 Hugo Munsterberg
Zen-Kunst

Band 65 Harald Küppers
Das Grundgesetz der Farbenlehre

Band 66 Sam Loyd/
Martin Gardner (Hrsg.)
Mathematische Rätsel und Spiele

Band 69 Erich Burger
Norwegische Stabkirchen

Band 70 Ernst H. Gombrich
Kunst und Fortschritt

Band 73 Gabriele Sterner
Barcelona: Antoni Gaudi

Band 74 Eckart Kleßmann
Die deutsche Romantik

Band 76 Werner Spies
Max Ernst 1950–1970

Band 77 Wolfgang Hainke
Siebdruck

Band 78 Wilhelm Rüdiger
Die gotische Kathedrale

Band 81 Klaus Fischer
Erotik und Askese in Kult und Kunst der Inder

Band 83
Ekkehard Kaemmerling (Hrsg.)
Bildende Kunst als Zeichensystem 1

Band 84 Hermann Leber
Plastisches Gestalten

Band 85 Sam Loyd/ Martin Gardner (Hrsg.)
Noch mehr mathematische Rätsel und Spiele

Band 88 Thomas Walters (Hrsg.)/ Gabriele Sterner
Jugendstil-Graphik

Band 90 Ernesto Grassi
Die Theorie des Schönen in der Antike

Band 91 Hermann Leber
Aquarellieren lernen

Band 93
Joost Elffers/Michael Schuyt
Das Hexenspiel

Band 94 Kurt Schreiner
Puppen & Theater

Band 95 Karl Hennig
Japanische Gartenkunst

Band 99 Bernd Fischer
Wasserburgen im Münsterland

Band 100 Peter-T. Schulz
Der olle Hansen

Band 101 Felix Freier
Fotografieren lernen – Sehen lernen

Band 103 Kurt Badt
Die Farbenlehre van Goghs

Band 104 Wilfried Hansmann
Die Apokalypse von Angers

Band 112 Alexander Adrion
Die Kunst zu zaubern

Band 114 Peter-T. Schulz
Der Kuckuck und der Esel

Band 115 Angelika Hofmann
Ton

Band 116 Sara Champion
DuMont's Lexikon archäologischer Fachbegriffe und Techniken

Band 117 Rosario Assunto
Die Theorie des Schönen im Mittelalter

Band 121 Renate Berger
Malerinnen auf dem Weg ins 20. Jahrhundert

Band 123 Fritz Winzer
DuMont's Lexikon der Möbelkunde

Band 124 Walter Dohmen
Die Lithographie

Band 127 Peter-T. Schulz
Rapunzel

Band 128 Lu Bro
Wie lerne ich Zeichnen

Band 130
Bettina Gruber/Maria Vedder
DuMont's Handbuch der Video-Praxis

Band 131
Anneliese und Peter Keilhauer
Die Bildsprache des Hinduismus

Band 132 Reinhard Merker
Die bildenden Künste im Nationalsozialismus

Band 133 Barbara Salberg-Steinhardt
Die Schrift:
Geschichte – Gestaltung – Anwendung

Band 134 Götz Pochat
Der Symbolbegriff in der Ästhetik und Kunstwissenschaft

Band 135 Karlheinz Schüssler
Die ägyptischen Pyramiden

Band 137 Nikolaus Pevsner
Wegbereiter moderner Formgebung

Band 139 Peter-T. Schulz
Guten Tag!
Eine Gulliver-Geschichte

Band 142 Rudolf Wittkower
Allegorie und der Wandel der Symbole in Antike und Renaissance

Band 143 Martin Warnke (Hrsg.)
Politische Architektur

Band 144 Miriam Magall
Kleine Geschichte der jüdischen Kunst

Band 145 James F. Fixx
Rätsel und Denkspiele mit Seitensprung

Band 146
Rose-Marie und Rainer Hagen
Meisterwerke europäischer Kunst
als Dokumente ihrer Zeit erklärt

Band 148 Renée Violet
Kleine Geschichte der japanischen Kunst

Band 149 Lawrence Treat
Detektive auf dem Glatteis

Band 150
Alexandra Lavizzari-Raeuber
Thangkas

Band 153 Ingeborg Ebeling
Masken und Maskierung

Band 156 Herbert Alexander Stützer
Kleine Geschichte der römischen Kunst

Band 157 Paul Maenz
Die 50er Jahre

Band 159 Anita Rolf
Kleine Geschichte der chinesischen Kunst

Band 160 Felix Freier/
Norbert Sarrazin
Fotos: Selbst entwickeln – Selbst vergrößern

Band 163 Harald Küppers
Die Farbenlehre der Fernseh-, Foto- und Drucktechnik

Band 164 Nora Gallagher
Wohnzimmerspiele – alt und neu

Band 167 Eckhard Neumann (Hrsg.)
Bauhaus und Bauhäusler

Band 169 Wolfgang Kemp (Hrsg.)
Der Betrachter ist im Bild

Band 170 Hans Sedlmayr
Die Revolution der modernen Kunst

Band 171 Ernst H. Gombrich
Eine kurze Weltgeschichte für junge Leser

Band 173 Eve-Marie Helm
555 Teekessel

Band 174
Abbie Salny/Marvin Grosswirth
Phantastische Mensa-Rätsel

Band 177 Vittorio Lampugnani
Architektur als Kultur

Band 178 Michael Koulen **Go**

Band 180 Walter Dohmen
Der Tiefdruck

Band 181 Stephan Schmidt-Wulffen
Spielregeln

Band 182 Martin Schuster
Kunsttherapie

Band 184 Wilfried Hansmann
Balthasar Neumann

Band 185 Manfred Görgens
Kleine Geschichte der indischen Kunst

Band 186
Veruschka und Gábor Bódy (Hrsg.)
Video in Kunst und Alltag

Band 188 Ralph Tegtmeier
Tarot

Band 189 Marie Luise Syring
Kunst in Frankreich

Band 190 Peter Bolz/Bernd Peyer
Indianische Kunst Nordamerikas

Band 191
Abbie Salny/Marvin Grosswirth
Das endgültige Mensa-Quiz-Buch

Band 193 Gerald Kahan **E = mc²**

Band 194 Bernhard Streck (Hrsg.)
Wörterbuch der Ethnologie

Band 195 Wolfgang Hautumm
Die griechische Skulptur

Band 197 Andreas Mäckler (Hrsg.)
Was ist Kunst . . .?

Band 198
Veruschka Bódy/Peter Weibel (Hrsg.)
Clip, Klapp, Bum

Band 199 Ingeborg Tetzlaff
Romanische Engelsgestalten in Frankreich

Band 200 Peter-T. Schulz
Ein Glück!

Band 201 Ernst Kitzinger
Kleine Geschichte der frühmittelalterlichen Kunst

Band 203 Wolfgang Müller
Kleine Geschichte der altamerikanischen Kunst

Band 205 Joachim Knuf
Unsere Welt der Farben

Band 206 Peter Sager
Unterwegs zu Künstlern und Bildern

Band 207 Klaus Lankheit
Revolution und Restauration

Band 208 Robert Wolf
Konfliktsimulations- und Rollenspiele: Die neuen Spiele

Band 210 Alfred Stolz
Schamanen – Ekstase und Jenseitssymbolik

Band 211 Marion Milner
Zeichnen und Malen ohne Scheu: Ein Weg zur kreativen Befreiung

Band 212 Toshihiko und Toyo Izutsu
Die Theorie des Schönen in Japan

Band 213 Scot Morris
Rätsel für Denker und Tüftler

Band 214 Karlheinz Schüssler
Kleine Geschichte der ägyptischen Kunst

Band 215 Andreas Mäckler
Was ist Liebe . . . ?

Band 216 Internationales Design Zentrum Berlin e. V. (Hrsg.)
Simulation und Wirklichkeit

Band 218 Joachim Petsch
Eigenheim und gute Stube

Band 219 Till Förster
Kunst in Afrika

Band 220 H. A. Ripley
»Wer ist der beste Detektiv?«

Band 221 Johannes Stahl
An der Wand

Band 222 Herbert Alexander Stützer
Ravenna und seine Mosaiken

Band 223 Rolf Harris
Cartoon-Zeichnen leicht gemacht

Band 224 Jochen Maes
Fahrradsucht

Band 225 Erwin Panofsky
Gotische Architektur und Scholastik

Band 226 Richard Kostelanetz
John Cage im Gespräch

Band 227 Oskar Bätschmann
Entfernung der Natur

Band 228 Otto J. Brendel
Was ist römische Kunst?

Band 229 Uwe Springfeld
Schreibspiele

Band 230 Kasimir Malewitsch
Suprematismus – Die gegenstandslose Welt

Band 231 Andreas Mäckler/ Christiane Schäfers (Hrsg.)
Was ist der Mensch . . .?

Band 232 Martin Kuckenburg
Die Entstehung von Sprache und Schrift

Band 233 Peter-T. Schulz
Erleben ist alles

Band 234 Gerhard Kebbel
DuMont's verblüffendes Fremdwörterbuch

Band 235
Hans-Thomas Gosciniak (Hrsg.)
Kleine Geschichte der islamischen Kunst

Band 236 Klaus Eid/Hakon Ruprecht
Collage und Collagieren

Band 237 Andreas Verstappen
Waechters Erzählungen

Band 238 Michael Jäger
Die Theorie des Schönen in der Italienischen Renaissance

Band 239 William C. Seitz
Claude Monet

Band 240
Cristina Perincioli/ Cillie Rentmeister
Computer und Kreativität

Band 241 Internationales Design Zentrum Berlin (Hrsg.)
Energien gestalten

Band 242
Dan Ritchard/ Kathleen Moloney
Die Kunst des Bauchredens

Band 243 Michael Holt
3 x 3 = 9?

Band 244 Felix Thürlemann
Vom Bild zum Raum

Band 245 Ralph Tegtmeier
Sternenglaube – Sternenzauber

Band 246 Günter Spitzing
Athos

Band 247
Esther und Klaus Gallwitz (Hrsg.)
Rußlandbilder

Band 248 Kai-Uwe Hemken
El Lissitzky

Band 249 Andreas Franzke
Dubuffet

Band 250 Evi Melas
Delphi

Band 251 Ulrich Vielmuth
Lexikon für Videofilmer

Band 252 Andreas Mäckler
Anthroposophie und Malerei

Band 253
Marco Meirovitz/Paul I. Jacobs
Visuelles Denken

Band 254
Christian W. Thomsen (Hrsg.)
Aufbruch in die Neunziger

Band 255 Franziska Ehmcke
Der japanische Tee-Weg

Band 256 Johann N. Schmidt
Wolken-Kratzer

Band 257
Edith Decker/Peter Weibel (Hrsg.)
Vom Verschwinden der Ferne

Band 258 Friedhelm W. Fischer
Max Beckmann

Band 259 Winfried Hönes
Was ist Glück . . .? (April '91)

Band 260 Walter Kugler
Rudolf Steiner und die Anthroposophie (April '91)

Band 261 Herbert Alexander Stützer
Frühchristliche Kunst in Rom (April '91)